Flaggen und Wappen der Welt

Flaggen und Wappen der Welt

Chronik
VERLAG

Impressum

Projektleitung: Petra Niebuhr-Timpe
Autor: Karl-Heinz Hesmer
Redaktion: Dr. Matthias Herkt, Petra Niebuhr-Timpe
Karten- und Grafikredaktion: Dr. Matthias Herkt
Layout/Satz: Verena Wübbe
Herstellung: Joachim Weintz
Einbandgestaltung: INIT, Büro für Gestaltung Bielefeld
Druck und Bindung: GGP Media GmbH, Pößneck

Printed in Germany
ISBN 978-3-577-14537-4

Flaggen sind meist viereckige Stofftücher, die mit heraldischen Farben und Figuren bedruckt sind. Anders als die Fahnen können sie mit einer Leine am Flaggenmast gehisst und eingeholt werden. Flaggen dienen als Erkennungszeichen und man bringt den Ort, an dem sie gezeigt werden mit dem Land in Verbindung, das sie symbolisieren.

Die Nationalflagge als staatliches Symbol

Die Nationalflagge gilt als Symbol eines Staates. Sie ist ein staatliches Hoheitszeichen und Ausdruck staatlicher Souveränität. Neben der Nationalflagge führen viele Staaten noch Staats-, Handels- und Kriegsflaggen oder auch Standarten für die Staatsoberhäupter. Dabei handelt es sich fast immer um eine Variante der Nationalflagge. Der Gebrauch dieser Flaggen wird meist durch ein nationales Flaggenrecht geregelt.

Das internationale Flaggenrecht

Im internationalen Flaggenrecht sind die völkerrechtlichen Rechtsvorschriften, die sich mit der Führung einer Flagge befassen, festgelegt. Danach ist zum Beispiel jedes Schiff als Kennzeichnung seiner Nationalität zur Führung einer Flagge verpflichtet, wenn es die hohe See befährt. Das Völkerrecht besagt, dass sich die Flagge eines Staates deutlich von der eines anderen Staates unterscheiden muss. Dies geschieht zweckmäßigerweise durch die Farbgebung, kann aber auch durch Beizeichen, unterschiedliche Proportionen oder Farbtönungen erfolgen. Eine Verpflichtung, seine Flagge zu zeigen, besteht nur gegenüber Kriegsschiffen.

Die Anfänge der Flaggensymbolik

Die Anfänge der Flagge als staatliches Symbol reichen weit zurück. Fahnen tauchten erstmals im alten Ägypten auf, wo sie bei verschiedenen religiösen Zeremonien gebraucht wurden. Bei den Griechen und Römern dienten Fahnen als Feldzeichen einzelner taktischer Abteilungen. Gaius Marius führte dann für das römische Heer den metallenen Adler als gemeinsames Feldzeichen (signum legionis) ein. Auch zur Gliederung der Kohorten gab es verschiedene Zeichen, sog. signa und vexilla. Die signa waren Standarten mit Metallbildern, das vexillum (daraus leitet sich der Begriff »Vexillologie« für die Flaggenkunde ab) diente als Standarte für die Reiterei. Häufig verband man das signum mit dem vexillum, einem quadratischen Stück Stoff. Der Gebrauch eines farbigen Tuchs an einer Stange war auch in China bekannt, wie der Grabstein eines Kaisers aus der Han-Dynastie zu Beginn unserer Zeitrechnung beweist.

Von der Fahne zur Nationalflagge

Fahnen waren neben den Bannern zunächst nur ein Persönlichkeitsattribut. Doch schon sehr bald wurde die persönliche Fahne auf seinen Herrschaftsbereich übertragen. So war zum Beispiel die Oriflamme zuerst die Kriegsfahne der französischen Abtei St. Denis, später führten sie die Könige, die zugleich Schirmvögte des Klosters waren. Meist befand sich auf dem Fahnentuch ein Wappen oder eine andere komplizierte Darstellung. Schon aus diesem Grund war es nicht möglich, Fahnen in großer Zahl herzustellen. Da man aber auf den zahlreichen Feldzügen sehr viele Fahnen brauchte, musste man sie in großer Stückzahl produzieren: Anstatt eines komplizierten Wappens nahm man nur die wichtigsten Farben oder ein einfaches Abzeichen daraus und komponierte aus ihnen eine bunte

Flagge. Viele Nationalflaggen gehen auf solche Vereinfachungen zurück.

Andere Impulse erhielt das Flaggenwesen durch die Kreuzzüge, als es notwendig wurde, dem Heer ein gemeinsames Kennzeichen zu geben. Auf diese Zeit gehen die zahlreichen Kreuzflaggen zurück, etwa die englische Georgsflagge oder auch der dänische Danebrog, der später zum Vorbild anderer skandinavischer Nationalflaggen wurde.

Fahnen, die auf Schiffen gezeigt wurden, kamen wohl zuerst im Mittelmeerraum auf, als italienische Seefahrer sie zur Kennzeichnung ihrer Schiffe benutzten. Später übernahmen auch nordeuropäische Seefahrer den Brauch, und schon gegen Ende des 13. Jahrhunderts gab es feste Regeln für die Flaggenführung auf Schiffen, die der Hanse angehörten. Den Vereinigten Niederlanden war es dann vorbehalten, erstmals (im 16. Jahrhundert) die auf dem Festland gebrauchte Nationalflagge auch auf See als Erkennungszeichen zu zeigen. Bald übernahmen andere Staaten diesen Brauch, und allmählich entwickelte sich daraus ein ungeschriebenes »Flaggenrecht«.

Ins allgemeine Bewusstsein drang die Nationalflagge erst während der Französischen Revolution, als das Volk unter einer blau-weiß-roten Fahne für seine Freiheit aufstand. Bald scharten sich auch andere Völker unter »ihre Fahnen«, um ein gemeinsames Nationalbewusstsein zu betonen.
So entstand während des Freiheitskampfes der Vereinigten Staaten von Amerika das amerikanische Sternenbanner. Da Flaggen Symbole staatlicher Selbstständigkeit, Einheit und Unabhängigkeit sind, schaffen sich auch junge Staaten sofort dieses Symbol. Oft geht die Nationalflagge auf eine Flagge zurück, die schon vor der Unabhängigkeit verwendet wurde. Vielfach greifen neue Staaten auch auf ältere oder schon bestehende Flaggen zurück, um zu demonstrieren, dass sie sich zu einer bestimmten Tradition bekennen (panafrikanische oder panarabische Farben) oder sich sonst zusammengehörig fühlen (die skandinavischen Kreuze).

Flaggenbräuche und Farbensymbolik

Im Allgemeinen genießen Nationalflaggen Achtung; ihre Verunglimpfung wird bestraft. Der Gebrauch der Flagge wird in jedem Land durch die Flaggenetikette festgelegt, doch haben sich einige allgemeine Regeln herausgebildet. So wird die Flagge bei Sonnenaufgang gehisst, bei Sonnenuntergang gestrichen (heruntergeholt). Setzt man eine Flagge zum Zeichen der Trauer auf halbmast, so wird sie zuerst heraufgezogen und dann in der Mitte des Mastes festgemacht. Eine Flagge, die einen Sarg bedeckt, wird abgenommen, wenn der Sarg in die Gruft gesenkt wird.
Die Vorstellung, dass es im internationalen Flaggenwesen einen allgemein gültigen Farbkode gibt, ist recht verbreitet; eine Regel lässt sich daraus aber nicht ableiten. So kann zum Beispiel Grün eine Religionsgemeinschaft symbolisieren (Irland), für die Freiheit (Italien) oder für die Pflanzenwelt stehen.

Das Wappen und seine Ursprünge

Das zweite Hoheitssymbol eines Staates ist sein Staatswappen. Die Wissenschaft, die sich mit den Wappen befasst, nennt man Heraldik. Die Bezeichnung geht auf die Herolde zurück. Ursprünglich Boten und Angehörige des niederen Bedienstetenstandes, stiegen sie später gesellschaftlich auf. Zu ihrer Aufgabe gehörte es schließlich, für das Wappenwesen Sorge zu tragen, wovon hochwertige Wappen- und Turnierbücher zeugen. Für die Wappenbeschreibungen verwendeten sie eine spezielle Sprache, deren Vokabular noch heute die »Blasonierungen« bestimmt.

Schon aus dem Altertum sind uns Zeichen bekannt, durch die sich Träger gleichsam symbolisiert sahen oder durch die sie demonstrierten, dass sie sich einer bestimmten Gruppe zugehörig fühlten. Wappen im eigentlichen Sinn gibt es erst seit der Mitte des 12. Jahrhunderts, als sich Fürsten und Ritter figürliche Darstellungen in klaren, kontrastreichen Farben zulegten und diese auf ihre Rüstung und vor allem auf ihre Schilde malen ließen. Etwa seit der Mitte des 14. Jahrhunderts begannen dann die Könige, Wappen mittels eines Wappenbriefes zu verleihen; oft war damit die Erhebung in den Adelsstand verbunden. Familien, deren Adel auf einem solchen Wappenbrief beruht, gehören zum sog. Briefadel.

Das Wappen als staatliches Symbol

Obwohl das Wappen ursprünglich nur seinem Träger galt, übertrug man es bald auf das von ihm beherrschte Territorium. Ein Beispiel dafür ist der Adler des Heiligen Römischen Reiches, der zuerst nur das Symbol des Kaisers gewesen war. Gewöhnlich steht im Mittelpunkt eines Wappens der Schild mit der Figur oder dem Heroldsbild; außerdem hat es einen Helm mit (eventuellen) Rangabzeichen und andere Prunkstücke. Die meisten alten Staaten, vor allem in Europa, halten an dieser Wappenform, die oft auf das Mittelalter zurückgeht, fest (zum Beispiel Deutschland, Großbritannien, Kanada). Ein völlig neuer Abschnitt in der Geschichte des staatlichen Wappenwesens begann, als die lateinamerikanischen Staaten unabhängig wurden. Sie orientierten sich nicht mehr an der europäischen Heraldik, sondern schufen neue Regeln. Auch die inzwischen aufgelöste Sowjetunion suchte nach der Oktoberrevolution, als alle Zeichen der Monarchie abgeschafft wurden, neue Symbole; ohne sie kam auch dieser Staat nicht aus. Fast alle sozialistischen Staaten übernahmen diese »Wappenform«. Leider hat sich auch Italien, ein Land der klassischen einfachen Heraldik, nach dem Zweiten Weltkrieg ein Staatswappen geschaffen, das eher an ein Firmenzeichen erinnert.

Die jungen Staaten in Schwarzafrika legten sich nach der Unabhängigkeit meist Wappen nach europäischen Vorbildern zu und gingen später daran, sie zu »afrikanisieren«. Als Beispiele dafür sind hier die Schilde Botswanas, Tansanias und Kenias zu nennen.

Das Staatswappen ist das Hoheitszeichen eines Staates und seiner Regierung, es ist das Symbol der staatlichen Souveränität. Wie wichtig junge Staaten das Zeichen nehmen, beweisen die Briefmarken, die nach jeder Unabhängigkeitserklärung herausgegeben werden.

Nicht alle Hoheitszeichen, die in dieses Buch aufgenommen wurden, sind als Wappen im herkömmlichen Sinn zu bezeichnen. Aber sie alle haben neben den Flaggen im Bewusstsein der Völker ihren festen Platz.

Karl-Heinz Hesmer

Afghanistan

AFG

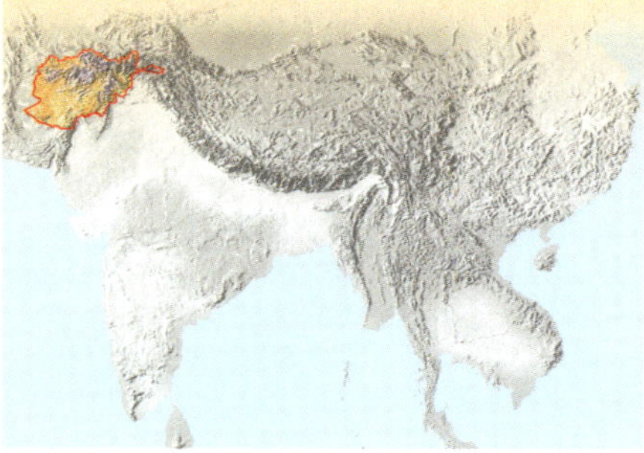

Fläche:	652 090 km²
Einwohner:	27,1 Mio.
Hauptstadt:	Kabul
Landessprachen:	Paschtu, Dari
Staatsform:	Islamische Republik

Afghanistan, bis 1747 Teil des Persischen Reiches, ist seit dem 13. April 1919 ein unabhängiger Staat, in dem das Flaggenwesen eine lange Tradition hat.

Flagge: Im »Schahname« (Buch der Könige, vollendet 1014) beschreibt der Dichter die Flagge des Zal e-Zar, des Herrschers von Zabolistan: »Seine Darafsh (persisch »Flagge«) war weiß wie die Federn des Simarch (ein legendärer Vogel), sein Kopf wies zur strahlenden Sonne«. Die komplette Beschreibung einer afghanischen Flagge liegt uns aus dem 9. Jahrhundert vor. Ibrahim Imam, ein Abbaside, der Anspruch auf den Kalifentitel erhob, übersandte mit dem Wunsch nach Unterstützung eine Flagge an Abu Khorasani: »Eine Lanze 14 m lang und ein schwarzes Tuch von 4 Gaz (= 6 Meter)«. Der Name dieser Flagge lautete *Rayat-u-Zill* (= Flagge des Schattens). Khorasani aber, ein Afghane, rief die Unabhängigkeit des Gebiets aus und gründete die afghanische Dynastie von Merv. Diese führte dann eine schwarze Flagge.
Im 18. Jahrhundert begründete die Durrani-Dynastie das »moderne« Afghanistan. Ihr erster Vertreter, Ahmed Schah, verwendete ein Emblem, das aus zwei Weizengarben, einem Schwert und einem Stern bestand. Die ersten Flaggen eines afghanischen Staates sind aus der Regierungszeit des Emir Dost Mohammed (1826–1863) bekannt; die meisten wiesen die Farben Rot und Grün auf. Ein Flaggenbuch des 19. Jahrhunderts gibt für Afghanistan eine grün-weiß-grüne Flagge an, der Flaggen-Almanach (Hamburg 1840) zeigt für das Land einen rot-weißen Wimpel. Unter Emir Abd ur-Rahman (reg. 1880–1901) wurde Schwarz in Erinnerung an die erste afghanische Dynastie Nationalfarbe. Habibullah Khan legte um 1901 sein Herrschersiegel in weißer Farbe in die Mitte des schwarzen Tuchs. Es zeigte innerhalb eines Ährenkranzes eine Moschee und Waffen.

Die erste Nationalflagge legte aber erst Emir Aman Ullah (reg. 1919–1929) fest: in der Mitte eines schwarzen Tuchs ein modifiziertes Siegel. Statt der Ähren erschien jetzt ein Strahlenkranz als Anspielung auf den alten Landesnamen »Khorasan«, was »Land der aufgehenden Sonne« bedeutet. Diese Flagge vereinigte die Nationalfarbe mit dem aus dem Jahre 1902 bekannten Königswappen.

Sie wehte mit geändertem Emblem bis 1928. Als Aman Ullah im Juni 1928 von einer Auslandsreise zurückkehrte, führte er eine schwarz-rot-grün waagerecht gestreifte Flagge mit dem Symbol ein. Die Farben standen für die Vergangenheit, für die Unabhängigkeit und für die Zukunft. Zwischen 1929 und 1931 gab es diverse Flaggen, die entweder die drei Streifen aufwiesen oder nur schwarz waren. Erst durch die Verfassung vom 31. Oktober 1931 wurde die Flaggenfrage offiziell gelöst zugunsten der schwarz-rot-grün senkrecht gestreiften Trikolore mit dem Wappen. Im Juli 1973 stürzte Mohammed Daud Khan König Mohammed Zahir Schah und proklamierte die Republik. Die neue Flagge war schwarz-rot-grün (Grün so breit, wie die beiden anderen Streifen zusammen) waagerecht gestreift, mit dem Wappen im Obereck.

Die 1978 durch Putsch an die Macht gekommenen Kommunisten führten noch im Oktober des gleichen Jahres eine rote Flagge ein. Das goldene Wappen im Obereck bestand aus Stern, Ährenkranz und dem persischen Wort für »Volk«. Nach internen Machtkämpfen gab sich das Regime 1980 einen liberalen und nationalen Anstrich. Dies drückte sich auch in der Annahme einer neuen Flagge (Proportionen 1:2) am 21. April 1980 aus. Sie war schwarz-rot-grün waagerecht gestreift mit dem Wappen im Obereck. Mit der Modifikation des Wappens im April 1988 wurde auch die Flagge entsprechend geändert. In der Folgezeit kamen mehrere unterschiedliche Flaggen in Gebrauch.

Die 1997 an die Macht gekommenen Taliban benutzten nur eine weiße Flagge mit dem islamischen Glaubenszeugnis (Schahada). Im Land wehten je nach Herrschaftsbereich unterschiedliche Flaggen. Erst im Januar 2002 wurde die schwarz-rot-grün senkrecht gestreifte Flagge mit dem goldenen Wappen zur offiziellen Nationalflagge erklärt. Am 4. Januar 2004 wurde die Wappenfarbe in weiß geändert. Die Flaggenproportionen betragen 2:3. Schwarz steht für die glorreiche Vergangenheit und Souveränität und gilt als Nationalfarbe. Rot symbolisiert das Blut der für ihre Unabhängigkeit kämpfenden Afghanen, Grün steht für den Islam und die Fruchtbarkeit des Landes.

Wappen: Das Wappen wurde am 4. Januar 2004 eingeführt. Es handelt sich um eine Modifikation des Wappens von 2002, welches auf dem des Königreichs von 1929 basierte. Es zeigt eine Moschee mit der Gebetsnische (Mihrab) als Ausdruck des islamischen Glaubens. Die Jahreszahl 1298 darunter entspricht 1919, dem Jahr der Unabhängigkeit. Die zwei Flaggen stehen für die Nation. Bekrönt wird das Symbol von dem Spruch »Allah ist groß« und der Sonne als Symbol für den alten Landesnamen. Das Schriftband zeigt als Landesnamen nur »Afghanistan«. Der Ährenkranz hat für die Afghanen eine große Bedeutung. Er steht als Symbol für die erste große Stammesversammlung (Loja Jirga) von 1747, als die afghanischen Stämme unter Ahmed Shah Abdali vereinigt wurden. Als Zeichen seiner prosperierenden Herrschaft wurde er mit Ähren gekrönt.

Ägypten

ET

Fläche:	1 101 450 km²
Einwohner:	75,5 Mio.
Hauptstadt:	Kairo
Landessprache:	Arabisch
Staatsform:	präsidiale Republik mit Mehrparteiensystem

Bereits aus dem alten Ägypten, dem damaligen Reich der Pharaonen, sind uns Darstellungen auf Vasen überliefert, die »Flaggen« zeigen (ca. 5000 v. Chr.). Sie hatten wohl zeremoniellen Charakter. Großen Einfluss auf das Flaggenwesen Ägyptens hatte die Fremdherrschaft, unter der das Land von 600 v. Chr. bis de facto 1936 stand.

Flagge: Von 1517 bis 1825 führte Ägypten als Teil des Osmanischen Reichs dessen Hoheitszeichen. Durch den Machtverfall der osmanischen Sultane wurde Ägypten im Laufe des 18. Jahrhunderts praktisch unabhängig. 1805 ging Mohammed Ali – ein albanischer Offizier im türkischen Heer – als Sieger aus internen ägyptischen Machtkämpfen hervor. Er führte 1826 eine persönliche Standarte ein, aus der sich dann die erste eigenständige ägyptische Nationalflagge entwickelte. Die nur noch nominelle türkische Oberherrschaft war in der Flagge aber unverkennbar. Die ägyptische Flagge zeigte auf rotem Tuch einen weißen Halbmond und sechszackigen Stern im Gegensatz zur türkischen Flagge, deren Stern fünfzackig war. Um 1840 nahm Ägypten eine neue Flagge an. Auf rotem Tuch erschienen jetzt drei weiße Halbmonde und Sterne. Die Spitzen der Halbmonde zeigten zum fliegenden Ende. Anfänglich kamen sowohl fünf- als auch sechszackige Sterne vor, später setzten sich fünfzackige Sterne durch. Die dreifache Anordnung sollte wahrscheinlich die unumschränkte Herrschaft des Khediven über Ägypten, Nubien und den Sudan symbolisieren.

1882 übernahm Großbritannien die Oberherrschaft über das Land, 1914 wurde es Protektorat. 1922 erhielt Ägypten nominell als Königreich die Unabhängigkeit (tatsächlich aber erst 1936 mit Abschluss des Allianzvertrages). Mit Erlangung der Unabhängigkeit führte Ägypten eine Flagge ein, die auf grünem Tuch drei weiße fünfzackige Sterne, umschlossen von einem weißen Halbmond, zeigte. Das grüne Tuch ging zurück auf Revolutionsflaggen von 1919, die auf grünem Tuch einen weißen Halbmond neben einem weißen Kreuz zeigten und demonstrieren sollten, dass alle Ägypter (Muslime und koptische Christen) die Unabhängigkeitsbewegung unterstützten. In der Nationalflagge symbolisierte das Grün als Farbe der nationalen Bewegung die Hadsch (Pilgerfahrt nach Mekka) und die Fruchtbarkeit des Niltals. Halbmond und Sterne standen für den Islam, als Zeichen der Staatsreligion (zur Symbolik Türkei). Obwohl Ägypten 1953 Republik wurde, hielt es noch bis 1958 an dieser religiös geprägten Flagge des Königreichs fest.

Neben der Nationalflagge wehte häufig die Flagge der Revolution von 1952, bei der Offiziere den König stürzten. Diese Flagge in den Streifen Rot-Weiß-Schwarz mit gelbem Saladinadler und Brustschild mit Halbmond und Sternen wurde Vorbild der neuen Flagge von 1958, als sich Ägypten und Syrien zur Vereinigten Arabischen Republik zusammenschlossen. Nur der Adler wurde durch zwei grüne Sterne im mittleren Streifen ersetzt. Auch als Syrien aus dem Bund ausschied, hielt Ägypten an dieser Flagge in den sog. panarabischen Farben fest. Dabei stand Schwarz für die dunkle Zeit vor der Revolution, Rot symbolisierte die Revolution und Weiß die friedliche Zukunft. Rot steht an erster Stelle, weil erst die Revolution dem Land »Leben einhauchte«. Als sich 1972 Ägypten, Syrien und Libyen zur Föderation Arabischer Republiken zusammenschlossen, ersetzte man die Sterne durch den goldenen Falken des Stammes der Koraischiten, dem auch Mohammed angehört hatte. Diese Föderation war 1977 beendet, als der Präsident Sadat Israel besuchte. 1984 wurde die neue Flagge eingeführt, in der der Saladinadler den Falken ersetzt.

Wappen: Schon früh tauchten in Europa Wappen für Ägypten auf, darunter Pyramiden, Sphinx und andere Fantasiegebilde. Ein erstes Staatswappen führte Ägypten 1923 ein. Es zeigte auf einer blauen Scheibe Halbmond und Sterne in Silber, umgeben von der Kette des Mohammed-Ali-Ordens und überhöht von der ägyptischen Königskrone. Dieses Motiv lag auf einem bekrönten Wappenmantel. Bei Ausrufung der Republik hielt die neue Regierung am Zentralmotiv des Königswappens fest. Die jetzt grüne Scheibe wurde auf die Brust eines goldenen ägyptischen Adlers gelegt. Dieser Adler tauchte schon als Emblem in der Revolutionsflagge von 1952 auf. Er sollte den großarabischen Reichsgedanken manifestieren. Um diesen Anspruch noch zu betonen, legte man dem Adler zwei Weltkugeln in die Krallen.

1958 verschmolz der ägyptische Adler mit dem syrischen zum sog. Saladinadler, auf dessen Brust ein heraldischer Schild in den Nationalfarben erschien. Ein Sockel darunter trug den Staatsnamen. 1972 wurde dieser Adler zugunsten des Falken, der nur goldfarbig dargestellt war, aufgegeben. Zur Betonung seines nationalen Weges führte Ägypten 1984 dann wieder den Saladinadler als Staatswappen ein. Er trägt auf seiner Brust die Nationalfarben und in den Fängen ein Band mit der Staatsbezeichnung. Der Saladinadler hat eine besondere Beziehung zu Ägypten, soll er doch einer Skulptur nachgebildet sein, die sich an der Mauer eines Gebäudes in Kairo befand, welches dem Sultan Saladin zugeschrieben wurde.

Albanien

AL

Fläche:	28 748 km²
Einwohner:	3,2 Mio.
Hauptstadt:	Tirana
Landessprache:	Albanisch
Staatsform:	parlamentarische Republik

Das Land auf dem Balkan heißt in der Sprache seiner Bewohner Shqiperia (»Adlerland«). Seit 1199 stand das Land unter Führung einheimischer Dynastien, wurde aber von den Osmanen kontrolliert. Zwischen 1444 und 1468 gelang es dem albanischen Nationalhelden Skanderbeg, das Gebiet um seine Festung Kruje unabhängig von den Türken zu halten. Bis 1912 stand das Land dann unter türkischer Herrschaft. Am 28. November 1912 erklärte es seine Unabhängigkeit. In der Folgezeit gab es verschiedene Regierungsformen, bis das Land von 1939 bis 1944 von Italien bzw. Deutschland besetzt wurde. Am 11. Januar 1946 wurde in Albanien die Volksrepublik ausgerufen. Die politischen Umwälzungen erfassten um 1990 auch Albanien. Nachdem die Kommunisten die ersten freien Wahlen gewonnen hatten, mussten sie ein Jahr später die Macht an demokratische Kräfte abgeben.

Flagge: Unter türkischer Oberhoheit führte Albanien im 19. Jahrhundert eine rot-blau-rot waagerecht gestreifte Flagge mit Halbmond. Mit der Unabhängigkeitserklärung nahm das Land 1912 seine erste Nationalflagge an: in der Mitte eines roten Tuchs ein großer goldbewehrter doppelköpfiger schwarzer Adler. Über seinem Doppelhaupt schwebte ein fünfzackiger weißer Stern der Unabhängigkeit.

Sowohl Stern als auch Adler sollen das Emblem des Nationalhelden Skanderbeg gewesen sein. Über den Adler schrieb der amerikanische Dichter Henry W. Longfellow (1807–1882) in seiner »Tales of a Wayside Inn«: »Das Halbmondbanner stürzt, aber die Menge erblickt statt dessen, einem Wunder gleich, wie am Himmel Iskanders Banner weht, der schwarze Adler mit dem doppelten Haupt.«.

Skanderbeg war der Sohn des mächtigen Fürsten von Kruja. Dieser wurde 1423 von den Türken gezwungen, seinen um 1405 geborenen jüngsten Sohn Gjergj dem Sultan als Geisel zu übergeben. Gjergj trat zum Islam über und wurde im osmanischen Heer ein hervorragender Heerführer. Er erhielt den Ehrennamen »Iskander-Beg«. 1438 kehrte er im Auftrag des Sultans nach Albanien zurück. 1443 stellte er sich gegen die Herrschaft der Osmanen. Als er den doppelköpfigen byzantinischen Adler annahm, berief er sich auf eine Sage, nach der die Albaner von einem schwarzen Adler abstammen. Um den albanischen Doppelkopfadler vom serbischen und vom montenegrinischen zu unterscheiden, setzte man die beiden Köpfe auf einen hochgereckten, gemeinschaftlichen Hals, so dass noch der untere Teil der Köpfe zusammengewachsen erscheint. Als Albanien 1914 unter Prinz Wilhelm zu Wied Königreich wurde, gestaltete man den Adler wuchtiger und legte in seine Krallen jeweils ein Blitzbündel, das die Region Epirus darstellen sollte.

Um 1930 zeigte die Nationalflagge nur den schwarzen Adler ohne Beizeichen. Am 1. September 1928 ließ sich der seit 1925 als Staatspräsident amtierende Ahmed Zogu als Zogu I. zum König ausrufen. Daraufhin wurde die Flagge so geändert, dass der goldene Helm des Skanderbeg, Königskrone Albaniens, über dem Haupt des Adlers schwebt. 1939 besetzte Italien Albanien, und am 28. November 1939 »verlieh« der italienische Generalstatthalter dem Land eine neue Nationalflagge: im roten Tuch das neue Wappen, das neben dem Adler die Liktorenbündel zeigte. 1944 kehrte man wieder zur einfachen Flagge zurück, die nur den Doppelkopfadler zeigte. Am 29. November 1944 konnte das Antifaschistische Befreiungskomitee die Macht im Land übernehmen. Innerhalb kurzer Zeit gab es mehrere Flaggen. Am 2. Dezember 1944 erschien im Obereck ein goldener Stern, der am 21. Dezember gegen Hammer und Sichel ausgetauscht wurde. Am 15. März 1946 hisste man eine Nationalflagge mit dem goldgeränderten, roten Stern über dem Adler. Mit den politischen Änderungen verschwand der kommunistische Stern aus der Flagge. Am 7. April 1992 wurde die heutige Flagge offiziell eingeführt. Ihre Proportionen betragen 5:7.

Wappen: Im Laufe seiner Geschichte führte Albanien verschiedene Wappen, aber immer stand der Adler im Mittelpunkt. Er wurde 1912 mit Erlangung der Unabhängigkeit ohne Beizeichen Symbol des Staates. In der kurzen Episode unter Wilhelm zu Wied legte dieser dem Adler das Wappen von Wied auf die Brust und Blitzbündel in die Krallen. Nach seiner Vertreibung verschwand der Brustschild, die Blitzbündel aber blieben. Und zwischen 1914 und 1920 schwebte ein weißer Stern über dem Adler. Der 1925 zum Staatspräsidenten gewählte Ahmed Zogu legte dem Adler den Helm des Skanderbeg auf die Brust. Nach seiner Krönung als Zogu I. zeigte das Wappen den Adler im Schild auf einem vom Skanderbeghelm bekrönten Wappenmantel. Während der italienischen Besatzung begleiteten zwei Liktorenbündel den Schild. Von 1946 bis 1992 stand der Adler innerhalb eines Ährenkranzes mit Band und Stern. Danach führte Albanien bis Mai 1993 den Adler innerhalb eines Ährenkranzes als provisorisches Wappen. Das 1993 eingeführte Wappen wurde am 31. Juli 2002 zum heutigen Wappen geändert. Dabei schwebt der Helm im Schild über dem Adler. Der Helm symbolisiert den Nationalhelden Skanderbeg und soll daran erinnern, dass es in der Geschichte schon einmal einen unabhängigen Staat Albanien gab.

Algerien

DZ

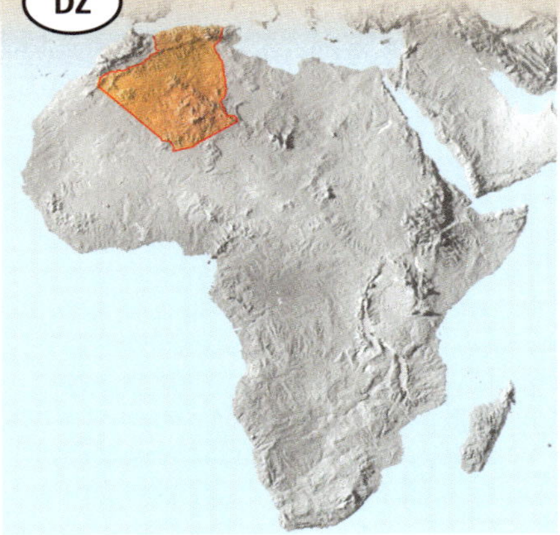

Fläche:	2 381 741 km²
Einwohner:	33,9 Mio.
Hauptstadt:	Algier
Landessprache:	Arabisch
Staatsform:	präsidiale Republik

Flagge: Nach einem langen Freiheitskrieg wurde Algerien am 3. Juli 1962 unabhängig. An diesem Tag durfte das Land erstmals offiziell die bekannte grün-weiße Flagge (mit den Proportionen 2:3) hissen. Die erste Flaggenhissung fand im Verwaltungszentrum Rocher Noir statt. Um den Neubeginn der Nation zu demonstrieren, legte man den Mast, an dem die französische Trikolore hing, um. Bei der vom Islam geprägten algerischen Flagge sind die Spitzen des Halbmondes enger geschlossen als in denen anderer arabischer Länder. Der Halbmond bedeutet Glück.

Die Farben haben folgende Bedeutung: Grün steht für den Islam und für die Heimat, Rot ist Ausdruck der Revolution und des Sozialismus und Weiß verkörpert die nationale Tradition und die Reinheit der Moral und Gesinnung. Die weiße Farbe soll gleichzeitig an den heute als Nationalhelden verehrten Emir Abd el-Kader erinnern, der unter weißer Flagge kämpfte und sich als letzter einheimischer Fürst 1847 den Franzosen ergeben musste.

Zur Zeit des Unabhängigkeitskampfes ordnete ein algerischer Dichter den Farben folgende Begriffe zu: Rot ist gleich Blut, Zorn, Sommer und Mond; Grün repräsentiert die Hoffnung, das Meer, die Berge und die dort operierende Armee; Weiß steht für Tag und Nacht.

Die Geschichte der Flagge geht zurück auf das Jahr 1925, als bei einer antifranzösischen Demonstration Flaggen auftauchten, die der heutigen ähnelten. Vorbild dieser Flagge war die einer Bewegung, die im Rif 1921 eine eigene Regierung ausgerufen hatte. In der Mitte eines roten Tuchs lagen auf einem weißen Rhombus ein grüner Halbmond und ein Stern. Die endgültige Gestaltung der Flagge fand dann wahrscheinlich 1928 durch Messali Hadj statt. Sein 1926 gegründeter »Nordafrikanischer Stern« stellte den ersten Versuch dar, die algerischen Muslime politisch zu organisieren. 1929 schlossen sich verschiedene Freiheitsbewegungen zur Mouvement National Algérien (MNA) zusammen, die die grün-weiße Flagge zu ihrem Zeichen wählte. Ihre Führer erklärten sie folgendermaßen:

»Die Flagge ist islamisch (Grün und Halbmond), sie ist national (die weiße Farbe soll auf die Standarte des Abd el-Kader zurückgehen) und sie ist proletarisch (Rot)«. Zur Siegesfeier der Alliierten in Algerien anlässlich der deutschen Kapitulation am 8. Mai 1945 tauchte diese Flagge häufig auf. Da es verboten wurde, sie zu zeigen, versuchten die Behörden, sie verschwinden zu lassen.

Die folgenden Unruhen waren der Auftakt des blutigen Bürgerkrieges, der erst durch die Verhandlungen von Evian, die zur algerischen Unabhängigkeit führten, beendet wurde. Während des Freiheitskampfes trugen die Kämpfer der FLN (Front de Libération Nationale) die grün-weißen Farben als Armbinden. Oft führten Polizei und Militär Razzien wegen der Flagge durch. Algeriern, bei denen sie gefunden wurde, drohten strenge Strafen. Dennoch wurde sie bei allen Demonstrationen mitgeführt, vor allem dann, wenn ausländische Reporter und Fernsehteams anwesend waren. So wurde die Flagge bald in der ganzen Welt bekannt. Im Ausland versuchten Algerier die Flagge zu zeigen, um vor aller Welt den algerischen Freiheitswillen zu demonstrieren. Am Tag der Unabhängigkeit waren fast alle Häuser in Algerien mit der Nationalflagge geschmückt. Überall wurde sie aus den Verstecken geholt und demonstrativ gezeigt.

Bevor das Land von Frankreich besetzt wurde, zeigten algerische Piratenschiffe rot-gelb-grün-gelb-rote Streifenflaggen in unterschiedlichen Variationen.

Wappen: Gemäß französischer Tradition nahm auch Algerien bei Erlangung der Unabhängigkeit kein eigentliches Staatswappen an. Man verwendete das Staatssiegel, das zuerst schwarz-weiß, dann farbig ausgelegt war, als Wappenersatz. Es bestand aus einem roten Halbmond und Stern, über drei Blätterzweigen und zwei beblätterten Ähren lag die »Hand der Fatima«. Sie wurde flankiert von zwei Nationalflaggen. Das Ganze war eingerahmt von einem Oliven- und einem Palmzweig, die durch ein Band unter dem Halbmond verbunden waren. 1971 führte Algerien dann ein Staatswappen ein mit der Flagge in Schildform. Über dem Halbmond schwebte doppelt der arabische Buchstabe »djim«. Es ist die Abkürzung des früheren offiziellen Staatsnamens »Algerische Republik«; heute ist der Staatsname »Demokratische Volksrepublik Algerien«. Das Wappen wurde im Land sehr selten gebraucht, es ist eigentlich eine besondere Ehrung für die Nationalflagge, die im Land hoch verehrt wird, weil für sie soviel Blut vergossen wurde.

Am 1. November 1976 nahm Algerien eine neue Verfassung an. Mit ihr wurde auch ein neues Staatssiegel eingeführt. Es zeigt außer der Hand der Fatima und dem Stern und Halbmond noch eine Berglandschaft mit der aufgehenden Sonne (=goldene Zukunft für das Land), Industrieanlagen und landwirtschaftliche Produkte. Die Hand der Fatima hat in Algerien eine lange Tradition und gilt als glücksbringendes Zeichen. Innerhalb des Siegels erscheint noch die Staatsbezeichnung. Ursprünglich in französischer Sprache, ist sie jetzt nur noch in arabischer Schrift gehalten.

Andorra

AND

Fläche:	468 km²
Einwohner:	75 000
Hauptstadt:	Andorra la Vella, Französisch
Landessprache:	Katalanisch
Staatsform:	Fürstentum mit eingeschränkt parlamentarischer Regierungsform

Flagge: Der kleine Pyrenäenstaat führte 1806 erstmals eine Nationalflagge ein. Sie war senkrecht in Gelb und Rot geteilt und zeigte die Oberhoheit über den Staat an. Ursprünglich von Karl d. Gr. erobert, soll Ludwig der Fromme 819 dem Bischof von Urgel Andorra geschenkt haben. In der Folge stritten kirchliche und weltliche Feudalherren um den Besitz. Der spanische Bischof von Urgel und die französischen Grafen von Foix schlossen 1278 einen Vertrag über eine gemeinsame Herrschaftsausübung. Dieser Vertrag wurde 1282 vom Papst bestätigt. Die Grafen führten Rot-Gold als Wappenfarben, das Bistum führte die spanischen Farben Rot-Gelb. Auf die Grafen von Foix folgten die Grafen von Béarn, die ebenfalls Rot-Gold als Farben führten. Ab 1607 gingen die Rechte auf die französischen Könige über. Napoleon I. trat 1806 in diese Rechte ein, wandelte das Fürstentum aber in eine Republik um. Napoleon III. fügte den blauen Streifen ein: Rot-Blau aus der Trikolore, Gelb-Rot aus der spanischen Flagge. Offiziell wurde die Nationalflagge in der heutigen Form am 20. Juni 1996 eingeführt.

Wappen: Die älteste Darstellung eines Wappens für Andorra zeigt einen Schild, der geteilt und unten gespalten ist: oben Mitra und Stab, unten rechts Kühe und links drei Pfähle. Daraus entwickelte sich das vierfeldrige Wappen. Etwa 1949 bürgerte sich die heutige Feldeinteilung ein, dabei standen Mitra und Stab noch nebeneinander. Seit Ende der 1960er Jahre wurden Mitra und Bischofsstab gekreuzt dargestellt. Man stellte sowohl in der spanischen wie in der französischen Version das Wappen so dar, wie es als Relief am »Haus der Täler« (Sitz des Generalrats) erscheint.

Die einzelnen Felder haben folgende Bedeutung: Mitra und Stab stehen für den Bischof von Urgel, die drei Pfähle erinnern an die Grafen von Foix. Die vier Pfähle sind dem katalanischen Wappen entnommen und repräsentieren die Bevölkerung. Die Kühe entstammen dem Wappen von Béarn. Zum Wappen gehört das Motto »Einigkeit macht stark«. Das schon lange geführte Wappen wurde erst am 10. Juli 1996 per Gesetz offiziell festgestellt.

Angola

ANG

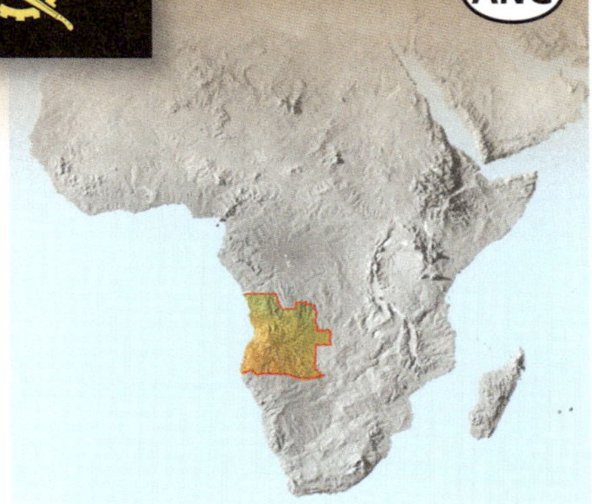

Fläche: 1 246 700 km²
Einwohner: 17,0 Mio.
Hauptstadt: Luanda
Landessprache: Portugiesisch
Staatsform: präsidiale Republik

Flagge: 1951 wurde Angola portugiesische Überseeprovinz; ab 1961 begann der Unabhängigkeitskrieg, geführt durch drei Befreiungsbewegungen, die eigene Flaggen führten: MPLA, FNLA und UNITA. Am 11. November 1975 proklamierten die MPLA die Volksrepublik, UNITA und FLN die Demokratische Republik. Aus dem folgenden Bürgerkrieg ging die MPLA als Sieger hervor, deren Flagge als Vorbild für die Nationalflagge (Proportionen 2:3) genommen wurde. Die Symbolik der Flagge, die am 11. November 1975 erstmals gehisst wurde, wird wie folgt erklärt: Die rote Farbe erinnert an die Unterdrückung durch die Kolonialherren und an den Freiheitskampf. Der schwarze Streifen steht für Afrika, Gelb für die Naturschätze. Der Stern ist das Symbol für Fortschritt und Internationalismus, beruhend auf Industrie – angezeigt durch das halbe Zahnrad – und Landwirtschaft, ausgedrückt durch das Buschmesser. Die fünf Zacken des Sterns versinnbildlichen Einheit, Freiheit, Gerechtigkeit, Demokratie und Fortschritt. Nach dem Ende des Bürgerkriegs wurde eine neue Flagge entworfen, aber noch nicht offiziell angenommen.

Wappen: 1935 schuf Portugal für seine Kolonien Wappen, die alle gleich gestaltet waren: gespalten mit eingebogener Spitze, vorn Portugal, in der Spitze Wellen, im hinteren Feld ein spezielles Symbol für die Kolonie. Bei Angola waren dies im purpurnen Feld ein Elefant und ein Zebra übereinander angeordnet. Als Angola unabhängig wurde, nahm es am 11. November 1975 das neue Staatswappen an, in dem die Symbole aus der Nationalflagge auftauchten. Es wurde am 24. August 1992 mit Annahme der neuen Staatsbezeichnung modifiziert. Die aufgehende Sonne symbolisiert die Entwicklung der neuen Nation. Das aufgeschlagene Buch soll die Bedeutung von Bildung und Kultur andeuten. Mais und Baumwolle stehen für die in der Landwirtschaft tätigen Menschen, während das Zahnrad die Industriearbeiter repräsentiert. Die Hacke steht für die Arbeit, das Buschmesser deutet den bewaffneten Kampf an, der das Land von den Portugiesen befreit hat. Auf dem Band steht der Staatsname.

Antigua und Barbuda

AG

Fläche:	440 km²
Einwohner:	85 000
Hauptstadt:	Saint John's
Landessprache:	Englisch
Staatsform:	parlamentarische Monarchie im Commonwealth

Flagge: Als Antigua am 27. Februar 1967 die innere Autonomie erhielt, wehte erstmals die oben abgebildete Flagge. Sie wurde bei Erlangung der vollen Souveränität als Nationalflagge (Proportion 2:3) übernommen. Die Gestaltung der Flagge ging aus einem Wettbewerb hervor. Den siegreichen Entwurf schuf der damals 33-jährige Künstler und Lehrer Reginald Samuel.

Das rote Feld steht für die Tatkraft und Dynamik des Volkes, das alle Kräfte darauf konzentriert, sich zu einer modernen Nation zu entwickeln. Der V-förmige Einschnitt ist das Symbol des Sieges, die darin enthaltenen Farben stehen für den Boden und das afrikanische Erbe des Volkes. Die Sonne, die sich aus dem Blau des Meeres erhebt (Blau ist gleichzeitig das Symbol für Hoffnung), repräsentiert den Anbruch der neuen Zeit. Die Farben Weiß, Blau und Gelb stehen für Sand, Meer und Sonne und symbolisieren den Fremdenverkehr, der zu den wichtigsten Einnahmequellen des Landes gehört. Am 1. November 1981 wurde die Flagge auch offizielle Staatsflagge von Antigua und Barbuda.

Bis 1958 wehte über Antigua die Flagge der Leeward-Inseln, 1958–1962 die der Westindischen Föderation und 1962–1967 der Union Jack mit dem 1957 geschaffenen Badge von Antigua.

Wappen: Das Wappen, das von Gordon Christopher entworfen wurde, verlieh Königin Elisabeth II. dem assoziierten Staat am 16. Februar 1967. In diesem sind die Elemente des V-Ausschnittes aus der Flagge enthalten. Das Gebäude stellt eine historische Zuckermühle dar und erinnert daran, dass Zuckerrohr das wichtigste Exportgut der Insel war und auch dort verarbeitet wurde. Im Crest, der aus dem Abzeichen der Leeward-Inseln entnommen wurde, sind die weiteren landwirtschaftlichen Güter dargestellt: Baumwolle, Roter Eibisch und Ananas. Die Insel Barbuda wird durch die schildhaltenden Hirsche symbolisiert, die dort in einem staatseigenen Gehege gezüchtet werden. Das Motto »Wenn jeder sich anstrengt, haben alle Erfolg« stammt von James H. Carrott, dem damaligen Permanent Secretary im Handels-, Produktions- und Arbeitsministerium.

Äquatorialguinea

GQ

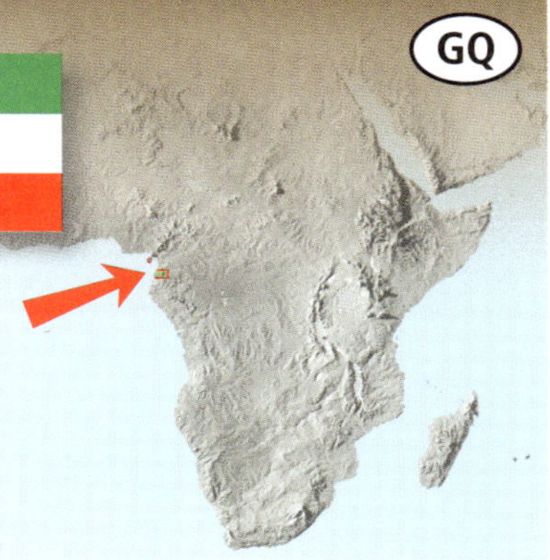

Fläche:	28 051 km²
Einwohner:	507 000
Hauptstadt:	Malabo
Landessprache:	Spanisch
Staatsform:	präsidiale Republik

Flagge: Schon vor der Unabhängigkeit wurde ein Flaggenentwurf diskutiert: schwarz-weiß-grüne Streifen mit einem blauen Dreieck an der Mastseite. Gehisst wurde aber am 12. Oktober 1968, dem Tag der Unabhängigkeit, die oben abgebildete Staatsflagge. Ohne Wappen ist sie zugleich Nationalflagge. Den Farben wird folgende Bedeutung gegeben: Grün steht für den Reichtum des Landes und den Urwald, Weiß symbolisiert den Frieden und Rot erinnert an das Blut, dass die Bevölkerung im Kampf für die Freiheit vergossen hat. Das blaue Dreieck versinnbildlicht den Ozean, der die Inseln vom Festlandteil, dem ehemaligen Río Muni (heute Mbini), trennt. Von 1973 bis 1978, während des Regimes des Diktators Nguema, unterschied sich die Flagge durch die Einsetzung eines anderen Staatswappens.

Wappen: Neben der Flagge wurde auch das Staatswappen bei Erlangung der Unabhängigkeit angenommen. Als Wappen wählte der junge Staat einen Seidenbaum, auch Gottesbaum genannt. Unter einem solchen Baum soll ein einheimischer König namens Bonkoro 1843 einen Vertrag mit den Spaniern abgeschlossen und ihnen diesen Landstrich überlassen haben. Anderen Quellen zufolge handelt es sich um einen Mangrovenbaum, der auf die Bedeutung der Land- und Forstwirtschaft für die Entwicklung des Landes hinweisen soll.

Das Wappenbild selbst ist dem Wappen der Stadt Bata, der Hauptstadt Río Munis, nachempfunden. In diesem steht der Baum vor einem Berg, der den Schild teilt, und die sich im unteren Teil befindlichen Wellen weisen auf die Lage der Stadt hin. Die sechs goldenen Sterne stehen für die sechs Bezirke des Staates: die Inseln Fernando Poo, Groß Eloboy, Klein Eloboy, Corisco, Annobon und den Festlandteil Río Muni. Das Band unter dem Schild trägt das Motto des Staates »Einheit, Friede, Gerechtigkeit«. Das Wappen von 1973 bis 1978 zeigte unter einem roten Hahn (das persönliche Symbol F. M. Nguemas) eine Zusammenstellung verschiedener Werkzeuge und Waffen und neben dem Staatsmotto noch die Parole »Trabajo« (Arbeit).

Argentinien

RA

Fläche:	2 780 400 km²
Einwohner:	39,5 Mio.
Hauptstadt:	Buenos Aires
Landessprache:	Spanisch
Staatsform:	präsidiale Bundesrepublik

Flagge: Die República Argentina führt eine blau-weiß-blaue Nationalflagge (Proportionen 2:3). Die Staatsflagge zeigt zusätzlich in der Mitte des weißen Streifens die Sol de Mayo (Maisonne) mit 32 Strahlen, die abwechselnd geflammt und gerade dargestellt werden. Letztmalig wurden die Bestimmungen und Farbtöne (das Blau wird als »Celeste« bezeichnet) bezüglich der Flaggen am 16. August 1985 festgelegt. Dabei wurde u.a. erlaubt, dass die Staatsflagge auch von Privatpersonen gezeigt werden darf.

Konquistadoren entdeckten zu Beginn des 16. Jahrhunderts die Mündung des heutigen Río de la Plata. 1536 befuhr die Flotte des Pedro de Mendoza auf der Suche nach dem Goldland Eldorado den Fluss. Am südlichen Ufer errichteten sie neben einigen Hütten auch eine Kapelle und gaben dieser Ansiedlung den Namen »Santa María del Buen Aire« (Heilige Jungfrau der Guten Winde), woraus später Buenos Aires wurde. Da man reiche Silbervorkommen vermutete, nannte man das Land Argentinien (= Silberland, vom lateinischen Argentum). Als 1776 das Vizekönigreich Río de la Plata, bestehend aus Argentinien, Bolivien und Paraguay, geschaffen wurde, blühte das Land auf, was die Engländer auf den Plan rief. Nach erfolgreicher Abwehr der britischen Landungsversuche 1806/1807 begann 1810 der Kampf gegen die spanische Herrschaft. General Manuel Belgrano, der bereits an der Verteidigung von Buenos Aires gegen die Engländer teilgenommen hatte, fiel 1810 in Paraguay ein und befreite durch die Siege von Tucumán (24. September 1812) und Salta (21. Februar 1813) ganz Argentinien von den spanischen Truppen. Für seine Truppen entwarf er blau-weiße Flaggen, woraus sich die argentinische Nationalflagge entwickelte. Die Farben selbst waren im Volk bereits bekannt. Am 25. Mai 1810 wurden auf der Plaza Mayor in Buenos Aires himmelblaue und weiße Kokarden an das Volk verteilt, das sich versammelt hatte, um vom spanischen Vizekönig die Einsetzung einer einheimischen Regierung zu fordern. Während der Versammlung war der Himmel bedeckt, doch dann teilten sich die Wolken und die Sonne schien auf das Volk. Dies wurde als ein positives Vorzeichen angesehen, und tatsächlich gestand der Vizekönig dem Volk eine einheimische Regierung zu. Seitdem ist die »Maisonne« das nationale Emblem Argentiniens. Am 9. Juli 1816 erklärte der Kongress von Tucumán die Unabhängigkeit der Vereinigten Provinzen am Río de la Plata, und am 20. Juli bestätigte dieser Kongress auch die Flagge in den Farben Himmelblau und Weiß. Der Kongress von Buenos Aires nahm die Flagge am 25. Februar 1818 für die Vereinigten Provinzen an.

Zur Symbolik der Farben Blau und Weiß gibt es verschiedene Deutungen. Eine davon sagt, dass sie den von Wolken durchzogenen Himmel über Argentinien darstellen oder auch die schneebedeckten Andengipfel und das von den beiden Meeren beseitete Land. Nach anderen Versionen sollen die Farben an die Uniformen der Truppen, die 1806/1807 die Engländer vor Buenos Aires besiegten, erinnern. Von dieser Episode stammt auch die letzte und wahrscheinliche Version der Farbendeutung. Die Farben galten als Symbol für die Mutter Gottes, unter deren Schutz das Land stand und daher die Engländer erfolgreich abwehren konnte. Da das Gesetz festlegte, dass die Sonne in der Form dargestellt werden sollte, wie sie auf einer Goldmünze abgebildet war (als die Flagge erstmals gezeigt wurde), gibt es die Flagge in zwei unterschiedlichen Varianten. Denn zu jener Zeit kursierten zwei verschiedene Münzen mit unterschiedlichen Sonnendarstellungen.

Wappen: Am 24. April 1944 wurde das Staatswappen letztmalig festgelegt. Im Artikel 5 des Dekrets Nr. 10.302/44 heißt es: »Künftig wird als Darstellung des argentinischen Wappens die getreue Wiedergabe des Siegels angenommen, das die souveräne allgemeine verfassunggebende Versammlung der Vereinigten Provinzen des La-Plata-Stromes gebraucht hat, das gleiche, welches sie in der Sitzung vom 12. März 1813 der Exekutivgewalt zu gebrauchen befohlen hat.« Hauptbestandteile des Wappens sind die hellblau-weißen Nationalfarben und die über dem Oval herausbrechende Sol de Mayo. Die in Inkatradition gestaltete Sonne ist das Zeichen der Freiheit. Die ineinandergreifenden Hände symbolisieren nationale Einigkeit und Brüderlichkeit im gemeinsamen Interesse für die Freiheit des Landes. Sie halten eine Stange mit aufgepflanzter Jakobinermütze als Symbol der Freiheit. Der das Oval umschließende Lorbeerkranz versinnbildlicht den siegreichen Kampf des Landes für seine Unabhängigkeit.
Die Jakobinermütze, auch Freiheits- oder phrygische Mütze genannt, war das erste übernationale Symbol der Freiheit. Im Römischen Reich erhielten freigelassene Sklaven von ihren Herren eine Mütze, die ursprünglich von einem kleinasiatischen Seeräubervolk getragen wurde. Während der Französischen Revolution wurde sie als republikanisches Freiheitssymbol angesehen. Seit etwa 1810 fand die Jakobinermütze Eingang in die Heraldik der lateinamerikanischen Staaten. Auf Stangen getragen wurde sie zum Symbol der Freiheit.

Armenien

ARM

Fläche:	29 743 km²
Einwohner:	3,0 Mio.
Hauptstadt:	Eriwan
Landessprache:	Armenisch
Staatsform:	präsidiale Republik

Flagge: Im Gebiet der Republik Armenien war schon sehr früh eine Hochkultur entwickelt. Deshalb wurde das Land immer wieder zum Spielball anderer Mächte. 1828 kam Armenien unter die Herrschaft der russischen Zaren. Am 28. Mai 1918 konnte sich die unabhängige Republik Armenien proklamieren, die aber nur zwei Jahre bestand. Infolge der politischen Umwälzungen erklärte Armenien am 21. September 1991 erneut seine Unabhängigkeit. Seine rot-blau-orangefarbene Nationalflagge (Proportionen 1:2) nahm Armenien bereits am 23. August 1990 anlässlich der Erklärung seiner Souveränität an. Sie basiert auf der Flagge von 1920.

Die Geschichte einer armenischen Flagge begann 1885, als beim Begräbnis des Dichters Victor Hugo armenische Exilanten eine rot-blau-grün gestreifte Flagge mit sich führten. Sie wurde von dem Priester Leon Alishan mit einer religiösen Symbolik entworfen. Als die Republik 1918 ausgerufen wurde, nahm sie die Flagge von 1885 an, ersetzte aber den grünen Streifen durch einen orangefarbenen. Die Flagge wurde im Juni 1919 durch Gesetz festgelegt. Rot symbolisierte das von den Armeniern im Kampf für die Freiheit vergossene Blut, Blau den unverwechselbaren Charakter der Landschaft und Orange den Mut des armenischen Volkes. Während der Zugehörigkeit zur Sowjetunion führte Armenien vier verschiedene Flaggen, wobei die ersten drei jeweils im Obereck eines roten Tuchs die unterschiedlichen goldenen Initiale des Staatsnamens zeigten. Am 17. Dezember 1952 erhielt Armenien eine Flagge, die in der Mitte eines roten Tuchs einen blauen Streifen trug.

Wappen: Das Wappen der Republik zwischen 1918 und 1920 wurde 1990 zunächst erneut Staatswappen der jungen Republik, dann aber durch ein modifiziertes Wappen am 19. April 1992 ersetzt. Es zeigt im Herzschild den Berg Ararat als Symbol Armeniens, dazu die Symbole der alten Herrschergeschlechter der Arsakiden, Bagratiden, Rubeniden und Artaxiden. Das Wappen entwarfen Alexander Tamanjan und Hakob Kodschojan.

Aserbaidschan

AZ

Fläche: 86 600 km²
Einwohner: 8,5 Mio.
Hauptstadt: Baku
Landessprache: Aserbaidschanisch
Staatsform: präsidiale Republik

Das in der Antike »Albania« genannte Land wurde 643 von den Arabern erobert und islamisiert. Danach unterstand es verschiedenen Mächten. Ab 1722 drangen russische Truppen ein, 1828 fiel das nördliche Aserbaidschan endgültig an Russland. 1918 gelang es nationalistisch-islamischen Kräften, die unabhängige Republik Aserbaidschan einzurichten. Von April 1920 bis zur Unabhängigkeitserklärung am 30. August 1991 gehörte Aserbaidschan zur Sowjetunion.

Flagge: Schon am 5. Februar 1991 hatte Aserbaidschan wieder die Flagge eingeführt, die erstmals auf einem nationalen Kongress im Frühjahr 1917 in Baku wehte. Im Gegensatz zur heutigen Flagge erstreckte sich der Halbmond über die drei Streifen. Die Flagge hatte folgende Bedeutung: Blau symbolisierte die Turkvölker, zu denen auch die Aserbaidschaner zählen. Rot stand für die immerwährende Weiterentwicklung der Kultur und Grün für den islamischen Glauben der Bevölkerung. Der Halbmond war der türkischen Flagge entnommen, während der achtzackige Stern die Hauptvölker Aserbaidschans symbolisierte: Aserbaidschaner, Jagatay, Kasaken, Kiptschaken, Osmanen, Seldschuken, Tataren und Turkmenen. In der jetzigen Flagge (Proportionen 1:2) steht Blau für den Himmel über Aserbaidschan, Rot für die Freiheit und Grün für das blühende Land. Der Halbmond symbolisiert den Islam, zu dem sich der überwiegende Teil der Bevölkerung bekennt, die in ihrer Gesamtheit durch den Stern dargestellt ist.

Wappen: Am 19. Januar 1992 nahm Aserbaidschan ein Staatswappen an, das auf dem der ersten Republik von 1919 basiert. Der achtzackige Stern repräsentiert die acht Turkstämme. Die Flammen in der Mitte versinnbildlichen den Landesnamen »Land des Feuers« und stehen für das Erdöl, das wichtigste Produkt des Landes. In der Vergangenheit wurde das Land so genannt, weil sich das Erdöl selbst entzündete und so viele Feuer zu sehen waren. Die Flammen stehen aber auch für die Freiheit, die Ähren für die Landwirtschaft und der Eichenzweig für die Landschaft.

Äthiopien

ETH

Fläche:	1 112 000 km^2
Einwohner:	83,1 Mio.
Hauptstadt:	Addis Abeba
Landessprache:	Amharisch
Staatsform:	parlamentarische bundesstaatliche Republik

Flagge: Äthiopien, lange Zeit Abessinien genannt, bedeutet »Land der Menschen mit den verbrannten Gesichtern«. Es ist der einzige Staat Afrikas, der durch alle Jahrhunderte – bis auf wenige Ausnahmen – immer selbstständig blieb. Dies war auch der Grund, dass Ghana, als es 1957 als erster schwarzafrikanischer Staat unabhängig wurde, die äthiopischen Farben für seine Nationalflagge verwendete. Als auch Guinea diesen Farbdreiklang annahm, wurde der Begriff *panafrikanische Farben* geprägt.

Über die Entstehung der äthiopischen Nationalflagge wissen wir, dass sie durch das Aneinandernähen von drei Wimpeln entstand. Die Hintergründe dazu werden in Charles Michel-Côte's Werk »Vers Fachoda« (1900) genannt. Um 1890 gelangte eine französische Expedition auf ihrem Weg nach Westen an den äthiopischen Kaiserhof, wo es zwischen ihnen und Kaiser Menelik II. (reg. 1889–1913) zu einer Übereinkunft kam. Danach verpflichteten sich die Franzosen, alle Länder, die sich westlich des Baro-Flusses erstreckten, für den äthiopischen Kaiser in Besitz zu nehmen. Der gewöhnliche Prozess einer solchen Landnahme ging so vor sich, dass eine Flagge als Zeichen des neu erworbenen Rechts gehisst wurde. Nur bestand hier das Problem, dass noch keine Nationalflagge für das Reich des Negus (König) existierte. Nun war der Thronsaal mit roten, gelben und grünen Wimpeln geschmückt (beliebte Farben in der koptischen Volkskunst). Durch das Aneinandernähen dreier dieser Wimpel schuf man so die dreifarbige äthiopische Nationalflagge.

Kaiser Menelik befahl noch, sein Monogramm in weißen und roten Stickereien in der Mitte des gelben Streifens zu platzieren. Diese rot-weißen kaiserlichen Farben erschienen schon sehr früh in der äthiopischen Geschichte, vor allem in Bildern, die den siegeskreuztragenden Christus zeigten. An diesen Siegeskreuzen hingen Banner mit Kreuzen in den rot-weißen Farben. Es wurden aber auch rote, gelbe und grüne Banner beschrieben. Diese Farben setzten sich schnell als Nationalfarben durch. Was aber nicht feststand, war die Farbanordnung. So sah man auf der Weltausstellung in Paris 1889 eine Flagge, die grün-gelb waagerecht gestreift war, mit breitem roten senkrechten Streifen am Liek. Danach wurden die Farben senkrecht, in Anlehnung an die französische Trikolore, angeordnet, was auch der Orden des »Sterns von Äthiopien« beweist. Erst Ende der zwanziger Jahre wurde die äthiopische Flagge in horizontalen Streifen mit der Farbfolge Grün-Gelb-Rot festgelegt. Ihre Proportionen betragen 2:3. Während die Trikolore ohne Embleme als Nationalflagge während des Kaiserreichs und der Republik gleich blieb, enthielten die Staatsflaggen in der Mitte immer das dem jeweiligen System entsprechende Symbol.

Zur Bedeutung der Farben gibt es verschiedene Auslegungen. Nach der ältesten – sie ist trotz Sozialismus immer noch die in der Bevölkerung bedeutendste – symbolisieren die Farben die Dreifaltigkeit: Gelb für Gottvater, Rot für den Sohn und Grün für den Heiligen Geist. Nach anderen Aussagen steht Rot auch für Glaube oder für das Blut der Märtyrer; Gelb für Nächstenliebe oder Liebe zum Vaterland; Grün für Hoffnung oder für die Fruchtbarkeit der Erde. Gleichzeitig repräsentieren die Farben die bedeutendsten Teile des Landes: Rot steht für Tigre, Gelb für Amhara und Grün für Schoa. Letztmalig wurde die Flagge am 6. Februar 1996 mit dem seinerzeit neuen Staatswappen festgesetzt. Danach bedeuten Grün die Fruchtbarkeit des Landes, Gelb die Religionsfreiheit und die Liebe zum Vaterland und Rot das Leben, welches geopfert wurde für den Zusammenhalt der Nation.

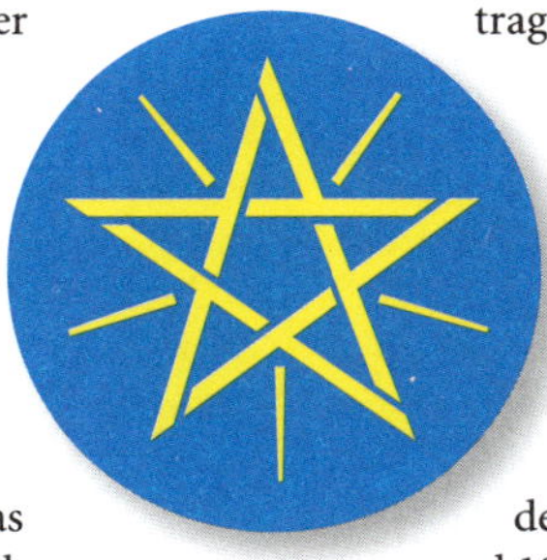

Wappen: Als Symbol Äthiopiens gilt der Löwe von Juda. Er erschien bisher in allen Wappen des Staates. Die Herkunft des Löwen geht vielleicht auf den mythischen Priesterkönig Johannes zurück, nach dessen sagenhaftem Reich die Europäer im 15. Jahrhundert suchten. Man glaubte es in Äthiopien gefunden zu haben, weil die Witwe des Kaisers Baeda Margam (reg. 1468–1478), Helena (eine zum Christentum übergetretene Muslimin), mehrere Gesandschaften nach Italien schickte. Nach den europäischen Vorstellungen bestand das äthiopische Wappen seit dem 17. Jahrhundert aus einem kreuztragenden roten Löwen. Nachzuweisen ist der Löwe seit einem Siegel des Kaisers Johannes (reg. 1872–1889). 1889 erschien er unter Kaiser Menelik als kreuztragender, schreitender Löwe.

Nach dem Ende der Monarchie wurden in der Folgezeit verschiedene Staatswappen geschaffen. Zunächst galt bis 1975 der Löwe ohne monarchisches Beizeichen als Wappen. Im Mittelpunkt des Wappens zwischen 1975 und 1987 stand ein Pflug vor einem Zahnrad, zwischen 1987 und 1992 der Obelisk von Aksum unter einem strahlenden Stern. Nach Abschaffung der Volksdemokratie 1992 führte die »Transitionale Regierung« ein Symbol mit Brücke, Waage und Friedenstaube ein. Das heute gültige, am 6. Februar 1992 festgelegte Staatswappen, symbolisiert die Gleichheit aller äthiopischen Völker. Die fünf Strahlen des goldenen Pentagramms verheißen eine strahlende Zukunft und der blaue Untergrund steht für Frieden und Demokratie in Äthiopien.

Australien

AUS

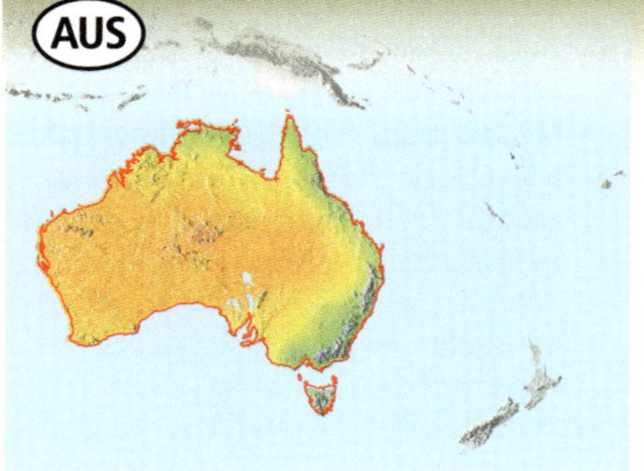

Fläche :	7 703 557 km²
Einwohner:	20,7 Mio.
Hauptstadt:	Canberra
Landessprache:	Englisch
Staatsform:	parlamentarische Monarchie im Commonwealth

1788 gründeten die Engländer die erste Sträflingskolonie in der Nähe von Sydney und legten damit den Grundstein zur Besiedlung des Kontinents durch Weiße. 1793 landeten die ersten freien Siedler bei Sydney, 1829 gründete England die erste Kolonie auf australischem Boden. Erst nach 1820 wurde der Name Australien für diesen Kontinent gebräuchlich. Die englische Gesetzgebung legte seit 1823 schrittweise den Grund zu einer verantwortlichen Selbstregierung der Kolonien, deren Weiterentwicklung zur Proklamation des »Federal Commonwealth of Australia« durch Königin Victoria 1900 führte. Damit schlossen sich am 1. Januar 1901 die sechs Kolonien zu einem Bundesstaat (Commonwealth of Australia) im Britischen Empire zusammen.

Flagge: Schon bevor Australien seine zurzeit gültige Nationalflagge annahm, gab es in den verschiedenen Landesteilen die unterschiedlichsten Flaggen, die aber fast immer auf den britischen Dienstflaggen basierten. Als erste nationale australische Kolonialflagge galt die der Kapitäne Bingle und Nicholson, die in jeden Arm des Kreuzes der britischen Kriegsmarineflagge einen weißen achtzackigen Stern legten. Kapitän Bingle vermerkte in seinem 1880 geschriebenen Tagebuch, dass diese 1823 entworfene Flagge als offizielle australische Flagge vom damaligen Gouverneur Sir Thomas Brisbane anerkannt wurde. Auf dieser Flagge basierte auch die 1831 entworfene Flagge von Neusüdwales: in einem weißen Tuch mit dem Union Jack im Obereck ein durchgehendes blaues Kreuz, belegt mit fünf weißen achtzackigen Sternen. Diese vom Sydneyer Hafenmeister John Nicholson entworfene Flagge galt bis 1901 als inoffizielle australische Flagge.

Als sich die sechs Kolonien 1901 zu einem Bundesstaat zusammenschlossen, benötigte man eine Bundesflagge. Aus diesem Grund rief die Regierung zu einem Wettbewerb auf, zu dem mehr als 30 000 Entwürfe eingereicht wurden. Fünf nahezu identische Entwürfe siegten in dem Wettbewerb. Die Preise erhielten Mrs. Dorrington, Mr. Nuttal und die drei Jugendlichen I. Evans, L. Hawkins und W. Stevens aus Neuseeland. Am 3. September 1901 hisste man im Melbourne Exibition Building erstmals die neue Nationalflagge. Dabei hatten die fünf Sterne des »Kreuz des

Südens« neun, acht, sieben, sechs und fünf Strahlen, so wie sie vom Himmel herabschienen. Der große Unionsstern unter dem Union Jack hatte sechs Zacken. Am 20. Februar 1903 notierte die »Commonwealth Gazette«, dass der König den Entwurf geprüft und in dieser Form nicht gebilligt hätte. 1908 überarbeiteten W. Dobbs, J. Nuttal und P. Barachi den Entwurf, und am 22. Mai 1909 wurde die heute gültige Form offiziell gebräuchlich. Die Bestätigung durch das australische Staatsoberhaupt, Königin Elisabeth II., erfolgte jedoch erst 1954. Der siebte Zacken des Unionssterns symbolisierte das am 1. September 1906 zu Australien gekommene Papua-Territorium, später das Nordterritorium.

In der Flagge, Proportionen 1:2, stehen die sieben Zacken für die sieben Bundesstaaten, das Kreuz des Südens zeigt die Sterne (von oben nach unten) Gamma, Delta, Beta, Epsilon und Alpha. Ihre genaue Stellung und Größe sind per Gesetz festgelegt. Die Flagge »ist das Indiz für das freie und demokratische Volk, vereint in einer Nation, vereint durch Tradition, Bräuche und dem gleichen Ziel. Die Flagge gehört zu jedem Australier, gleich welchen Ursprungs. Es ist das Recht und die Pflicht jeden Bürgers, sie ehrenvoll zu zeigen«.

Wappen: Vom 7. Mai 1908 bis zum 19. September 1912 zeigte das australische Wappen im silbernen Schild mit blauem Bord ein rotes, mit fünf silbernen Sternen belegtes Georgskreuz. Der Bord selbst war mit sechs silbernen Schilden, darauf rote Sparren, besetzt. Dazu kamen noch Schildhalter und Oberwappen. Am 20. September 1912 verlieh König Georg V. von Großbritannien dem Commonwealth of Australia das noch heute gültige Bundeswappen. Es hat sich aus der britischen Kolonialheraldik entwickelt, die die althergebrachte Heraldik mit für die Kolonien typischen Elementen zu verbinden suchte. Dabei kamen in vielen Fällen überladene Wappen heraus, wie das australische Bundeswappen beweist.

Im Schild sind die Badges der einzelnen Bundesstaaten dargestellt: Für Neusüdwales das Georgskreuz mit Leopard und Sternen (es entstammt dem Badge aus der ersten Kolonialflagge), für Victoria das Kreuz des Südens mit Krone als Symbol für den Namen; für Queensland das Malteserkreuz aus dem Badge von 1876. Für Südaustralien steht der Würger auf einem Eukalyptusast, für Westaustralien der schwarze Schwan als Symbol für den ersten Namen der Kolonie, »Swan River Colony«. Für Tasmanien steht der rote Löwe, der dem Crest des tasmanischen Wappens entstammt. Er wird als der holländische bezeichnet und steht für den niederländischen Entdecker der Insel. Die die Badges umschließende Hermelinborte symbolisiert die Unteilbarkeit des Bundes. Das im Schild nicht repräsentierte Nordterritorium wird durch den siebten Zacken im Commonwealth-Stern berücksichtigt. Emu und Känguru stehen für die Fauna, während das Akaziengerank die Flora repräsentiert. Der frühere Spruch »Advance Australia« entfiel.

Bahamas

BS

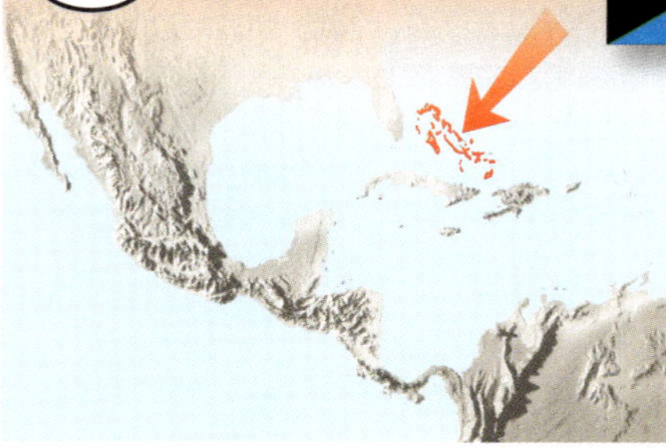

Fläche:	13 939 km²
Einwohner:	331 000
Hauptstadt:	Nassau
Landessprache:	Englisch
Staatsform:	parlamentarische Monarchie im Commonwealth

Flagge: Als das Commonwealth of the Bahamas am 10. Juli 1973 unabhängiges Königreich wurde, hisste man die neue Nationalflagge (1:2), die bereits am 4. April 1973 im House of Assembly vorgestellt worden war. Die neue Flagge wurde durch eine Arbeitsgruppe unter dem Vorsitz des Innenministers Roberts ausgearbeitet. Sie griff einen Entwurf auf, den Schulkinder zu einem Wettbewerb im Juni 1971 eingereicht hatten. Die Flagge besteht aus gleich breiten Streifen in den Farben Aquamarin-Goldgelb-Aquamarin und einem schwarzen Dreieck. Sie werden wie folgt gedeutet: Der goldene Sand der mehr als 3000 Inseln wird vom blauen Meer umspült. Das Gold symbolisiert die Zukunft der Nation. Das Schwarz des Dreiecks repräsentiert die Einwohner, deren Vorfahren aus Afrika hierher gebracht worden waren, nachdem die eingeborenen Lucayan-Indianer ausgestorben waren. Das Schwarz steht auch für die Stärke des vereinten Volkes. Die Dreieckspitze weist auf die Streifen der Flagge; sie stellt den Unternehmungsgeist und die Entschlossenheit des Volkes dar, sich zu entfalten und die Reichtümer, die Land und Meer bieten, zu nutzen.

Wappen: Unverändert führt der Staat das vor der Unabhängigkeit am 7. Dezember 1971 von Königin Elisabeth II. verliehene Wappen weiter. Das Segelschiff über dem Wellenschildfuß stellt die »Santa Maria« dar. Sie erinnert an Christoph Kolumbus, der 1492 auf seiner ersten Expedition auf einer Bahamainsel erstmals amerikanischen Boden betrat. Die goldene Halbsonne im blauen Schildhaupt weist auf die Zukunft hin. Als Schildhalter dienen ein Flamingo und ein Merlin, typische Vertreter der Fauna des Landes und der See. Auf dem Wulst über dem königlichen Helm deuten eine Seemuschel und ein Büschel Palmwedel ebenfalls auf die große Bedeutung von See und Land hin. Das Motto auf dem Fundament, das gespalten ist von Meereswellen und Sumpfland, lautet: »Fortschritt, aufwärts, zusammen vorwärts«.

Das Wappen löste ein Badge ab, das aus dem 18. Jahrhundert stammte. In einem Gürtel mit der Inschrift: »Als die Piraten vertrieben waren, blühte der Handel wieder« jagte ein britisches Kriegsschiff zwei Piratenschiffe.

Bahrain

BRN

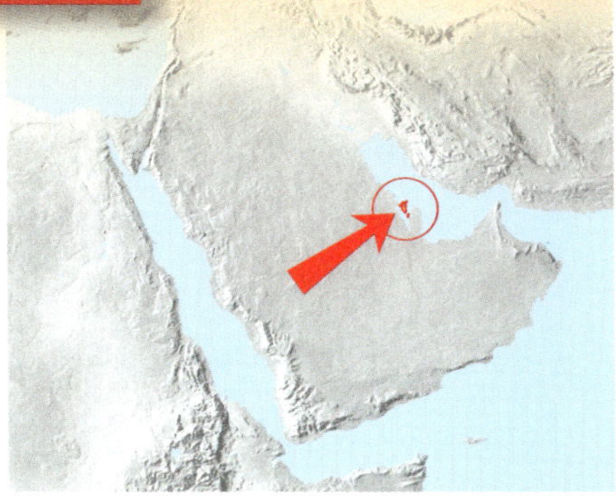

Fläche:	712 km²
Einwohner:	753 000
Hauptstadt:	Manama
Landessprache:	Arabisch
Staatsform:	konstitutionelle Monarchie

Flagge: Die rote Flagge mit einem vertikalen weißen Streifen am Liek hat die Proportionen 3:5. Die seit 1932 bekannte Flagge wurde in zwei Varianten geführt: Die Teilungslinie zwischen dem weißen Streifen und dem roten Feld konnte sowohl gerade gezogen als auch gezackt sein. Die gezackte Form wird heute ausschließlich geführt. Man wählte die Zackenlinie, um die Nationalflagge von den Flaggen der Emirate Adschman und Dubai zu unterscheiden.

Die Flagge geht bis in das 18. Jahrhundert zurück. Alle Stämme am Persischen Golf führten eine rote Flagge, das Abzeichen des Scherifen von Mekka. Bei den Muslimen führen die Abkömmlinge Hassans, einem Enkel Mohammeds, diesen Titel. Als am 8. Januar 1820 der Friedensvertrag mit Großbritannien geschlossen wurde, verpflichteten sich die Vertragsstaaten, darunter auch Bahrain, ihre rote Flagge mit einem weißen Bord als Friedenszeichen zu versehen. Zur Unterscheidung setzten die einzelnen Länder noch ihre Namen in weißen arabischen Zeichen ins rote Feld. Am 14. Februar 2002 erklärte Scheich Hamad Ibn Isa al-Khalifa das bisherige Emirat zum Königreich. Und zwei Tage später änderte er durch königliches Dekret Nr. 4 die Nationalflagge, indem er die Teilung zwischen den Farben »durch fünf Dreiecke ausgeführt, eindringend in die rote Farbe und die fünf Säulen des Islam symbolisierend« (das sind Schahada, Salat, Saum, Zakat und Hadsch) verordnete.

Wappen: Nachdem die Vertragsstaaten Flaggen angenommen hatten, dauerte es noch eine Zeit, bis andere Staatssymbole geschaffen wurden. Das Scheichtum Bahrain führte als erster dieser Staaten ein Wappen ein. Sir Charles Belgrave, in den Jahren 1926 bis 1957 der letzte britische Berater des Herrschers, entwarf es um 1930. Er reduzierte die Zacken der Flagge von acht auf drei und »heraldisierte« so das Flaggenbild. Als abendländisches Ornament fügte er noch Helmdecken in den Wappenfarben hinzu. Mit Änderung der Staatsflagge 2002 wurde auch das Wappen entsprechend dem Flaggenbild geändert.

Bangladesch

BD

Fläche:	147 570 km²
Einwohner:	158,7 Mio.
Hauptstadt:	Dhaka
Landessprache:	Bengali
Staatsform:	parlamentarische Republik

Bangladesch wurde im Dezember 1971 nach neunmonatigen Kämpfen gegen Pakistan souverän. Bereits im März 1971 hatte der Führer der Freiheitsbewegung, Scheich Mudschib ur-Rahman (1920–1975), die Unabhängigkeit des ostpakistanischen Bengalen ausgerufen.

Flagge: Im Februar 1971 hatte Serajul Alam, rechte Hand von Mudschib ur-Rahman, eine provisorische Nationalflagge entworfen. Sie zeigte auf dunkelgrünem Tuch eine rote Scheibe, in der die goldene Silhouette des Landes, die das »Goldene Bengalen« symbolisierte, lag. Die heute gültige Form der Nationalflagge stellte Ministerpräsident Mudschib ur-Rahman am 13. Januar 1972 seinem Kabinett vor, sie wurde am 25. Januar 1972 offiziell bestätigt. Diese Flagge, Proportionen 3:5, war eine modifizierte Flagge des Unabhängigkeitskrieges. Da es sehr schwer war, die Silhouette des Staates auf beiden Seiten korrekt darzustellen, wurde sie entfernt, und die Scheibe zum Liek hin versetzt, wodurch der Eindruck entstand, dass sie beim Wehen in der Mitte stünde. Die Farbe Grün steht für den Geist der Jugend und die Fruchtbarkeit Bengalens, die rote Scheibe symbolisiert die Sonne der Unabhängigkeit, welche in einem blutigen Kampf errungen wurde.

Wappen: Nachdem die Unabhängigkeit gewonnen war, löste ein neues Staatswappen das Emblem von 1971 ab. Das Zentralmotiv der Flagge war auch im ersten Wappen Bangladeschs enthalten: die goldene Karte auf roter Scheibe, mit einem weißen Rand, auf dem sich eine Inschrift und vier Sterne befanden. Das neue, 1972 eingeführte Staatswappen ist ebenfalls rund, als Farben werden nur Gold und Ocker (als Schatten von Gold) verwendet. Sie symbolisieren wiederum das »Goldene Bengalen«. Den Mittelpunkt des Wappens bildet die Schapla, eine Wasserlilie. Sie ist die Nationalblume des Landes. Für die Spitze des Wappens wählte man Juteblätter, weil dieses Anbauprodukt eine große Rolle in der Landwirtschaft spielt. Die Wellen stehen für den Wasserreichtum des Landes. Seitlich befinden sich zwei Padi(Reis-)ähren. Die vier Sterne symbolisieren die erklärten Staatsziele: Nationalismus, Demokratie, Sozialismus und Säkularismus.

Barbados

BDS

Fläche:	430 km²
Einwohner:	294 000
Hauptstadt:	Bridgetown
Landessprache:	Englisch
Staatsform:	parlamentarische Monarchie im Commonwealth

Flagge: Als Barbados am 30. November 1966 unabhängig wurde, hisste es erstmals die von G. W. Prescod entworfene Nationalflagge (2:3). Die Symbolik der Farben wird wie folgt gedeutet: Blau steht für das Meer und den Himmel, Gold für den Sand an den Stränden von Barbados. Die Flagge symbolisiert auch die beherrschende Stellung des Meeres in der Geschichte der Insel. Die Spitzen des Dreizacks stehen für das demokratische Regierungsprinzip: Regierung des Volkes, durch das Volk und für das Volk. Sein gebrochener Schaft soll den Bruch mit der Kolonialvergangenheit anzeigen. Der Dreizack wurde dem Kolonialabzeichen entnommen. In diesem bezwang eine Britannia auf einem Seepferd mit einem Dreizack die Wellen. Von 1958 bis 1962 war Barbados Mitglied der Karibischen Föderation. Die Flagge der Föderation zeigte in der Mitte eines hellblauen Tuchs eine rote Scheibe und vier weiße waagerechte Wellenlinien.

Wappen: Als Königin Elisabeth II. von Großbritannien die Insel am 14. Februar 1966 besuchte, brachte sie die Urkunde über die am 21. Dezember 1965 vollzogene Verleihung des neuen Wappens mit, welches das Kolonialabzeichen ablöste. Das Wappen zeigt im goldenen Feld einen natürlichen Feigenbaum mit Wurzeln, Ficus barbata, nach dem die Portugiesen die Insel benannt hatten. Der Feigenbaum wird flankiert von je einer roten Orchideenblüte, der »Red Pride of Barbados«, die auf das tropische Klima und die Lage der Insel in der Nähe des Äquators verweisen. Auf dem gold-rot bewulsteten Stechhelm hält der ausgestreckte Arm eines Barbadianers zwei sich kreuzende Zuckerrohrstengel. Aus Zuckerrohr werden die wichtigsten Exportgüter des Landes gewonnen: Rum und Zucker. Als Schildhalter dienen rechts ein Delfin und links ein Pelikan. Der Delfin symbolisiert das Fischereigewerbe, während der Pelikan an eine mit dem Hauptland verschmolzene Insel (Pelikaninsel) erinnert, die im heutigen Industriehafengelände liegt. Die Schildhalter stehen auf einem goldenen Schriftband mit dem Wahlspruch des Landes: »Stolz und Fleiß«, der auf die Arbeit der Bewohner hinweist.

Belgien

B

Fläche :	30 528 km^2
Einwohner:	10,5 Mio.
Hauptstadt:	Brüssel
Landessprachen:	Niederländisch, Französisch, Deutsch (regional)
Staatsform:	bundesstaatliche parlamentarische Monarchie

Flagge: Die Nationalflagge des Königreichs Belgien hat die Proportionen 13:15, die der Handelsflagge (sonst identisch mit der Nationalflagge) sind 2:3. Sie gilt seit 1831 und wurde zuletzt 1936 durch königliche Resolution festgesetzt und im Artikel 125 der Verfassung verankert. Die Farben entstammen den Wappen der Provinzen Hennegau, Brabant und Flandern. Hiermit wurden die Provinzen geehrt, die maßgeblich am Aufstand der Belgier gegen die habsburgische Herrschaft in den damaligen Österreichischen Niederlanden beteiligt waren.

Im Jahr 1482 übernahm das Haus Habsburg von den Burgundern die Herrschaft über die Belgischen Lande, die mit den Niederländischen Provinzen im Jahr 1548 im sog. Burgundischen Kreis vereinigt wurden. Nach der endgültigen Unabhängigkeit der Niederlande von 1648 bildete der Rest, der das heutige Belgien umfasste, die Spanischen Niederlande. Seit Ausgang des 15. Jahrhunderts führte ein Großteil der Provinzen eine weiße Flagge mit dem roten Schrägkreuz. Als Karl V. den Thron bestieg, kam eine neue Flagge auf, die auf alten Flaggentafeln als rot-weiß-gelbe flandrische Flagge bezeichnet wurde. Diese Flagge verband das österreichische Rot-Weiß mit dem spanischen Rot-Gelb.

Ab dem Jahr 1785 kamen Unruhen auf, weil die Bevölkerung mit einer Verwaltungsreform unzufrieden war, die die Provinzen Brabant, Flandern und Hennegau in neun Kreise aufteilen und der Zentralgewalt in Wien unterstellen wollte. Infolgedessen ließ Kaiser Josef II. am 9. März 1786 bekannt geben, »dass fortan in allen Österreichischen Landen allein die rot-weiß-rote Flagge Österreichs zu führen und alle abweichenden Flaggen zu unterdrücken seien«. Um der neu dekretierten Flagge jedoch keinerlei Geltung zukommen zu lassen, schuf sich die Volksmenge eine als Hutschmuck getragene Kokarde (Abzeichen)in den Farben Rot, Gold und Schwarz, die offensichtlich dem rot-bewehrten goldenen Brabanter Löwen im schwarzen Schild entlehnt waren. Dieser schon bald als belgische Farben bezeichnete Farbdreiklang wurde im August 1787 durch kaiserliches Edikt untersagt, tauchte aber ab 1789 während der Brabanter Revolution wieder auf. Im Jahr 1801 wurde Belgien an Frankreich und im Jahr 1815 an die Niederlande abgetreten. Am 26. August 1830 kam es in Brüssel erneut zur Volkserhebung, wobei die Anhänger Frankreichs versuchten, diese zu ihren Gunsten zu entscheiden. Das Auftauchen der französischen Trikolore wurde mit gemischten Gefühlen gesehen. Daher fertigte man in Erinnerung an die Brabanter Revolution waagerecht gestreifte Flaggen, die dann die französische Trikolore ersetzten. Vom 23. bis zum 27. September 1830 erkämpfte sich das kleine Land in blutigen Straßenkämpfen seine Unabhängigkeit. Am 30. September 1830 bestätigte die provisorische Regierung die Fahne, unter der sie am 4. Oktober 1830 die Unabhängigkeit ausrief. Dabei wurde sie mit den waagerechten Streifen Rot-Gold-Schwarz geführt. Als Prinz Leopold von Sachsen-Coburg den Königsthron bestieg, legte man die senkrechte Streifenordnung fest. Erst am 12. Oktober 1831 wurde die Farbfolge mit Schwarz-Gold-Rot beschlossen. Einigen Quellen zufolge soll Schwarz Kraft symbolisieren, Gelb die Reife und die Kraftfülle, die aus der Wahrheit erwächst und Rot gilt als Zeichen des durch Mut, Kühnheit und Opferbereitschaft des Volkes errungenen Sieges.

Die im Jahr 1950 geschaffene Kriegsmarineflagge zeigt im weißen Tuch ein Andreaskreuz in den Nationalfarben, begleitet von Anker, Krone und Kanonenrohren. Sie erinnert durch die Burgunderkreuzanordnung an die Taten belgischer Schiffe zur Zeit des Herzogtums Burgund.

Wappen: Das Wappen wurde am 17. März 1837 festgesetzt. Zum Symbol des Staates wurde das Wappen von Brabant gewählt, weil sich von dieser Provinz aus der Unabhängigkeitskampf auf das ganze Land ausbreitete. Darüber hinaus steht der Löwe in den Wappen fast aller belgischen Provinzen, sodass er als Symbol für das ganze Land spricht.

Als historisches Gebiet in Belgien und den Niederlanden entstand das Herzogtum Brabant als Resultat der Machtpolitik der Grafen von Löwen, die das Gebiet im 11. Jahrhundert erwarben und sich nach 1190 Herzöge von Brabant nannten. Sie führten nach ihrem Stammland den Löwen im Wappenschild. Er ist bekannt seit etwa 1190, als er im Siegel Herzog Heinrichs I. (1186–1235) erscheint. Hinter dem Schild kreuzen sich zwei Zepter, die anzeigen, dass der König Herrscher und höchster Richter des Landes ist, deshalb zeigt das eine den Löwen, das andere die Hand der Gerechtigkeit. Der Wahlspruch, der in Französisch und Flämisch erscheint, bedeutet »Einigkeit macht stark«. Den Schild umrahmt die Kette des Leopold-Ordens mit dem Kleinod des Großkreuzes. Der Leopold-Orden, gestiftet 1832, ist die höchste belgische Auszeichnung.

Neben dem oben abgebildeten Staatswappen gibt es noch das Königswappen, auch als großes Staatswappen bezeichnet. Bei diesem liegt der von Löwen gehaltene Schild in einem Wappenzelt, hinter dem die Fahnen der belgischen Provinzen stehen.

Belize

BZ

Fläche: 22 966 km²
Einwohner: 288 000
Hauptstadt: Belmopan
Landessprachen: Englisch, Spanisch
Staatsform: parlamentarische Monarchie im Commonwealth

Flagge: Seit 1862 war das Land unter dem Namen Britisch-Honduras Kolonie, ab 1871 Kronkolonie. 1973 wurde die Kolonie in Belize umbenannt. Im Rahmen des Commonwealth erhielt Belize am 21. September 1981 die Unabhängigkeit. Bis dahin hatte das Land wegen guatemaltekischer Gebietsansprüche auf seine Unabhängigkeit verzichtet. Aber bereits am 2. Februar 1950 hatte das Land eine Flagge eingeführt, die am 6. Januar 1964 bei Erlangung der inneren Autonomie offiziellen Status erhielt. Sie zeigte im blauen Tuch eine weiße Scheibe mit dem 1907 verliehenen Wappen, umgeben von einem Kranz mit 50 Blättern, der an das Jahr der Flaggeneinführung erinnerte. Ursprünglich sollten die 50 Blätter an die Machtergreifung der People's United Party (PUP) erinnern, auf deren Flagge auch der neue Entwurf basierte. Bei Erlangung der Unabhängigkeit hisste das Land die alte Flagge unter Hinzufügung der schmalen roten Streifen und des neuen Staatswappens. Die roten Streifen entnahm man der rot-schwarz-blauen Fahne der oppositionellen United Democratic Party. Die Proportionen der Flagge sind 3:5, die Breite der Streifen zusammen macht ein Fünftel der Gesamtbreite aus, der Kreisdurchmesser beträgt die Hälfte der Flaggenbreite.

Wappen: Schon im 19. Jahrhundert gab es ein Wappen für die Kolonie. König Edward VII. verlieh diesem durch königliches Dekret vom 28. Januar 1907 einen offiziellen Status. Es wurde mehrfach modifiziert und bildete die Vorlage für das neue Staatswappen, das bei Erlangung der Unabhängigkeit eingeführt wurde. Die beiden oberen Felder zeigen rechts Hammer und Paddel und links Axt und Säge (bis zur Unabhängigkeit lag in der Ecke des vorderen Feldes noch der britische Union Jack). Diese Felder stehen für den Reichtum an Edelhölzern, die auch heute noch auf den Flüssen zum Meer geflößt werden. Die Holzindustrie ist der wichtigste Industriezweig, daran erinnert auch der hinter dem Schild stehende Mahagonibaum. Das Schiff symbolisiert die vom Meer aus erfolgte Besiedlung. Die schildhaltenden Männer unterschiedlicher Rasse sind Holzfäller und drücken die ethnische Vielfalt aus. Der Spruch »Ich blühe im Schatten« entstammt dem alten Kolonialwappen. Das Wappen wird von einem Blätterkranz umrahmt.

Benin

BJ

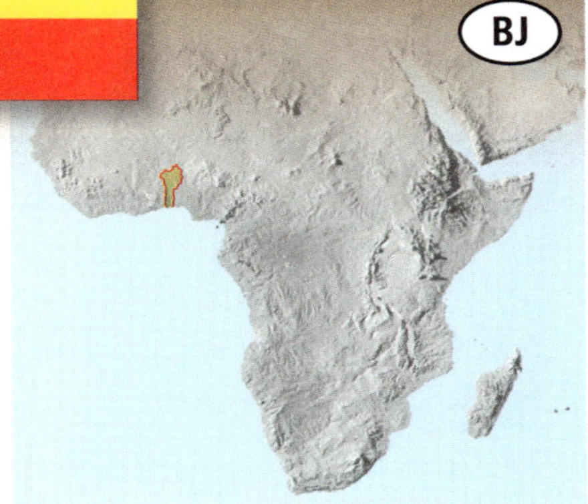

Fläche: 112 622 km²
Einwohner: 9,03 Mio.
Hauptstadt: Porto-Novo
Landessprachen: Französisch, Kwa, Fon u. a.
Staatsform: präsidiale Republik

Flagge: Am 1. August 1960 erlangte die heutige Republik Benin als Republik Dahomey die Unabhängigkeit. Die Nationalflagge (Proportionen 2:3) wurde durch Gesetz am 16. November 1959 bestimmt. Neben der panafrikanischen Bedeutung haben die Farben noch folgende Symbolik: Rot ist die Erde des Landes sowie das Blut vergangener Generationen, Grün steht für die Palmenhaine in der südlichen Region (Palmöl ist ein wichtiger Exportartikel). Gelb symbolisiert die Savannen in den mittleren Regionen. Vom 30. November 1975 bis zum 1. August 1990 führte das Land als Volksrepublik (die Bezeichnung wurde am 1. April 1990 wieder rückgängig gemacht) eine grüne Flagge mit fünfzackigem roten Stern im Obereck. Diese farbliche Umkehrung der Parteiflagge der Parti de la Révolution populaire du Bénin (PRPB) sollte die Schaffung einer neuen revolutionären und sozialistischen Benin-Nation verdeutlichen. Die Wiedereinführung der alten Flagge sollte das formale Ende des marxistisch-leninistischen Weges der Republik anzeigen.

Wappen: Bis Ende 1964 führte der Staat nur ein Siegel. Erst am 9. Dezember 1964 bestimmte ein Gesetz das Staatswappen: Das Sombaschloss (die Somba gehören zu den Minderheiten im Land) steht für den schöpferischen Geist der Menschen von Dahomey. Es repräsentiert das friedliche Nebeneinander aller Stämme. Im zweiten Feld ist das Kleinod des Schwarzen Sterns von Benin dargestellt. Den Orden stiftete König Toffa von Porto-Novo 1892. Er soll an das um 1900 untergegangene mächtige Königreich Benin erinnern, das bis nach Dahomey reichte. Die Palme weist auf den Palmölreichtum hin. Das vierte Feld erinnert an die Kolonialisierung und die Übernahme der abendländischen Zivilisation. Die auf dem Schild liegenden Füllhörner in Form von Büffelhörnern enthalten Maiskolben, das wichtigste Nahrungsmittel der Bevölkerung. Die Leoparden stehen für den Verteidigungswillen des Volkes. Das Motto heißt »Brüderlichkeit, Gerechtigkeit, Arbeit«. Von 1975 bis 1990 zeigte das Staatswappen einen Stern und ein halbes Zahnrad, umgeben von einem Maiskolbenkranz.

Bhutan

BT

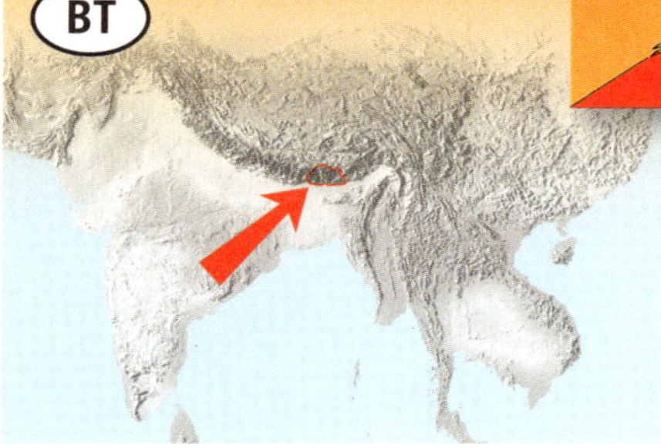

Fläche:	38 394 km²
Einwohner:	672 000
Hauptstadt:	Thimbu
Landessprache:	Dsongha
Staatsform:	Monarchie mit Ansätzen eines parlamentarischen Systems

Flagge: Ein um 800 von einem Tibeter zum Buddhismus bekehrter Hindufürst vereinigte mehrere Bergstämme und schuf damit das Kernland des heutigen Königreichs. Von der Religion ist auch die Nationalflagge geprägt. Die erste Flagge wurde 1949 anlässlich der Unterzeichnung des Indo-Bhutan-Vertrages auf Initiative König Jigme Wangchuks geschaffen. Sie war gelb und rotbraun schräggeteilt und mittig überdeckt von einem grünen Drachen. Sie wurde gezeichnet von Lharip Taw. Der grüne Drache entsprach der Tradition und Religion als Yu Druk Ngom, d.h. türkisfarbener Drachen. Diese Flagge wurde nur aus dem vorgenannten Ereignis geschaffen. Als König Jigme Dorji Wangchuk 1956 Ostbhutan besuchte, schuf man auf Grundlage eines Fotos von der Vertragsunterzeichnung eine neue Flagge. Sie war nun safrangelb über orangerot schräggeteilt mit darüberliegendem weißen Drachen. Die Flagge war zunächst quadratisch, später dann in den Proportionen 2:3 ausgeführt. Safran steht für die Autorität des Königs und Rot zeigt an, dass das Land in Übereinstimmung mit dem Dharma regiert wird. Der Drache symbolisiert den Landesnamen, denn Bhutan heißt bei den Einheimischen »Druk-Gyalkhap«, das bedeutet »Landesende«. Seine weiße Farbe ist das Symbol für Reinheit und Redlichkeit. In der einen Vorderpranke hält er das »Ei der Gelehrsamkeit und der Weisheit«, in der anderen eine Muschel aus einer buddhistischen Legende. Heute steht der Drache für die Gleichheit aller Menschen, die in Frieden und Wohlstand regiert werden.

Staatssiegel: Ein erstes, verhältnismäßig einfaches Symbol für den König wurde um 1950 geschaffen. Dieses wurde im Lauf der Zeit immer mehr verziert und mit Symbolen überladen. Die letzte Version des Royal Crest (Bhutan führt kein Staatswappen) entstammt dem Titelblatt der Verfassung. In der Mitte steht das von zwei Drachen gehaltene »Dorji Gyatum«, ein aus zwei Donnerkeilen gebildetes Kreuz als Attribute der Macht der Lamas, den religiösen Lehrmeistern. Sie sind Zeichen der Macht und Autorität und symbolisieren die Harmonie zwischen geistlicher und weltlicher Macht. Oben halten die Drachen den dreifachen Edelstein, als Verkörperung des Feuers, entsprechend der buddhistischen Philosophie.

Bolivien

BOL

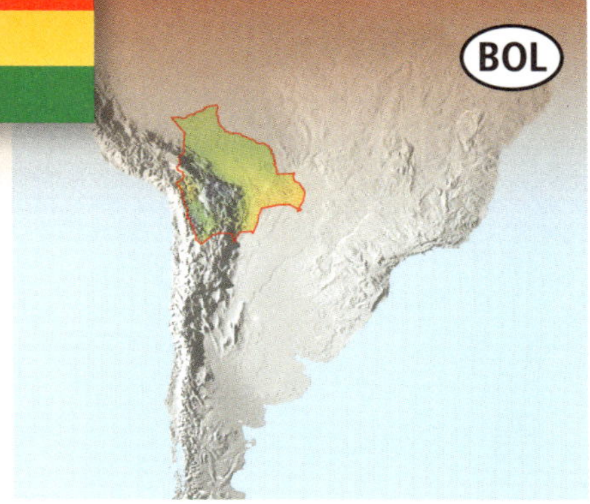

Fläche:	1 098 581 km²
Einwohner:	9,53 Mio.
Hauptstadt:	Sucre
Landessprachen:	Spanisch, Ketschua, Aymará
Staatsform:	präsidiale Republik

Flagge: Die bolivianische National- und Handelsflagge, Proportionen 2:3, wurde am 14. Juli 1888 eingeführt. Die Farben werden wie folgt ausgelegt: Rot steht für die Tierwelt und die Viehhaltung und symbolisiert Nationalstolz, die Tapferkeit der Freiheitskämpfer und die Liebe der Bürger zur Heimat. Gelb als Farbe der Inkas steht für den Reichtum an Mineralschätzen, vor allem in den Anden. Grün vertritt die Pflanzenwelt und zeigt die Hoffnung auf Fortschritt und Entwicklung des Landes.

Die Geschichte der Flagge beginnt am 6. August 1825, als eine Provinzversammlung die Unabhängigkeit der fünf Provinzen Ober-Perus signierte. Fünf Tage später gab sich der Staat den Namen Bolivar-Republik, woraus dann Bolivien wurde. Dieser Staat nahm am 17. August 1825 eine rote Flagge mit schmalen grünen senkrechten Streifen an. In der Mitte repräsentierten fünf grüne Ovale, gebildet aus Zweigen von Oliven und Lorbeer, die fünf Provinzen. Im Juli 1826 nahm das Land dann die gelb-rot-grün horizontal gestreifte Flagge an. 1851 wurde die bolivianische Flagge einschließlich des Wappens in der Verfassung verankert, endgültig festgestellt wurde sie 1888 durch Präsident Gregorio Pacheco.

Wappen: Auch das Staatswappen wurde 1888 eingeführt. Der Berg stellt den Potosí dar, der für seinen Silberreichtum bekannt ist und den Reichtum an Mineralschätzen des Landes versinnbildlicht. Das Alpaka als landestypisches Tier steht für die Wollerzeugung. Getreidegarben und Brotfruchtbaum zeigen die Fruchtbarkeit Boliviens an. Die Sterne repräsentieren die neun Departements und das im Salpeterkrieg verlorene Gebiet Litoral, wodurch Bolivien vom Pazifik abgeschnitten wurde. Der Kondor steht für die Anden und symbolisiert Ehre und Unabhängigkeit. Die Sonne über dem Berg ist das Symbol der Freiheit, während die Freiheitsmütze als republikanisches Symbol eingeführt ist. Die Gewehre stehen für den Verteidigungswillen, die Fahnen für die Vaterlandsliebe. Kanonen und Streitaxt erinnern an die spanischen Kolonialherren, die das Land 1532 im Kampf gegen die Inkas eroberten.

Bosnien-Herzegowina

BIH

Fläche:	51 197 km²
Einwohner:	3,94 Mio.
Hauptstadt:	Sarajevo
Landessprachen:	Bosnisch, Kroatisch, Serbisch
Staatsform:	föderative Republik

Die von Muslimen, Serben und Kroaten bewohnte ehemalige jugoslawische Teilrepublik rief am 3. März 1992 seine Unabhängigkeit aus. Dies war Anlass zu einem Bürgerkrieg unter den Volksgruppen, der sich auch auf die Staatssymbolik auswirkte.

Flagge: Ein kurzlebiger bosnischer Staat führte 1878 eine grüne Flagge mit gelbem Halbmond und Stern. Unter österreichischer Herrschaft hatte Bosnien-Herzegowina eine rot-gelb gestreifte Landesflagge. Bosnische Aufständische zeigten weiß-rote Flaggen mit Halbmond und Stern im oberen Streifen. Als jugoslawische Teilrepublik führte Bosnien-Herzegowina am 31. Dezember 1946 eine Flagge ein, die im Obereck eines roten Tuchs die Flagge der jugoslawischen Föderation zeigte. Im Vorfeld der Unabhängigkeit 1992 favorisierte man eine blau-weiß-blau senkrecht gestreifte Flagge mit mittig aufgelegtem Wappen. Aber einig waren sich die Volksgruppen nicht. Und so entschied das Parlament am 4. Mai 1992 die Annahme einer neutralen Flagge. Sie zeigte in der Mitte eines weißen Tuchs das Wappen, das dem König Stephe Tvrto zugeschrieben wurde: Im blauen Schild ein weißer Schrägrechtsbalken begleitet von sechs gelben Lilien. Vor allem Kroaten und Serben akzeptierten die Flagge nicht, und so wurde nach dem Dayton-Abkommen 1995 eine Kommission zur Schaffung einer neuen Flagge eingesetzt. Da sich diese nicht einigen konnte, legte der EU-Hochkommissar am 4. Februar 1998 die neue Nationalflagge (Proportionen 1:2) fest: Im blauen Feld ein gelbes Dreieck, begleitet von neun weißen Sternen. Die Farben erinnern an die Flagge der EU. Gelb symbolisiert die Leben spendende Sonne, das Dreieck als universelle geometrische Figur die drei Volksgruppen und die Form des Landes. Die Sterne entstammen der Flagge der Europäischen Gemeinschaft.

Wappen: Das am 20. Mai 1995 eingeführte Staatswappen ist der Nationalflagge nachempfunden. Die Anzahl der Sterne wurde jedoch verringert. Es löste das Wappen von 1992 ab, das wiederum das von 1947 bis 1992 gültige im sozialistischen Stil ausgeführte Wappen abgelöst hatte.

Botswana

RB

Fläche:	581 730 km²
Einwohner:	1,88 Mio.
Hauptstadt:	Gaborone
Landessprache:	Englisch
Staatsform:	präsidiale Republik

Flagge: Am 30. September 1966 wurde das britische Protektorat Betschuanaland als Republik of Botswana unabhängig. Schon am 27. Januar 1966 meldete die Betschuanaland Daily News: »Versammlung billigt Zeichnungen für Wappen und Flagge von Botswana«. Premierminister Seretse Khama (später erster Staatspräsident) hatte die Entwürfe vorgestellt, die von George Winstanlay stammten. Das gegenüber dem ersten Entwurf modifizierte Wappen und die Flagge werden seit dem Tag der Unabhängigkeit geführt. Die waagerechten Streifen der Flagge stehen im Verhältnis 9:1:4:1:9, die Proportionen der Flagge sind 24:36. Die Flagge symbolisiert den Wunsch nach einem friedlichen Zusammenleben der schwarzen Bevölkerung mit der weißen Minderheit unter dem ewigen blauen Himmel von Botswana. Das hellblaue Flaggentuch macht auch das Verlangen aller Bewohner nach Wasser deutlich, denn der Mangel an Oberflächenwasser ist das Hauptproblem Botswanas.

Wappen: Das Mittelstück des Staatswappens bildet ein afrikanischer Schild. Die Zahnräder stehen für den Willen, das Land zu industrialisieren. Die drei Wellenlinien repräsentieren sowohl den wasserreichen Nordwesten als auch das Verlangen des gesamten Landes nach Wasser. Da die Viehzucht die Haupterwerbsquelle des Staates ausmacht, wurde ein Stierkopf als drittes Symbol in den Schild aufgenommen. Ein großer Teil der Bevölkerung lebt von der Landwirtschaft. Für sie wurde ein Sorghumstengel, eine Hirseart, neben den Schild gestellt. Für den großen Tierreichtum stehen die beiden schildhaltenden Zebras. Man wählte dieses Tier, weil es in keinem Totenkult der vielen Stämme eine Rolle spielt und deshalb politisch neutral ist. Die Farben Schwarz und Weiß symbolisieren gleichzeitig die unterschiedlichen Rassen. Das Wort »Pula« im Schriftband hat neben Regen noch eine umfassendere Bedeutung, es wird für »Lebensblut« (Begriff für Wasser) gebraucht. Es soll die Kraft symbolisieren, die das Land befähigt, sich zu behaupten und ein guter Partner aller Staaten zu sein.

Brasilien

BR

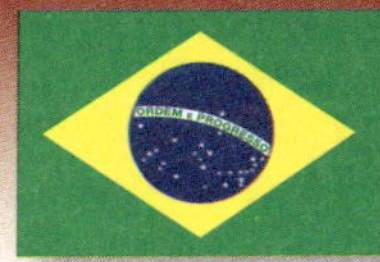

Fläche:	8 514 215 km²
Einwohner:	191,8 Mio.
Hauptstadt:	Brasília
Landessprache:	Portugiesisch
Staatsform:	präsidiale bundesstaatliche Republik

1499 entdeckte der Spanier Yánez Pinzón die brasilianische Küste und betrat bei Pernambuco als erster Weißer brasilianischen Boden. Wenig später, am 1. Mai 1500, landete der Portugiese Pedro Alvarez Cabral im heutigen Bahia und nahm das Land für König Manuel von Portugal in Besitz. Aber erst mit Gründung der Stadt São Vicente 1532 begann die Kolonisation Brasiliens. Am 16. Januar 1815 wurde die Kolonie zum Königreich in Personalunion mit Portugal erhoben. Der aus Portugal vertriebene König Johannes VI. kehrte 1821 nach Portugal zurück, nachdem er seinen Sohn Pedro zum Regenten von Brasilien bestimmt hatte. Am 1. Dezember 1822 ließ dieser sich zum Kaiser eines unabhängigen Brasiliens ausrufen. Seit dem 15. November 1889 ist Brasilien Republik. Die Abschaffung der Sklaverei (1888) führte 1889 zum Sturz des Kaisertums.

Flagge: Zum ersten Mal spricht man 1640 von einer Flagge im Zusammenhang mit der Kolonie Brasilien. In diesem Jahr wurde Jorge Mascarenhas unter Johann IV. von Portugal erster brasilianischer Vizekönig. Die Flagge zeigte in einem weißen Tuch mit blauem Rand den bekrönten portugiesischen Wappenschild. Ein Report berichtet 1645 von der Flagge des Fürstentums Brasilien: Im weißen Tuch eine weiß-blaue Erdkugel, darauf eine gelbe Armillarsphäre mit rotem Kreuz. Unter Pedro II. erschien 1669 eine weitere Flagge mit Bezug auf Brasilien: Im grünen Tuch der goldbekrönte portugiesische Wappenschild. Am 13. Mai 1816 erließ Johann VI. ein Dekret bezüglich der Flagge des »Vereinigten Königreiches von Portugal, Brasilien und Algarve«: im weißen Tuch der portugiesische Wappenschild, hinterlegt von einer gelben Armillarsphäre mit blauem Untergrund. Darauf stand die portugiesische Königskrone.

Noch vor seiner Unabhängigkeit nahm das Königreich Brasilien am 18. September 1822 eine Flagge an, deren Grundmuster noch heute gültig ist. Im grünen Tuch befindet sich ein gelber Rhombus (seine Ecken berührten die Flaggenränder), darauf das Wappen (im grünen Schild ein gelber Globus vor einem roten Tatzenkreuz, umgeben von einem blauen Ring mit 19 weißen Sternen, auf dem Schild eine Königskrone). Angeblich bestimmte die Königin Josephine (ehemalige Erzherzogin von Österreich) die Farben in Anlehnung an die gelb-schwarzen Farben des Kaiserreichs Österreich. Als man am 1. Dezember 1822 das Kaiserreich ausrief, wurde die Königskrone durch die kaiserliche ersetzt und die Zahl der Sterne auf 20 erhöht.

Nach Ausrufung der Republik zeigte die Flagge in den verschiedenen Landesteilen unterschiedliche Embleme. Am gebräuchlichsten war eine Flagge aus der Gegend von São Paulo, die am 15. November 1889 auch gehisst wurde: dreizehnmal von Grün und Gelb gestreift mit einem blauen quadratischen Obereck am Mast, darauf 21 weiße Sterne. Zur Nationalflagge erhoben wurde am 21. November 1889 der Entwurf eines deutschen Graveurs, der im Münzamt tätig war. Hauptgrund für die Annahme seines Entwurfes war wohl, dass er an dem Grunddesign der alten festhielt, sodass die Flagge des Kaiserreichs durch geringfügige Änderungen zur Flagge der Republik wurde und er größere Geldausgaben ersparte. Nach mehrfachen Detailänderungen wurde die Flagge (Proportionen 7:10) letztmalig am 11. Mai 1992 geändert, indem die Anzahl der Sterne auf 27 erhöht wurde. Grün steht für die riesigen Urwälder und Gelb für die Goldsuche der Pionierzeit sowie alle Bodenschätze. Beide Farben stehen zusammen für die Landwirtschaft. Weiß und Blau, die alten portugiesischen Farben, symbolisieren die Pioniere und ihre Tugenden, sowie die lusitanische Herkunft. Der Rhombus erinnert an einen Diamanten und somit an den Edelsteinreichtum des Landes. Das Motto »Ordnung und Fortschritt« führte die erste republikanische Regierung ein. Jeder Stern steht für einen Bundesstaat. Dabei stimmt die Stellung der Sterne mit der tatsächlichen Stellung am Himmel überein. Insgesamt zeigt der Globus spiegelbildlich das Sternenbild vom Südlichen Kreuz, wie es über Rio de Janeiro am 15. November 1889 um 8.30 Uhr, dem Zeitpunkt der Ausrufung der Republik, erschien.

Wappen: Das Staatswappen wurde bei Ausrufung der Republik eingeführt und mehrfach (zuletzt am 11. Mai 1992) modifiziert. Die Scheibe im Mittelpunkt zeigt das Sternbild des »Kreuz des Südens«. Die Sterne auf dem blauen, goldgeränderten Band darum stehen für die Bundesstaaten und den Bundesdistrikt. Den Stern in den gelbgrünen Nationalfarben umgibt ein rotes Band. Er symbolisiert die Einheit und die Unabhängigkeit des Staates. Dies wird noch durch die Glorie mit den festgesetzten 20 Zacken gesteigert. Der darum liegende Kranz besteht aus Kaffee- und aus Tabakblättern, den traditionellen landwirtschaftlichen Produkten Brasiliens. Das Schwert versinnbildlicht die Verteidigung der Unabhängigkeit. Das Datum bezieht sich auf die Ausrufung der Republik.

Brunei

BRU

Fläche:	5 765 km²
Einwohner:	390 000
Hauptstadt:	Bandar Seri Begawan
Landessprache:	Malaiisch
Staatsform:	absolute Monarchie

Flagge: Mitte des 19. Jahrhunderts konnte Großbritannien durch den Engländer James Brooke seine Macht in Nordborneo festigen. 1888 wurde Brunei britisches Protektorat. 1963 wurde es dem Land freigestellt, der Malaysischen Föderation beizutreten. Es blieb aber britisches Schutzgebiet. Am 1. Januar 1984 wurde das Sultanat unabhängig. Aber schon 1906, als das Land einen Schutzvertrag mit Großbritannien abschloss, nahm es seine erste Nationalflagge an. Zu dieser Zeit lag die Macht beim Sultan und seinen vier Wesiren, die jeweils eine spezielle Flagge führten: der Pengiran Bendahara eine weiße, der Pengiran Digadong eine grüne, der Pengiran Temenggong eine rote und der Pengiran Pemanche eine schwarze. Als 1906 die Vereinbarung unterzeichnet wurde, nahm man eine Staatsflagge an – ein Vorläufer der heutigen Flagge. Sie setzte sich zusammen aus der gelben Farbe des Sultans und denen des Pengiran Bendahara und des Pengiran Pemanche. Diese drei Personen hatten die Vereinbarung unterschrieben. Als das Land am 29. September 1959 eine Verfassung annahm, setzte man das Staatssymbol ein und die beiden Streifen wurden gleich breit gestaltet. Die Proportionen der Flagge sind 1:2.

Wappen: Das Staatswappen geht in Grundzügen auf die Zeit des dritten Sultans Sharif Ali (15. Jahrhundert) zurück. Es zeigte um 1930 einen geflügelten Baldachin mit Landesnamen. Seit 1948 lag dieser auf einem Halbmond, bei Verkündung der Verfassung 1959 wurden die Hände hinzugefügt. Im Halbmond steht »durch Gottes Hand wird das Gute gedeihen« und im Band darunter der Name des Staates »Brunei dâr as-Salâm« (= Brunei, Stätte des Friedens).

Die Bestandteile des Wappens haben folgende Bedeutung: Bendera (= Flagge) und Payong Ubor-Ubor (= der königliche Schirm) sind Symbole der staatlichen Hoheit und Souveränität, wobei der Schirm noch das spezielle Zeichen für den Sultan ist. Sayap, die Flügel mit den vier Federn, sind Sinnbilder für Gerechtigkeit, Ruhe, Wohlfahrt und Frieden. Der Mast symbolisiert eine stabile und gerechte Regierung. Die Hände (Tangan) zeigen die Ergebenheit des Volkes gegenüber der Regierung und versinnbildlichen das Versprechen des Staates auf Lebensqualität, Wohlfahrt und Frieden. Der Halbmond (Bulan) ist das Symbol für den Islam, die Staatsreligion.

Bulgarien

BG

Fläche:	111 002 km^2
Einwohner:	7,64 Mio.
Hauptstadt:	Sofia
Landessprache:	Bulgarisch
Staatsform:	parlamentarische Republik

Flagge: Wie andere Völker auf dem Balkan standen auch die Bulgaren seit dem 14. Jahrhundert unter türkischer Oberhoheit. Als zu Anfang des 19. Jahrhunderts der bulgarische Freiheitskampf begann, fand er in dem russischen Zaren seinen Befürworter, der auch durchsetzte, dass Bulgarien 1878 Fürstentum unter türkischer Oberhoheit wurde. Die Nationalversammlung wählte 1879 Alexander von Battenberg zum ersten Fürsten und bestimmte die weiß-grün-rote Nationalflagge. Dabei stand Weiß für den Frieden und als Zeichen des slawischen Gedankens, Grün symbolisierte die Freiheit und Rot galt als das Symbol für die Tapferkeit des bulgarischen Volkes. Heute steht Grün für die Fruchtbarkeit der bulgarischen Erde.

In Anlehnung an die weiß-blau-rote Flagge Russlands schuf G. S. Rakowski schon Jahre vorher diese Flagge, wobei er das Blau durch die grüne Freiheitsfarbe ersetzte. Rakowski führte 1862 unter dieser Flagge die »Bulgarische Legion« im serbisch-türkischen Krieg. Als Bulgarien 1908 Königreich wurde, legte man in die Flagge ein rotes Obereck mit goldenem Löwen ein. Am 4. Dezember 1947 wurde dies durch das Staatswappen von 1944 ersetzt. Seit dem 25. November 1990 nennt sich das Land »Republik Bulgarien«. Am 22. November 1990 bestimmte das Parlament, dass die Nationalflagge, deren Proportionen 3:5 betragen, künftig kein Wappen mehr enthalten soll.

Wappen: Nach vielen Jahren politischer Streitigkeiten nahm das Parlament am 31. Juli 1997 das heutige Staatswappen an. Maßgeblich daran beteiligt war der damalige Staatspräsident Peter Stojanow. Im Mittelpunkt steht der bulgarische Löwe, der bis in die Zeit des ersten bulgarischen Staates im Jahre 1000 zurückreicht und seit 1879 offizielles Emblem Bulgariens ist. Auf dem Schild ruht die Krone des Königs Iwan Schischman aus dem 14. Jahrhundert, unter dem das Land seine größte Ausdehnung erfuhr. Die drei Löwen stehen für die größten Gebiete des früheren Bulgarien: Mösien, Thrakien und Makedonien. Der Wahlspruch »In der Einheit liegt in der Stärke« wird durch die Eichenzweige bildlich verstärkt.

Burkina Faso

BF

Fläche:	274 200 km²
Einwohner:	14,78 Mio.
Hauptstadt:	Ouagadougou
Landessprache:	Französisch
Staatsform:	präsidiale Republik

Flagge: Am 5. August 1960 erhielt das Land als Obervolta seine Unabhängigkeit von Frankreich. Bereits am 9. Dezember 1959 hatte das Land eine schwarz-weiß-rot waagerecht gestreifte Flagge angenommen, die die drei Quellflüsse des Volta versinnbildlichte. 1983 putschte das Militär, und 1984 änderte der Staat seinen Namen. Übersetzt bedeutet Burkina Faso »Land der Aufrechten, Vaterland des revolutionären Volkes von Burkina«. Mit der Namensänderung führte der Staat auch seine neue Flagge ein (Proportionen 2:3). Die Flagge in den panafrikanischen Farben verdeutlicht die revolutionäre Gesinnung des Staates. Rot ist das Symbol des revolutionären Strebens bei der Umwandlung des Landes und die Hingabe, die für diesen Prozess benötigt wird. Grün ist das Symbol der Hoffnung und der Fülle sowie die dominierende Farbe in der Landschaft. Gelb steht für den noch nicht erschlossenen Reichtum an Mineralschätzen. Der Stern versinnbildlicht die Revolution, die das Land in eine goldene Zukunft führen wird.

Wappen: Das 1961 eingeführte und 1962 »afrikanisierte« Wappen zeigte im Schild die Farben der Nationalflagge, Pferde als Schildhalter, Speer, Hirse und das Staatsmotto. 1984 wurde ein neues Wappen eingeführt. Es war vom revolutionären Stil geprägt und symbolisierte den neuen Staat. Umgeben von einem Zahnrad und Sorghumstengel lagen Stern, Kalaschnikow, Hacke und ein Buch. Der Wahlspruch lautete »Vaterland oder Tod, wir werden siegen«. Mit Wirkung vom 1. August 1997 nahm das Land ein neues Wappen an, das weniger sozialistisch geprägt war und Elemente älterer Wappen Obervoltas und Burkina Fasos in sich vereinigte. Die Symbole werden folgendermaßen beschrieben: »Die Pferde symbolisieren die Würde des Volkes, ihre Haltung die Tätigkeit und Wichtigkeit, wie das Volk das Land gestaltet«. Der Herzschild steht für den Staat, die Lanzen für die Verteidigungsbereitschaft, das Buch für die Bildung und die Sorghumstengel für die Bedeutung der Landwirtschaft. Das Motto bedeutet »Einheit, Fortschritt, Gerechtigkeit«.

Burundi

RU

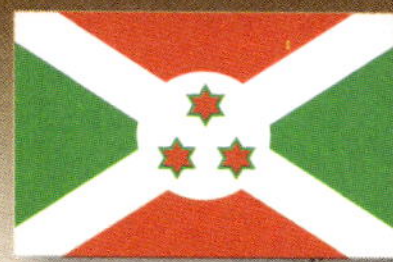

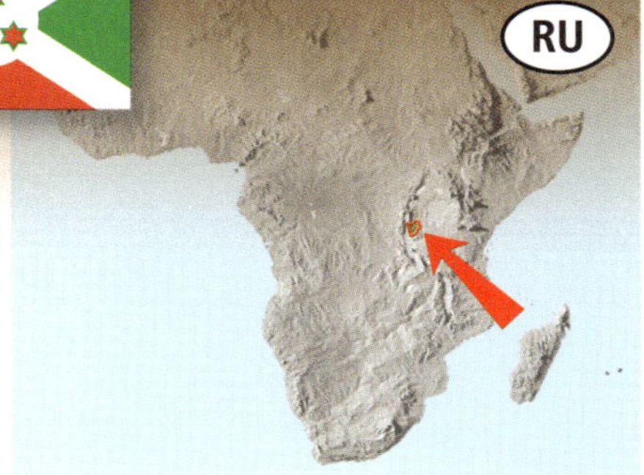

Fläche: 27 834 km²
Einwohner: 8,51 Mio.
Hauptstadt: Bujumbura
Landessprachen: Kirundi, Französisch
Staatsform: präsidiale Republik

Flagge: Das von Belgien verwaltete UNO-Treuhandgebiet zeigte am 1. Juli 1962, dem Tag der Unabhängigkeit, erstmals seine Nationalflagge. Von der heutigen Flagge (Proportionen 2:3) unterschied sie sich nur durch das Emblem. Es bestand aus einer Hirsepflanze und darüber die »Karyenda«, die königliche Staatstrommel. Nach einem Putsch wurde Burundi 1966 Republik. Bis zur Annahme der heutigen Flagge waren kurzfristig zwei andere Flaggen in Gebrauch. Direkt nach dem Sturz des Königs wurden die Embleme aus dem weißen Kreis entfernt, diese Flagge wehte nur wenige Tage. Dann nahm der Führer der Revolution, Michel Micombero, eine provisorische Nationalflagge an: im weißen Kreis eine grüne Sorghumpflanze mit rotem Fruchtstand. Da jedoch so der revolutionäre Gedanke des Umsturzes nicht zum Ausdruck kam, wurde am 28. Juni 1967 eine Flagge verabschiedet, die als Vorgänger der heutigen Flagge gilt. Es fehlte jedoch noch der grüne Rand um die Sterne. Am 26. Dezember 1968 führte Burundi die noch heute gültige Flagge ein. Dabei erinnert Rot an den Unabhängigkeitskampf und an die Leiden des Volkes während der Kolonialzeit, Grün drückt die Hoffnung auf eine goldene Zukunft aus, das weiße Diagonalkreuz zeigt den Frieden unter den Rassen an. Die sechsstrahligen Sterne entsprechen den Speeren im Wappen, sie versinnbildlichen den Wahlspruch »Einheit, Arbeit, Fortschritt« und stehen für die drei Stämme des Landes: Tutsi, Hutu und Tua.

Wappen: Während der Kolonialzeit wurde für das damalige Urundi ein Emblem gezeigt, welches in einem Oval einen Kronenkranich und einen Löwenkopf zeigte, hinterlegt mit vier Speeren. Darauf baute das Staatswappen des Königreichs auf. Es zeigte in Rot einen goldenen Löwenkopf. Auf dem Schild stand die Trommel, unter dem Schild der Spruch »Ganza Sabwa«, hinter ihm ruhten vier Speere. Auf diesem Wappen basiert das Wappen der Republik, das am 29. November 1966 eingeführt wurde. Der jetzt stärker stilisierte Löwenkopf soll die Kraft versinnbildlichen, die die Entwicklung des Landes voranbringen wird. Die Speere zeigen an, dass das Volk die Freiheit verteidigen wird.

Chile

RCH

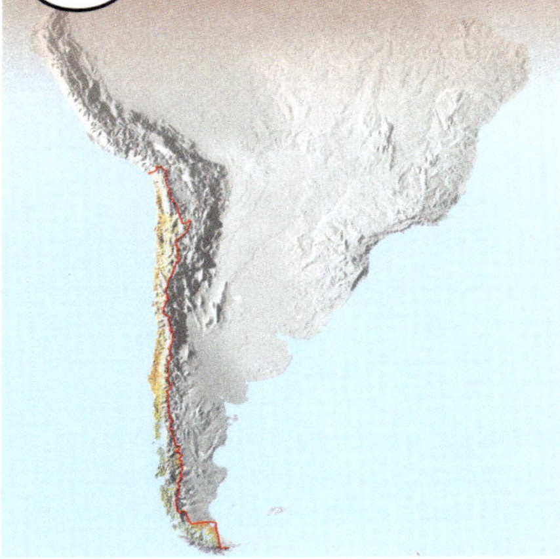

Fläche:	756 102 km²
Einwohner:	16,64 Mio.
Hauptstadt:	Santiago de Chile
Landessprache:	Spanisch
Staatsform:	präsidiale Republik

Flagge: Die heutige Nationalflagge, auch Kriegs- und Handelsflagge, mit den Proportionen 2:3 und dem blauen Obereck 1:1 wurde 1817 entworfen. Sie ist deutlich beeinflusst vom Sternenbanner der USA und wurde vom Nordamerikaner Charles Wood konzipiert, der als freiwilliger Pionieroffizier im chilenischen Heer der Generäle San Martin und O'Higgins kämpfte. Nach dem berühmten Marsch über die Anden schlug dieses Heer am 12. Februar 1817 die Spanier bei Chacabuco und nahm Santiago ein. Mit diesem Sieg über die Kolonialherren wurde die Herrschaft der Spanier, die seit dem 16. Jahrhundert bestanden hatte, beendet. Die Einführung der Nationalflagge gab der spätere Diktator Chiles, General Bernardo O'Higgins, am 18. Oktober 1817 bekannt. In der Flagge liegt im blauen Obereck der weiße Freiheitsstern. Seine Zacken symbolisieren die fünf ursprünglichen Provinzen Atacama, Coquimbo, Aconcagua, O´Higgins und Bio Bio. Die Farben in der Flagge werden folgendermaßen gedeutet: Rot ist das Blut, das die Helden im Kampf für die Freiheit vergossen haben; Weiß wird als der Schnee auf den Andengipfeln, das Blau als der Himmel über Chile und dem Pazifik gedeutet.

Schon 1812 hatte Don José Miguel Carrera eine erste chilenische Flagge entworfen, bestehend aus den drei Streifen blau-weiß-gelb. Sie sollte die spanische Flagge ersetzen. Beeinflusst wurde Carrera bei der Wahl der Trikolore durch Kapitän Lastra, einen ehemaligen spanischen Marineoffizier, den er vorher konsultiert hatte. 1810 wurde Chile von der Freiheitsbewegung der spanischen Kolonien erfasst. Die Kreolen vertrieben den spanischen Vizekönig und setzten am 18. September eine Junta ein. Der Kongress, der im September 1811 zusammentrat, handelte noch im Namen des Königs von Spanien. Dann riss Carrera mit seinen beiden Brüdern die Diktatur an sich und verkündete die Unabhängigkeit des Landes. Obwohl es kein Gesetz oder Dekret gab, wurden die Flagge und die Kokarde (in denselben Farben) akzeptiert, und bald erhielten sie den Namen »Embleme des alten Vaterlandes«. Carrera versuchte nach und nach die Flagge im gesamten Land zu verbreiten, dazu dienten unter anderem drei Dekrete. Am Tag der Unabhängigkeit, dem 18. September, wurde die Flagge in Santiago erstmals gehisst. Zu ihren Ehren wurde ein Salut von 21 Schuss abgefeuert. Dadurch wurde die Flagge zum Symbol der Nation und alle schworen, sie immer verteidigen zu wollen. 1814 schlugen spanische Truppen unter General M. Osorio, von Peru kommend, die chilenische Befreiungsarmee und richteten die spanische Herrschaft kurzfristig wieder auf; die blau-weiß-gelbe Flagge wurde wieder abgeschafft. Nach der Schlacht bei Chacabuco endete 1817 die spanische Oberhoheit über Chile. Man brauchte wieder eine neue Nationalflagge. Im April 1817 nahm Chile eine blau-weiß-rote Streifenflagge an, doch wie sich herausstellte, nur für kurze Zeit. Am 3. Oktober fragte der Gouverneur von Valparaiso bei der Regierung an, welche Flagge bei offiziellen Anlässen zu hissen sei. Nach Beratungen im Kabinett nahm man am 18. Oktober 1817 eine Idee des Kriegsministers Don José Ignacio Zentano auf, die Flagge als Nationalflagge zu verwenden, die San Martin in seinem Hauptquartier gebraucht hatte. Bei dem Marsch über die Anden wurde sie den Truppen vorausgetragen. Die weiß-rote Flagge mit dem weißen Stern im blauen Obereck ist seit dieser Zeit die chilenische Nationalflagge.

Die Präsidentenstandarte zeigt in der Mitte der Nationalfarben das Staatswappen; als Gösch dient das blaue Obereck mit dem weißen Stern.

Wappen: Das chilenische Staatswappen, dessen Vorbild die Nationalflagge war, entwarf Don José Ignacio Zentano 1834. Es wurde am 24. Juni 1834 offiziell eingeführt. Auf einem blau und rot geteilten Schild liegt ein silberner Stern. In der Flagge symbolisiert er nur die Freiheit, im Wappen steht er noch für die chilenischen Indianer. Diese führten einen silbernen Stern als ihr Erkennungszeichen und setzten ihn später in die ersten Wimpel. Auf dem Schild liegt ein Büschel, gebildet aus drei Federn in den Landesfarben. Diese »Krone« wurde früher vom Präsidenten des Landes als Zeichen seiner Würde und seines Ranges getragen. Der höchste Vertreter der Exekutivgewalt trug sie an seinem Hut. Als Schildhalter dienen Andenhirsch und Kondor. Der Hirsch ist das stärkste Tier in den chilenischen Anden. Der Kondor gilt mit einer Spannweite bis zu drei Metern als König unter den Vögeln in den Anden. Sein Flug ist gleichmäßig und schnell und verleiht ihm einen majestätischen Anblick. Er soll Symbol für das freie und unabhängige Leben der chilenischen Nation sein. Die beiden Kronen auf den Köpfen der Schildhalter stammen aus der Zeit der alten Segelschifffahrt. Der erste Seemann, der in einem Krieg das gegnerische Schiff betrat und lebend aus der Schlacht zurückkam, wurde mit dem goldenen Marinediadem gekrönt. Nachbildungen dieser Diademe tragen die beiden Schildhalter. Der Wahlspruch »Por la Razón o la Fuerza« bedeutet »Durch Vernunft oder Gewalt«. Das Staatswappen kann auch ohne Motto gebraucht werden.

China

RC

Fläche:	9 596 96160 km²
Einwohner:	1,34 Mrd.
Hauptstadt:	Peking
Landessprache:	Chinesisch
Staatsform:	sozialistische Republik

Flagge: In dem bevölkerungsreichsten Staat der Erde, das auch als Land des Drachens bezeichnet wurde, hat das Flaggenwesen eine lange Tradition. Die Flagge des chinesischen Kaiserreichs zeigte ab 1872 in einem dreieckigen gelben Tuch einen blauen Drachen und eine rote Sonne. Um 1890 wurde das Tuch viereckig gestaltet. Gelb war die Farbe des Herrscherhauses, und der Drache galt als Symbol für China. Nach dem Sturz der Monarchie im Jahre 1912 führte die Republik eine fünfstreifige Nationalflagge ein. In ihr stand Rot als Farbe der Han, des neuen staatstragenden Volkes oben.

1927 mündeten die innerstaatlichen Machtkonflikte in den chinesischen Bürgerkrieg zwischen der nationalistischen Kuomintang-Partei und der 1921 gegründeten kommunistischen Partei Chinas. Deren sog. Volksbefreiungsarmee verwendete eine einfarbig rote Flagge mit einem gelben Stern in der Oberecke am Mast und den Zahlen »1« und »8«, die an das Gründungsdatum, den 1. August 1928, erinnern sollten. Diese Flagge wurde ein Vorbild für die spätere Flagge der Volksrepublik China.

Als der Parteivorsitzende Mao Zedong am 1. Oktober 1949 vom Tiananmen-Platz die Volksrepublik China ausrief, entstand nach seinen Vorstellungen ein völlig neuer Staat. Die kommunistische Volksbefreiungsarmee hatte über die Truppen der Republik gesiegt, die nach Taiwan geflohen waren. Das bedeutete aber auch, dass neue Symbole geschaffen werden mussten. In Vorbereitung auf die Erste Politische Konsultativkonferenz rief eine Sondergruppe zur Erarbeitung der neuen Staatssymbole auf. Dazu wurden 4912 Flaggen- und 1120 Wappenentwürfe eingereicht. Am 1. Oktober 1949 hisste man auf dem Tiananmen-Platz erstmals die neue Nationalflagge. Ihre Proportionen betragen 2:3; der große Stern ist dreimal so groß wie jeder kleine, und von jedem kleinen Stern zeigt ein Zacken auf das Zentrum des großen Sterns. Das Design der Flagge war zwar neu, aber die Farben hatten in China eine lange Tradition. Rot war auch die Farbe der Han, des chinesischen Kernvolks, und Gelb galt als die vornehmste Farbe der chinesischen Kaiser. So verbindet die Flagge das neue China mit der Tradition des alten Staates. Die Flagge ist im Artikel 104 der Verfassung von 1954 verankert, sie ist gleichzeitig auch Handelsflagge.

Vorbild der Flagge war sowohl die Flagge der Sowjetunion als auch die der Republik China (Taiwan), die Kuomintangflagge. Bei beiden Flaggen liegt ein Symbol im Obereck, bei der Sowjetunion Hammer und Sichel, bei der Republik China eine weiße Sonne im blauen Feld. Das rote Tuch steht für den Weltkommunismus und symbolisiert die Revolution. Der große kommunistische Stern soll eigentlich rot sein, da aber das Tuch rot ist, erscheint er in gelber Farbe. Er symbolisiert die Vorherrschaft der kommunistischen Partei und das gemeinsame Programm für die vier Klassen des Volks, die durch die kleinen Sterne dargestellt sind: Arbeiter, Bauern, Kleinbürger und patriotische Kapitalisten.

Wappen: Das neue Staatswappen wurde auf der Ersten Nationalkonferenz 1949 nur diskutiert, angenommen wurde es erst durch die Zweite Politische Konsultative Nationalkonferenz am 20. Dezember 1950. Wie die Flagge ist auch das Staatswappen im Artikel 104 der Verfassung von 1954 verankert. Das Wappen zeigt die fünf Sterne aus der Flagge über dem Tiananmen-Tor (»Tor des Himmlischen Friedens«). Das Tor und die Sterne werden von Getreideähren mit einem Zahnrad am unteren Rand umrahmt. Den Abschluss nach unten bildet ein roter Vorhang. Zahnrad und Getreide symbolisieren das Zusammengehen von Bauern und Arbeitern. Die fünf Sterne stehen für die große Einheit des chinesischen Volkes unter der Führung der Kommunistischen Partei Chinas. Das Tiananmen-Tor steht in Peking und ist der Hauptzugang zur Verbotenen Stadt, dem Kaiserpalast. Es wurde im 15. Jahrhundert erbaut und nach einem Brand im Jahre 1651 wiederhergestellt. Der von einem Holzgebäude mit zwei gelben Ziegeldächern überragte Torbau hat fünf Zugänge, die in der Kaiserzeit stets geschlossen waren. Das mittlere Tor wurde immer dann geöffnet, wenn sich der Kaiser zum Himmelstempel begab. Vom Tiananmen nahmen die kaiserlichen Verordnungen ihren Ausgang, was auf folgende Art geschah: Ein holzgeschnitzter Phönix mit dem Dekret im Schnabel wurde über die Brüstung geworfen. Die unter dem Tor knienden Hofbeamten nahmen so die Nachricht in Empfang.

Als Vorläufer des Staatswappens kann man das Emblem der Politischen Konsultativen Nationalkonferenz ansehen. Es bestand aus der oberen Hälfte einer weißen Erdkugel mit goldenen Meridianen auf hellblauem, von goldenen Sonnenstrahlen durchzogenem Grund, das chinesische Staatsgebiet war rot darauf aufgetragen. Auf der Erdkugel reihten sich vier rote Flaggen hintereinander auf. Darüber stand in Weiß die Jahreszahl 1949. Umrahmt war das Motiv von einem dunkelblauen Zahnrad, das unten von einem gelben Ährenkranz verdeckt wurde und oben mit dem roten, goldumrahmten Stern belegt war. Ein schmaler goldener Rand umsäumte das Zahnrad. Unten hielt ein rotes Schriftband die Ähren zusammen. Eine goldene Inschrift auf dem Band wies auf die Nationalkonferenz hin.

Costa Rica

CR

Fläche:	51 100 km²
Einwohner:	4,47 Mio.
Hauptstadt:	San José
Landessprache:	Spanisch
Staatsform:	präsidiale Republik

Flagge: Anfang des 16. Jahrhunderts wurde Costa Rica von den Spaniern erobert und 1520 dem Generalkapitanat Guatemala angegliedert. 1821 erlangte das Kapitanat die Unabhängigkeit. Costa Rica löste sich im März 1823 von Mexiko, dem es sich 1822 angeschlossen hatte, und nahm am 10. Mai 1823 eine Flagge an, die im weißen Tuch einen roten sechszackigen Stern zeigte. Am 21. August 1823 nahm die Nationalversammlung der Vereinigten Provinzen von Zentralamerika, zu der auch Costa Rica gehörte, eine blau-weiß-blaue Flagge mit Wappen in der Mitte an. Während der Zugehörigkeit zu dieser Föderation (bis 1839) führte Costa Rica noch zwei Flaggen. Nach dem Zusammenbruch der Föderation führte Costa Rica am 21. April 1840 eine weiß-blau-weiße Flagge ein, die in der Mitte das Wappen mit dem »Stern von Carillo« trug. Am 31. August 1848 erklärte Costa Rica unter Präsident Castro-Madriz seine Unabhängigkeit. Der Historie nach soll Doña Pacifia – die Frau des Präsidenten, die eine glühende Verehrerin Frankreichs war – eine Trikolore in den französischen Farben angeregt haben und dann die erste blau-weiß-rot-weiß-blaue Streifenflagge (Proportionen 1:1:2:1:1) genäht haben. Erstmals wurde sie am 12. November 1848 gehisst. In der Mitte trug die Flagge das Staatswappen. Einer Wappenänderung von 1906 folgte letztmalig am 21. Oktober 1964 eine Änderung der Flagge. Die Farben sollen an das ehemals geeinte Mittelamerika erinnern und durch den Farbdreiklang auf die Parolen der französischen Revolution, »Freiheit, Gleichheit, Brüderlichkeit«, verweisen, denen sich Costa Rica besonders verbunden fühlt.

Wappen: Das Staatswappen wurde 1906 unter Verwendung eines Wappens von 1848 festgesetzt. Die offizielle Darstellung legte der Künstler Antolin Chinchilla fest. Bis dahin hatte das Land bereits fünf andere Wappen geführt. Am 21. Oktober 1964 wurde die Anzahl der Sterne von fünf (für die ehemaligen Bundesstaaten) auf sieben erhöht. Sie stehen für die Provinzen San José, Alajuela, Cartago, Heredia, Guanacaste, Puntarenas und Limón. Die drei Berge symbolisieren den Chirripó Grande (höchster Berg Costa Ricas), Irazú (höchster Vulkan) und Poás (größter Krater). Dahinter geht die Freiheitssonne auf. Letztmalig wurde das Wappen 1998 modifiziert.

Côte d´Ivoire

CI

Fläche:	322 462 km²
Einwohner:	19,26 Mio.
Hauptstadt:	Yamoussoukro
Landessprache:	Französisch
Staatsform:	präsidiale Republik

Flagge: Als die Elfenbeinküste am 4. Dezember 1958 innerhalb der Communauté autonome Republik wurde, hisste sie erstmals ihre auf der französischen Trikolore basierende Nationalflagge (Proportionen 2:3). Sie blieb auch unverändert, als die République de la Côte d'Ivoire am 7. August 1960 unabhängig wurde. Die Farben der Flagge haben folgende Bedeutung: Orange symbolisiert die Nation und die Savannen in der nördlichen Region sowie den Geist der nationalen Entwicklung. Grün steht für die Wälder im Süden und für die Hoffnung auf eine gute Zukunft, vor allem durch Nutzung der Naturschätze. Die Elfenbeinküste exportiert zahlreiche Nutz- und Edelhölzer in viele Staaten der Welt. Weiß gilt als Farbe des Himmels und der Reinheit; es steht für die Einheit zwischen Norden und Süden. Zusammen symbolisieren sie das Staatsmotto.

Wappen: Im Juni 1997 modifizierte man das Wappen, indem der Schild in Orange und Grün senkrecht geteilt und das Schriftband in den Nationalfarben angelegt wurde. Auf Grundlage dieses Wappens »modernisierte« man es im Dezember 2000. Die Farben wurden nun in dem Schild verlaufend angeordnet. Im ersten Wappen vom 8. Februar 1960 lag der silberne Elefantenkopf auf blauem Grund. Diese Farbe wurde am 26. Juni 1964 in Grün geändert, um eine bessere Übereinstimmung mit der Nationalflagge zu erzielen. Das Wappen ist ein sog. redendes Wappen. Mit dem Elefantenkopf weist es auf den Namen des Staates hin. Der Elefant gilt in Afrika als Zeichen der Stärke und des Mutes.
Hinter dem Schild geht die Sonne auf, sie steht für Freiheit und symbolisiert das Aufblühen der jungen Nation. Der Schild wird beseitet von zwei goldenen Palmen. Sie weisen auf die Flora und die Wirtschaft des Landes hin. Etwa 85 Prozent der Bevölkerung arbeiten in Pflanzungen und in der Forstwirtschaft. Unter dem Schild steht der offizielle Name des Staates. Das Staatssiegel zeigt nicht das Wappen, sondern einen ganzen Elefanten von vorne. Darunter befindet sich ein Spruchband mit dem Wahlspruch »Union, Discipline, Travail« (»Einheit, Disziplin, Arbeit«).

Dänemark

DK

Fläche:	43 098 km²
Einwohner:	5,4 Mio.
Hauptstadt:	Kopenhagen
Landessprache:	Dänisch
Staatsform:	parlamentarische Monarchie

Flagge: Die dänische Nationalflagge ist auch Handelsflagge, ihre Proportionen betragen 28:37. Die Legende ihrer Entstehung ist jedem Dänen bekannt. Nach dem Sieg über die Holsteiner wollte König Waldemar II. von Dänemark (reg. 1202–1241) auch Estland seinem Reich einverleiben. Am 15. Juni 1219 kam es in Estland zur Entscheidungsschlacht. Dabei mussten die Dänen schwere Verluste hinnehmen, eine Niederlage drohte. In dieser Situation erstieg der Bischof von Dänemark, der zugegen war, einen Hügel und bat Gott um Hilfe. Er versprach, dass nach einem Sieg Kirchen im bis dahin heidnischen Estland gebaut würden und dass alle Dänen, die über 12 Jahre alt seien, an jedem Jahrestag der Schlacht einen Hungertag begehen würden. Noch während er betete, fiel ein rotes Tuch mit einem weißenKreuz vom Himmel. Die dänischen Truppen sahen dies als ein Zeichen der Hilfe Gottes an und feierten schließlich einen großen Sieg: Estland kam in dänischen Besitz. Diese Legende stammt in schriftlicher Form aus einem Bericht des Peder Olsen von 1527.

Allgemein nimmt man an, dass Waldemar von Papst Innozenz III. 1209 zu einem Kreuzzug gegen Estland aufgefordert wurde. Aber erst 1218 brach der dänische König dazu auf. Als Zeichen des Kreuzzugs übersandte ihm Papst Honorius III. eine Kreuzflagge, wobei die Farben nicht bekannt sind. Hier spielt nun eine andere Tatsache hinein: Das Heilige Römische Reich betrachtete das an seiner Nordgrenze liegende Land, die nördliche Mark, als seinen Vasallenstaat. Die Herrscher dieser Marken erhielten vom Kaiser die »Bluts-« oder »Lehensfahne« – ein rotes Tuch, das später teilweise verziert wurde.

Im Mittelalter führten die dänischen Könige eine weiße Flagge mit drei blauen Leoparden (so auf Piziganis Weltkarte von 1367). Wahrscheinlich tauschte König Waldemar IV. (reg. 1340–1375) diese gegen den Danebrog aus, wie die Nationalflagge genannt wurde. Der Name Danebrog taucht 1439 als Danabrok in schwedischen Quellen, erst 1520 als Danebroggi in dänischen Quellen auf. Er bedeutet wahrscheinlich »Rotes Tuch«. Im Armorial Gelre (1360) gehört zu Waldemars Wappen eine Kreuzflagge zu den Helmzierden über dem Schild. Als Schiffsflagge trifft man die Kreuzflaggen schon ziemlich früh, so auf einer Ritzzeichnung in der Kirche St. Jørgesbjerg bei Roskilde (14. Jahrhundert), bekannt ist auch die 1942 in einer Bombennacht in der Lübecker Marienkirche verbrannte Flagge, die 1427 von den Lübeckern erobert wurde allerdings kein echter Danebrog.

1625 legte Christian IV. (reg. 1588–1648) den Danebrog als Splittflagge für die Kriegsschiffe fest. Am 11. Juli 1748 gab es eine Verordnung über das Aussehen der Flagge für die Handelsschifffahrt. Bald wurde der Danebrog auch an Land gebraucht und galt ab 1854, als jedem Dänen sein Gebrauch gestattet wurde, als Nationalflagge.

Wappen: Das rechts abgebildete Staatswappen führte wahrscheinlich König Waldemar I., der Große (reg. 1157–1182), obwohl man die älteste erhaltene Wiedergabe erst seit 1190 kennt. In dem Siegel seines Sohnes Knud VI. tauchten die drei Löwen mit den »Herzen« auf. Die Farben des Wappens sind seit 1280 bekannt. Waldemar II., der Sieger (reg. 1202–1241), vermehrte das Wappen um die Kronen auf den Köpfen der Löwen als Zeichen seines Sieges. Die Zahl der »Herzen« (eigentlich Seeblätter) wurde 1819 auf neun festgesetzt. Sie waren ursprünglich nur Feldausfüllungsfiguren, weshalb ihre Zahl nicht weiter von Belang war.

Über die Entstehung des Löwenwappens gibt es verschiedene Theorien. Eine davon besagt, dass sich das Wappen von den Stauferkaisern ableitet, die vorübergehend die Lehnsherren Dänemarks waren. Als Herzöge von Schwaben führten die Staufer drei schwarze Löwen übereinander im goldenen Feld. Es wurde sogar versucht, den Löwen irgendeine Symbolik beizulegen. Danach sollten die »drei blauen Löwen die drei Arme des Baltischen Meeres, die mit großem Ungestüm in das dänische Gebiet eintreten«, bedeuten. Diese Theorie erwies sich aber als nicht haltbar.

Genauso bekannt wie das Staatswappen ist auch das *Königswappen*, das am 16. November 1972 modifiziert wurde. Es ist eine direkte Weiterführung des Unionswappens von Erik VII. von Pommern. Im jetzigen Königswappen teilt das Kreuz des Danebrog den Schild. Der auf ihm liegende Herzschild zeigt zwei rote Balken im goldenen Feld, er ist das Stammwappen der oldenburgischen Dynastie. Die Felder eins und vier zeigen das dänische Staatswappen. Im zweiten Feld stehen zwei blaue Löwen übereinander im goldenen Feld. Sie sind eine Minderung des Wappens von Waldemar II. für seinen Sohn Abel, der, bevor er König von Dänemark wurde, Herzog von Südjütland war. Das dritte Feld ist geteilt und unten gespalten. Oben stehen die drei Kronen Schwedens, sie erinnern an die glorreiche Zeit der Kalmarer Union. Unten stehen ein silberner Widder für die Inseln Faröer und ein silberner Eisbär für Grönland, beide im blauen Feld. Die Schildhalter, zwei Wilde Männer, wurden von Christian I. im 15. Jahrhundert eingeführt. Unter dem Schild erscheinen die Ordenszeichen des Danebrogs – und des Elefantenordens an ihren Ketten. Das Ganze liegt auf einem Wappenmantel.

Demokratische Republik Kongo

Fläche:	2 345 410 km²
Einwohner:	62,6 Mio.
Hauptstadt:	Kinshasa
Landessprache:	Französisch
Staatsform:	präsidiale Republik

Am 30. Juni 1960 gewährte Belgien seiner Kolonie Kongo die Unabhängigkeit. Nach jahrelangen politischen Unruhen übernahm am 25. 11. 1965 General J.-D. Mobutu die Macht und nannte das Land in Zaire um. Nach dem Sturz seines Regimes 1997 wurde das Land wieder in Kongo umbenannt.

Flagge: Am 21. Juni 1877 erhielt das Land, das König Leopold III. von Belgien als Privateigentum erworben hatte, eine Flagge, die in der Mitte eines blauen Tuchs einen großen fünfzackigen gelben Stern zeigte. Dieser sollte das in das dunkle Afrika geworfene Licht symbolisieren. Als das Land 1960 unabhängig wurde, hielt es an dieser Flagge fest, legte aber zusätzlich sechs goldene Sterne in senkrechter Reihe am Liek ein, entsprechend der sechs Provinzen. 1963 teilte die Zentralregierung das Land in 21 Provinzen ein, was eine neue Nationalflagge notwendig machte. Die am 1. Juli 1963 eingeführte Flagge zeigte in Blau einen aufsteigenden, gelb geränderten roten Diagonalstreifen, der von einem gelben Stern im oberen Dreieck begleitet war. Nach der Umbenennung des Landes in Zaire führte Mobutu am 20. November 1971 eine neue Flagge ein: Sie zeigte in der Mitte eines grünen Tuchs einen gelben Kreis, in dem die Hand eines Afrikaners eine rote Freiheitsfackel hält. Nach dem Sturz Mobutus kehrte das Land am 17. Mai 1997 zur Flagge von 1960 zurück. Da das Land inzwischen aus elf Provinzen bestand, führte die Republik am 18. Februar 2006 eine neue Flagge (Proportionen 2:3) ein. Sie basiert auf der Flagge von 1963. Blau steht für den Frieden unter den Völkern Kongos, Rot symbolisiert das Blut der Märtyrer und Gelb den Wohlstand. Der Stern steht für die Einheit und der Diagonalstreifen für die Zukunft.

Wappen: Das 2006 angenommene neue Wappen ist bereits das sechste seit Bestehen der Republik. Im Mittelpunkt steht der Kopf eines Leoparden, der Kraft und Autorität symbolisiert. Der Speer steht für die Verteidigungsbereitschaft und der Elefantenstoßzahn für die Natur. Das Motto bedeutet »Gerechtigkeit, Frieden, Arbeit«.

Deutschland

Fläche:	357 093 km²
Einwohner:	82,6 Mio.
Hauptstadt:	Berlin
Landessprache:	Deutsch
Staatsform:	parlamentarische bundesstaatliche Republik

Flagge: Im Artikel 22 des Grundgesetzes steht »Die Bundesflagge ist Schwarz-Rot-Gold«. Als der Parlamentarische Rat im September 1948 und im Mai 1949 über die Flagge beriet, stand fest, dass nur Schwarz, Rot und Gold in Frage kamen. Durch die Weiterführung der Weimarer Reichsfarben sollte an demokratische Traditionen angeknüpft werden. Ehe die Streifenflagge angenommen wurde, kam es im Rat zu einem Flaggenstreit. Die CDU lehnte die Trikolore ab, vielmehr schlug sie für den neuen Staat auch eine neue Flagge vor: im roten Tuch ein goldenes schwarzgerändertes Kreuz. Umfragen in der Bevölkerung zeigten, dass etwa 25 Prozent für diese Farben waren, aber ebenso viele auch für Schwarz-Weiß-Rot, 35 Prozent hatten keine Meinung. 1949 war man sich dann einig, und mit 49 gegen eine Stimme wurde die Trikolore zur *Nationalflagge*, aber nicht als *Staatsflagge* bestimmt. Ihre Proportionen betragen 3:5. Sie ist gleichzeitig auch *Handelsflagge*, erweitert um das Bundeswappen dient sie als *Dienstflagge.*

Auch in der am 7. Oktober 1949 ausgerufenen Deutschen Demokratischen Republik nahm man die Schwarz-Rot-Gold gestreifte Flagge am 30. Mai 1949 an (niedergelegt im Gesetz vom 26. September 1949). Um sich von der gleichen Flagge der Bundesrepublik zu unterscheiden, wurde am 1. Oktober 1959 das Staatswappen eingesetzt. Dieses zeigte von 1950 bis 1953 einen Hammer innerhalb eines Ährenkranzes, 1953 erweiterte man das Wappen durch die Einführung des Zirkels. Der Ährenkranz symbolisierte die Bauern, der Hammer die Arbeiter und der Zirkel die Intelligenz. Nochmals modifiziert wurde es 1955. Mit der »Deutschen Vereinigung« am 3. Oktober 1990 (gem. Art. 23 des Grundgesetzes) wurden diese Symbole hinfällig.

Ehe aber Schwarz-Rot-Gold nach dem Zweiten Weltkrieg wieder gezeigt werden durfte, mussten deutsche Schiffe die internationale *Signalflagge* »C« (für Capitulation) führen, festgelegt im Kontrollratsgesetz Nr. 39 vom 12. November 1946. Diese im Volk »Badehosenflagge« genannte Flagge blieb bis zum Erlass des Flaggengesetzes vom 19. Februar 1951. Nur einmal durfte während dieser Zeit Schwarz-Rot-Gold gezeigt werden: Walter Kolb, der Oberbürgermeister von Frankfurt, erreichte im Juni 1947 beim Zusammentritt des bizonalen Wirtschaftsrats, dass seine Stadt drei Tage lang die Trikolore zeigen durfte.

Woher stammen nun die Farben? Als 1816 die Jenaer Burschenschaft gegründet wurde, stickte Amalie Nitschke für diese eine rot-schwarz-rote Fahne mit einem darüber gelegten goldenen Eichenzweig und der Aufschrift »Ehre, Freiheit, Vaterland«. Diese Farben entstammten den Uniformen des Lützow'schen Freikorps (schwarzes Tuch mit roten Aufschlägen und goldenen Knöpfen). Diese und ähnliche Flaggen trugen dann die Studenten 1817 während des sog. Wartburgfestes. Hier nun fiel erstmals der Ausdruck »Die alten Reichsfarben« (diese Farben waren ja auch im Adlerwappen der Kaiser des Heiligen Römischen Reiches Deutscher Nation enthalten), nur gab es ja in alter Zeit noch keinen deutschen Staat. Auf der Gründungsversammlung der »Allgemeinen Teutschen Burschenschaft« 1818 schlugen die Jenaer Vertreter ihre Farben als Bundesfarben vor, die dann von zahlreichen Verbindungen übernommen wurden. Vor allem die süddeutschen Studenten, die stärker von der französischen Revolution beeinflusst waren, übernahmen die Farben und vereinten sie in einer Trikolore, deren Entwicklung bis etwa 1825 abgeschlossen war. Am 27. März 1832 beim Hambacher Fest traf man sich unter »den Farben der Wiedergeburt Deutschlands«. Die Frankfurter Nationalversammlung nahm im November 1848 die neuen Reichsfarben an. Preußen führte 1848/49 unter einer schwarz-rot-goldenen Flagge Krieg gegen Dänemark. Aber schon 1850 verbot der preußische König diese Farben. Am 9. Dezember 1866 entschied sich der Norddeutsche Bund unter Preußens Führung für Schwarz-Weiß-Rot (das Schwarz-Weiß Preußens verband sich mit dem Rot der Hansestädte). Diese Farben wurden ab 1871 zur Flagge des Deutschen Reiches. Während der Weimarer Republik führten die beiden unterschiedlichen Farbdreiklänge zum Flaggenstreit, der in einem Kompromiss endete. In der Zeit des sog. Dritten Reichs wurden allein die schwarz-weiß-roten Farben in Form der *Hakenkreuzflagge* (im roten Tuch ein weißer Kreis, darauf das schwarze Hakenkreuz, auch Swastika genannt) gezeigt. Die neue Bundesrepublik legte sich dann wieder auf Schwarz-Rot-Gold in Form einer Streifenflagge fest. Dabei ersetzt Gelb in den Flaggen Gold (in der Heraldik gilt Gelb als adäquate Farbe zum Metall Gold).

Wappen: Das Bundeswappen, im goldenen Schild ein rotbewehrter schwarzer Adler, formal in der Weimarer Republik gestaltet, wurde durch Bekanntmachung des Bundespräsidenten T. Heuss vom 20. Januar 1950 für die Bundesrepublik Deutschland eingeführt.

Der Adler lässt sich bis ins Römische Reich zurückverfolgen. Die Römer hatten ihn von den Etruskern übernommen. Als das mittelalterliche Römisch-Deutsche Reich entstanden war, erhoben die Kaiser den Römischen Adler zu ihrem Symbol, als Zeichen, dass sie die Inhaber der obersten irdischen Macht waren. Wahrscheinlich hat bereits Karl der Große den Adler als Symbol seiner Macht geführt. Als es üblich wurde, Wappen zu führen, setzten die Kaiser einen goldenen Adler in einen schwarzen Schild. Erst Friedrich II. (reg. 1212–1250) legte fest, dass ein schwarzer

Adler im goldenen Schild liegen solle. Später wurde es üblich, dass dem Kaiser ein doppelköpfiger Adler, dem König ein einköpfiger zustand. Auch das 1871 gegründete Reich hielt an einem Adler fest. In der Weimarer Republik entfernte man die Zeichen der Monarchie und schuf den Vorläufer des heutigen Bundeswappens.

Die deutschen Bundesländer

Baden-Württemberg: 1945 wurden die drei

Länder Baden, Württemberg-Baden und Württemberg-Hohenzollern errichtet, die sich am 25. April 1952 zum heutigen Bundesland zusammenschlossen. Ihre Symbole, die Flagge und das Wappen, wurden durch das Gesetz vom 3. Mai 1954 geregelt, wobei sich die Flaggenfarben vom Wappen ableiten. Der Schild betont durch das Stauferwappen die Einheit des Landes. In dieser Form stand das Wappen seit etwa 1200 fest, als es Symbol des Herzogtums Schwaben war. Die Wappenkrone des großen Länderwappens, als Symbol der Staatshoheit, enthält die historischen Wappen von Baden, Württemberg, Hohenzollern, Pfalz, Franken und Vorderösterreich. Die Schildhalter des großen Wappens entstammen den ehemaligen Wappen von Baden und Württemberg.

Bayern: Das Gesetz vom 5. Juni 1950 gibt die

Grundlagen für das Wappen an; die Verfassung vom 2. Dezember 1946 für die Flagge. Als bayerische Staatsflagge gelten gleichberechtigt die Streifen- und die Rautenflagge. Als kleines Staatswappen gilt das Rautenwappen mit Volkskrone. Im großen Wappen bildet es den Herzschild. Es stammt von den Grafen von Bogen und ist bekannt seit 1204, die Farben Blau und Weiß seit 1330. Der Löwe des großen Wappens steht für die Pfälzer Gebiete (bekannt seit 1195), der Rechen für Franken (seit 1350 bekannt), der Panther steht für Ober- und Niederbayern (bezeugt seit 1163). Das vierte Feld symbolisiert das bayerische Schwaben. Die Krone ist das Zeichen der Volkssouveränität.

Berlin: Das Gesetz über die Hoheitszeichen

vom 13. Mai 1954 bestimmt im Artikel 1 das Landeswappen und im Artikel 2 die Landesflagge. Die Landesflagge enthält die Farben des Wappens, wobei Schwarz durch den Bären dargestellt wird. In dieser Form wurde die Streifenflagge 1913 erstmals gezeigt (ausgearbeitet durch den Stadtrat Friedel). 1952 wurde das Stadtwappen durch einen Wettbewerb geschaffen. Der auf dem zweiten Platz gelandete Neubecker'sche Entwurf bildete die Vorlage für das Stadtwappen. Der Bär selbst taucht erstmals im zweiten *Stadtsiegel* von 1280 auf, wo er zu Seiten des Adlerschildes stand. Erst ab 1918 galt er als alleiniges Emblem der Stadt.

Brandenburg: Das Gesetz vom 30. Januar 1991

regelt die Landesfarben (Art. 1), das Wappen (Art. 2) und die Flagge (Art. 3). Dabei leiten sich die Farben der Flagge vom Wappen ab. Nach langen Beratungen über die Gestaltung des Adlers setzte sich der Vorschlag des Potsdamer Staatsarchivs durch, den Adler ohne Beizeichen darzustellen. In dieser Darstellung – roter Adler mit goldenen Kleestängeln im silbernen Schild – erscheint das Wappen erstmals in der Heidelberger Minnesänger-Liederhandschrift um 1330.

Bremen: Die rechtlichen Grundlagen über Flagge und Wappen gehen zurück auf das Jahr 1891, wobei die Flagge am 21. November 1947 offiziell bestätigt wurde. Die Flagge ist älter als das Wappen. Ursprünglich Rot ohne Bild wurde Mitte des 14. Jahrhunderts der weiße Schlüssel aufgelegt. Die sog. »Speckflagge« wird seit 1691 dauernd von der Stadt geführt. Der Schlüssel tauchte erstmals in einem Siegel von 1366 auf, das den Kaiser und den schlüsseltragenden heiligen Petrus zeigt. Gleichzeitig ließ der Rat der Stadt ein Geheimsiegel herstellen, bei dem unter der Heiligenfigur ein Dreieckschild mit dem Schlüssel erscheint.

Hamburg: Die Staatsflagge zeigt das große Landeswappen im weißen Rechteck. Sie geht zurück auf einen Beschluss des Senats vom 8. Oktober 1897. Die Landesflagge wurde bereits am 14. Mai 1751 festgelegt und in der Verfassung vom 6. Juni 1952 bestätigt. Das Wappen wurde in seiner heutigen Gestaltung durch amtliches Muster am 6. Juni 1952 festgesetzt. Die Burg stellt die von Karl dem Großen um 808 erbaute Hammaburg dar. In dieser Form – geschlossenes Tor, Kreuz und Sterne – erscheint es erstmals im zweitältesten Siegel von 1254. Der Helm mit Kleinod im großen Wappen tauchte erstmals 1594 auf, die schildhaltenden Löwen um 1640. Das Land führt neben dem großen Landeswappen noch ein mittleres und ein kleines.

Hessen: Am 19. September 1945 schuf der amerikanische Oberbefehlshaber durch Proklamation das Land »Groß-Hessen«. Dieses nahm durch eine Gesetzesänderung vom 22. November 1949 seine Hoheitszeichen an. Dabei leiten sich die Flaggenfarben von den Farben des Löwen ab. Die Landesflagge ist rot-weiß gestreift, die *Dienstflagge* enthält noch das Wappen. Dieses stammt von dem Wappen der Landgrafen von Thüringen aus dem Haus der Ludowinger, die 1130-1247 auch Grafen von Hessen waren. Deren Wappen übernahmen ab 1247 die hessischen Landgrafen aus dem Hause Brabant.

Mecklenburg-Vorpommern: Die Flagge wurde durch Gesetz vom 29. Januar 1991 festgelegt. Sie vereint die mecklenburgischen Farben Ultramarinblau-Gelb-Zinnoberrot mit dem Blau-Weiß Vorpommerns. Bei der *Dienstflagge* stehen der Stierkopf und der Greif nebeneinander, wobei der gelbe Streifen unterbrochen ist. Das große Landeswappen zeigt im ersten und vierten Feld den mecklenburgischen Stierkopf (erstmals in einem Siegel Johanns I. um 1250), im zweiten Feld den Greif von Pommern

(erstmals im Siegel des westpommerschen Herzogs Wratislaw III. um 1248). Das dritte Feld steht für die ehemaligen brandenburgischen Gebiete. Das kleine Wappen zeigt nur Stierkopf und Greif.

Niedersachsen: 1946 ließ Ministerpräsident

Hinrich Kopf vor seiner Staatskanzlei eine provisorische Landesflagge hissen, die dem heutigen Wappen entsprach. Durch das Gesetz vom 13. Oktober 1952 führte das Land als Landesflagge die Flagge der Bundesrepublik Deutschland mit aufgelegtem Landeswappen ein. Das Wappen mit dem sog. Niedersachsenross war Symbol des Stammes der Sachsen. Es entspricht dem Werden des Landes und zeigt an, dass das Land fast ganz auf dem Boden des alten Sachsenstammes liegt und dass es überwiegend zu den früheren Ländern Hannover und Braunschweig gehörte, die beide das Ross in ihren Wappen führten.

Nordrhein-Westfalen: Die rechtlichen

Grundlagen für Wappen und Flagge schuf das Gesetz vom 10. März 1953. Dabei leiten sich die Flaggenfarben vom Wappen ab, die *Dienstflagge* enthält noch das Wappen. Letzteres zeigt die Symbole der Landesteile, aus denen das Land gebildet wurde. Im vorderen Feld erscheint das Symbol für das Rheinland (1817 an die Provinz Niederrhein verliehen, ab 1822 für die Rheinprovinz), das Ross als Symbol Westfalens findet sich auf Münzen (von 1469) der Kölner Erzbischöfe, die auch Herren des Herzogtums Westfalen waren. Die Rose als Symbol Lippes ist bezeugt seit 1221, geht aber zurück auf den Edelherrn Bernhard II. (um 1167 bis 1200).

Rheinland-Pfalz: Die Landesflagge und das

Wappen wurden durch Gesetz vom 10. Mai 1948 eingeführt. Die Farben sind dem Wappen entlehnt, wobei Silber keine Berücksichtigung fand. Das Wappen, der Entwurf stammt von Josef Decku, zeigt die Embleme der Teile, aus dem das Land gebildet wurde. Das Kreuz von Trier erscheint erstmals im Rücksiegel des Erzbischofs Heinrich von Finstingen um 1273. Das Rad von Mainz ist bekannt von Münzen des Erzbischofs Siegfried (reg. 1230–1249). Der Pfälzer Löwe entstammt dem Wappen der Pfalzgrafen bei Rhein (im Siegel 1229, als farbiges Wappen seit 1250).

Saarland: Die rechtlichen Grundlagen für

Wappen und Flagge bildet das Gesetz vom 9. Juli 1956 mit Wirkung vom 1. Januar 1957. Als Flagge wurde ausdrücklich die Bundesflagge mit dem saarländischen Wappen bestimmt. Das Wappen versinnbildlicht die vier bedeutendsten der 14 reichsunmittelbaren Territorien, die im späten 18. Jahrhundert Anteil am Saarraum hatten. Im ersten Feld erscheint die Grafschaft Saarbrücken (in der Form seit 1284), das zweite Feld enthält das Trierer Kreuz, das dritte Feld das Wappen des Herzogtums Lothringen (bekannt seit dem 16. Jahrhundert). Das vierte Feld zeigt den Pfälzer Löwen.

SACHSEN: Ende 1990 bestimmte der Freistaat seine Staatssymbole, wobei er bei der Flagge und dem Wappen auf die des Königreiches Sachsen zurückgriff. Die weiß-grünen Farben wurden am 16. Juni 1815 festgelegt. Sie entstammten den grünen Kokarden und dem silbernen Portepee. Das Wappen geht zurück auf die Herzöge von Sachsen aus dem Geschlecht der Askanier (1180–1422). Zur Unterscheidung ihres Stammwappens (schwarze und goldene Balken) erschien in ihren Siegeln von 1261, dem Stammwappen aufgelegt, ein Zweig mit Blättern, woraus sich der sog. *Rautenkranz* entwickelte.

SACHSEN-ANHALT: Am 20. Dezember 1990 beschloss der Landtag das neue Wappen, was am 29. Januar 1991 im Gesetz über Wappen und Flagge und Siegel verkündet wurde. Die Farben leiten sich ab von den Farben der Balken der oberen Wappenhälfte. Die ehemalige Provinz Sachsen und das spätere Sachsen-Anhalt führten diese Farben, allerdings in umgekehrter Reihenfolge. Im Wappen sind die Landesteile Sachsen (oben) und Anhalt (unten) berücksichtigt, wobei der Adler die ehemaligen preußischen Landesteile symbolisiert. Der Bär erscheint erstmals in einem Siegel von 1322, mit einer Mauer um 1450, als Symbol der Herzöge der Bernburger Linie.

SCHLESWIG-HOLSTEIN: Das Gesetz über die Hoheitszeichen vom 18. Januar 1957 bildet die Grundlage für das Wappen und die Flagge (bei der *Dienstflagge* ist das Wappen in die Mitte der Landesflagge gelegt). Die Flagge entstand um 1843 aus einem Nationalbewusstsein heraus. Dass die Wappenfarben übernommen wurden, zeigte die erste Flagge, bei der noch ein gelbes Obereck vorhanden war. In der heutigen Form erschien sie erstmals 1844 auf dem Schleswiger Sängerfest. Das Wappen verbindet die Schleswiger Löwen (sie entstammen dem dänischen Wappen, bekannt seit 1245) mit dem Holsteiner Nesselblatt (Geschlechtswappen der Grafen aus dem Haus Schaumburg, bekannt seit 1239).

THÜRINGEN: Das Gesetz vom 10. Januar 1991 (verkündet am 30. Januar) legte Wappen und Flagge des Landes fest, wobei es mit Wirkung vom 3. Oktober 1990 in Kraft trat. Die Flagge (Proportionen 1:2, alle anderen Länderflaggen 3:5 oder 2:3) leitet sich in ihren Farben vom Wappen ab. Der Löwe aus dem Wappen geht zurück auf den Thüringer Landgrafen aus dem Geschlecht der Ludowinger. Die Sterne weisen darauf hin, dass sich 1920 sieben Kleinstaaten zum Land Thüringen zusammenschlossen, während der achte Stern die ehemals preußischen Gebietsteile (vor allem den Regierungsbezirk Erfurt) Thüringens vertritt.

Djibouti

DJI

Fläche:	23 200 km²
Einwohner:	833 000
Hauptstadt:	Djibouti
Landessprachen:	Französisch, Arabisch
Staatsform:	präsidiale Republik

Flagge: Die französische Kolonie »Territoire Français des Afars et des Issas« erhielt als République de Djibouti am 27. Juni 1977 ihre volle Unabhängigkeit. 1972 wurde die Ligue Populaire Africaine pour l'Indépendance (LPAI) als Befreiungsbewegung gegründet. Dabei nahm sie folgende Flagge an: Hellblau über Grün mit einem roten Stern im weißen Dreieck an der Mastseite. Der rote Stern stand für die Einheit der beiden Stämme im Kampf um die Unabhängigkeit, dargestellt durch die weiße Farbe, und ihre Gleichberechtigung, symbolisiert durch das Dreieck. Am 25. Juni 1977 erklärte der Parlamentspräsident Ahmed Diri Ahmed unter der Flagge der LPAI die Unabhängigkeit der Republik. Sie dient gleichzeitig als Dienst-, Kriegs- und Handelsflagge; ihre Proportionen sind 21:38. Damals symbolisierte sie das Motto des Staates »Einheit, Gleichheit, Frieden«. Der grüne Streifen stand für das Volk der Afars und ihren islamischen Glauben, der hellblaue repräsentierte die Issas. Obwohl diese auch dem Islam angehören, ist ihre Farbe Hellblau. Das weiße Dreieck symbolisierte den Frieden zwischen den Stämmen. Der rote Stern soll an den Unabhängigkeitskampf erinnern und anzeigen, dass alle in Djibouti lebenden Menschen gleich sind. Präsident Gouled Aptidon (reg. 1977–1999) erklärte die Farben später so, dass Blau für den Himmel und das Meer stehe, Grün für die Erde, das weiße Dreieck für Frieden und der Stern für die Einheit.

Wappen: Zeitgleich mit der Flagge wurde auch das Staatswappen eingeführt. Speer und Schild sind die traditionellen Waffen. Sie verteidigen das Heimatland, für das die beiden Volksstämme der Afars und der Issas einstehen, was durch die beiden messerhaltenden Arme ausgedrückt wird. An der Spitze des Wappens steht der Stern der Unabhängigkeit und der Einheit, er ist der Flagge entnommen und repräsentiert den Staat. Das Emblem wird eingerahmt durch zwei sich kreuzende Lorbeerzweige, die die Einheit und den Sieg versinnbildlichen.

Dominica

WD

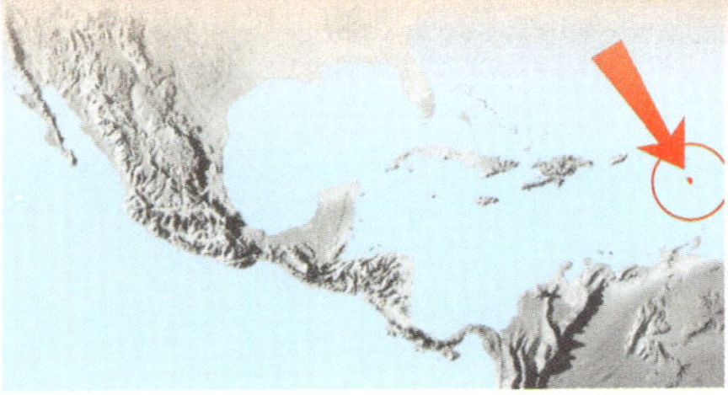

Fläche:	751 km²
Einwohner:	67 000
Hauptstadt:	Roseau
Landessprache:	Englisch
Staatsform:	parlamentarische Republik im Commonwealth

Flagge: Als die Insel Dominica am 1. März 1967 den Status eines mit Großbritannien assoziierten Staates erhielt, erhob sie den Blue Ensign mit dem 1961 festgesetzten Wappen zur Nationalflagge. Bei Erlangung der vollen Souveränität am 3. November 1978, dem Jahrestag der Entdeckung, hisste das Land seine neue Nationalflagge (Proportionen 1:2), die von dem Künstler Alwin Bully entworfen worden war. Nach mehreren Änderungen erhielt die Flagge ihr heutiges Aussehen. Den christlichen Glauben der Inselbewohner drückt das Kreuz aus; seine drei Farben symbolisieren die Dreifaltigkeit und die drei Hauptbevölkerungsgruppen: die Afroamerikaner (Schwarz), die Indianer und Mulatten (Gelb) und die Weißen; darüber steht Gelb noch für die Früchte, Schwarz für den fruchtbaren Boden und Weiß für den Wasserreichtum sowie für das Streben des Volkes nach einer glücklichen Zukunft. Die grüne Farbe des Tuchs steht für das gesamte Land. Im Mittelpunkt des Kreises, dessen rote Farbe das sozialistische Entwicklungsprogramm anzeigt, steht ein Sisseroupapagei auf einem Zweig. Dieser seltene, nur hier lebende Vogel, ist das Nationaltier. Er symbolisiert den »Flug in größere Höhen«. Die Sterne repräsentieren die zehn Kirchspiele der Insel. Letztmalig wurde die Flagge am 3. November 1990 geringfügig modifiziert.

Wappen: Das der Insel am 21. Juli 1961 verliehene Wappen wurde bei der Unabhängigkeit als Staatswappen übernommen. Das den Schild einteilende Kreuzband steht für den christlichen Glauben. Die im ersten Feld stehende Kokospalme und der im vierten Feld stehende Bananenstrauch symbolisieren die reiche Flora der Insel und ihre Produkte. Der Boden, auf dem die Bäume stehen, soll die Insel darstellen. Als Vertreter der Fauna erscheint im zweiten Feld die nur hier lebende seltene Dominicakröte. Das karibische Kanu mit Segel verweist auf die Insellage und erinnert an die Entdeckung der Insel durch Kolumbus am 3. November 1493. Der als Crest dienende Löwe versinnbildlicht die ehemalige britische Herrschaft. Die beiden schildhaltenden Sisseroupapageien stehen auf einem Band mit dem Motto des Staates »Nach dem lieben Gott (lieben wir) die Erde«.

Dominikanische Republik

DOM

Fläche:	48 442 km2
Einwohner:	9,76 Mio.
Hauptstadt:	Santo Domingo
Landessprache:	Spanisch
Staatsform:	präsidiale Republik

Flagge: Die Nationalflagge dient auch als *Marineflagge* und unter Wegfall des Wappens als *Handelsflagge.* Ihre Proportionen sind in der Breite 6:3:6 und in der Länge 10:3:10. Nach langwierigen Kämpfen gegen seinen Nachbarn Haiti erlangte das Land am 27. Februar 1844 seine Unabhängigkeit. Dafür kämpfte vor allem der Geheimbund der La-Trinitaria-Gesellschaft. Vorbild dieses Bundes war der Trinitarier-Orden, der 1198 von Johann von Matha und Felix von Valois als Bettelorden gegründet worden war. Der Führer der La-Trinitaria, Juan Pablo Duarte, entwarf 1839 eine Flagge für den Unabhängigkeitskampf gegen Haiti. Vorbild war die blau-rote Flagge des Gegners. Duarte legte noch ein weißes Kreuz auf die blau-roten Bahnen und erhielt so die französischen Farben, womit auf das französische Vorbild des Trinitarier-Bundes hingewiesen werden sollte. Zunächst war das Kreuz nicht bis zum Flaggenrand durchgehend. Durch Vertauschung der beiden Rechtecke im fliegenden Ende erhielt man die am 6. November 1844 offiziell festgelegte und noch heute gültige Flagge. Seit dem Freiheitskrieg hat die Flagge folgende Bedeutung: Das weiße Kreuz steht für den Glauben und für die Opfer der Bevölkerung während der Freiheitskriege. Rot symbolisiert das Blut, das in erbitterten Kämpfen vergossen wurde. Blau stellt die immerwährende Freiheit dar. In Anlehnung an den Trinitarier-Orden und den katholischen Glauben des Volkes wählte Duarte statt der Trikolore die Kreuzflagge. Flagge und Wappen sind in den Artikeln 95 und 96 der Verfassung vom 28. November 1966 verankert.

Wappen: Ebenso wie die Flagge wurde auch das Wappen von Duarte entworfen. In der Mitte liegt eine aufgeschlagene Bibel, über der ein Kreuz steht. Die Flaggen und Lanzen rechts und links stehen für das Land und sollen die Bevölkerung an den Freiheitskampf erinnern. Zusammen mit Bibel und Kreuz unterstreichen die Flaggen den Wahlspruch auf dem oberen Spruchband »Gott, Vaterland, Freiheit«. Dieses waren die geheimen Losungsworte der Trinitaria-Gesellschaft. Der Schild ist beseitet von je einem Lorbeer- und einem Palmzweig. Den Abschluss nach unten bildet ein rotes Band mit dem Landesnamen.

Ecuador

EC

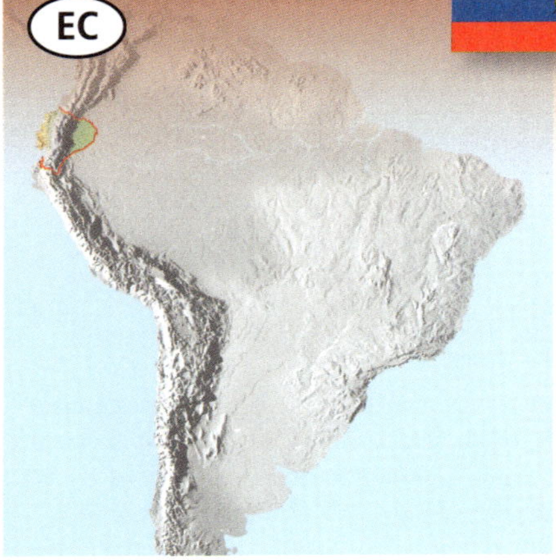

Fläche:	283 561 km²
Einwohner:	13,34 Mio.
Hauptstadt:	Quito
Landessprache:	Spanisch
Staatsform:	präsidiale Republik

Flagge: Die Nationalflagge (Proportionen 1:2) dient auch als Handelsflagge. Bei der Kriegs- und Staatsflagge ist das Staatswappen eingefügt. Die Flagge gleicht der Großkolumbiens. Simón Bolívar (1783–1830) gründete 1819 die Großkolumbianische Republik, ihr gehörten Venezuela, Kolumbien, Panama und Ecuador an. Nach diesem Bundesstaat nennt man den Farbdreiklang Gelb-Blau-Rot (2:1:1) großkolumbianische Farben. Sie erschienen erstmals während einer antispanischen Demonstration. Unter diesen Farben begann General Francisco de Miranda 1811 den Freiheitskampf in Venezuela. 1819 nahm Bolívar die Farben für seine Bundesflagge auf. Als der Bund 1830 auseinanderbrach, hielten die neuen Staaten an der Bundesflagge fest. In Ecuador werden die Farben heute so gedeutet: Gelb steht für den Reichtum des Landes, für Sonnenschein und Getreide, Blau symbolisiert den Himmel, das Meer und die Flüsse, Rot steht für die Patrioten, die ihr Blut für die Freiheit des Landes und die Gerechtigkeit vergossen haben. 1845–1860 führte Ecuador eine weiß-blau-weiße Flagge in senkrechten Bahnen.

Wappen: Das Staatswappen wurde 1822 angenommen, aber erst seit dem 6. November 1845 geführt. Der Berg stellt den bekanntesten Vulkan des Landes, den Chimborazo, dar. Der Dampfer erinnert daran, dass das erste seetüchtige Dampfschiff in Ecuador gebaut wurde. Die Zeichen neben der Freiheitssonne im silbernen Band sind die sog. Zodiak-Zeichen. Es sind heraldisch rechts die Tierkreiszeichen für Widder und Stier und heraldisch links die für Zwillinge und Krebs. Sie erinnern an die Monate März bis Juni 1845, als Ecuador erneut um seine Freiheit kämpfte. Der Kondor, der majestätische Vogel der Anden, wacht über die Eigenständigkeit Ecuadors. Die Sonne ist ein in Südamerika häufig gebrauchtes Freiheitssymbol, bekannt als »Sol de Mayo«. Das republikanische Rutenbündel symbolisiert die Eigenständigkeit als Republik. Der ovale Schild wird umkränzt von einem Kaffee- und einem Lorbeerzweig.

El Salvador

ES

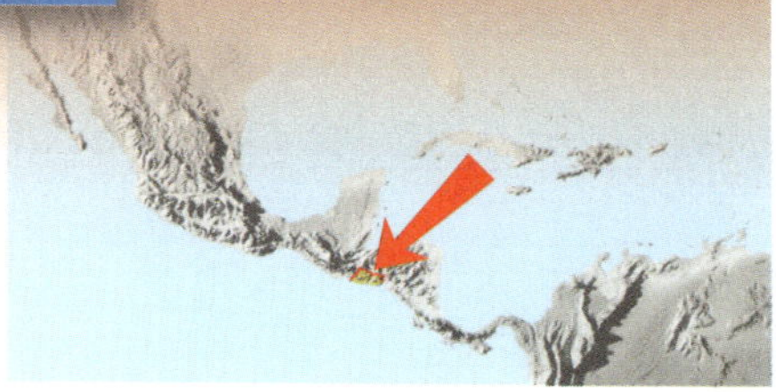

Fläche:	21 041 km²
Einwohner:	6,86 Mio.
Hauptstadt:	San Salvador
Landessprache:	Spanisch
Staatsform:	präsidiale Republik

Flagge: Seit dem 27. November 1972 gibt es drei Versionen der Flagge (Proportionen 3:5): ohne Emblem = bürgerliche Flagge, mit Wappen = Staats- National- und Marineflagge, mit dem Motto »DIOS, UNION, LIBERTAD« = Handelsflagge. Basis der Flagge ist die der Zentralamerikanischen Föderation, die 1823–1838 aus den Staaten Guatemala, Honduras, El Salvador, Nicaragua und Costa Rica bestand. Ihre Bedeutung entspricht noch der damaligen Symbolik: Die mittelamerikanische Landbrücke zwischen Nord- und Südamerika, dargestellt durch den weißen Streifen, wird beseitet durch den Pazifik und die Karibik. Den Entwurf für diese Flagge lieferte der erste Präsident der Zentralamerikanischen Föderation Manuel José Arce (1787–1847). Wie die anderen Föderationsmitglieder führte auch El Salvador eine spezielle Flagge. Diese, am 21. August 1823 angenommen, zeigte neben dem Föderationswappen im mittleren Streifen im oberen Streifen das Motto »DIOS, UNION, LIBERTAD«. Einige Jahre nach dem Ende der Föderation (1841) wandte sich El Salvador von dem Bundesgedanken ab, was sich durch die Annahme einer neuen Nationalflagge ausdrückte. Diese am 28. April 1865 angenommene Flagge zeigte fünf blaue und vier weiße Streifen, im roten Obereck standen neun weiße Sterne, die die Departamentos repräsentierten. Am 15. September 1912 kehrte El Salvador wieder zu der blau-weiß-blauen Streifenflagge zurück.

Wappen: Das am 15. September 1912 eingeführte Staatswappen geht zurück auf das 1823 geschaffene sog. *Vulkanwappen* der Zentralamerikanischen Föderation. Das Dreieck soll die Gleichheit aller Bewohner vor dem Gesetz symbolisieren. Die drei Winkel repräsentieren die Staatsgewalten: Legislative, Exekutive, Judikative. Unter dem Regenbogen als Zeichen des Friedens erinnern die Vulkane an die Zeit der aus fünf Mitgliedsländern gebildeten Föderation. Auch die fünf Flaggen stehen für diese Staaten. Die Jakobinermütze ist das Symbol der Freiheit. Um die Mütze steht auf einem Strahlenkranz das Datum der Unabhängigkeit, der 15. September 1821. Unter dem Dreieck erscheint der Wahlspruch »Gott, Einheit, Freiheit«. Die 14 Blättergruppen des Lorbeerkranzes repräsentieren die 14 Departamentos.

Eritrea

Fläche:	121 320 km²
Einwohner:	4,85 Mio.
Hauptstadt:	Asmera
Landessprachen:	Arabisch, Tigrinya
Staatsform:	präsidiale Republik

Eritrea, dessen Name sich vom griechischen Wort für Rot (= »erythros«) ableitet und in der Antike die Gebiete südlich von Oberägypten bezeichnete (wohl als Hinweis auf den dort häufig vorkommenden roten Sandstein), war ab 1890 italienische Kolonie und ab 1952 als autonomer Teil an Äthiopien angeschlossen. Als die Autonomie 1962 annulliert wurde, kam es zu einem Bürgerkrieg, durch den letztendlich am 24. Mai 1993 die Unabhängigkeit erreicht wurde.

Flagge: Als Eritrea gemäß UN-Beschluss vom 2. Dezember 1950 im Jahr 1952 mit Äthiopien föderiert wurde, erhielt das Land eine eigene Landesflagge: Sie zeigte im himmelblauen Tuch zwei je 14-blättrige Olivenzweige und einen Olivenast mit sechs Zweigen zu je drei Blättern, die in der Flaggenmitte platziert waren. Die Flagge war der UN-Flagge nachempfunden, wobei die Weltkugel durch das Olivenzweigemblem ersetzt wurde. Der Bürgerkrieg wurde hauptsächlich von der Eritreischen Volksbefreiungsfront (EPLF) getragen, die eine grün-blaue Flagge mit rotem Keil führte, in der ein fünfzackiger gelber Stern lag. Diese Flagge wurde Grundlage der am 24. Mai 1993 eingeführten Nationalflagge (Proportionen 1:2). Sie vereinigt die Flagge von 1952 mit der der Befreiungsbewegung. Nach einigen Modifikationen erhielt sie ihr heutiges Aussehen. Zunächst wurde die Zahl der Blätter von 12 auf 18 erhöht. Bis 1995 erhielten sie außerdem eine dickere Form und ihre Anzahl erhöhte sich auf 30 zur Erinnerung an den 30-jährigen Bürgerkrieg. Die Farbe Rot symbolisiert das im Kampf um die Unabhängigkeit vergossene Blut, Grün steht für den durch Landwirtschaft und Viehzucht erzielten Reichtum, Gelb für den Reichtum durch die Bodenschätze und Blau für den Reichtum aus dem Meer.

Wappen: Im Mittelpunkt des am 24. Mai 1993 angenommenen Staatswappens steht ein Dromedar. Dazu hieß es: »Bereits während des Befreiungskampfes war das Dromedar ein treuer Weggefährte des eritrischen Volkes. Denn auf seine Ausdauer und Kraft war auch unter den schwierigsten Verhältnissen Verlass«. Im blauen Band steht der Staatsname in Englisch, Tigre und Arabisch. Die Olivenzweige sind der Flagge entlehnt.

Estland

EST

Fläche:	43 432 km²
Einwohner:	1,34 Mio.
Hauptstadt:	Tallinn
Landessprache:	Estnisch
Staatsform:	parlamentarische Republik

Am 24. Februar 1918 proklamierte das seit 1721 zu Russland gehörende Estland seine Unabhängigkeit, die 1940 wieder endete. Am 8. Mai 1990 wurde aus der Sozialistischen Sowjetrepublik wieder die Republik Estland.

Flagge: Am 7. August 1990 löste die alte blau-schwarz-weiß gestreifte estnische Flagge die sowjetisch geprägte Flagge von 1953 als Staatsflagge wieder ab. Als Nationalflagge durfte sie bereits wieder ab dem 24. Februar 1989 gezeigt werden, ihre Proportionen betragen 7:11.

1881 bestimmte der estnische Studentenverband »Vironia« Blau, Schwarz und Weiß als seine Farben. Hieraus entstand die offizielle Fahne des Vereins Studierender Esten, die 1884 geweiht wurde. Dabei symbolisierte Blau den Himmel, Schwarz die Erde Estlands und Weiß den Schnee, der bis zu einem halben Jahr die Erde bedeckt. Neben den wirtschaftlichen Aspekten kristallisierte sich die Studentenvereinigung auch als Mittelpunkt der nationalen Bestrebungen des estnischen Volkes heraus, sodass deren Flagge bald als nationales Symbol galt. Während eines nationalen Sängerfestes kam es 1896 in Reval unter diesen Farben zu antirussischen Demonstrationen, worauf die Flagge verboten wurde. Als dann die Republik Estland proklamiert wurde, nahm sie diese Farben als Nationalflagge an und legte sie in der Verfassung vom 4. Juli 1920 fest. Letztmalig wehte die Flagge am 21. Juni 1940. Als Nationalflagge gab man den Farben nunmehr folgende Bedeutungen: Blau steht für das gegenseitige Vertrauen und die Treue, Schwarz für die Ahnen, die als schwarzbemänteltes Volk in Herodotus »Historie« beschrieben waren, Weiß symbolisiert den Schnee und die Zukunft.

Wappen: Mit der Flagge nahm Estland am 8. Mai 1990 auch wieder sein altes Wappen an. Dieses entspricht dem Wappen der Stadt Tallinn (Reval) und ist eine Minderung des dänischen Wappens. Es erinnert an Waldemar III. von Dänemark, der die Burg Reval gründete. Die Eichenzweige drücken die Kraft und Standhaftigkeit des Staates aus.

Fidschi

FJL

Fläche:	18 333 km²
Einwohner:	839 000
Hauptstadt:	Suva
Landessprachen:	Englisch, Fidschi
Staatsform:	parlamentarische Republik im Commonwealth

Flagge: Als der aus 844 Inseln bestehende Inselstaat am 10. Oktober 1970 seine Unabhängigkeit erhielt, hisste der Staat erstmals seine Nationalflagge (Proportionen 1:2). Obwohl die Flagge dem britischen Blue Ensign ähnelt, ging sie aus einem Wettbewerb hervor, bei dem vorrangig blaue Entwürfe eingereicht wurden. Zur Unterscheidung von der neuseeländischen Flagge wurde ein hellblaues Flaggentuch eingeführt, dazu der Wappenschild im fliegenden Ende.
Die hellblaue Farbe symbolisiert das Land, das Meer und den Himmel. Schon vor der britischen Besetzung führten die Inseln unter dem Häuptling Thakombau 1860 Flagge und Wappen ein. Die damalige Flagge zeigte im blauen Tuch einen weißen Schild mit einer Taube, Palmen, Krone und Zepter.

Wappen: Das heutige Staatswappen führte Fidschi schon als Kolonialwappen, verliehen von König Eduard VII. von Großbritannien am 4. Juli 1908. Es wurde bei Gewährung der Unabhängigkeit unverändert übernommen. Das Wappen zeigt Produkte des Landes und repräsentiert die Geschichte der Inseln. Unter dem roten Schildhaupt teilt das englische *Georgskreuz* den silbernen Schild. Der goldene, gekrönte Löwe als Hinweis auf die britische Kolonialmacht hält eine Kokosnuss als Beizeichen für Fidschi. Die drei naturfarbenen Zuckerrohrpflanzen im ersten Feld repräsentieren den Zucker, der mit 40 Prozent der Staatseinnahmen das wichtigste Exportgut ist. Im zweiten Feld steht die Kokospalme für ein weiteres wichtiges Exportgut sowie für die gesamte Natur auf den Inseln. Die Taube im dritten Feld (eine unheraldische Darstellung) entstammt dem Wappen von 1860 und bezieht sich auf die Geschichte des Inselreichs. Die Bananenstaude im vierten Feld symbolisiert die Fruchtbarkeit der Inseln.
Als *Crest* ist dem Schild ein Takia (Auslegerboot) aufgelegt. Als Schildhalter dienen zwei einheimische Krieger, der rechte mit einem Speer, um seinen Hals hängt eine Kette aus Pottwalzähnen, der linke trägt eine Keule, deren Spitze aus Ananasblättern gebildet wird. Das Motto lautet: »Fürchte Gott und ehre die Königin«.

Finnland

FIN

Fläche: 302 556 km²
Einwohner: 5,28 Mio.
Hauptstadt: Helsinki
Landessprachen: Finnisch, Schwedisch
Staatsform: parlamentarisch-präsidiale Republik

Flagge: Im September 1809 musste Schweden im Frieden von Frederikshamn Finnland auf Drängen Napoleons den Russen überlassen. Erst die Märzrevolution 1917 in Russland brachte den Finnen die gewünschte Autonomie. Im Dezember 1917 erklärte der Landtag einseitig die Unabhängigkeit Finnlands. Dabei schlug eine Flaggenkommission eine Flagge vor, die im roten Tuch ein gelbes skandinavisches Kreuz und im Obereck neun weiße Rosen zeigte. Am 5. Januar 1918 legte der finnische Senat dem Reichstag einen Entwurf über die *Staats-* und *Handelsflagge* vor. Der Entwurf für die Staatsflagge zeigte in der Mitte eines roten Tuchs einen schwertschwingenden, goldenen bekrönten Löwen, der auf einem Krummsäbel stand und von neun weißen Rosen umgeben war. Der Entwurf für die Handelsflagge zeigte im roten Tuch ein gelbes Kreuz mit blauem und weißem Rand. Da jedoch zu dieser Zeit ein Bürgerkrieg und der Freiheitskampf tobten, wurde die Flaggenfrage nicht behandelt. So erklärte der Senat am 27. Februar 1918 die Handelsflagge zur vorläufigen *Nationalflagge.* Als Staatsflagge wurde die vorgeschlagene Wappenflagge provisorisch als Staats- und *Kriegsflagge* in Gebrauch genommen. Über dem Hauptquartier wehte eine Flagge mit dem finnischen Löwen im weißen Feld. Am 29. Mai 1918 wurde nach dem Beschluss des Reichstags das Gesetz über die finnische Flagge mit dem blauen Kreuz veröffentlicht. Es legte fest, dass die Flagge im weißen Tuch ein blaues skandinavisches Kreuz tragen solle, in dessen Mittelpunkt das gekrönte finnische Wappen zu stehen habe. Am 12. Februar 1920 verfügte der Senat, dass die Staatsflagge das ungekrönte Wappen zu tragen habe und die Nationalflagge nur das blaue Kreuz im weißen Feld (Proportionen 11:18).

Bereits 1860 hatte der Dichter Zacharias Topelius (1818–1898) als finnische Flagge ein blaues Kreuz im weißen Tuch entworfen. Diese Farben erklärte er drei Monate später: »Weiß ist der Schnee unseres Winters und Blau ist das Wasser in unseren Seen«. Die Festlegung der Kreuzflagge sollte die Zugehörigkeit zur skandinavischen Völkerfamilie dokumentieren. Man sah sie erstmals am 4. März 1861, als der Nyland-Jachtklub die kaiserliche Genehmigung zum Führen dieser Flagge erhielt. Im Obereck aber stand noch das Wappen der Grafschaft Nyland. Die finnische *Wappenflagge* sah man im Ausland erstmals auf der Weltausstellung von Paris. Mit seinem Entwurf hatte Topelius die Flaggenfrage aufgeworfen. Die Debatte dazu begann ein Jahr später und betraf hauptsächlich die Schaffung einer Handelsflagge. Vorgeschlagen wurde eine rot-weiß quadrierte Flagge. Topelius hisste demgegenüber auf seiner Jacht seinen Flaggenentwurf, dem der finnische Löwe aufgelegt war. 1863 diskutierten Zeitungen vor allem über die Farben: Rot und Gelb aus dem finnischen Wappen gegen Blau und Weiß aus russischen Militärflaggen.

Entsprechend der skandinavischen Tradition führt Finnland auch eine dreizüngige *Marineflagge*. In ihr soll das im Kreuzmittelpunkt liegende Wappen an den alten ehrenvollen Widerstandsgeist erinnern. Letztmalig wurde die Staatsflagge am 25. April 1978 modifiziert, als man das Wappen zum Quadrat änderte und das Blau in einem dunkleren Ton festlegte.

Wappen: Das finnische Staatswappen wurde am 25. April 1978 letztmalig per Gesetz festgelegt. In seinen Grundzügen geht es bis ins späte Mittelalter zurück. Es entstammt dem schwedischen Wappenwesen, da Finnland zu diesem mächtigen Reich in Skandinavien gehörte. Ursprünglich war das Wappen eine heraldische Demonstration. Von 1556 bis 1563 war Johann, ein Sohn des schwedischen Königs Gustav I. Wasa, Herzog von Finnland; aus dieser Zeit stammt z. B. das Wappen des eigentlichen Finnland (Landschaft Finnland). Johann bestieg 1569 als König Johann III. den schwedischen Thron, 1581 nahm er den Titel eines Großfürsten von Finnland an. Aus diesem Jahr stammt auch das heutige Staatswappen Finnlands. Aus der Feindschaft Johanns gegenüber Zar Iwan dem Schrecklichen lässt sich das Wappen erklären: Der Löwe verteidigt sich mit dem europäischen (geraden) Schwert, während er den moskowitischen (tatarischen) Krummsäbel niedertritt. Die Rosen waren zu Anfang vermutlich nur Ornamente ohne symbolische Bedeutung. Bei dem Löwen handelt es sich um den schwedischen *Folkunge-Löwen*, der seit dem 13. Jahrhundert das schwedische Königswappen war. Die Rosen stehen heute für die neun historischen Landesteile Finnlands: Åland, Nyland, Landschaft Finnland, Karelien, Satakunta, Lappland, Tawastland, Bottnien und Sawo. Diese Landschaften führen ihre eigenen Wappen.

Als Finnland zum Zarenreich gehörte, lag der finnische Schild neben sieben anderen auf den Flügeln des Adlers. In Anbetracht dessen, dass Finnland ein Königreich werden sollte, legte man die finnische Königskrone auf den Schild. Im Oktober 1918 erfolgte die Wahl des Prinzen Karl Friedrich von Hessen zum König. Als dieser die Wahl ablehnte, wurde Finnland Republik. Die auf dem Wappenschild ruhende Krone entfernte man aber erst 1920.

Frankreich

F

Fläche:	543 965 km²
Einwohner:	61,65 Mio.
Hauptstadt:	Paris
Landessprache:	Französisch
Staatsform:	parlamentarisch-präsidiale Republik

Flagge: Allgemein wird unter der Bezeichnung *Trikolore* die französische Nationalflagge verstanden. Eigentlich bedeutet Trikolore jedoch nur, dass es sich um eine dreifarbige Flagge handelt.

Bekannt ist die Flagge seit der Revolution von 1789. Über die Zusammenstellung der Farben gibt es mehrere Versionen. Eine sagt, dass die Farben von der niederländischen Flagge abgeleitet wurden und als republikanisches Freiheitssymbol galten. Eine andere Darstellung überliefert, dass es sich um drei historische Flaggen Frankreichs handelt – das Blau des »Chape de Martin«, das Rot der »Oriflamme« und das Weiß der Bourbonen. Das »Chape de Martin«, der Mantel des hl. Martin von Tours († 397), gilt als älteste Standarte der Franzosen. Er wurde von König Chlodwig (reg. 482–511) auf der Suche nach Reliquien exhumiert und als siegbringendes Zeichen in den Schlachten mitgeführt. Die »Oriflamme« ging zurück auf eine Kaiserfahne Karls des Großen. Ihren Namen erhielt sie in Frankreich wohl wegen ihrer rot-goldenen Farbe und der flammenförmigen Zipfel an ihrer Flugseite. Unter Karl dem Großen symbolisierte sie die weltliche Autorität des römischen Kaisers. Von König Ludwig VI. wurde sie 1124 zur Kriegsfahne Frankreichs erhoben.

Eine weit verbreitete Version ist folgende: Am 14. Juli 1789 erstürmten die Pariser Volksmassen die Bastille. Von heillosem Entsetzen ergriffen, begab sich der König am 17. Juli zum Rathaus, hier trug er noch die weiße Kokarde. Der neue Bürgermeister von Paris, Bailly, überreichte ihm eine Kokarde in den blau-roten Pariser Stadtfarben. Diese Kokarde heftete sich der König auf seine weiße, sodass eine neue in Blau-Rot-Weiß entstanden war. Am 4. Oktober 1789 dekretierte der Pariser Stadtrat, dass die Bürger als einzige Kokarde diejenige in den Farben Rot, Blau und Weiß tragen dürften, weil diese auch Seine Majestät selbst angenommen habe.

Ein weißes Tuch hatte Frankreich von alters her als Flagge geführt. Als am 22. September 1792 die Republik ausgerufen wurde, legte man die Reihenfolge der Farben in der Trikolore fest: Blau-Weiß-Rot. Zwei Jahre später entfernte der Konvent das weiße Tuch aus der Handelsflagge, nun war die Trikolore das Emblem des Staats. In den folgenden Jahren kam es immer wieder zu Streitigkeiten um die weiße und die blau-weiß-roten Farben. Erst der »Bürgerkönig« Louis-Philippe (reg. 1830–1848) beendete diesen Streit. Im Artikel 67 der Verfassung vom 11. August 1830 legte er fest, dass nur die Trikolore als französische Nationalflagge anzusehen sei.

Die letzte Festsetzung der Proportionen, 2:3, erfolgte 1958. Als *Kriegs-* und *Handelsflagge* haben die Bahnen das Verhältnis 90:99:111, Breite 200. Die unterschiedlichen Proportionen wurden gewählt, damit alle Bahnen gleich breit erscheinen, wenn die Flagge weht.

Emblem: Nach der Französischen Revolution wurden alle Embleme entfernt, die sich auf die Monarchie bezogen, darunter auch die Wappen. Dieses wirkt sich noch bis heute aus, denn Frankreich ist der einzige europäische Staat, der kein Staatswappen führt. Das abgebildete Emblem ist nur ein Hoheitszeichen, das bei internationalen Anlässen gezeigt wird. Im Mittelpunkt des blauen Hochovals steht ein »republikanisches« Liktorenbündel. Das goldene Schriftband trägt die Aufschrift »Liberté, Egalité, Fraternité« (»Freiheit, Gleichheit, Brüderlichkeit«). Beseitet wird das Liktorenbündel von einem Oliven- und einem Eichenzweig. Das Ganze ist umgeben von der Großmeisterkette der »Ehrenlegion« mit dem Ordenskleinod. Am 19. Mai 1802 stiftete Napoleon Bonaparte, der damals noch Konsul war, die »Ehrenlegion«, als Ersatz für die Orden des Königreichs, die durch Dekret vom 30. Juli 1791 aufgehoben worden waren. Als ursprüngliches Zeichen des Königreiches galt die Lilie, das Symbol der Mutter Gottes. Heraldisiert wurde die goldene Lilie in einem blauen Schild gestellt. Vermutlich geschah dies unter Ludwig VII. (reg. 1137–1180). Dabei war der Schild mit Lilien übersät. Im Wappen Ludwig IX. (reg. 1226–1270) finden wir nur eine Lilie. Unter König Karl VI. (reg. 1380–1422) taucht erstmals ein Schild mit drei Lilien auf. Ludwig XI. (reg. 1461–1483) legte die Dreizahl verbindlich fest, dabei bezog man zuerst die Dreizahl auf die Dreifaltigkeit. Als Vorbild der Lilie gilt die an den Ufern der Loire wachsende gelbe Wasserlilie.

Über die Herkunft der Lilie, die erstmals in einem Siegel König Roberts (reg. 996–1031) erscheint, gibt es folgende Legende: Ein Einsiedler brachte sie dem König Chlodwig mit der Erklärung, ein Engel hätte sie ihm überreicht, um die königlichen Insignien damit zu schmücken. Auf diese himmlische Herkunft sollten auch die Engel als Schildhalter hinweisen, die erstmals unter Karl V. (reg. 1364–1380) erscheinen. Das Wappen des Kaiserreichs zeigte im blauen Schild einen auf einem Donnerkeil sitzenden goldenen Adler. 1830 unter Louis-Philippe wurde die Lilie wiederbelebt, ehe sie 1831 zugunsten eines Wappens, das Gesetzestafeln mit den ersten vier Artikeln der Charta zeigte, endgültig verschwand.

Gabun

Fläche:	267 667 km²
Einwohner:	1,33 Mio.
Hauptstadt:	Libreville
Landessprache:	Französisch
Staatsform:	präsidiale Republik

Flagge: Gabun führt eine Nationalflagge (Proportionen 3:4), die der Staat bereits am 29. Juni 1959 annahm, als er im Rahmen der Französischen Gemeinschaft autonom wurde. Gegenüber der heutigen Flagge war jedoch der gelbe Streifen schmaler, und im Obereck stand als Zeichen der französischen Oberhoheit die *Trikolore.* Als Gabun am 17. August 1960 voll unabhängig wurde, erhielt die Flagge ihr heutiges Aussehen. Der grüne Streifen symbolisiert den Wald, der drei Viertel der Fläche des Staatsgebiets bedeckt. Der gelbe Streifen steht für die Sonne und den Äquator, der das Land durchzieht und der blaue für das Meer. Gabun ist eines der wenigen ehemaligen frankophonen Gebiete, das bei der Unabhängigkeit nicht die panafrikanischen Farben als Grundlage für eine Nationalflagge wählte.

Wappen: Das durch Dekret vom 15. Juli 1963 eingeführte, vom Schweizer Heraldiker L. Mühlemann geschaffene Wappen verbindet die Nationalfarben mit Schwarz als der Farbe Afrikas. Drei goldene Kugeln symbolisieren den Reichtum an Mineralschätzen. Das Schiff mit der Nationalflagge steht für den Fortschrittswillen der Republik und versinnbildlicht die große Bedeutung des Meeres für das Land, außerdem soll es an die Entdeckung des Gebiets vom Meer aus erinnern. Schon 1470 hatte ein portugiesischer Seefahrer das Mündungsgebiet des Ogowe entdeckt und es Gabaõ genannt, da die Form der Flussmündung dem portugiesischen Kapuzenmantel gleichen Namens ähnelt. Der Schild ruht auf dem goldenen Stamm eines bewurzelten Okume-Baumes. Bis zum Beginn des Bergbaus (1960) war das Holz dieses Baumes das wichtigste Exportgut des Landes. Die goldene Farbe des Stammes unterstreicht die Bedeutung des Holzes für die Wirtschaft. Die obere Inschrift lautet: »Uniti progrediemur« (»Vereint werden wir vorwärts schreiten«). Der Wahlspruch des Landes auf dem unteren Spruchband heißt »Einheit, Arbeit, Gerechtigkeit«. Als Schildhalter wählte man zwei schwarze Panther. Als Sinnbild des Präsidenten sollen sie an seine Aufgabe erinnern, über Zukunft und Wohlfahrt zu wachen.

Gambia

Fläche:	10 689 km²
Einwohner:	1,71 Mio.
Hauptstadt:	Banjul
Landessprache:	Englisch
Staatsform:	präsidiale Republik

Flagge: Die Nationalflagge (Proportionen 2:3) wurde von dem Einheimischen L. Thomasi entworfen und im Jahr der Unabhängigkeit am 18. Februar 1965 erstmals gehisst. Ihre waagerechten Streifen stehen im Verhältnis 6:1:4:1:6. Den Farben wird folgender Sinngehalt beigegeben: Der blaue Streifen symbolisiert den Fluss Gambia, zu dessen Seiten sich der Staat in einer Breite bis zu 35 Kilometern erstreckt. Die schmalen weißen Streifen zeigen an, dass zwischen den verschiedenen Bevölkerungsgruppen beiderseits des Flusses Friede und Einigkeit herrscht. Rot symbolisiert die Sonne, deren Strahlen Gambias Zukunftshoffnungen darstellen, und die Savanne. Die landwirtschaftlichen Naturschätze und die Wälder wurden durch den grünen Streifen versinnbildlicht.

Wappen: Das vom heraldischen Standpunkt aus gesehen schöne Staatswappen, das am 18. November 1964 verliehen wurde, verrät die englische Herkunft. Es löste ein Emblem ab, das einen Elefanten vor einer Palme und einer Berglandschaft zeigte. Im Wappen steht Blau für die Liebe und die Redlichkeit. Weiß symbolisiert die friedliche Natur und die Freundlichkeit aller Menschen in Gambia. Grün deutet Hoffnung und Toleranz an und die große Bedeutung der Landwirtschaft für die Bevölkerung, denn 95 Prozent aller Exporterlöse werden durch die Landwirtschaft erbracht. In der Mitte des Wappenschildes sind gekreuzt dargestellt eine Locar-Axt und eine Mandinka-Hacke, als Andeutungen dafür, dass der kommende Wohlstand Gambias von der Landwirtschaft abhängig ist. Das sog. Oberwappen wird von einem Stechhelm mit blau-gelben Helmdecken und Wulst gebildet, aus dem ein Früchte tragender Erdnussstrauch aufragt. Er stellt dasjenige Erzeugnis dar, welches den größten Teil der Exporterlöse des Landes erbringt. Die beiden Löwen sind Symbole für Mut, Würde und Beständigkeit, werden aber auch als Erinnerung an die ehemalige britische Kolonialherrschaft angesehen. Das Motto des Staates im Schriftband bedeutet »Fortschritt, Frieden, Wohlstand«.

Georgien

GE

Fläche:	69 700 km²
Einwohner:	4,5 Mio.
Hauptstadt:	Tbilissi
Landessprache:	Georgisch
Staatsform:	präsidiale Republik

Ursprünglich ein Reich, zerfiel Georgien im 15. Jahrhundert in Teilstaaten, die später in dem russischen Reich aufgingen. Die am 26. Mai 1918 erreichte Unabhängigkeit endete bereits zwei Jahre später. Am 9. April 1991 erklärte das Land als »Demokratische Georgische Republik« erneut seine Unabhängigkeit, die durch die Rosenrevolution von 2003 demokratisch ausgedehnt wurde.

Flagge: Im Gefolge der Ereignisse von 2003 führte Georgien auch neue Staatssymbole ein. Bis zu diesem Zeitpunkt führte das Land die Flagge der ersten Republik, die dann wieder 1990 als Nationalflagge eingeführt worden war. Diese Flagge zeigte im kirschroten Tuch ein schwarz/weiß waagerecht gestreiftes Obereck. Davon weicht die seit dem 26. Januar 2004 gültige Flagge (Proportionen 2:3), die den Sieg des Volkes symbolisiert, komplett ab. Die christlich geprägte Flagge zeigt im weißen Tuch ein rotes Georgskreuz, begleitet von vier roten Tatzenkreuzen, die als »Bolnissi-Kazchi-Kreuze« bezeichnet werden. Die Kreuze in der Flagge stehen für Christus und die vier Evangelisten. Rot steht für Mut, Tapferkeit, Liebe und Gerechtigkeit und Weiß für Unschuld, Reinheit und Weisheit. In der vorliegenden Form geht die Flagge zurück auf Georg den Prachtvollen (1314–1348), der zu dem Georgskreuz die vier kleineren hinzufügte. Bereits 1999 stimmte das Parlament für die Annahme der Kreuzflagge, was die Regierung aber immer wieder verhinderte. Erst am 14. Januar 2004 stimmte das Parlament mit 147 gegen 1 Stimme endgültig für die neue Flagge.

Wappen: Das am 1. Oktober 2004 eingeführte neue Staatswappen löste das am 1. Dezember 1990 angenommene ab. Dieses wiederum basierte auf dem Wappen von 1918. Das neue Wappen ging aus einem Wettbewerb hervor, zu dem elf Entwürfe eingereicht wurden. Designer des Wappens ist Mamuka Gongadze. Das Wappen zeigt den hl. Georg, den Schutzpatron des Landes, wie er den Drachen besiegt. Die Löwen und die Iberier-Krone lehnen sich an alte Königswappen an. Der Spruch in Altgeorgisch bedeutet »Kraft durch Einheit«.

Ghana

GH

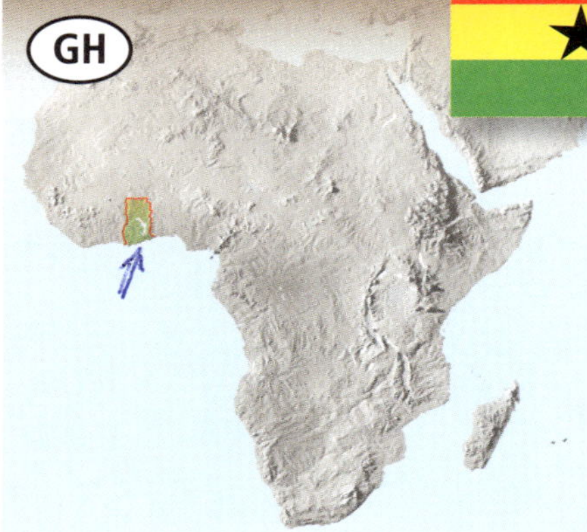

Fläche:	238 533 km²
Einwohner:	23,48 Mio.
Hauptstadt:	Accra
Landessprache:	Englisch
Staatsform:	präsidiale Republik

Flagge: Als die britische Kolonie Goldküste am 6. März 1957 unter dem Namen Ghana unabhängig wurde, führte das Land die Nationalflagge (Proportion 2:3) in den sog. panafrikanischen Farben ein. Der Entwurf stammte von Theodosia Salome Okoh, einem Mitglied der Convention People's Party (CPP) aus der Umgebung des damaligen Premierministers und späteren Präsidenten Kwame Nkrumah (1909–1972). Den Farben werden folgende Bedeutungen beigelegt: Rot soll an die Menschen erinnern, die im Kampf um die Freiheit ihr Blut hingaben. Gelb versinnbildlicht den Reichtum des Landes; dieser kam schon im Kolonialnamen »Goldküste« zum Ausdruck. Grün steht für die Wälder und Äcker des Landes. Der schwarze Stern gilt als Leitstern der afrikanischen Freiheit.

Wappen: Das Staatswappen wurde dem Land am 4. März 1957 von Königin Elisabeth II. verliehen. Bis dahin galt ein *Badge* mit Elefant, Palme, Bergen und den Buchstaben »GC« als Symbol für das Land. Der auf dem Kreuz liegende Löwe symbolisiert die Verbindung zum Commonwealth. Im ersten Feld bedeuten das Zeremonienschwert und der Sprachkennerstab die einheimische Verwaltung. Die Burg über dem See symbolisiert die nationale Regierung. Für eines der wichtigsten Exportprodukte Ghanas, den Kakao, steht der Kakaobaum im dritten Feld. Auf den Reichtum des Landes weist das Goldbergwerk im vierten Feld hin, es erinnert gleichzeitig an den früheren Landesnamen (Goldküste). Das Oberwappen wird aus einem Wulst in den Flaggenfarben mit dem goldgeränderten schwarzen Stern der afrikanischen Freiheit gebildet. Der Schild steht auf einem Rasenstück als Symbol für den ghanaischen Boden. Das Schriftband trägt den Wahlspruch »Freiheit und Gerechtigkeit«. Als Schildhalter dienen zwei goldene ghanaische Adler. Sie erinnern an eine Geschichte, die sich auf die Freiheit der afrikanischen Staaten bezieht. Danach wurde ein gefangener junger Adler zu Hühnern gesperrt. Er wuchs als Huhn auf, erst als er später auf einem Berg die Sonne sah, benahm er sich wie ein Adler und flog der Freiheit entgegen.

Grenada

WG

Fläche:	344 km²
Einwohner:	106 000
Hauptstadt:	St. George's
Landessprache:	Englisch
Staatsform:	parlamentarische Monarchie im Commonwealth

Flagge: Die Insel erhielt 1967 Autonomie und erlangte am 7. Februar 1974 die Unabhängigkeit von Großbritannien. Als Grenada assoziierter Staat wurde, nahm es am 3. März 1967 eine blau-gelb-grüne Streifenflagge mit Muskatnuss in der Mitte an. Teile dieser Flagge nahm das Land in die neue Nationalflagge auf, die am 7. Februar 1974 erstmals gehisst wurde (Proportionen zu Land 3:5, zur See 1:2). Die Sterne auf dem roten Rand stehen für die sechs Verwaltungsbezirke (Parishes, »Kirchspiele«) und das Nebengebiet (Dependency). Der Stern mit dem roten Kreis verkörpert die sonnenüberstrahlte Insel. Die Muskatnuss steht für eines der Hauptprodukte Grenadas (der Beiname Grenadas ist »Gewürzinsel«). Der rote Rand soll die harmonische Geschlossenheit des Volkes zum Ausdruck bringen und auf den Mut hinweisen, der notwendig war, um die Unabhängigkeit zu erlangen. Gelb, die Farbe der Sonne, versinnbildlicht die Freundlichkeit der Einheimischen und steht in der Flagge als Zeichen für Weisheit. Grün symbolisiert die Fruchtbarkeit, die Vegetation und die Landwirtschaft.

Wappen: In der Mitte des am 7. Februar 1974 angenommenen Staatswappens steht die »Santa Maria« zur Erinnerung an die Entdeckung der Insel 1498 durch Kolumbus. Er taufte sie zu Ehren der Gottesmutter Concepción. Unter ihren Schutz stellte sich die Bevölkerung, was das Zeichen der »unbefleckten Empfängnis« – Lilie und Halbmond – im zweiten und dritten Feld anzeigt. Der Löwe im ersten und vierten Feld gilt als Zeichen der Stärke und der Entschlossenheit, eine Nation zu bilden. Gleichzeitig erinnert er an die ehemalige englische Oberherrschaft und die heutige Zugehörigkeit zum Commonwealth. Als Schildhalter dienen ein Gürteltier und eine Taube vor einem Maisstängel und einem Bananenbaum. Das Postament wird von der höchsten Erhebung des Landes, dem Mount St. Catherine, und dem größten See, den Grand Etang Lake, gebildet. Auf dem Spruchband liegen Muskat- und Kokosnüsse mit dem Motto «Stets auf Gott vertrauend, streben, bauen und schreiten wir als ein Volk voran«. Auf dem Schild ruht ein Helm mit sieben Rosen (für die Kirchspiele) auf dem Wulst, umgeben von einem Kranz aus Bougainvilleablüten.

Griechenland

GR

Fläche:	131 957 km²
Einwohner:	11,1 Mio.
Hauptstadt:	Athen
Landessprache:	Griechisch
Staatsform:	parlamentarische Republik

Flagge: Griechenland gehörte seit 1453 zum Osmanischen Reich und wurde erst in der Neuzeit, am 3. Februar 1830, ein unabhängiger Staat. Die Staatsform wechselte mehrmals zwischen Monarchie und Republik. Genauso wechselvoll war auch die Geschichte der griechischen Nationalflagge. Sie begann schon während der osmanischen Oberhoheit, unter der das Land viele Jahrhunderte stand.

Die erste griechische Flagge unter der Türkenherrschaft wird erwähnt in der »Klage Konstantinopel« als ein einfaches Labarum (Christusmonogramm) mit dem Zeichen des Kreuzes. Während dieser Zeit gestand die türkische Herrschaft der Kirche zu, ihre Flaggen zu zeigen. Diese waren meist Tücher mit Heiligendarstellungen, aber auch Flaggen, die weiße oder blaue Kreuze im weißen Tuch oder umgekehrt zeigten. Bald übernahm die Bevölkerung die Flaggen, wobei sich die Kreuzflaggen immer mehr durchsetzten. Von den unterschiedlichen Farben setzten sich Rot-Weiß und Blau-Weiß durch. Mit der Zeit galt das Kreuz als Zeichen des Widerstands gegen die osmanische Oberherrschaft unter dem Halbmond. Der erste griechische Staat entstand unter britischem Schutz um 1800 auf den Ionischen Inseln. Diese führten von 1800 bis 1807 eine blaue Flagge mit dem goldenen Markuslöwen, 1815 umgab man das Tuch mit einem roten Bord und fügte 1817 den britischen Union Jack ein. Zu dieser Zeit begann auch der Freiheitskampf auf dem Festland, der von verschiedenen Gruppen geführt wurde, wobei jede eine eigene Flagge führte. Eine dieser Gruppen waren die unter der Führung des Nikephoros Phokas stehenden Kallerger. Nach seinem Wappen gebrauchten sie eine Flagge, die neun blaue und weiße Streifen und in der linken oberen Ecke in Blau ein weißes Kreuz und die Inschrift »In diesem (Zeichen) siegst du« zeigte. Die Kolotronen hatten eine weiße Fahne mit blauem Kreuz. Die erste offizielle Flagge aber gebrauchte A. Ypsilantis (1792–1828), nachdem sie im Februar 1821 nach der Segnung durch den Metropoliten in Jassy durch A. Spilenti gehisst worden war. Sie zeigte auf rot-weiß-schwarzen Streifen zusätzlich vorderseitig Kaiser Konstantin und seine Mutter und rückseitig einen Phönix. Die Flagge verschwand nach Ypsilantis Niederlage.

Kurzfristig galt dann während des Freiheitskampfes eine rote Flagge mit weißem Kreuz als »Nationalflagge«. Als im Januar 1822 die erste Nationalversammlung von Epidauros zusammentrat und das »Provisorische Statut von Griechenland« abfasste, wurden auch die Farben und Flaggen bestimmt und in der Verordnung 540 vom 15. März 1822 in Korinth festgesetzt. Darin entsprach die Kriegsflagge der heutigen Nationalflagge, die Flagge der Streitkräfte an Land war Blau mit einem durchgehenden weißen Kreuz. Möglicherweise standen Blau und Weiß auch mit dem griechischen König Otto I., 1832–1862 erster König von Griechenland, einem Wittelsbacher, in Verbindung. Oftmals wechselte die Nationalflagge zwischen zwei Flaggen, zwischen der blauen mit dem weißen Kreuz und der Streifenflagge. Auch der Farbton des Blaus änderte sich. Zuletzt legte das Gesetz vom 21. Dezember 1978 die heutige Flagge als die alleinige fest, ebenso ihre Proportionen mit 2:3. Die Flagge symbolisiert Freiheit, das Land und Gottes Weisheit. Das Kreuz weist auf die Religiosität des Volkes hin, während die neun Streifen die neun Silben des Schlachtrufs des Freiheitskrieges »Eleftheria a Thánatos« (»Freiheit oder Tod«) versinnbildlichen. Die Farben werden als Zeichen des Meeres und des Himmels (Blau) und als die Reinheit des Kampfes während der Unabhängigkeit (Weiß) gedeutet. Heute stehen die Streifen auch für die neun Regionen des Landes.

Wappen: Das gültige Staatswappen wurde am 7. Juni 1975 eingeführt. Es zeigt im blauen Schild ein durchgehendes silbernes Kreuz, umgeben von einem grünen Lorbeerkranz. Der Ursprung des Wappens geht zurück auf den Freiheitskampf gegen die osmanische Oberherrschaft und symbolisiert so den Widerstandswillen des Volkes. Das Kreuz selbst steht für den christlichen Glauben (98 Prozent der Griechen gehören der griechisch-orthodoxen Kirche an). Der Lorbeerkranz, mit dem in der Antike die Sieger der sportlichen Wettkämpfe geehrt wurden, erinnert an die jahrtausendealte Geschichte.

Als zweites Symbol taucht oft der Phönix auf, zuletzt im Wappen von 1973 bis 1975, das vom damaligen Staatspräsidenten Georgios Papadopoulos eingeführt wurde. Von 1827 bis 1831 und 1932 hatte Griechenland beide Symbole in einem gemeinsamen Schild geführt. Die Symbolik des Vogels Phönix als Wappenemblem erklärt sich aus dessen Geschichte: Schon in der altägyptischen Mythologie gab es den heiligen Vogel Benu, der in mehrhundertjährigen Abständen in der Morgenröte verbrennt und aus seiner Asche neu entsteht. Daraus wurde im antiken Griechenland der Phönix. Er galt später als Sinnbild der Unsterblichkeit und der Auferstehung.

Großbritannien und Nordirland

GB

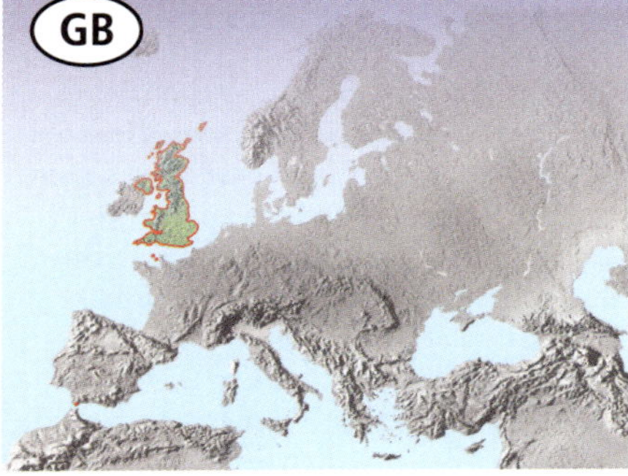

Fläche:	242 495 km²
Einwohner:	60,77 Mio.
Hauptstadt:	London
Landessprache:	Englisch
Staatsform:	parlamentarische Monarchie

Flagge: Die britische Nationalflagge (eigentlich die *Dienstflagge* zu Lande) ist wohl die bekannteste Flagge der Welt. Bedingt durch das weltumspannende britische Kolonialreich wehte sie über jedem Kontinent und steht noch heute in vielen Nationalflaggen unabhängiger Staaten in der ganzen Welt. Das Ansehen, das der *Union Jack* genoss, zeigte sich am Beispiel der Flagge des unabhängigen Königreichs Hawaii. Der Union Jack erschien im Obereck der gestreiften Flagge, obwohl Hawaii niemals britisches Protektorat war.

An dieser Flagge lässt sich die Entstehung des »Vereinigten Königreichs von Großbritannien und Nordirland« genau verfolgen. Das Kernland des Vereinigten Königreichs ist zweifellos England. Das zweite Siegel Richards I. führte ab 1195 drei Löwen. Dieses Bild erschien auch in einem Wappenbanner. Bis ins 17. Jahrhundert waren diese Königsbanner wichtiger als Landesflaggen. Den ersten Hinweis für eine Flagge mit Kreuz gibt uns der Teppich von Bayeux. Darauf ist ein normannischer Krieger während der Schlacht von Hastings mit einem *Gonfanon* mit Kreuz dargestellt. Zur Zeit der Kreuzzüge wurden Flaggen geläufiger. Um die Mannschaften auseinanderhalten zu können, schuf man Kreuzflaggen in unterschiedlichen Farben. So wurde für die Franzosen ein rotes Kreuz und für die Engländer ein weißes bestimmt. Zuerst auf die Kleidung geheftet, nähte man es auch auf Tücher, um einen gemeinsamen Anlaufpunkt zu haben. Auch für die Schiffe wurden sie geläufig. Aus irgendeinem Grund vertauschten Franzosen und Engländer ihre Kreuzfarben. Der erste Nachweis für die englische *Georgsflagge* (benannt nach dem englischen Nationalheiligen) stammt von 1277. Das rote Kreuz setzte sich schließlich für England durch. In Schottland galt der heilige Andreas schon seit dem 11. Jahrhundert als Nationalheiliger. Sein Symbol ist das Diagonalkreuz. 1385 trugen schottische Krieger in einem französisch-schottischen Heer ein weißes *Andreaskreuz* auf dunklem, wahrscheinlich schwarzem Feld, später wurde daraus ein dunkles Blau.

1603 gelangte Jakob VI. von Schottland als Jakob I. auch auf den englischen Königsthron.

Er wollte diese Personalunion auch durch eine gemeinsame Flagge belegen lassen. Diese Aufgabe erwies sich als verhältnismäßig schwierig, weil man beide Landesflaggen in einer vereinigen wollte, ohne dass eine bevorzugt wurde. Die Entscheidung fiel für folgende Lösung: Grundfarbe für die Unionsflagge wurde die blaue Farbe des schottischen Tuchs, dafür legte man das rote *Georgskreuz* über das weiße Andreaskreuz. Die entsprechende Proklamation dazu erließ der König am 12. April 1606. In der ersten Zeit gab es in Schottland gegen diesen Entwurf große Widerstände, aber die Flagge setzte sich durch. Während der Regierungszeit des Oliver Cromwell (1653–1658) führte das Land eine andere Flagge, die jedoch 1660 nach Restaurierung der Monarchie wieder verschwand.

Erst 1801 wurde das bis 1650 unterworfene Irland gleichberechtigter Teil des Vereinigten Königreichs, was auch Ausdruck in der neuen Unionsflagge fand: Das rote *St. Patrickskreuz* wurde in das Andreaskreuz gelegt. Georg III. aus dem Haus Hannover proklamierte am 1. Januar 1801 die neue Unionsflagge. Diese Flagge wurde längere Zeit in unterschiedlichen Proportionen geführt, das heute übliche 1:2 setzte sich erst später durch. Der Union Jack steht im Obereck der unterschiedlich farbigen anderen Dienstflaggen: *Dienstflagge* = blaues Tuch (Blue Ensign), *Handelsflagge* = rotes Tuch (Red Ensign), *Kriegsmarineflagge* = die alte Georgsflagge (White Ensign).

Wappen: Das britische *Königswappen*, gleichzeitig auch *Staatswappen*, erhielt bei der Thronbesteigung von Königin Victoria im Jahre 1837 seine jetzige Form. Bis zu diesem Zeitpunkt war dem Schild noch ein bekrönter Herzschild mit Wappen des Hauses Hannover aufgelegt, und erst 1801 verschwanden die drei französischen Lilien, mit denen die Könige ihre Ansprüche auf französische Gebiete demonstrierten, aus dem Schild. Im Staatswappen vereint stehen die Embleme der verschiedenen Landesteile. Im ersten und vierten Feld erscheinen die drei Leoparden von England, im zweiten Feld steht der schottische Löwe innerhalb eines Lilien-Doppelleistenbords. Im dritten Feld steht die Harfe, das alte Symbol für Irland. Um den Schild schlingt sich das Band des 1350 von Eduard III. gestifteten Hosenbandordens mit der Devise »Ein Schelm, der Böses dabei denkt«. Der unter dem Rasenstück liegende Wahlspruch bedeutet »Gott und mein Recht«. Als Schildhalter dienen der britische Löwe und ein Einhorn (bis 1603 stand hier der walisische Drache). Auf dem Schild ruht ein mit der St. Eduardskrone bekrönter königlicher Spangenhelm mit den »königlichen Helmdecken«. Darüber steht wieder der britische Löwe. Auf dem Rasenstück liegen die Nationalblumen der Landesteile, die englische Rose, die schottische Distel und das irische Kleeblatt. Das nicht im Wappen berücksichtigte Wales führt ein Wappen, das an seine Fahne angelehnt ist: weiß-grün waagerecht geteilt mit darauf gelegtem roten Drachen.

Guatemala

GCA

Fläche:	108 889 km²
Einwohner:	13,35 Mio.
Hauptstadt:	Guatemala
Landessprache:	Spanisch
Staatsform:	präsidiale Republik

Flagge: Die senkrecht blau-weiß-blau gestreifte National-, Kriegs- und Staatsflagge – bei der Handelsflagge entfällt das Wappen – weist die Proportionen 5:8 auf. Vor ihrer Einführung am 17. August 1871 wehten bereits vier andere Flaggen über dem Land. Am 21. August 1823 wurde die Flagge der Zentralamerikanischen Föderation eingeführt. 1825 wurde jedoch eine eigene Staatsflagge geschaffen. Die Streifen wurden jetzt allerdings vertikal angeordnet. Von 1825 bis 1851 war die Flagge blau-weiß-blau längst gestreift, von 1851 bis 1858 zeigte sie zusätzlich die spanischen Farben in Streifen, oben rot-blau, mittig weiß und unten gelb-blau und vom 31. Mai 1858 bis 1871 war sie blau-weiß-rot-gelb-weiß-blau gestreift.

Zuletzt wurde die Flagge am 26. Dezember 1997 modifiziert, als im Wappen die Monatsbezeichnung von SETIEMBRE in SEPTIEMBRE geändert wurde. Neben der allgemeinen zentralamerikanischen Symbolik drückt die blaue Farbe Gerechtigkeit und Treue aus und entspricht dem Blau des Himmels über Guatemala. Die weiße Farbe symbolisiert Reinheit und Redlichkeit.

Wappen: Bis zur Einführung des heute noch gültigen, vom Schweizer Graveur Jean-Baptiste Frener entworfenen Wappens im Jahre 1871 gab es in Guatemala bereits sechs verschiedene Wappen. Wenn das Staatswappen nicht in der Flagge geführt wird, steht es in einem blauen Hochoval, welches die Fantasie darstellen soll. Es wurde 1871 unter Verwendung älterer Embleme festgesetzt. Den Mittelpunkt bildet eine Schriftrolle mit dem Datum der Unabhängigkeit. Auf der Rolle sitzt ein Quetzal (nach dem Gott Quetzalcoatl). Der unzähmbare Vogel gilt in Guatemala als Symbol der Freiheit, gleichzeitig beschwört er das indianische Erbe. Nach einer alten Sage gingen die Ureinwohner Guatemalas aus einem Quetzal hervor. Die gezogenen Säbel sind das Symbol für Gerechtigkeit und Souveränität, während die Gewehre den Willen des Volkes anzeigen sollen, die einmal errungene Freiheit zu verteidigen. Die Schriftrolle wird umrahmt von einem Kranz aus Lorbeerzweigen auf blauem Hintergrund. Sie gelten als Zeichen des Sieges der Guatemalteken. Die letzte Wappenmodifikation erfolgte am 26. Dezember 1997.

Guinea

RG

Fläche:	245 857 km²
Einwohner:	9,37 Mio.
Hauptstadt:	Conakry
Landessprache:	Französisch
Staatsform:	präsidiale Republik

Flagge: Als Guinea am 2. Oktober 1958 die Unabhängigkeit erlangte, hisste es erstmals die auf der französischen Trikolore basierende Nationalflagge (Proportionen 2:3), die im Artikel 1 der Verfassung vom 10. November 1958 verankert ist. Bewusst wurde die ghanaische Farbfolge gewählt, weil Ghana wurde als erste Kolonie Schwarzafrikas unabhängig wurde. In Guinea gibt man den panafrikanischen Farben eine Bedeutung, die in enger Beziehung zu dem Staatswahlspruch »Arbeit, Gerechtigkeit, Solidarität« steht: Rot ist die Farbe des Blutes und symbolisiert die Märtyrer aus dem Unabhängigkeitskampf. Es steht aber auch für den Schweiß aller Bewohner des Landes, der beim Aufbau der Nation fließt, und somit für das erste Wort »Arbeit« aus dem Wahlspruch. Gelb symbolisiert die Sonne, die über alle Menschen gleichmäßig ihre Wärme verbreitet, und steht daher für das zweite Wort »Gerechtigkeit«. Gleichzeitig steht Gelb noch für den ehemaligen Goldreichtum des Landes. Dieses Metall spielte früher eine wichtige Rolle (in England bezeichnete man Goldmünzen, die aus dem Gold Guineas gefertigt wurden, als »Guinee«). Grün versinnbildlicht die Vegetation und soll alle Bürger zur Solidarität bei der Entwicklung des Landes anspornen. Es steht somit für das dritte Wort aus dem Staatsmotto.

Wappen: Als das Land unabhängig wurde, nahm es ein Wappen an, das im rot-gelb gespaltenem Schild den grünen Elefanten »Sili« zeigte. Über dem Schild schwebte eine Taube mit Ölzweig im Schnabel. Da der Elefant das Zeichen des ersten Staatspräsidenten Sékou Touré war, verschwand er 1984 nach dessen Tod. Dafür legte man den Ölzweig, überdeckt von Gewehr und Schwert in den Schild. Das Symbol sollte sowohl die friedliche Politik als auch die Verteidigungspolitik symbolisieren Am 23. Dezember 1993 wurde der Schild nun rot und grün gespalten und Gewehr und Schwert entfernt. Seit etwa 2003 wird das Wappen nur noch in unheraldischer Weise dargestellt. Es zeigt im silbernen Schild einen goldenen Ölzweig, den eine über dem Schild schwebende Taube im Schnabel hält. Unter dem Schild lautet das Staatsmotto »Arbeit, Gerechtigkeit, Solidarität«.

Guinea-Bissau

Fläche:	36 125 km²
Einwohner:	1,69 Mio.
Hauptstadt:	Bissau
Landessprache:	Portugiesisch
Staatsform:	präsidiale Republik

Flagge: Als eines der ersten Überseegebiete entließ Portugal seine Kolonie am 10. September 1974 offiziell in die Unabhängigkeit. Bereits am 24. September 1973 hatte die »Partido Africano da Independencia da Guiné e Cabo Verde« (PAIGC) den Staat Guinea-Bissau proklamiert und die abgebildete Nationalflagge (Proportionen 1:2) gehisst. Die PAIGC nahm im August 1961 eine Flagge in den panafrikanischen Farben an, die die Grundlage für die spätere Nationalflagge bildete. Der Stern gilt als Symbol für Afrika und sein schwarzes Volk, seine Würde, seine Freiheit und seinen Frieden. Gleichzeitig steht er für die PAIGC und erinnert daran, dass diese Partei die Hauptlast bei der Befreiung des Territoriums getragen hat. Rot kennzeichnet die Arbeit und erinnert an die Leiden des Volkes während des Freiheitskampfes. Gelb steht für den Lohn der Arbeit und die Ernte, die das Wohlergehen der Bevölkerung sichert. Grün versinnbildlicht die Natur des Landes und die Hoffnung auf eine glückliche Zukunft.

Wappen: Bis 1974 galt für Guinea-Bissau ein vom portugiesischen Mutterland 1935 geschaffenes Wappen. Das erste Feld symbolisierte Portugal, in der Spitze Wellen und im hinteren Feld das Zeichen für Guinea. Es zeigte im schwarzen Feld einen goldenen Stab, dessen Spitze mit dem Kopf eines Afrikaners belegt war und daran erinnerte, dass Alfons V. für die Inbesitznahme Guineas eigens einen solchen Stab anfertigen ließ. Dieses als Provokation empfundene Wappen verschwand nach der Unabhängigkeit natürlich sofort und wurde durch das 1973 offiziell angenommene Staatswappen ersetzt. Es basiert wie die Flagge ebenfalls auf dem Abzeichen der PAIGC und ähnelt dem Wappen der Kapverden. Die Muschel repräsentiert die Insel der Kapverden, die Palmzweige das Festland, also Guinea-Bissau. Der Stern als das bedeutendste Symbol des Landes steht im Mittelpunkt. Das Motto auf dem Schriftband lautet: »Einigkeit, Kampf, Fortschritt.« Ohne die gesetzlichen Grundlagen zu ändern, wird das Wappen mit rotem Untergrund dargestellt und das Schriftband aus Gründen der Sichtbarkeit weiß. So erreichte man eine bessere Übereinstimmung mit den Farben der Nationalflagge.

Guyana

GUY

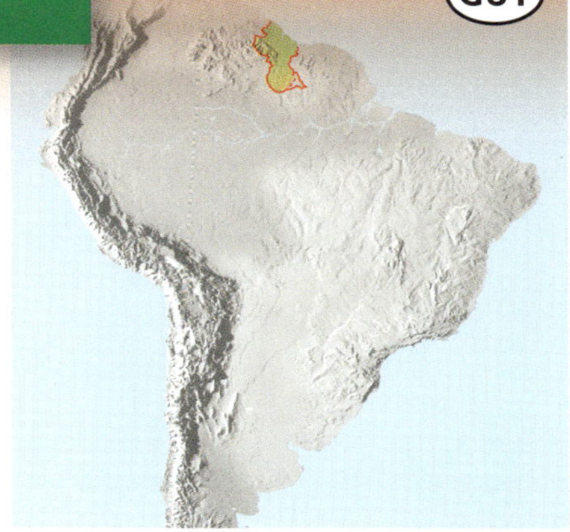

Fläche:	214 970 km²
Einwohner:	738 000
Hauptstadt:	Georgetown
Landessprache:	Englisch
Staatsform:	präsidiale Republik

Flagge: Die Nationalflagge (Proportionen 3:5) wurde am 26. Januar 1966 festgelegt und am Tag der Unabhängigkeit (26. Mai 1966) erstmals gehisst. Die Symbolik der Farben ist in einem Gesetz festgelegt: Grün steht für die Landwirtschaft und für die Wälder, die mehr als 80 Prozent des Staatsgebiets bedecken. Die Landwirtschaft ist der wichtigste Wirtschaftszweig des Staates. Der goldene Pfeil symbolisiert das Gold und die anderen Bodenschätze (vor allem Bauxit) sowie den Fortschrittswillen der Bevölkerung, während Schwarz für die Ausdauer auf dem Weg nach vorn steht. Das rote Dreieck versinnbildlicht den Eifer und die Tatkraft beim Aufbau der Nation. Der weiße Rand des goldenen Pfeils repräsentiert die Seen und Flüsse des Landes. Der ursprüngliche Entwurf zeigte Rot und Grün vertauscht und es fehlten die schwarze und die weiße Einfassung.

Wappen: Am 8. Dezember 1954 hatte das ehemalige British-Guayana sein *Badge* als Wappen verliehen bekommen. Es zeigte ein dreimastiges Segelschiff aus dem 18. Jahrhundert in voller Fahrt. Das neue Wappen wurde von Elisabeth II. am 21. Januar 1966 verliehen. Das Parlament nahm es auf Empfehlung des »National History and Arts Council« am 25. Februar 1966 an. Über drei Wellenlinien steht die Nationalblume, die Seerose Victoria Regia. Die stark duftende Blume, benannt nach der britischen Königin Victoria, soll das Land und seine Bewohner immer beschützen. Die drei Wellenlinien stehen für die zahlreichen Gewässer des Landes. Der seltene Canje-Fasan kommt hauptsächlich in diesem Teil der Welt vor und repräsentiert die reiche Vogelwelt des Landes. Auf dem Helmwulst ruht der Kopfputz eines Kaziken (Stammesoberhaupt). Die beiden Diamanten am Rand der Federkrone stellen den Bergbau dar. Der Spangenhelm ist das Abzeichen der Monarchie (bis 1970 war Guyana Königreich). Die schildhaltenden Jaguare und die Gegenstände, die sie tragen, sind Symbole der Arbeit in der Landwirtschaft und versinnbildlichen deren Erzeugnisse. Das Motto lautet: »Ein Volk, eine Nation, ein Schicksal«.

Haiti

RH

Fläche:	27 750 km²
Einwohner:	9,6 Mio.
Hauptstadt:	Port-au-Prince
Landessprachen:	Französisch, Kreolisch
Staatsform:	präsidiale Republik

Flagge: In Haiti, auf der 1492 von Kolumbus entdeckten Insel Hispaniola gelegen, gab es von jeher einen Kampf zwischen den Farben Blau-Rot und Schwarz-Rot. Die zurzeit gültige Nationalflagge wurde am 25. Februar 1986 nach dem Sturz des Diktators Jean-Claude Duvalier (*1951, reg. 1971–1986, »Baby Doc«) auf Drängen der Bevölkerung wieder eingeführt. Ihre Proportionen sind 3:5.

Am 1. Januar 1804 rief ein Sklave namens Jean Jacques Dessalines (1758–1806) nach einem Aufstand gegen die Franzosen die Republik Haiti aus. In deren Flagge sah er die Ideale »Freiheit, Gleichheit, Brüderlichkeit« verwirklicht, und so okkupierte er die *Trikolore* für seine Zwecke. Bewusst entfiel der weiße Streifen, da ihn die Farbe zu sehr an die weißen Sklavenhalter erinnerte. Dadurch erhielt er die Farben der Stadt Paris, von der er immer träumte. 1805 ersetzte er den blauen durch einen schwarzen Streifen, der die Inselbewohner repräsentieren sollte. Doch schon ein Jahr später, nach der Ermordung Dessalines, kehrte man zur blau-roten Flagge zurück, die Haiti dann seit 1822 (1844 wurde das Wappen mittig aufgelegt) – mit horizontalen Streifen – bis 1964 führte. François Duvalier (1907–1971, »Papa Doc«) nahm am 21. Juni 1964 wieder die schwarz-rote Flagge auf, wobei er die alte Symbolik wiederbelebte. Mit dem Sturz des Regimes der Duvaliers 1986 wurde die Flagge des Freiheitskampfes wieder eingeführt. Die waagerechten Streifen in den Farben Blau und Rot symbolisieren, dass die Bevölkerung durch ihr Blut die Freiheit wiedergewonnen hat.

Wappen: Das Staatswappen entwarf der damalige Präsident Alexandre S'Abes Petión. Es wurde 1807 angenommen und blieb bis auf einige Änderungen seitdem erhalten. Es ist im Volk sehr beliebt, was die vielen Handdarstellungen im Land beweisen. Die Palme mit Jakobinermütze war das Freiheitssymbol der Sklaven. Auf grünem Land – Haiti darstellend – erinnern Kanonen, Trommel, Clairon (Signaltrompete), Gewehre und die Toppen versenkter Schiffe an den Freiheitskrieg (die Wimpel sind rot koloriert). Das Motto lautet »Einigkeit macht stark«.

Honduras

HN

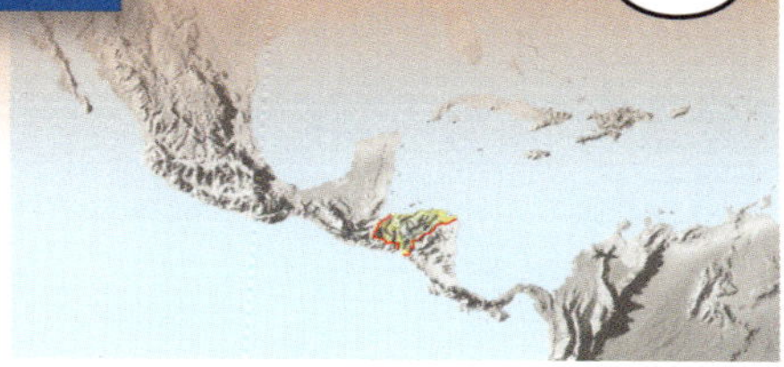

Fläche:	112 492 km²
Einwohner:	7,12 Mio.
Hauptstadt:	Tegucigalpa
Landessprache:	Spanisch
Staatsform:	präsidiale Republik

Flagge: 1502 von Kolumbus entdeckt, begann die Geschichte des Landes 1838, als Honduras seinen Austritt aus der Zentralamerikanischen Föderation bekannt gab. Wie die anderen ehemaligen Mitgliedsstaaten hielt Honduras an der blau-weiß-blauen Flagge fest. Als Ausdruck der Hoffnung auf eine neue Föderation setzte Honduras 1866 die fünf Sterne in den weißen Streifen der National- und Handelsflagge (Proportionen 2:3, letztmalig am 18. Januar 1949 festgesetzt). Die *Kriegsmarineflagge* trägt zusätzlich das Staatswappen. Den Farben legt man in Honduras noch folgende Sinngehalte bei: Blau bezeichnet den Himmel über Honduras und »die großherzigen Ideale seiner Söhne und die Bruderliebe«; Weiß steht für Friede und Reinheit. Die fünf Sterne stehen für die fünf Staaten, die in der ehemaligen Föderation zusammengeschlossen waren.

Wappen: Die meisten lateinamerikanischen Wappen wurden in einer Zeit geschaffen, in der man nur wenig Sinn für Heraldik hatte, republikanische Symbole verdrängten die alten heraldischen. Aus diesem Grund weisen fast alle amerikanischen Staaten Embleme auf, die nicht den heraldischen Regeln entsprechen. Das Staatswappen von Honduras wurde am 3. Oktober 1825 von der konstituierenden Versammlung angenommen und 1935 in Details modifiziert. Den Mittelpunkt bildet ein an eine Mayapyramide erinnerndes Dreieck, das gemeinsame Kennzeichen für Mittelamerika, es symbolisiert Gleichheit und Recht. Der Vulkan entstammt dem alten Bundeswappen. Die beiden Türme versinnbildlichen Verteidigungsbereitschaft. Der Regenbogen bedeutet Friede und Einheit. Die Freiheitssonne steht für die natürliche Kraft des Landes. Die gemauerte Pyramide erhebt sich aus dem Atlantischen und aus dem Pazifischen Ozean. Im Oval steht »Freie, Souveräne, Unabhängige Republik Honduras«. Das Datum bezieht sich auf den Tag der Unabhängigkeit von Spanien. Zwischen zwei Füllhörnern, die den Reichtum des Landes darstellen, steht ein Pfeilbündel, mit dem der Ureinwohner Honduras gedacht werden soll. Die Landschaft unter dem Oval mit Eichen, Pinien, angedeuteten Mineneingängen und Arbeitsgeräten steht für Landwirtschaft und Bergbau. Das letztmalig am 3. Juni 1965 festgelegte Wappen ist im Artikel 11 der Verfassung verankert.

Indien

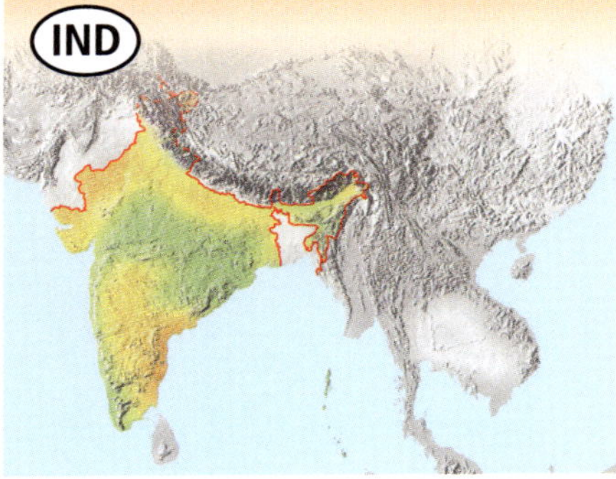

Fläche:	3 287 263 km²
Einwohner:	1,17 Mrd.
Hauptstadt:	Neu-Delhi
Landessprachen:	Hindi, Englisch; 17 Regionalsprachen
Staatsform:	parlamentarische Bundesrepublik

Flagge: Die Indische Union (Bharat Juktarashtra) erlangte zusammen mit dem Nachbarstaat Pakistan am 15. August 1947 die Unabhängigkeit. Seit dem 26. Januar 1950 ist Indien eine Republik. Die oben abgebildete Nationalflagge, von der konstituierenden Versammlung festgelegt (Proportionen 2:3), nahm das Land am 22. Juli 1947 an.

Die Geschichte der Flagge geht auf das Jahr 1905 zurück. Als Bengalen 1905 erstmals geteilt werden sollte, kam es zu Unruhen in der indischen Öffentlichkeit. Diese Unruhen spiegelten das erwachende indische Selbstbewusstsein wider, das nach Beteiligung an der Macht verlangte. Zu dieser Zeit war der Subkontinent in 565 Fürstentümer unterteilt; der größte Staat, Hyderabad, war 210 000 km², der kleinste Staat, Bija, nur 10 km² groß. Daneben bestanden Provinzen, die direkt einem Gouverneur unterstanden. Der englische König war auch Kaiser von Indien. Mit Annahme der Kaiserkrone durch Königin Victoria (1876) knüpfte Großbritannien bewusst an die Zeit der Mogulkaiser an und wollte dadurch seine Herrschaft legitimieren. Bei den Unruhen von 1905, die vom Indischen National Congress angeführt wurden, tauchten erstmals Streifenflaggen auf. 1921 führte Mahatma K. Gandhi das Spinnrad als Symbol ein. Er propagierte das Spinnrad als Mittel der nationalen Selbstbesinnung und der indischen Emanzipation. Für ihn war es das Symbol der Brüderlichkeit und der Rehabilitation der von den Intellektuellen verachteten Handarbeit. Schon 1920 sah man rot-weiß-grün gestreifte Flaggen, wobei Gandhi deren Farben mit Rot für die Hindus, Grün für die Muslime und Weiß als Zeichen des Friedens zwischen diesen beiden Gruppen und als Symbol der religiösen Minderheiten vorsah. Diese sehr schnell in Indien populär werdende Flagge, die 1916 entworfen worden war, nahm die Kongresspartei 1930 an, wobei eine Kommission Rot in Orange (Safran) änderte; 1933 wurde ein blaues Spinnrad eingesetzt. Als der Staat unabhängig wurde, erhob die Nationalversammlung am 22. Juli 1947 die Partei- zur Nationalflagge. Aus technischen Gründen ersetzte man das Spinnrad durch das Dharma Chakra (Lebensrad) aus Sarnath. Früher hatten die Farben folgende

Bedeutung: Safran stand für Mut und Opfer, Weiß für Frieden und Wahrheit und Grün für Treue und Ritterlichkeit. Heute stellt Safran die Nutzung der Naturreichtümer dar, Weiß die Bewahrung des Lebens und Grün die Produktion. Das Blau des Rades entspricht der Farbe des Himmels und des Meeres.

Safrangelbe Flaggen haben in Indien Tradition. Viele indische Hindu-Fürstentümer führten die *Bhagwa Zenda* (»safran-farbene Flagge«). Diese Flagge führte der Gründer des Marathenreiches, Shri Shivaji Chatrapati, im 17. Jahrhundert ein. Gemäß der Tradition übergab Shivaji sein Reich einem Guru, der es ihm wieder zurückverlieh. Dieser Guru trug ein safranfarbenes Gewand. Als ein Zeichen der Verehrung für den Guru nahm Shivaji die Bhagwa Zenda an. Die Flagge sollte daran erinnern, dass der König sein Reich von diesem Guru erhalten hatte. Den Einwohnern Indiens ist es nur an hohen nationalen Feiertagen gestattet, die Nationalflagge zu zeigen. Die weiteren indischen Flaggen, wie Handels- und Kriegsmarineflagge, lassen das Vorbild der ehemaligen Kolonialmacht Großbritannien erkennen.

Wappen: Im Dezember 1949 legte die Indische Union das Staatswappen fest, es wurde am 26. Januar 1950, mit der Ausrufung der Republik, angenommen. Staatssymbol ist das Löwenkapitell des Kaisers Ashoka, das bei Ausgrabungen bei Sarnath im Industal gefunden wurde. Das Emblem stellt das Kapitell so dar, dass auf dem Abakus, auf dem die Löwen stehen, das Dharma Chakra in der Mitte steht, links von einem Pferd und rechts von einem Zebubullen flankiert (sie sind buddhistische Symbole). Der zum Kapitell gehörende glockenförmige Lotosfuß wurde weggelassen. Manchmal erscheint unter dem Kapitell der Wahlspruch »Satyameva Dshayate« (»Wahrheit allein obsiegt«), der einem Zitat aus der alten Mundaka-Upanischade entspricht.

Die Stadt Sarnath liegt 6 km nördlich von Benares. Hier predigte Buddha zum ersten Mal nach seiner Erleuchtung. Kaiser Ashoka (reg. etwa 273–233 v. Chr.), einer der bedeutendsten indischen Herrscher, war ein Anhänger des Buddhismus. Unter ihm erlebte das Großreich der Maurya seinen kulturellen und politischen Höhepunkt. Ashoka ließ die Löwensäule an der Stelle errichten, an der Buddha zum ersten Mal öffentlich gepredigt hatte. Den Mittelpunkt des Emblems bildet das »Rad der Lehre«, das in der buddhistischen Religion eine große Rolle spielt, denn die erste Predigt des Buddha nannte man später das »Ingangsetzen des Rads der Lehre«. Gleichzeitig ist es das Symbol der Sonne und das Attribut des Gottes Vishnu. Das Rad steht heute für Indiens alte Kultur und für den nicht endenden Ablauf des Lebens. Es hält die drei Prozesse bzw. Eigenschaften aufrecht, in Gang, die von den Farben der Flagge symbolisiert werden. Die 24 Speichen stehen für die 24 Stunden des Tages.

Indonesien

RI

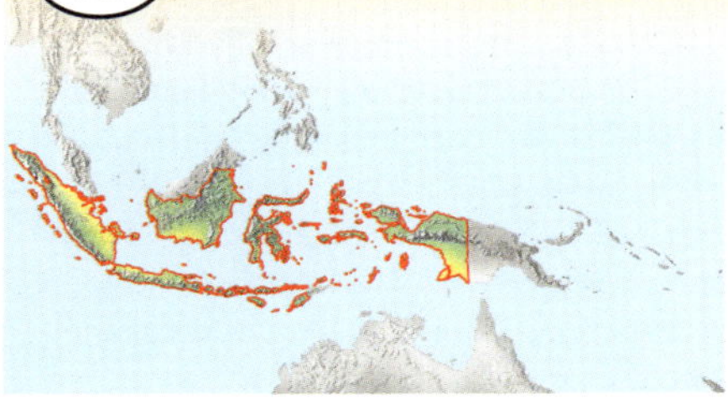

Fläche:	1 890 754 km²
Einwohner:	231,6 Mio.
Hauptstadt:	Jakarta
Landessprache:	Bahasa Indonesia
Staatsform:	präsidiale Republik

Die Republik Indonesien, die aus 13 668 Inseln besteht, war niederländische Kolonie. Während des Zweiten Weltkriegs von Japan besetzt, proklamierten indonesische Nationalisten unter A. Sukarno und M. Hatta am 17. August 1945 morgens um 4 Uhr die Unabhängigkeit Indonesiens. Da die Niederländer dies nicht anerkannten, kam es bis 1949 zu kriegerischen Auseinandersetzungen. Am 2. November 1949 erkannten die Niederlande die Unabhängigkeit der Vereinigten Staaten von Indonesien unwiderruflich an. Die Förderation sollte mit den Niederlanden in einer Union vereinigt bleiben, wurde jedoch durch einseitige indonesische Erklärung endgültig am 13. Februar 1956 aufgelöst.

Flagge: Bei Ausrufung der einseitigen Unabhängigkeit nahm Indonesien 1945 die rot-weiße Flagge (Proportionen 2:3) an. Sie wurde später im Artikel 35 der Verfassung von 1945 festgelegt, ihr Name ist »Sang Saka Merah Putih«. Die erste Flagge des jungen Staates soll von Frau Sukarno genäht worden sein. Rot steht für das menschliche Blut, Weiß erinnert an das menschliche Zusammenleben. Zusammen ergeben sie die Begriffspaare Erde-Himmel, Tag-Nacht, Tapferkeit-Reinheit, Freiheit-Gerechtigkeit. Die Farben Rot und Weiß wurden schon früher von den Inselbewohnern verwendet, da sie leicht beschafft werden konnten. Weiß war die natürliche Farbe des Baumwollstoffes und Rot die schon im Altertum am häufigsten gebrauchte haltbare Farbe, die aus Mollusken, aber auch aus Pflanzen gewonnen werden konnte.

Die Ursprünge der rot-weißen Flagge gehen zurück auf das hinduistische Majapahitreich (1292–1511). Das moderne Indonesien betrachtet dieses Reich als seinen Vorläufer. Auf Java gab es um 1300 sieben Fürstentümer. In einem dieser Reiche, Majapahit, verjagte der Minister Gajah Mada um 1320 den Herrscher und hielt als Generalgouverneur alle Macht in den Händen. Schnell gelang es ihm, Java und die umliegenden Inseln zu erobern. Bei seinem Tod 1364 erkannte das gesamte heutige Indonesien, zumindest nominell, die Oberherrschaft Majapahits an (das Reich zerfiel bereits 50 Jahre später). Diese einzige Einigung Indonesiens wird als die »Goldene Zeit Indonesiens« angesehen. Da auf vielen alten Stichen und Karten die rot-weißen Farben auftauchten, wird angenommen, dass sie die Farben dieses mächtigen Reiches waren. In der modernen Geschichte taucht die rot-weiße Flagge erstmals 1922 auf, als sie von der Perhimpunan Indonesia, einer indonesischen Studentenvereinigung, in den Niederlanden gehisst wurde. Bei dieser Flagge stand noch der Wasserbüffelkopf in der Mitte. Auch die am 4. Juli 1927 von Sukarno gegründete Partei Perserikatan Nasional Indonesia nahm die rot-weiße Flagge als sein Symbol an. Sie wehte erstmals 1928 über Java.

Wappen: Das Staatswappen setzte der Ministerrat am 11. Februar 1950 fest. Die Feldfarben des Schildes entstammen der Flagge. Der Stern im Herzschild und die fünf Felder symbolisieren die fünf Staatsgrundsätze (Pantja sila): der Glaube an ein höheres Wesen, die Souveränität des Volks, das Nationalbewusstsein, die soziale Gerechtigkeit und die Humanität. Der Wasserbüffelkopf erinnert an den Freiheitskampf und weist darauf hin, dass eine Bearbeitung der Reisfelder ohne den Wasserbüffel nicht möglich ist. Der Waringinbaum (Feigenbaum) versinnbildlicht das starke Nationalbewusstsein und die Einheit Indonesiens. Das dritte Feld zeigt eine goldene Padiähre und gleichlaufend hiermit fünf goldene Blätter der Baumwollpflanze. Es symbolisiert das Prinzip der sozialen Gerechtigkeit für das gesamte indonesische Volk. Der Reis steht für Nahrung und die Baumwolle für Kleidung. Das vierte Feld zeigt eine Kette, bestehend aus zehn Vierecken und zehn Ringen als miteinander verbundene Glieder. Es beschwört die Gleichberechtigung aller Menschen, wobei die Ringe für die Frauen und die eckigen Glieder für die Männer stehen. Der Herzschild versinnbildlicht die Selbstverteidigung des Landes durch Kampf und seinen Schutz vor Feinden.

Der über die horizontale Teilungslinie des Schildes verlaufende schwarze Balken stellt den Äquator dar, der quer durch Indonesien verläuft. Der schildtragende Vogel Sang Radja Walik, im Volksmund auch Garuda genannt, symbolisiert Schöpferkraft und die Arbeit der Menschen. In der Mystik des Landes spielt er eine herausragende Rolle. Garuda ist der Vogel des Gottes Vishnu, auf dem dieser durch die Welt ritt. Die goldene Farbe gilt als Zeichen der hohen Würde des Staates, während seine schwarzen Konturen die Natur verkörpern. In seinen Fängen hält er das Motto des Staates: »Einheit in der Verschiedenartigkeit«. Die 17 Felder seiner Schwingen, acht Schwanzfedern und 45 Federn des Halsgefieders symbolisieren den 17. August 1945, das Datum der Ausrufung der Unabhängigkeit.

Auf den Molukken existierte von 1950 bis 1952 die christliche Republik der Südmolukken, die eine rote Flagge mit schmalen blau-weiß-grünen senkrechten Streifen führte. Das Wappen bestand aus einem herzschildtragenden Vogel. Die Abspaltungsbestrebungen wurden jedoch von der indonesischen Armee unterdrückt.

Irak

IRQ

Fläche:	435 052 km²
Einwohner:	28,9 Mio.
Hauptstadt:	Bagdad
Landessprache:	Arabisch
Staatsform:	parlamentarische Republik

Flagge: Das Gebiet der Republik Irak gehörte im Altertum zum Zweistromland Mesopotamien. Als Spielball der Großmächte wurde der Irak 1921 britisches Protektorat. Bereits ein Jahr vorher nahm das Land eine Flagge an, die schwarz-grün-weiß waagerecht gestreift war und im roten Trapez am Liek zwei siebenzackige weiße Sterne übereinander zeigte. 1924 änderte man die Streifen in die Farbfolge Schwarz-Weiß-Grün. Als der Irak am 3. Oktober 1932 seine volle Unabhängigkeit erhielt, behielt das Land die Flagge als Nationalflagge bei (Proportionen 1:2). Die insgesamt 14 Zacken der beiden Sterne symbolisierten die 14 Provinzen.

Die Flagge ging auf diejenige König Hussains von Hedjas zurück, der erstmals die panarabische Farbenfolge in seiner Flagge führte. Der Hedjas führte eine schwarz-grün-weiße Streifenflagge mit einem roten Dreieck am Mast. 1926 gliederte Ibn Saud von Nedjd den Hedjas seinem Reich an. Die Söhne Hussains übernahmen die Farben für ihre Reiche, Abdallah in Transjordanien und Faisal im Irak. Die Auslegung der Farben bezog Faisal auf die arabische Geschichte: Rot stand für den Propheten Mohammed, Weiß für die Dynastie der Omajjaden, Schwarz für die Abbasiden und Grün für die Fatimiden.

Am 14. Juli 1958 stürzte General Abd al-Karim Kassem den jungen König Faisal II. und rief die Republik aus. Mit dem Sturz der haschemitischen Dynastie verschwand auch die Flagge des Königreichs, aber die panarabischen Farben blieben, denn die neue Flagge bestand aus drei senkrechten Bahnen in den Farben Schwarz-Weiß-Grün. Auf der mittleren Bahn lag eine vereinfachte Darstellung des neuen Staatswappens. Dabei wurde eine gelbe Scheibe von einem weißen Ring umzogen, von dem acht dunkelrote Strahlen ausgingen. Am 8. Februar 1963 stürzte Abd as-Salam Arif General Kassem. Durch diesen Umsturz gewann die Gruppe, die der großarabischen Idee unter ägyptischer Führung folgte, die Oberhand gegenüber den Nationalisten unter Kassem. Den Richtungswechsel zeigte auch die neue Nationalflagge an. Sie wurde im Hinblick auf die geplante, jedoch nicht zustande gekommene Union mit Ägypten und Syrien angenommen. Die Farbfolge der rot-weiß-schwarzen Streifenflagge (Proportionen 2:3) ist identisch mit der Syriens, Ägyptens und der damaligen libyschen Flagge. Die Farben werden wie folgt gedeutet: Rot symbolisiert die Tapferkeit im Kampf, Weiß den Edelmut, Schwarz die muslimischen Siege der Vergangenheit. Die drei grünen Sterne im weißen Streifen symbolisierten die angestrebte Union der drei Staaten. Grün war die Lieblingsfarbe des Propheten Mohammed.

Um seinen Heiligen Krieg im 1. Golfkrieg sichtbar zu machen, verfügte Saddam Hussein (1937–2006) die Änderung der Nationalflagge, die am 14. Januar 1991 offiziell eingeführt wurde. Bei ihr stand zwischen den Sternen die Inschrift »Allahu Akbar« (»Allah ist groß«) in arabischen Lettern. Die Sterne standen nun nicht mehr für die Union mit Ägypten und Syrien, sondern für die politische Doktrin der Baath-Partei.

Nach dem Sturz Saddams (2003) hielt die neue irakische Regierung zunächst noch an der alten Flagge fest, man plante aber 2004 die Einführung einer komplett neu gestalteten Fassung. Nach heftiger Kritik wurde auf die Umsetzung dieses Vorhabens verzichtet und die alte Flagge blieb weiterhin gültig, wobei die Inschrift nun in kufischen Lettern erschien. Anfang 2008 beschloss das irakische Parlament, die drei Sterne aus dem weißen Streifen zu entfernen.

Wappen: Nach der Unabhängigkeit führte das Königreich am 3. März 1931 ein Königswappen ein, das gleichzeitig Staatswappen war. Es zeigte in einem bekrönten Wappenzelt eine von einem babylonischen Löwen und einem arabischen Pferd gehaltene Scheibe. Hinzu kamen noch Motive aus der Wirtschaft des Landes und zwei Sterne, die die Volksgruppen der Araber und Kurden in einem Staat symbolisierten. Nach der Revolution gegen den König führte General Kassem ein neues Wappen ein. Es zeigte in einer hellblauen Scheibe (Wasser und Zukunft des Staates) ein Zahnrad (Industrie) und eine Ähre (Landwirtschaft); dazu Araberschwert und Kurdendolch für die beiden Volksgruppen und als Symbol des Heeres, das die Revolution vom 14. Juli 1958 angeführt hatte. Das Ganze lag auf einem arabischen Stern, der anzeigte, dass der Irak Teil der arabischen Nation war. Zwischen den Zacken erinnerten Sonnenstrahlen an den alten Landesnamen »Araki« (sumerisch für »Aufgang der Sonne«).

Am 2. Juni 1965 führte der Irak ein Wappen nach ägyptischem Vorbild ein: auf der Brust des *Saladinadlers* ein Schild in den Farben der Nationalflagge. Auf dem Sockel stand die Staatsbezeichnung »Al Dschumhurija al Iraqija« (Republik Irak). Der Adler verkörperte das Ideal der arabischen Einheit. Als Vorbild für seine Gestaltung diente eine Skulptur an der Mauer eines Gebäudes in Kairo, die wahrscheinlich von Sultan Saladin errichtet worden war. 1992 wurde der Brustschild der Nationalflagge angepasst, hatte also nun waagerechte Streifen und zeigte den Schriftzug »Allahu Akbar« sowie drei Sterne. Letztmalig wurde das Staatswappen zusammen mit der Flagge Anfang 2008 geändert.

Iran

IR

Fläche:	1 628 554 km²
Einwohner:	71,2 Mio.
Hauptstadt:	Teheran
Landessprache:	Persisch
Staatsform:	islamische Republik

Der Iran – bis 1934 hieß das Land lange Zeit Persien – ist eines der ältesten Reiche der Erde. Bis 1979 Monarchie, wurde nach einem Referendum im März 1979 die Islamische Republik ausgerufen.

Flagge: Aber noch bis zur Annahme der neuen Nationalflagge wehte die Nationalflagge des Kaiserreichs. Die neue Flagge in den Proportionen 4:7 wurde am 29. Juli 1980 offiziell eingeführt, nachdem sie im Mai von Ayatollah Chomeini geprüft und genehmigt worden war. Sie zeigt in der Mitte das Emblem des Staates (in der Flagge ehrt es die Märtyrer), das allerdings in Rot statt in Grün gehalten ist. An den Innenrändern des grünen und des roten Streifens steht je elfmal stilisiert dargestellt das Motto »Allahu Akbar« »Allah ist groß«. Dies symbolisiert den Gottesstaat und den Islam. Zu der islamischen Staatsreligion schiitischer Ausrichtung bekennen sich 98 Prozent der Bevölkerung. Die Zahlen elf bzw. zweiundzwanzig der Inschriftwiederholung sind bewusst gewählt, denn am 22. Bahman nach persischem Kalender, was dem 11. Februar 1979 entspricht, stand der Sieg der islamischen Revolution im Iran fest. Ansonsten symbolisiert Grün die Fruchtbarkeit des Landes und den Islam, Weiß den Frieden und Rot drückt Stärke, Macht und Revolution aus.

In den Ruinen der alten ostiranischen Stadt Khabis fanden Archäologen eine kleine Metallfahne, die auf etwa 3000 v. Chr. datiert wird und damit wahrscheinlich das älteste Exemplar einer Fahne darstellt. Unter den darauf eingeätzten Symbolen befinden sich auch Löwen und die Sonne, die im späteren iranischen Staatsemblem zusammengefasst wurden. Tuchflaggen mit Löwe und Sonne sind aus dem 15. Jahrhundert belegt. Von 1826 überlieferte Flaggen zeigen im weißen Tuch drei schwarze Löwen. Gegen Ende des letzten Jahrhunderts führte Persien Flaggen ein, die als Vorläufer der modernen Streifenflaggen dienten. Die Nationalflagge zeigte im weißen Feld mit breitem grünen Bord einen schwertschwingenden gelben Löwen, hinter dessen Rücken die Sonne aufging. Bei der *Kriegsflagge* war der Bord oben und an der mastabgewandten Seite grün, bei den beiden anderen Seiten rot. In diesen Flaggen waren also die Farben der heutigen Flagge enthalten. Im Oktober 1906 zwang eine Koalition aus aufgeklärten Notabeln, Geistlichen und bürgerlichen Reformern Schah Mossafar ed-Din, eine verfassunggebende Versammlung einzuberufen. Nach Beratungen drängte diese dem Schah eine konstitutionelle Verfassung mit Zweikammersystem auf. In dieser Verfassung war auch die neue Nationalflagge festgelegt, die bereits am 14. August 1905 erstmals gezeigt worden war. 1933 legte die Regierung die Proportionen der Flagge mit 3:9 fest; die Farben wurden dunkler gestaltet, so wie sie in der heutigen Flagge sind. In der Staatsflagge erschien zusätzlich das alte Löwe-Sonne-Symbol.

Der astrologisch motivierte Löwe mit der Sonne hinter seinem Rücken kann seit 1241 nachgewiesen werden. Auf Münzen von 1842 hielt der Löwe erstmals das »Zulfaqar«, das Schwert Alis, in seinen Pranken. Der 661 ermordete Ali war Schwiegersohn des Propheten sowie seit 656 der vierte Kalif und dadurch Nachfolger des Mohammed. Seine Anhänger nannten sich Schiiten. Sie halten daran fest, dass nur die Nachkommen des Ali und der Propheten-Tochter Fatima das Recht zur politischen und religiösen Führung der islamischen Gemeinschaft haben. In der modernen Deutung sieht man das Schwert als Zeichen der Gerechtigkeit an und die Sonne als Symbol der Reinheit.

Wappen: Noch in den ersten Monaten der Islamischen Republik hielt man an diesem Emblem unter Fortfall der monarchischen Symbole Kranz und Krone fest. Das große aus dem Jahre 1957 stammende mehrfeldrige *Reichswappen* wurde natürlich sofort suspendiert. Es zeigte innerhalb eines ornamentalen Rahmens vier Felder und ein Mittelschild mit der Darstellung des Demawend, dem höchsten Berg Irans. Die vier Felder zeigten das Löwensymbol, den Ahura Mazda, das Schwert Alis und einen »Pfauendrachen«. Jede Person, bei der man es noch fand, wurde hart bestraft, in den ersten Tagen der Republik sogar mit dem Tod. Am 10. Mai 1980 wurde ein neues Wappen eingeführt. Das persische Wort für Allah bildet die Basis des Wappens und symbolisiert die Islamische Republik, welche Glück verheißt und den rechten Weg zu Allah weist. In der Mitte stellt die Senkrechte ein Schwert dar. Es ist das Symbol für Stärke und Macht. Das Zeichen »Tashdit« darüber verstärkt die Ideen der Standhaftigkeit und des Mutes. Es ist ein Verdoppelungszeichen für das Schwert. Die vier Halbmonde rechts und links des Schwerts symbolisieren das Wachsen der islamischen Religion. Zusammen mit dem Schwert stehen sie für die fünf Glaubensgrundsätze des Islams. Insgesamt soll das Wappen auch den Koran darstellen und versinnbildlicht somit die islamische Religion. Die symmetrische Gestaltung ist der Ausdruck des Gleichgewichts und der Beständigkeit. Das Wappen, in Form eines Globus dargestellt, zeigt den Kampf um die Konsolidierung der iranischen Gesellschaft und die Solidarität mit allen unterdrückten Völkern in der Welt. Die grüne Farbe ist Symbol für Wachstum, Entwicklung und den Weg zu Allah.

Irland

IRL

Fläche:	70 273 km²
Einwohner:	4,3 Mio.
Hauptstadt:	Dublin
Landessprachen:	Englisch, Irisch
Staatsform:	parlamentarische Republik

Den größten Teil der »Grünen Insel« nimmt die Republic of Ireland oder auf gälisch »Poblacht na h'Eireann« ein. Die drei Farben der Flagge Grün, Weiß und Orange sind seit etwa 1830 bekannt, als die Iren den Kampf um ihre Unabhängigkeit verstärkten (Repeal-, Home-Rule-, Fenier-Bewegung). Die Führer dieser Bewegungen versuchten, die untereinander verfeindeten Religionsgemeinschaften, Katholiken und Protestanten, für den Freiheitskampf unter einer gemeinsamen Führung zu vereinen.

Flagge: Als am 16. Juni 1922 der irische Freistaat ausgerufen wurde, nahm er die Trikolore als Nationalflagge an. Bestätigt wurde sie aber erst am 29. Dezember 1937, als man die Verfassung revidierte. Seitdem nennt sich der Staat nur noch Eire. Die Proportionen der Flagge sind 1:2; sie gilt gleichzeitig auch als *Kriegs-* und als *Handelsflagge.* Die grüne Farbe steht für das Land (»Grüne Insel«) und den katholischen Bevölkerungsteil und Orange für den protestantischen. Der weiße Streifen dazwischen symbolisiert Frieden und Eintracht zwischen den beiden Religionsgruppen.

Schon sehr früh waren in Irland Flaggen zu sehen, aber keine Trikoloren. Viele zeigten die goldene Harfe im grünen Tuch. Die Geschichte der irischen Nationalflagge aber beginnt in Frankreich. Sie geht zurück auf die Initiative einer irischen Deputation in Frankreich. Eines ihrer Mitglieder, Thomas Francis Meagher, entwarf eine Trikolore, die erst im Jahre 1908 als nationales Emblem mit den Farben Orange, Weiß und Grün in eine Sinn-Féin-Briefmarke aufgenommen wurde. Grün war seit alters die Farbe der Katholiken, während Orange die Livreefarbe König Wilhelms III. (reg. 1689–1702) aus dem Hause Oranien war. Er siegte in der Schlacht am Fluss Boyne am 1. Juli 1690 über die Jakobiten und sicherte dem englischen Protestantismus die Herrschaft. Alle den irischen Katholiken gemachten Zugeständnisse seitens König Jakob wurden wieder rückgängig gemacht. Die Briefmarke fand aber nur als Propagandamittel der Sinn-Féin Verwendung. Doch immerhin griff der nationalistische Politiker Arthur Griffith schon 1909 die von Meagher entworfene Flagge auf. Ein Führer des

Osteraufstandes (1916) nahm die senkrechte Flagge als Zeichen seiner Republikanischen Kampftruppe an, und nach der Erstürmung des Hauptpostamtes hisste er davor die irische Trikolore. Zwischen 1914 und 1916 war es in Irland modern, bei öffentlichen Anlässen Rosetten oder Bänder zu tragen. Auf diese Weise übernahmen die Nachfolger der Sinn-Féin diese Farben, die Trikolore wurde allgemein als Flagge der Sinn-Féin angesehen. Sie wurde im August 1914 erstmals öffentlich bei dem Begräbnis des Sinn-Féin-Führers Jeremiah O'Donovan Rossa zur Schau gestellt. Zu dieser Zeit war allgemein noch wenig über diese Flagge bekannt, dazu eine Notiz vom Mai 1917 im »Nationality«: »Die grün-, weiß- und orangefarbene Flagge, die verschiedentlich als die Sinn-Féin- oder republikanische Flagge bezeichnet wurde, ist die Flagge der jungen Irländer, vor 70 Jahren übernommen und von ihnen als ein Symbol der Vereinigung Irlands gegen die ihm augfezwungene Union mit England anerkannt.«

Vom äußersten Flügel der Arbeiterbewegung wurde die Flagge erst im Mai 1916 angenommen. Der Anführer des Osteraufstands, James Conolly, hatte am 16. April 1916, kurz vor der Erhebung, bei einer Parade der Bürgerarmee die grüne, eine Harfe ohne Krone tragende Flagge vor der Liberty Hall in aller Öffentlichkeit eingeholt und dafür die Trikolore gehisst. Es soll noch erwähnt werden, dass die erste Trikolore die Farbfolge Orange-Weiß-Grün zeigte; heute ist sie umgekehrt.

Wappen: Das älteste dokumentierte Symbol Irlands waren drei goldene Kronen im blauen Feld. Dieses Wappen gebrauchte Robert de Vere im Jahre 1386 als Herzog von Irland. Es ist heute das Wappen der Provinz Munster. Aber schon zu diesen Zeiten spielte die Harfe im irischen Leben eine große Rolle, wobei ihr Ursprung im Dunkeln der frühen irischen Geschichte liegt. Die keltischen Druiden verbreiteten mit dem Instrument vermutlich ihre Nachrichten. Als erstes graphisches Symbol für Irland erscheint die Harfe im »Wijnbergen Armorial« (1270–1285). Als irisches Zeichen in einem englischen Wappen steht die Harfe als Crest um 1480 im Wappen König Richards III. Als Badge für Irland taucht die Harfe erstmals auf Münzen König Heinrichs VIII. (1509–1547) auf. Bei dem Begräbnis Königin Elisabeths im Jahre 1603 wehten Fahnen, die im blauen Tuch eine goldene Harfe zeigten. James I. (reg. 1603–1625) führte erstmals die Harfe in seinem Wappen. Somit war die Harfe nicht mehr nur ein Zusatz-, sondern ein Wappenzeichen. Im grünen Feld erschien die Harfe erstmals 1642 in der Fahne des Eoghan Rua O'Neill, der in Ulster die Revolution anführte. Als Irland 1922 Freistaat wurde, führte es als Siegel zunächst den quadrierten Schild mit den Symbolen seiner vier Provinzen ein. Doch schon ab dem 28. Dezember 1922 galt die Harfe als Symbol des Freistaates Irland. Man sprach aber immer nur vom Symbol, nicht von einem Wappen. Erst am 2. November 1945 bestimmte die Regierung die formelle Einführung eines Staatswappens. Als Vorbild dient eine im Dubliner Trinity College aufbewahrte Harfe, die dem legendären irischen Hochkönig Brian Boru (926–1014) zugeschrieben wird. Die Harfe stammt allerdings aus dem 15. Jahrhundert.

Island

IS

Fläche:	103 000 km²
Einwohner:	301 000
Hauptstadt:	Reykjavik
Landessprache:	Isländisch
Staatsform:	parlamentarische Republik

Bereits im 4. Jahrhundert brachte der Grieche Pytheas von Massilia Kunde von der Insel Thule im hohen Norden. Die eigentliche Besiedlung begann 874, als sich Wikinger auf der Insel niederließen. 930 entstand das Althing, die einmal im Jahr stattfindende Versammlung aller freien und volljährigen Männer. Es war das erste Parlament der Erde. Durch den Handel mit Norwegen geriet die Insel unter norwegische Kontrolle; 1262 wurde der König von Norwegen auch isländisches Staatsoberhaupt. 1380 geriet Island zusammen mit Norwegen unter dänische Oberherrschaft. 1874 erhielt Island eine Verfassung, die dem Land die innere Autonomie gewährte und das Althing wieder zum gesetzgebenden Organ machte. Am 1. Dezember 1918 wurde Island selbstständiges Königreich in Personalunion mit Dänemark. Nach dem Ablauf des isländisch-dänischen Bundesgesetzes erklärte das Althing die Union für aufgehoben und rief am 17. Juni 1944 durch den Regenten S. Björnsson (1881–1952) die Republik (Lydhveldidh Island) aus.

Flagge: Aus dieser Entwicklungsgeschichte des Landes ergibt sich auch die Geschichte der isländischen Flagge. Doch vorher soll noch auf eine Episode hingewiesen werden, die an die »Köpenickiade« erinnert. Auf der Insel ist sie bekannt als die »Regierungszeit des Hundstagskönigs«. Der dänische Kaufmann Jörgen Jürgensen hatte sich zum Regenten von Island ausgerufen und in der Proklamation vom 26. Juni 1809 eine besondere Flagge für Island geschaffen. Diese Flagge zeigte im blauen Feld drei weiße Dorsche. Mit Jürgensen, der sich nur wenige Tage halten konnte, verschwand auch seine Flagge wieder. Über die Insel wehte weiter der dänische *Danebrog.* 1903 erhielt Island ein Wappen, das einen weißen Falken im blauen Feld zeigte. Er erinnerte daran, dass lange Zeit die besten Falken für die Jagd aus Island in die ganze Welt exportiert wurden. Inoffiziell wurde daraus eine isländische Flagge, in der Mitte eines blauen Tuchs ein sitzender weißer Falke. Diese Flagge erhielt aber niemals offiziellen Status.

Die offizielle isländische Flagge wurde 1913 entworfen. Diese Nationalflagge ist auch Handelsflagge, sie hat die Proportionen

18:25 (Länge 7:1:2:1:14, Breite 7:1:2:1:7). Eingeführt durch königliche Verordnung vom 19. Juni 1915, gilt über die Nationalflagge zurzeit das Gesetz vom 17. Juni 1944.

Die Isländer erwählten für ihre Flagge die norwegischen Farben, die jedoch in umgekehrter Reihenfolge festgelegt wurden. Die Farben sollen an die gemeinsame Geschichte erinnern, aber auch den Gegensatz zur dänischen Oberhoheit aufzeigen. Zur Betonung der Bindungen an die anderen skandinavischen Länder wählte man die Kreuzflagge. Die Farben Blau (an erster Stelle) und Weiß (an zweiter Stelle) gelten von alters her als isländische Farben. Sie werden mit dem Namen der Insel »Land der Vulkane und Geysire« in Verbindung gebracht. Blau steht für das Meer und die Berggipfel, Weiß für die Fontänen der Geysire und Rot für das Feuer der Vulkane.

Wappen: Das erste Wappen für Island stammte aus dem 13. Jahrhundert und zeigte 12 silberne und blaue Streifen. Wann das eigentliche Symbol Islands, ein gekrönter Stockfisch, entstand, ist nicht mehr bekannt. In einem Stockholmer Buch aus dem Jahre 1360 ist er abgebildet, aber ohne Bezug zu Island. Eindeutig als isländisch belegt, zeigt ihn ein Siegel von 1593. Seit 1820 sind uns auch farbige Wappen bekannt: im roten Schild unter einer goldenen Krone ein silberner Stockfisch. Noch im 19. Jahrhundert stand dieses Abzeichen anstelle des Widders im dritten Feld des dänischen Königswappens.

Das bereits erwähnte Falken-Wappen von 1903 blieb nur einige Jahre gültig. Am 12. Februar 1919 erhielt Island durch königliche Verordnung sein heutiges Wappen in einer anderen Gestaltung. Den Wappenentwurf lieferte der Bildhauer Rikarthur Jónsson. Auf dem Schild in den Farben der isländischen Flagge lag die Königskrone, die vier Figuren wurden kleiner dargestellt. In seiner heutigen Gestaltung geht das Wappen auf den 17. Juni 1944 zurück. Der Schild liegt auf einem Basaltblock, der Island darstellt. Die Insel wird auch »Einsiedlerin des Atlantiks« genannt. Die Schildhalter Drache, Greif, Stier und Riese stammen aus der »Heimskringla« des Snorri Sturluson (1179–1241). Es ist ein herausragendes Werk der altnordischen Literatur und erzählt u.a. die Geschichte des dänischen Königs Haraldur Gormsson, der Schiffe mit Truppen nach Island entsenden wollte, um sich für deren Schmähgedichte zu rächen. Ein Zauberer sollte dort Erkundungen einholen. Als Wal schwamm er nach Island und sah dort, dass alle Berge und Hügel voller Schutzgeister des Landes waren. Er schwamm in den Vopnafjördur hinein, wo ihm ein riesiger Drache begegnete. Im Eyjafjördur flog ihm ein riesiger Vogel entgegen. Im Breidafjördur warf sich ihm ein mächtiger Stier mit Gebrüll in den Weg. Schließlich wollte er in Südisland an Land gehen, doch dort trieb ihn ein Riese ins Meer zurück. Zurück in Dänemark berichtete er von seinen Erlebnissen, worauf die dänischen Truppen nicht ausgeschickt wurden.

Israel

IL

Fläche:	22 072 km²
Einwohner:	6,9 Mio.
Hauptstadt:	Jerusalem
Landessprachen:	Hebräisch, Arabisch
Staatsform:	parlamentarische Republik

Im Staat Israel (Medinat Yisrael), unabhängig seit dem 14. Mai 1948, fand das Judentum nach fast zweitausendjähriger Diaspora eine neue Heimat.

Flagge: Ehe der Staat eine Nationalflagge hatte, nahm er am 21. Mai 1948 die *Kriegs-* und *Handelsflagge* an. Die Kriegsflagge ist dunkelblau mit einem weißen Dreieck am Mast (wie in der jordanischen Nationalflagge), darauf befindet sich der dunkelblaue Davidstern. Die dunkelblaue Handelsflagge (Proportionen 29:45) zeigt den dunkelblauen Davidstern (»Magen David«) im weißen Hochoval. Erst am 12. November 1948 erhob Israel die alte Zionistenflagge zur Nationalflagge. Die Proportionen sind 173:250, die Streifen verhalten sich wie 14:30:85:30:14.

Mitte des 19. Jahrhunderts begannen sich die Juden in aller Welt zusammenzuschließen. Als erste dieser Bewegungen gründete sich 1870 in Russland die »Chowewe Zion« (Freunde Zions); aus ihren Reihen kamen die ersten Siedler nach Palästina. In Westeuropa riefen Theodor Herzl und Max Nordau im August 1897 den ersten Zionistenkongress nach Basel ein, der anlässlich der Zusammenkunft auch eine Flagge für die Zionistenbewegung annahm, die von David Wolffsohn entworfen worden war. Bei der Einweihung der Zion Hall in Boston entfaltete die Binai Zion Educational Society am 21. Juli 1891 diese Flagge. Inspiriert wurde die Flagge, die heute die israelische Nationalflagge ist, von dem jüdischen Gebetstuch »Tallit«, das weiß ist und an den Rändern blaue Streifen aufweist. Dabei stand Weiß für die Reinheit der zionistischen Ideale und Blau für den Himmel. Im Mittelpunkt der Flagge steht der Davidstern, der neben dem siebenarmigen Leuchter (Menora) das Symbol der Juden ist. Er besteht aus zwei ineinandergeschobenen Dreiecken. Das mit der Spitze nach unten zeigende Dreieck bedeutet Wasser, das andere symbolisiert Feuer. Die Verbindung des Symbols mit dem Namen Davids geht darauf zurück, dass der jüdische König nach der Lehre der Kabbala die gegenseitige Durchdringung der fühlbaren und unsichtbaren Welt, das Erstehen des Messias (David) aus dem Schoß Abrahams, des Weltgrundsteins und die Gottheit, die räumlich und zeitlich das All umfasst, versinnbildlicht. Als Siegel des Salomo stand der Davidstern auch im Kaiserwappen Äthiopiens, da der Kaiser seine Herkunft auf Salomo bezieht. Als nationales Emblem des Volks tauchte der Stern schon im antiken jüdischen Königreich auf. Im Verlauf der Geschichte hielten die Juden in aller Welt den Stern als ein Symbol der Hoffnung auf die Wiederkehr des Messias in hohen Ehren. In größeren europäischen Städten setzten die »Judenschaften« den Stern mit Genehmigung der Behörden in ihre Banner, z. B. 1356 in Prag.

Ende des 19. Jahrhunderts wurde der Stern ein Symbol des Antisemitismus. Während der Herrschaft der Nationalsozialisten in Deutschland wurden alle Juden gezwungen, einen Davidstern zu tragen (seit dem 15. September 1941). Nach der Konferenz von Teheran (28. November 1943) ließ das Propagandaministerium britische Marken fälschen (sog. Spionage- und Propagandamarken), in deren Ecken der Davidstern stand mit der Aufschrift: »This War is a Jewish War« (»Dieser Krieg ist ein jüdischer Krieg«). Nach der deutschen Besetzung Dänemarks sollten auch hier die jüdischen Bewohner den Stern tragen. Von dieser Maßnahme sahen die Besatzer aber ab, als der Dänenkönig Christian X. damit drohte, dass auch er und mit ihm sein Volk den Stern als Zeichen der Verachtung der Deutschen tragen würden. In Israel benutzt auch der »Rote Davidstern« (eine Sonderorganisation des Roten Kreuzes) ein rotes Hexagramm auf weißem Tuch; es wird allerdings nicht offiziell anerkannt.

Wappen: Am 11. September 1949 erschien das »Iton Rasmi« (Amtsblatt) Nr. 50 mit dem Gesetz über das Staatswappen. Dieses zeigt im silbern bordierten blauen Schild den siebenarmigen Leuchter (Menora) aus dem Tempel von Jerusalem, wie er auf den Skulpturen des Titus-Bogens in Rom dargestellt ist, beseitet von zwei Olivenzweigen und darunter in hebräischer Schrift das Wort »Israel«. Neben dem Davidstern ist der siebenarmige Leuchter das andere nationale Emblem des Judentums. Das Symbol geht zurück auf den Leuchter, der im Tempel von Jerusalem stand. 70 n. Chr. eroberte der spätere römische Kaiser Titus Jerusalem. Den letzten Widerstand leisteten die Juden vom Tempel aus, und zwar von der Stelle, wo der Leuchter stand. Als der religiöse Mittelpunkt der Juden in römische Hände fiel (die letzten Verteidiger des Tempels begingen Selbstmord), war der Widerstand gebrochen, das Land wurde römische Provinz, der Tempelleuchter nach Rom gebracht. Seit dieser Zeit gilt der siebenarmige Leuchter als Symbol des Widerstands der Juden gegen alle seine Feinde. Die Zahl seiner Arme entspricht der Zahl der Wochentage. Im Mittelalter erinnerte er an die sechs bekannten Planeten und die Sonne. Als Zeichen der Souveränität des Staats steht ein großer schmiedeeiserner siebenarmiger Leuchter vor der Knesset, dem israelischen Parlament.

Italien

I

Fläche: 301 336 km²
Einwohner: 58,88 Mio.
Hauptstadt: Rom
Landessprachen: Italienisch, regional Deutsch und Französisch
Staatsform: parlamentarische Republik

Von einem italienischen Nationalstaat kann erst gesprochen werden, nachdem die Einigungsbestrebungen des Risorgimento (»Wiedererhebung«) 1861 erfolgreich waren. Immer war jedoch das Streben nach Einheit mehr oder minder stark vorhanden.

Flagge: 1796 unternahm Napoleon I. einen erfolgreichen Feldzug gegen Savoyen. Weitere Eroberungen schlossen sich an. Die alten Dynastien verschwanden, und Napoleon gründete neue Staaten. Mit ihm kam auch die blau-weiß-rote *Trikolore* ins Land. Am 17. Juli 1797 wurde die Cisalpine Republik als Zusammenschluss der Cispadanen und der Transpadanen Republik gegründet. Diese, etwa 42 500 km^2 groß, umfasste die Lombardei, die heutige Provinz Novara und einen großen Teil der Emilia. Die Stadtmiliz Mailands, in grünen und roten Uniformen, wurde zur Lombardischen Nationalgarde erhoben. Anschließend erhielten sie eine grün-weiß-rot gestreifte Standarte. Durch die Hinzufügung von Weiß erhielt man eine der französischen Trikolore ähnliche Fahne, wobei der Erhalt von Grün auf ausdrücklichen Wunsch Napoleons geschah.

Als Napoleon 1799 zu seinem Ägyptenfeldzug aufbrach, wurden noch einmal die alten Strukturen wiedererrichtet und die Cisalpine Republik verschwand. Aber schon am 4. Juni 1800 wurde sie nach Napoleons Rückkehr wiederbegründet. Im Januar 1802 wurde dieser Staat umbenannt in Italienische Republik und 1805 zum Königreich Italien erhoben.

Am 11. Mai 1798 entschied der Große Rat der Cisalpinen Republik über die Annahme einer Flagge. Sie sollte komponiert sein aus drei senkrechten Streifen in der Farbfolge Grün-Weiß-Rot. Dies waren die Farben, die die Republik inoffiziell in den Jahren 1797 und 1798 geführt hatte. Diese Flagge zeigte damals waagerechte Streifen, aber in der Farbfolge Weiß-Rot-Grün. Diese Trikolore repräsentierte für die Patrioten in ganz Italien das Programm für ein zukünftiges Italien, beruhend auf den Tugenden Glaube, Hoffnung und Wohltätigkeit.

Napoleon, der auch Präsident der Cisalpinen Republik war, nahm später einen antirevolutionären Kurs auf und tauschte deshalb am 20. August 1802 die revolutionäre Trikolore gegen eine andere aus, wobei die Farben erhalten blieben (in Rot eine weiße Raute, darauf ein grünes Quadrat). Die Italiener behielten jedoch die Trikolore in guter Erinnerung. Nach Napoleons Sturz (1815) versuchten vor allem die Österreicher, die alte Ordnung wiederherzustellen. Im gesamten Land kam es immer wieder zu Aufständen. Im Jahr 1843 forderte der Graf Cesare Balbo, der gemeinsam mit Graf Cavour in Turin die Zeitung »Il Risorgimento« herausgab, in einem Artikel die Gründung eines italienischen Staatenbundes unter der Führung Savoyen-Piemonts als »Schwert Italiens«. Als im März 1848 in Wien die Revolution ausbrach, kam es vor allem in Norditalien zu Aufständen.

Einen Tag nach der Kapitulation der österreichischen Truppen am 22. März 1848 proklamierte König Karl Albert von Sardinien die Unabhängigkeit Italiens, die aber erst 1860 wirklich erreicht wurde. Am 18. Februar 1861 wurde in Turin das erste gesamtitalienische Parlament einberufen, das Königreich Italien war entstanden Das Königshaus Savoyen, das in Sardinien regierte, erhob 1848 die Trikolore mit dem Königswappen (in blaubordiertem roten Schild ein silbernes Kreuz) zur Nationalflagge. Später hielten die Nachfolger des Königreichs an der Trikolore fest: die von Mussolini 1943 in Norditalien gegründete Soziale Republik (Adler und Liktorenbündel in der weißen Bahn) und auch die am 18. Juni 1946 proklamierte Republik. Letztere hisste einen Tag später erstmals die Nationalflagge (Proportionen 2:3). Um einen Wappenschild im weißen Streifen erweitert, gilt die Nationalflagge auch als *Handels-* und *Marineflagge*. Der Schild zeigt Embleme der ehemaligen Republiken Venedig (bei der Marineflagge noch ein Schwert), Genua, Amalfi und Pisa. Bei der Marineflagge kommt noch die Schiffskrone Roms hinzu.

Wappen: Ein erstes italienisches Staatswappen war das des Königreichs, das im roten Schild ein silbernes Kreuz (Stammwappen der Savoyer) zeigte. Den Schild umgab die Kette des Ordens der Verkündigung sowie ein Eichen- und ein Lorbeerzweig. Das Ganze lag auf einem bekrönten Wappenmantel. In späteren Jahren änderten sich die Prunkstücke.

Während der Zeit des Faschismus war neben dem Königswappen das Liktorenbündel zugelassen. Die Republik legte das jetzige Staatswappen am 5. Mai 1948 fest. Leider verließ der Staat mit der Annahme dieses Emblems den Weg der klassischen italienischen Heraldik, die sich in den vielen italienischen Städtewappen zeigt. Der rotbordierte fünfstrahlige weiße Stern symbolisiert die einheitliche Nation und ihre Republik. Unter dem Stern liegt ein graues Zahnrad als Symbol der Arbeit und der menschlichen Schöpferkraft. Der Olivenzweig als Zeichen des Friedens symbolisiert die südlichen Landesteile und der Eichenzweig, als Zeichen der Kraft und Stärke, die nördlichen Gebiete. Seit 1987 gibt es immer wieder Bestrebungen, das Staatswappen der Historie anzupassen.

Jamaika

JA

Fläche: 10 991 km²
Einwohner: 2,7 Mio.
Hauptstadt: Kingston
Landessprache: Englisch
Staatsform: parlamentarische Monarchie im Commonwealth

Jamaika, die drittgrößte Insel der Großen Antillen, wurde 1494 durch Kolumbus entdeckt und für Spanien in Besitz genommen. 1655 wurde die Insel von England erobert. Diesen Status erkannte Spanien 1670 an. 1958 trat Jamaika, das 1866 Kronkolonie wurde, der Westindischen Föderation bei. Nach dem Austritt im September 1961 erlangte Jamaika, unter Verbleib beim Commonwealth, am 6. August 1962 die Unabhängigkeit.

Flagge: Schon vor der Unabhängigkeit beriet das jamaikanische Repräsentantenhaus über das Design einer Nationalflagge. Dafür schrieb man im September 1961 einen Wettbewerb aus, zu dem 360 Entwürfe eingereicht wurden. Doch kein Entwurf konnte die eingesetzte Kommission befriedigen, so dass es keinen Sieger gab. Da aber die meisten Entwürfe die Farben Grün, Gelb und Schwarz zeigten, galten diese Farben als festgelegt. Zunächst wurde ein Entwurf mit waagerechten Streifen vorgestellt, der aber der Flagge Tanganjikas glich. Als dies bemerkt wurde, kam es zu neuerlichen Beratungen und am 20. Juni 1962 bestimmte das Repräsentantenhaus einen anderen Entwurf zur Nationalflagge, wobei zwei grüne und zwei schwarze Dreiecke durch ein gelbes Andreaskreuz separiert werden. Bei Erlangung der Unabhängigkeit am 6. August 1962 wurde diese Flagge, deren Proportionen 1:2 betragen, erstmals gehisst.

Die Einheimischen erklärten die Flagge so: »Es gibt Armut, aber das Land ist grün und die Sonne scheint«. Danach legte man auch die offizielle Symbolik fest. Das gelbe Andreaskreuz symbolisiert die Schönheit des Sonnenlichts, den Staat (er nennt sich auch »Insel unter der Sonne«) und die natürlichen Reichtümer der Insel. Das trifft sowohl auf die Landwirtschaft als auch auf die Industrie zu. Grün ist das Symbol der Hoffnung und versinnbildlicht die Landwirtschaft, die Natur und die Vegetation. Der exportorientierte Agrarsektor ist wichtigster Wirtschaftszweig. Hauptanbauprodukte sind Zuckerrohr, Bananen, Zitrusfrüchte und Nelkenpfeffer. Die Natur ist vielfältig und weist trotz der geringen Ausdehnung des Landes beträchtliche Unterschiede auf. Während der Norden verhältnismäßig feucht ist, ist der Süden eher trocken. Die schwarzen Dreiecke erinnern an die Härten der vergangenen schweren Zeiten und weisen auf die noch zu bewältigenden Schwierigkeiten hin. Alle anderen staatlichen Flaggen sind den entsprechenden britischen Flaggen nachempfunden.

Jamaika war wichtigstes Mitglied der von 1958 bis 1962 bestehenden Westindischen Föderation. Deren Flagge zeigte in der Mitte eines hellblauen Tuchs einen orangefarbenen Kreis und vier weiße Wellenbalken.

Wappen: Durch Royal Warrant erhielt die Kolonie Jamaika am 3. Februar 1661 ein Wappen, das der Erzbischof von Canterbury, William Sandcroft entworfen hatte. Es ist somit das älteste britische Kolonialwappen. Bis auf kleinere Änderungen ist das heutige Staatswappen identisch mit dem ehemaligen Kolonialwappen. Der größte Unterschied besteht im Wahlspruch. Während der Kolonialzeit hieß er »Indus uterque serviet uni« (»Beide Indien werden einem dienen«), heute steht im Spruchband: »Out of many, one people« (»Aus vielerlei Herkunft ein Volk«). Als 1661 das Wappen verliehen wurde, hingen vom Königshelm rot-silberne Helmdecken herab, später verschwand der Helm ganz, nur das Krokodil schwebte über dem Schild. Mit Royal Warrant vom 8. April 1957 ließ die damalige Kolonie das Wappen »verbessern«: Der Königshelm wurde wiederhergestellt, jetzt aber mit den königlichen Helmdecken, d. h. golden mit Hermelin-Unterseite. Das Krokodil steht jetzt auf einem naturfarbenen unbearbeiteten Holzstammstück.

Das Wappen zeigt im silbernen Schild ein mit fünf goldenen Ananasfrüchten belegtes rotes Georgskreuz. Auf dem Schild ruht der königliche Helm. Als Crest führt Jamaika das grüne Krokodil auf dem Holzstamm, der auf einem rot-silbernen Wulst liegt. Schildhalter sind zwei Ureinwohner der Insel, zwei Arawak-Indianer. Rechts trägt eine Frau einen Korb mit Ananasfrüchten, links hält der Mann einen Kriegsbogen. Der untere Kranz seines Kopfschmuckes ist rot-weiß, die oberen drei Federn sind rot. Das Georgskreuz steht für England, das die Insel 1655 eroberte. Obwohl zu dieser Zeit in England schon der erste Union Jack wehte, wurde nur das Georgskreuz im Wappen Jamaikas berücksichtigt. Die Ananas wuchs zu der Zeit, als das Wappen komponiert wurde, zum Teil noch wild, zum Teil schon in Plantagen, die Frucht bildete aber damals das Hauptexportprodukt der Insel. Die Arawak-Indianer gehören zur Familie der Aruak. Sie waren für die Kultur von Bedeutung, da sie als Erste Tabak, Baumwolle und Maniokwurzeln in Lateinamerika anbauten und die letztgenannten Früchte auch entgifteten.

Da Jamaika dem Commonwealth of Nations angehört, ist Königin Elisabeth II. von Großbritannien Staatsoberhaupt; sie wird auf der Insel von einem Generalgouverneur vertreten. Elisabeth II. führt auf Jamaika eine weiße Standarte, darauf das Georgskreuz mit vier goldenen Ananasfrüchten (wie im Wappen Jamaikas). Anstelle der fünften Frucht steht das Monogramm der Königin.

Japan

J

Fläche:	377 915 km²
Einwohner:	127,97 Mio.
Hauptstadt:	Tokyo
Landessprache:	Japanisch
Staatsform:	parlamentarische Monarchie

Japan (auf alten Karten als Zipangu bezeichnet), dessen staatliche Existenz bis ins 1. Jahrtausend v. Chr. zurückreicht, erschien den Siedlern, die vom Festland kamen, als das Land, hinter dem die Sonne aufging. Der Staat war immer unabhängig, seine offizielle Zeitrechnung beginnt 660 v. Chr.

Flagge: Da sich das Land fremden Einflüssen gegenüber stark abschottete, bestand auch kein Bedarf, sich eine Nationalflagge zuzulegen, mit der sich die Nation nach außen hin kenntlich machen musste. Dies machte sich erstmals negativ bemerkbar, als ein amerikanischer Flottenverband am 8. Juli 1853 unter Führung des Kommodore Perry vor Uraga an der Bucht von Tokyo ankerte und die Übergabe einer Botschaft des Präsidenten Fillmore an den Schogun (erblicher Titel des Kronfeldherrn und von 1192 bis 1868 Amtsbezeichnung für die tatsächlichen Herrscher über Japan) erzwang. Dabei zeigten die Amerikaner das Sternenbanner, die Japaner aber, allen Symbolen sehr zugetan, konnten dem nichts entgegenstellen. Daraufhin gab es Gruppen im Land, die für die Einführung einer einheitlichen Flagge kämpften. Eine Gruppe unter der Führung des Fürsten Nariakira von Satsuma, die die heutige Flagge favorisierte, setzte sich schließlich durch, und am 5. August 1854 wurde die »Hi-No-Maru« (d. h. »Sonnenscheibe«) genannte Flagge als einzige japanische Flagge anerkannt. Im Ausland wurde sie erstmals 1860 gezeigt. Als Nationalflagge wurde sie dann offiziell am 17. Februar 1870 proklamiert, nachdem Kaiser Meiji die Macht der Schogune gebrochen und die kaiserliche Herrschaft wiederhergestellt hatte. Den Berichten zufolge wurde die Flagge im Lande selbst erst 1872 bei der Eröffnung einer Eisenbahnlinie gezeigt. Ihre Proportionen betrugen 7:10 und die Sonnenscheibe war zum Liek hin versetzt.

Nach dem 2. Weltkrieg galt die Flagge lange Zeit nur als Symbol Japans, nicht aber als Nationalflagge. Erst am 13. August 1992 wurde sie per Gesetz zur Nationalflagge Japans erklärt. Dabei wurde der rote Kreis zur Flaggenmitte versetzt und die Proportionen mit 2:3 festgesetzt. Der Legende nach liegt der Ursprung der Flagge in der Zeit der mongolischen Invasion Japans im 13. Jahrhundert, als der buddhistische Priester Nichiren die

Sonnenscheibenflagge dem Kaiser von Japan, als Nachfahre der Sonnengöttin Amaterasu, anbieten sollte.

Die einfache, doch dadurch sehr ausdrucksstarke Nationalflagge zeigt im weißen Tuch, was Reinheit und Rechenschaft ausdrücken soll, eine zinnoberrote Scheibe, deren Durchmesser drei Fünftel der Flaggenbreite beträgt. Rot steht für Leidenschaft, Aufrichtigkeit, Wärme und Begeisterung und symbolisiert so die positiven japanischen Ideale. Die Flagge insgesamt versinnbildlicht den Namen des Staates »Land der aufgehenden Sonne« oder »Quelle der Sonne«. Schon im Jahre 607 überbrachte ein japanischer Gesandter dem Kaiser von China eine Botschaft, die mit folgenden Worten begann: »Der Kaiser aus dem Lande der aufgehenden Sonne schreibt an den Kaiser im Lande der untergehenden Sonne«. Da die japanischen Kaiser (Tenno) ihre Abstammung auf die Göttin Amaterasu-Omikami (= die vom Himmel Scheinende; japanische Sonnengöttin) zurückführten, spielte das Sonnensymbol in den japanischen Zeichen eine führende Rolle. Susa-No-O, der Bruder Amaterasus, zerbrach ihre Edelsteinketten mit seinen Zähnen und hauchte die Stücke an, worauf fünf neue Götter entstanden. Der älteste von ihnen wurde erster japanischer Kaiser. Die im Jahre 1603 an die Macht gelangten Schogune aus dem Geschlecht der Tokugawa zeigten eine rote Scheibe als ihr *Mon* (Abzeichen). Oftmals wurde diese Scheibe in ein weißes Tuch gesetzt, teilweise in zweifacher Darstellung. Es stand dann für Sonne und Mond, die die Erde bei Tag und Nacht beleuchteten.

Wappen: Bei dem abgebildeten *Kaiser- und Reichswappen* handelt es sich um eine goldene, stilisierte Chrysanthemenblüte, gebildet aus sechzehn Blättern (nur dem Kaiser standen 16 Blätter zu). Es ist zu beachten, dass immer ein Blatt und nicht eine Blattbegrenzungslinie auf der Kreuzachse liegen muss. Eigentlich handelt es sich nicht um »das« Kaiserwappen, sondern um das vornehmste von mehreren Abzeichen *(Mon)* des Kaiserhauses, es ist das sog. »Ki-Ku-Non-Hana-Mon«. Die goldene Farbe ist ohne Bedeutung. Der im 4. Jahrhundert nach Japan eingeführten Chrysantheme wurden magische Kräfte nachgesagt und so war es nicht verwunderlich, dass Kaiser Gotoba die Blüte im 12. Jahrhundert als sein Mon erwählte.

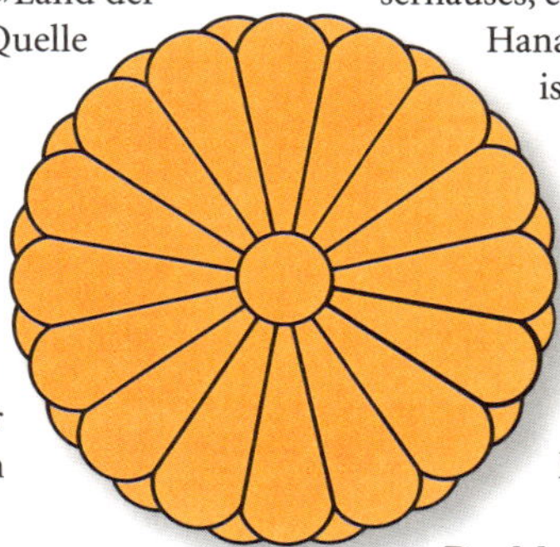

Das Mon (Abzeichen) hat in Japan dieselbe Bedeutung wie in Europa das Wappen. Wahrscheinlich kamen die Mon bereits im Mittelalter auf. Seit dieser Zeit war es üblich, die Hausabzeichen (was die Mon eigentlich waren) an fünf Stellen des Obergewands, und zwar an beiden Ärmeln, auf beiden Brustseiten und auf dem Rücken zu zeigen. Hergestellt wurden sie beim Färben durch Aussparen des Musters. Die Motive der Mon sind geometrische Figuren, Schriftzeichen, einfache Natur- und Gebrauchsgegenstände, Tiere und Pflanzen. Im Gegensatz zu unseren Wappen gab es keinen Rand und vor allem blieb die Farbe ohne Bedeutung, es kam nur auf das Symbol an.

Jemen

Fläche:	527 968 km²
Einwohner:	22,39 Mio.
Hauptstadt:	San'a
Landessprache:	Arabisch
Staatsform:	präsidiale Republik

Am 22. Mai 1990 vereinigten sich die Arabische Republik Jemen (Nordjemen) und die Demokratische Volksrepublik Jemen (Südjemen) zur Republik Jemen, wobei sich an diesem Tag beide Staaten erst auflösten, um dann als ein Staat aufzutreten. Hauptstadt des neuen Staates wurde San'a, während Aden als Handelsmetropole erhalten blieb. Mit der Vereinigung wurde der bereits im 19. Jahrhundert bestehende Zustand wiederhergestellt.

Flagge: Erstmals hisste der ehemalige Präsident des Nordjemen, der jetzige Staatspräsident des neuen Staates Jemen, Ali Abdallah Salih, die Flagge des neuen Staates am 22. Mai 1990 in Aden, der ehemaligen Hauptstadt des Südjemen. Die neue rot-weiß-schwarz gestreifte Flagge weist die Proportionen 2:3 auf. Beide jemenitischen Staaten führten schon die rot-weiß-schwarz gestreiften Flaggen, die aber noch zusätzliche Elemente enthielten. In der Flagge des Nordjemen war dies ein grüner fünfzackiger Stern (Flagge seit dem 1. November 1962) und bei der Flagge des Südjemen ein roter Stern im hellblauen Dreieck am Liek (Flagge seit dem 30. November 1967).

Die Farben haben folgende Bedeutungen: Die beiden ehemaligen Staaten wurden durch Revolutionen (Rot) geschaffen, sie haben sich friedlich vereint (Weiß), sollen aber stets an die vergangenen schweren Zeiten (Schwarz) erinnert werden, um so einer besseren Zukunft (Weiß) entgegenzugehen. Der ehemalige Nordjemen führte 1927 als Königreich eine Flagge ein, die in der Mitte eines roten Tuchs ein weißes Krummschwert und fünf weiße Sterne zeigte, je einer in den Ecken und einer über dem Schwert. Diese von der Religion geprägte Flagge verschwand, als nach langem Bürgerkrieg am 27. September 1962 die Republik ausgerufen wurde. Deren Flagge, am 1. November 1962 eingeführt, lebt zum Teil in der Flagge des neuen Jemen weiter.

Anders verlief die Entwicklung im Südjemen: Erst am 30. November 1970, drei Jahre nach der Unabhängigkeit, änderte der Staat seinen Namen von Südjemen in Demokratische Volksrepublik Jemen. Dieses Gebiet, unter britischer Oberhoheit, bestand aus der Kronkolonie Aden und vierzehn Kleinstaaten. Diese schlossen sich bis zum 4. April 1962 zur »Föderation von Südarabien« zusammen (Flagge: Schwarz-Grün-Hellblau, mit schmalen gelben Streifen zu beiden Seiten des grünen Streifens, über allen ein weißer Halbmond mit Stern). Am 30. November 1967 ergriff die National Liberation Front (NLF) die Herrschaft und rief die Volksrepublik Südjemen aus. Für drei Tage war die Flagge der NLF Nationalflagge dieses Staates. Sie zeigte waagerechte Streifen in den Farben Rot-Weiß-Schwarz ohne ein Beizeichen. Somit entsprach diese Flagge der des heutigen Gesamtstaates.

Wappen: Während das Staatswappen des Südjemens verschwand – dieses entsprach den Wappen anderer arabischer Staaten (goldener schwarz konturierter Saladinadler, stehend auf einem Sockel mit dem Staatsnamen, auf der Brust einen Schild mit den Farben der Nationalflagge) –, baut das Staatswappen der neuen Republik Jemen (angenommen am 24. Mai 1990) auf dem der Arabischen Republik (Nordjemen) auf. Auf der Brust eines schwingenausbreitenden goldenen Adlers (diese Farbe entstammt dem Saladinadler Südjemens; der Nordjemen führte den Adler silberfarbig) erscheint ein goldumrandeter silberner Schild, der von einer goldfarbenen Darstellung des Ma'rib-Staudamms geteilt ist. Unter dem Staudamm sind blau-silberne Wellenlinien und über ihm ein grüner Kaffeezweig mit roten Früchten dargestellt. Der Adler steht auf einem goldenen Schriftband (im Wappen der Jemenitischen Arabischen Republik war es grün) mit dem Staatsnamen »Al Dschumhurija al Jamaniya«. In den Fängen hält er die Nationalflaggen, die an goldenen Stangen befestigt sind. Der Adler repräsentiert die Stärke und die Kraft des vereinigten jemenitischen Volks, mit seinen ausgebreiteten Schwingen beschützt er das Land. Diese Symbolik wird dadurch erreicht, dass er die Schwingen sowohl über die Flaggen als auch über das Schriftband ausbreitet.

Der Ma'rib-Staudamm (er bestand von etwa 1000 v. Chr. bis 570 n. Chr.) galt in der Antike als Wunderwerk der Technik. Er soll an die großen Taten des jemenitischen Volkes erinnern und dem jetzigen Volk zu Bewusstsein bringen, dass auch sie in der Lage sind, ebensolche Werke zu vollbringen. Dieser Staudamm mit seinem ausgeklügelten Bewässerungssystem sorgte dafür, dass hier im Süden der Arabischen Halbinsel eine Hochkultur entstehen konnte. Das Wasser floss aus den Hochgebirgen des Jemen in das Tal und wurde dort aufgestaut.

Die Kaffeepflanze über dem Staudamm erinnert an den Kaffee aus der alten jemenitischen Stadt Mokka. Kaffee war für lange Zeit das wichtigste Exportgut des Nordjemen. Die Mittelteile des Wappens standen bereits im 1956 angenommenen Wappen des Königreichs (dieses zeigte im weißen Halbrundschild Mauer, Wellen und einen Kaffeestrauch, über dem Schild eine Krone und von zwei Landesflaggen beseitet) und im ersten Wappen der Republik (dargestellt auf der Brust eines Adlers).

Jordanien

JOR

Fläche:	88 778 km²
Einwohner:	5,9 Mio.
Hauptstadt:	Amman
Landessprache:	Arabisch
Staatsform:	konstitutionelle Monarchie

Das haschemitische Königreich (Al Mamlakah Al Ur-duniyah Al Hashimiyah) Jordanien war als Ostjordanland bis 1918 Teil des Osmanischen Reichs und kam 1920 mit Palästina als Völkerbundmandat unter britische Verwaltung; als Emirat Transjordanien (seit 1921 unter Emir Abdallah ibn Hussain, einem Sohn König Hussains von Hedjas) wurde es 1923 von Palästina abgetrennt. 1945 wurde es Mitglied der Arabischen Liga und im Mai 1946 als Haschemitisches Königreich Jordanien formell unabhängig, zugleich nahm der Emir den Königstitel an.

Flagge: Die Nationalflagge des Königreichs Jordanien geht auf die Flagge des Königreichs Hedjas zurück. Für sein Königreich entwarf Hussain eine Flagge in den Farben, die heute als panarabische Farben bezeichnet werden. Die Flagge zeigte Streifen in der Farbfolge Schwarz-Grün-Weiß mit einem roten Dreieck (ohne Stern), später wurde daraus die Farbfolge Schwarz-Weiß-Grün. Die Söhne Hussains, Abdallah für Transjordanien und Faisal für Irak, übernahmen für ihre Reiche die Flagge des Hedjas, sodass diese weiterlebte, als Nadjd unter Ibn Saud den Hedjas 1926 annektierte.

In Transjordanien setzte Emir (seit 1946 König) Abdallah (1921–1951) einen Stern zur Unterscheidung in das Dreieck (bei der irakischen Flagge lagen zwei Sterne in einem Trapez anstatt des Dreiecks). Die Flagge (Proportionen 1:2) wurde am 16. April 1928 offiziell eingeführt. Als aus dem Emirat Transjordanien das Königreich Jordanien entstand, übernahm dieses unverändert die Nationalflagge.

In Jordanien werden die Farben heute wie folgt gedeutet: Der siebenzackige weiße Stern symbolisiert die sieben Verse des Korans. Die Farben beziehen sich auf die alten Kalifenfamilien. Weiß führte der erste Kalif, der erste Nachfolger des Propheten Mohammed, Abu Bakr (reg. 632–634), und einige Zeit später die Dynastie der Omajjaden (660–750); Schwarz geht zurück auf Othman (reg. 644–656), den dritten Kalifen. Zur offiziellen Farbe erhob sie der erste Abbasiden-Kalif Abul Abbas (reg. 750–754), nachdem sein Geschlecht unter schwarzen Fahnen den letzten Omajjaden-Kalifen Merwan II. (reg. 745–750) entthronte. Rot leitet sich ab von Omar I. (reg. 634–644), dem zweiten Kalifen. Da diese Farbe auch die

Königsfamilie der Haschemiten symbolisiert, setzte sie König Hussain an die erste Stelle des Flaggentuchs. Grün leitet sich ab vom vierten Kalifen und Schwiegersohn des Propheten, von Ali (reg. 656–661). Es war die Lieblingsfarbe Mohammeds. Über die Entstehung der Farbe der Aliden gibt es folgende Überlieferung: Mohammed besaß einen »grünen Mantel aus Hadramaut«. Kurz vor einer »Hadsch« (Pilgerfahrt) nach Mekka erfuhr Ali von einem geplanten Anschlag auf den Propheten. Daraufhin zog er einen grünen Mantel an und rettete so das Leben seines Schwiegervaters. Die Aliden, die sich dann als alleinberechtigte Erben des Kalifats betrachteten, trugen demonstrativ grüne Turbane. Heute wird Grün allgemein als »die« Farbe des Islams angesehen.

Wappen: Das Staatswappen entwarf der erste Herrscher des Landes, Emir Abdallah, am 1. Ramadan 1339 (= 1921). Am 18. Februar 1987 wurde das Wappen modifiziert, indem man den schwarzen Adler durch einen Falken ersetzte. Die Krone, die auf einer »haschemitisch-roten Schärpe« ruht, symbolisiert »die Krone Seiner Majestät, des Königs« und damit die Staatsform der Monarchie. Die »Schärpe«, die gleichbedeutend unserem Wappenmantel ist, repräsentiert die Dynastie der Haschemiten. Die rote Farbe symbolisiert Opferbereitschaft und das weiße Innenfutter steht für Lauterkeit und Reinheit. Der Falke gilt als Symbol des Propheten Mohammed. Durch seine frühere schwarze Darstellung entsprach er dessen Fahnenfarbe. Im Wappen repräsentiert er Macht, Autorität, Stärke und Erhabenheit. Der Falke ist mit offenen Schwingen angebracht, um zu zeigen, dass er die Welt umspannt. Die Spitze jeder Schwinge fällt über die Kante der jordanisch-arabischen Flagge, die so angebracht ist, dass sie parallel zu ihm läuft (so die amtliche Niederschrift). Durch die Darstellung des auf dem Globus stehenden Falken wird die weltumfassende Herrschaft des Islams dargestellt.

Der Schild vor dem Globus ist eine Kriegswaffe und symbolisiert die Verteidigung der Gerechtigkeit. Durch sein »margeritenförmiges Muster steht er auch für die großen arabischen Bauwerke«. Seitlich vom Schild sind die Waffen angebracht, die in der Zeit der Ausbreitung des Islams gebraucht wurden. Der Schild wird beseitet von einer Weizenähre und einem haschemitisch-grünen Palmwedel, sie verkörpern Fruchtbarkeit und friedliche Gesinnung. Die beiden Pflanzen ruhen auf einem gelben Seidenband, auf dem folgende Inschrift eingestickt ist (in Übersetzung): »Abdullah bin al-Hussein bin A'oun, König des Haschemitischen Königreiches des Jordan, der Gott bittet, ihm Erfolg und Hilfe zu gewähren«. Die zwei jordanischen Flaggen symbolisieren den Staat. Sie sind die Flaggen der Großen Arabischen Föderation. Unter den beiden Pflanzen wurde der »Orden der Wiedererweckung« erster Klasse gesetzt, um die höchste Auszeichnung im Staate zu symbolisieren. Ursprünglich wurde er denen verliehen, die an dem »Großen Arabischen Aufstand« teilnahmen.

Kambodscha

K

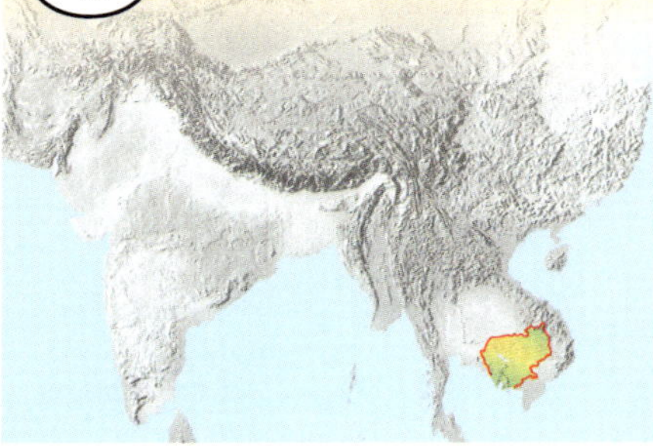

Fläche:	181 035 km²
Einwohner:	14,44 Mio.
Hauptstadt:	Phnom Penh
Landessprache:	Khmer
Staatsform:	konstitutionelle Monarchie

Das aus dem Norden einwandernde Volk der Khmer gründete im 7. Jahrhundert ein Reich, wobei es sich einer Legende bediente. Danach heiratete der aus Indien stammende Brahmanenprinz Kaundinya im Mekongdelta Soma, die Tochter des Schlangengottes Naga. Durch ihre Vereinigung gründeten sie das Reich der Khmer, dessen Blütezeit zwischen dem 10. und 12. Jahrhundert lag. Um nicht unter die Kontrolle seiner Nachbarn zu geraten, erbat König Ang Duong französischen Schutz, worauf Kambodscha 1843 französisches Protektorat wurde. Der 1941 eingesetzte König Norodom Sihanouk erklärte am 12. März 1945 die Unabhängigkeit, die Frankreich aber erst am 21. Juli 1954 auf der Genfer Indochina-Konferenz bestätigte. Ab 1970 in die indochinesischen Kriegswirren hineingezogen, sah das Land verschiedene Gruppen an der Macht. Eine Stabilisierung gelang erst am 14. Juni 1993 mit der Wiedereinsetzung Sihanouks als König von Kambodscha.

Flagge: Die erste uns bekannte Flagge ist die Standarte des kambodschanischen Königs. Sie zeigte in der Mitte eines blauen Tuchs, das von einem roten Rand eingefasst war, das Königswappen. Um 1870 führte das Land als französisches Protektorat seine erste Nationalflagge ein. Im roten Tuch, das von einem breiten blauen Bord umrahmt wurde, stand eine weiße Tempelgruppe. Diese Flagge führte das von Japan kontrollierte »freie« Kambodscha am 13. März 1945 mit modifizierter Tempelgruppe ein. Am 19. Oktober 1948 entstanden aus dem Bord an Ober- und Unterkante der Flagge Randstreifen. Dabei deutete Blau als königliche Farbe auf die Macht des Königs, Weiß symbolisierte den Glauben an den König und Rot, die nationale Farbe Kambodschas, den Willen der Bevölkerung, für König und Land zu sterben. Das Gebäude stellte den größten Tempel von Angkor Wat dar, als Erinnerung an das bedeutende Khmer-Reich aus dem 12. Jahrhundert.

Nach einem Armeeputsch führte das sich nun Republik Khmer nennende Land am 8. Oktober 1970 eine neue Flagge mit geänderten Farben ein. Aus dem folgenden Bürgerkrieg gingen die Roten Khmer als Sieger hervor und riefen am 5. Januar 1976 das »Demokratische Kampuchea« aus, für das sie eine Flagge nach nordvietnamesischem Vorbild einführten: im roten Tuch ein gelber dreitürmiger Tempel, wobei die Türme die Revolution, die nationale Tradition und das Volk symbolisierten. Nach dem Sturz der Roten Khmer 1979 wurde im Land die Volksrepublik ausgerufen. Die am 7. Januar 1979 eingeführte modifizierte Flagge zeigte im roten Tuch eine fünftürmige gelbe Tempelgruppe. Dabei versinnbildlichten die fünf Türme Frieden, Souveränität, Demokratie, Neutralität und den Weg zum Sozialismus.

Infolge der politischen Umwälzungen wurde am 1. Mai 1989 die Verfassung geändert, der Staatsname in »Staat Kampuchea« gewandelt und neue Staatssymbole eingeführt. Die neue Flagge stellte eine Synthese dar zwischen den Symbolen der alten Zeit und der Revolution. Sie war rot-blau waagerecht geteilt und zeigte in der Mitte eine Darstellung des Tempels von Angkor Wat. Rot symbolisierte das Blut, das für die Freiheit vergossen wurde, Blau die Naturschätze und der Tempel die glorreiche Vergangenheit.

Ab 1990 kam es zu Friedensgesprächen zwischen allen politischen Gruppen des Landes, das ab dem 3. Februar 1990 wieder Kambodscha hieß. Bei der Friedenskonferenz in Paris wurde am 23. Oktober 1991 eine neue Nationalflagge festgesetzt. Sie war der UN-Flagge nachempfunden und zeigt in der Mitte eines hellblauen Tuchs die weiße Silhouette Kambodschas und den Landesnamen. 1993 wurde Kambodscha wieder eine Monarchie. Per Dekret vom 29. Juni 1993 legte Norodom Sihanouk (König 1941–1955, 1993–2004) die neue Nationalflagge fest: rot-blau-rot waagerecht gestreift mit weißer Tempelgruppe in der Mitte. Ihre Proportionen betragen 2:3, der rote Streifen ist doppelt so breit wie ein blauer. Blau symbolisiert den König, Rot die Nation und Weiß den Buddhismus. Der Tempel steht für die glorreiche Vergangenheit des Landes.

Wappen: Wie die Flagge, so unterlag das kambodschanische Staatswappen vielfachen Modifikationen. Mit der Flagge nahm Kambodscha auch wieder das Wappen von 1948 mit geringen Änderungen an. Die in der Mitte aufeinander gestellten Pokale dienen der rituellen Vorführung eines heiligen Gegenstands. Hier ist es das heilige Schwert »Preah Khan«. Dieses fertigte der Legende nach der Gott Preah Vihsakan für König Jayavarman VI. (1080–1160) an. Darüber schwebt der schöpferische Urlaut »om« als geistliches Sinnbild im Wappen. Die darüberliegende Königskrone ist der Spitze des Berges Meru nachgebildet, dem Mittelpunkt der Götterwelt, welche am Tage der Krönung aus dem Souverän den Chakravartin, die Inkarnation von Indra, macht. Von der Spitze der Krone gehen die Strahlen des Ruhms aus. Die Ornamente daneben stellen den Schwanz der Fruchtbarkeitsschlange Naga dar. Die Sonnenschirme sind das südostasiatische Symbol der Herrschaft. Die Schildhalter sind der elefantenköpfige Löwe Kuchea Sey, das Sinnbild der Autorität, und der Löwe Reachem Sey, das Sinnbild der Macht. Die Inschrift bedeutet »Erhabene Majestät des Landes Kambodscha«.

Kamerun

Fläche:	466 050 km²
Einwohner:	18,55 Mio.
Hauptstadt:	Yaoundé
Landessprachen:	Französisch, Englisch
Staatsform:	präsidiale Republik

Das deutsche Schutzgebiet Kamerun wurde 1919 als Mandat des Völkerbundes zwischen Frankreich und Großbritannien aufgeteilt. Am 1. Januar 1960 wurde der französische Teil unabhängig. Im Oktober 1961 schloss sich der Süden des britischen Teils damit zur Bundesrepublik zusammen, die 1972 durch den Einheitsstaat abgelöst wurde.

Flagge: Diese Entwicklung zeigt auch die Nationalflagge, die der französischen Trikolore nachempfunden ist. Ihre Proportionen betragen 2:3. Am 29. Oktober 1957 führte das Land die Trikolore ohne Sterne ein. Am 1. Oktober 1961 wurden zwei gelbe Sterne im oberen Teil des grünen Streifens gesetzt. Die am 20. Mai 1975 gehisste Flagge mit nur einem mittig aufgelegten Stern machte die Entwicklung hin zum Einparteienstaat deutlich. Die *panafrikanischen Farben* werden wie folgt gedeutet: Grün symbolisiert die reiche Vegetation des Südens, Gelb den »Boden des äußersten Nordens« und Rot gilt als »Wahrzeichen der Staatssouveränität«. Der Stern symbolisiert die Einheit der Landesteile. 1957 erwog man die Einführung einer redenden Flagge: in der Mitte eines roten Tuchs eine schwarze Krabbe. Als die Portugiesen 1742 die Küste von Kamerun aufsuchten, fingen sie Krebse, die sie für Krabben hielten. Aus dem portugiesischen »Camarões« entwickelte sich »Kamerun«.

Wappen: Die deutschen Schutzherren entwarfen für Kamerun ein Wappen, das unter dem kaiserlichen Adler einen Elefantenkopf von vorn zeigte. Nach der Unabhängigkeit führte Kamerun zuerst nur ein Siegel, ein Staatswappen gab es am 31. Dezember 1960. Es zeigte im oberen Teil des grünen und gelben Streifens je einen blauen Stern. 1975 entfiel der Stern im grünen Feld, seit Ende 1986 steht er nun im mittleren Streifen. Das rote Dreieck stellt den Kamerunberg dar. Die blaue Landkarte Kameruns »materialisiert den Berg im Raume«. Sie ist belegt mit dem Schwert und den Waagschalen der Gerechtigkeit in der schwarzen »afrikanischen« Farbe. Die Liktorenbündel repräsentieren die republikanische Staatsform. Das Motto lautet: »Friede, Arbeit, Vaterland«.

Kanada

CDN

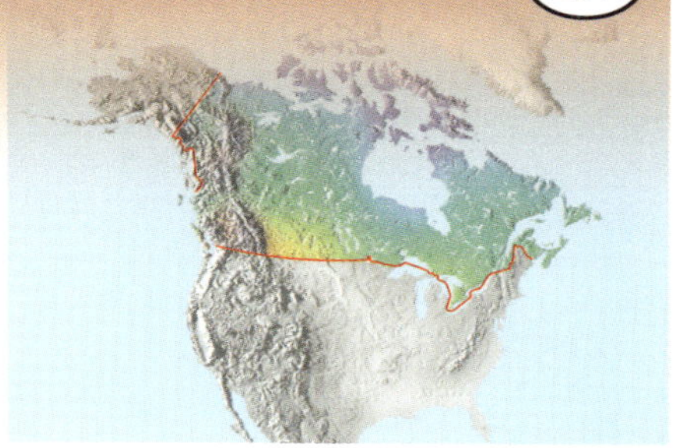

Fläche:	9 984 670 km²
Einwohner:	32,87 Mio.
Hauptstadt:	Ottawa
Landessprachen:	Englisch, Französisch
Staatsform:	parlamentarische Monarchie

Das Dominion of Canada ist der flächenmäßig zweitgrößte Staat der Erde. Kanada ist ein Bundesstaat mit den 10 Provinzen New Brunswick, Nova Scotia, Ontario, Quebec, British Columbia, Manitoba, Prince Edward Island, Alberta, Saskatchewan, Newfoundland and Labrador sowie den drei Territorien Yukon Territory, Northwest Territories und Nunavut.

Flagge: Die am 15. Februar 1965 eingeführte Flagge ist die erste eigentliche Nationalflagge, gleichzeitig Staats- und Handelsflagge. Sie zeigt in Rot ein durchgehendes weißes Quadrat, darauf ein rotes Ahornblatt. Ihre Proportionen sind 1:2, die Bahnen verhalten sich wie 1:2:1.

Vor 1965 führte Kanada den britischen *Red Ensign* mit dem kanadischen Wappen im fliegenden Ende als National- und Handelsflagge (1945 offiziell festgesetzt) und den *Blue Ensign* als Staatsflagge und Gösch. An diesen Flaggen, die durch den Union Jack das britische Element bevorzugten, entzündete sich ein Streit, der in der Historie des Landes begründet lag. Im 16. Jahrhundert nahm Jacques Cartier Kanada als Neufrankreich für König Franz I. von Frankreich in Besitz und brachte damit die bourbonischen Lilien nach Amerika. Im Siebenjährigen Krieg eroberten die Engländer 1759 Quebec und brachten durch den Frieden von Paris 1763 ganz Kanada unter ihre Kontrolle. Danach drängten die ins Land strömenden angelsächsischen Siedler die Franzosen ins »französische Unterkanada« (Quebec) ab. In einem Zeitungsartikel hieß es später dazu »Der in Kanada ausgebrochene Flaggenstreit ist Ausdruck des schon seit langem unter der Oberfläche schwelenden Konflikts zwischen den Kanadiern britischer und französischer Abstammung«. Der, wenn auch zu einer Gösch verkleinerte Union Jack in der alten Flagge unterstrich den britischen Charakter Kanadas. Der Flaggenstreit ging so weit, dass Demonstranten am 9. September 1964 die Unabhängigkeit Quebecs von Kanada forderten. Daraufhin setzte Premierminister Pearson einen Ausschuss ein, der eine Flagge schaffen sollte, »um die Einigkeit unter den Kanadiern zu fördern«. Das Versprechen, eine neue Flagge zu schaffen, hatte Pearson anlässlich der Wahlen von 1963 gegeben. Seit etwa 1840 ist das Ahornblatt Kanadas Nationalsymbol, die Farben Rot und Weiß gelten seit 1921 offiziell als Kanadas Farben. Die beiden roten Bahnen symbolisieren den Atlantik und den Pazifik, die den Staat im Osten und Westen begrenzen. Gleichzeitig versinnbildlichen sie den Wahlspruch »a mari usque ad mare«, das bedeutet »von Meer zu Meer«.

Wappen: Durch die Unionsakte von 1840 vereinigten sich das englische Oberkanada und das französische Unterkanada. Durch die Britisch-Nordamerika-Akte vom 1. Juli 1867 wurde Kanada britisches Dominion mit den Provinzen New Brunswick, Nova Scotia, Quebec und Ontario. Weil Kanada ein Staatssiegel benötigte, verlieh Königin Viktoria dem Dominium im Mai 1868 ein Wappen, was dann aber doch nicht in das Siegel gesetzt wurde. Der Wappenschild vereinigte in sich die Wappen der vier Provinzen: Ontario (Kreuz und Ahorn), Quebec (damaliges Wappen: in Gold ein roter Balken, darauf ein goldener Leopard, von Lilien und einem Ahornzweig begleitet), im dritten Feld das damalige Wappen von Nova Scotia (im goldenen Schild ein blauer Wellenbalken, darauf ein silberner Fisch, von einer Distel begleitet), und im vierten Feld erschien das Wappen von New Brunswick, dessen Löwe dem Wappen des Hauses Braunschweig entspricht.

Da bei Repräsentation aller weiteren Provinzen im Wappen der Schild zu überladen wurde, verlieh König Georg V. dem Land am 21. November 1921 ein neues Staatswappen. Die Felder des Schilds repräsentieren die Länder, von denen aus Kanada besiedelt wurde. Im ersten Feld die englischen Leoparden, im zweiten Feld für Schottland den Löwen im Lilienrahmen. Die goldene Harfe im dritten Feld steht für Irland und das vierte Feld symbolisiert Frankreich (drei goldene Lilien, 2:1 gestellt, waren seit dem 12. Jahrhundert bis zur Revolution das Symbol Frankreichs). Die drei Ahornblätter, stehen für Kanada. Als Schildhalter dienen rechts der britische Löwe mit dem Union Jack und links das schottische Einhorn mit dem Lilienbanner. Der Wahlspruch »A mari usque ad mare« (von Meer zu Meer) spielt auf die Größe des Landes und seine Grenzen an. Auf dem Helm steht ein bekrönter Löwe, ein rotes Ahornblatt haltend, darüber schwebt die Tudorkrone. Am 12. Juli 1944 wurde ein modifiziertes Wappen eingeführt. Das Schriftband erhielt eine andere Form, das darunter liegende Gebinde zeigt Rosen für England, Disteln für Schottland, Kleeblätter für Irland und Lilien für Frankreich. Um den Schild ist ein Band mit dem Motto des Order of Canada gelegt »Desiderantes Meliorem Patriam«; das bedeutet »ein besseres Land wünschend«.

Kap Verde

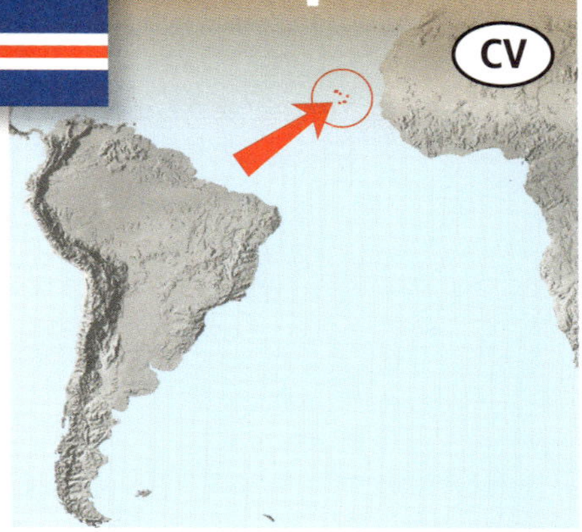

Fläche:	4033 km²
Einwohner:	530 000
Hauptstadt:	Praia
Landessprache:	Portugiesisch
Staatsform:	parlamentarische Republik

Flagge: Die 1445 von Diego Gomes entdeckte Inselgruppe wurde am 5. Juli 1975 als Republica Cabo Verde unabhängig. Die an diesem Tag gehisste Nationalflagge wurde aber erst am 19. April 1976 offiziell bestätigt. Sie war der Flagge von Guinea-Bissau ähnlich und zeigte im senkrechten roten Streifen ein anderes Emblem. Nach den Wahlen von 1991, die die Opposition gewann, kam es zum Bruch mit Guinea-Bissau, was auch durch die Änderung der Nationalflagge zum Ausdruck kam. Die neue Flagge wurde am 25. September 1992 angenommen. Die Proportionen variieren, weisen aber meist ein Verhältnis von 3:5 auf. Dabei stehen die Streifen im Verhältnis 6:1:1:1:3. Das blaue Tuch symbolisiert den unendlichen Himmel und das Meer. Die rot-weißen Streifen symbolisieren den Weg zum Aufbau des Landes, wobei Weiß für den Frieden steht und Rot für die Hoffnung, die Anstrengung und das Bestreben. Die zehn gelben Sterne stehen für die zehn offiziellen Inseln, ihre kreisförmige Anordnung symbolisiert die Einheit der Nation.

Wappen: Am 8. Mai 1935 erhielten die Kapverden von der Kolonialmacht ein Wappen. Darin bezog sich eine Karavelle auf die Inseln. Als Attribut des hl. Vincenz erinnerte sie an die Entdeckung der Inseln. Nach der Unabhängigkeit führte die Republik am 5. Juli 1975 ein Wappen ein, welches Maispflanzen, Jakobsmuschel, Hacke, Zahnrad, Buch, Stern und das Motto des Staates zeigte. Die Symbole standen für die Bauern, die Arbeiter, die Intellektuellen, den Staat und den afrikanischen Kontinent.

Mit der neuen Flagge nahm die Inselrepublik am 25. September 1992 auch ein neues Staatswappen an. Dieses zeigt einen hellblauen Kreis als Symbol des Meeres, dass die Nation, symbolisiert durch die drei Balken, umgibt und den Menschen Nahrung bietet. Das Dreieck steht für die Gleichheit aller Bürger und die Gewaltenteilung. Die Fackel symbolisiert die Freiheit. Das Lot an der Spitze des Wappens bedeutet Offenheit und Gerechtigkeit. Die Sterne stehen für die zehn Inseln. Die Kette ist das Symbol des Zusammenhalts, die Palmwedel stehen für den Sieg.

Kasachstan

KZ

Fläche:	2 724 900 km²
Einwohner:	15,42 Mio.
Hauptstadt:	Astana
Landessprache:	Kasachisch
Staatsform:	präsidiale Republik

Obwohl Kasachstan von alters her ein besiedeltes Gebiet war, bildete es erst ab 1920 innerhalb der Russischen Sozialistischen Föderativen Sowjetrepublik ein Staatswesen. Am 25. Oktober 1990 erklärte Kasachstan seine Souveränität, die Unabhängigkeitserklärung folgte am 30. August 1991.

Flagge: Am 26. März 1937 erhielt Kasachstan seine erste Flagge, die im Obereck eines roten Tuchs Hammer, Sichel und die Initialen des Staatsnamens in Gold zeigte. Am 24. Januar 1953 führte die Republik eine neue Staatsflagge ein. Sie entsprach der Flagge der Sowjetunion unter Hinzufügung eines schmalen hellblauen Streifens, als Symbol für den Himmel und das Volk der Kasachen.

Nach dem Zusammenbruch der Sowjetunion sah man in Kasachstan viele unterschiedliche Flaggen. Eine offizielle Staats- und Nationalflagge wurde am 4. Juni 1992 angenommen. Die Flagge in den Proportionen 1:2 zeigte in der Mitte eines hellblauen Tuchs eine gelbe Sonne mit 32 Strahlen über einem fliegenden Steppenadler und einem roten kasachischen Nationalornament am Liek. Im Juli 1992 änderte man die Farbe des Nationalornaments von Rot in Gelb. Das einfarbige Flaggentuch verweist auf die Einigkeit des Volkes, die hellblaue Farbe steht für den wolkenlosen Himmel über dem Land. Der Himmel gilt als Verkörperung des Friedens und der Ruhe. Hellblau gilt aber auch als Farbe aller mongolstämmigen Völker. Die Sonne und der Berkut (der Adler) drücken die Freiheitsliebe und die Erhabenheit der Pläne und Ideale der Kasachen aus.

Wappen: Das neue Staatswappen, eingeführt am 4. Juni 1992, löste das am 26. März 1937 eingeführte Wappen nach sowjetischem Vorbild ab. Das neue Wappen, das auf traditionelle Motive zurückgreift, zeigt in der Mitte den oberen Teil einer Jurte, der »Schanyrak« genannt wird und die Heimat und den Kosmos symbolisiert. Flankiert wird die Jurte von zwei der Mythologie entstammenden Pferden, die den Glauben und die Tradition versinnbildlichen. Die von der Jurte ausgehenden Strahlen stehen für die Zukunft. Das Wappen entwarfen die Architekten Shanderbek Malibekow und Schota-Aman Balichanow.

Katar

Q

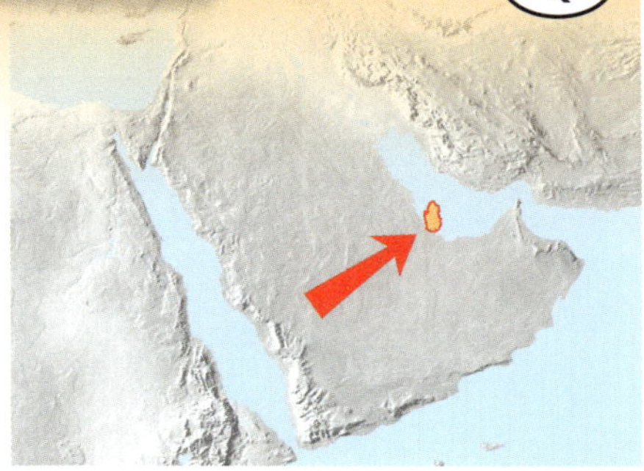

Fläche:	11 493 km²
Einwohner:	841 000
Hauptstadt:	Doha
Landessprache:	Arabisch
Staatsform:	konstitutionelle Monarchie (Emirat)

Flagge: Ursprünglich führten die in Katar lebenden Beduinen bildlose rote Flaggen. Nach der Erklärung des »Ewigen Waffenstillstands« im Jahre 1853 fügte auch Katar einen weißen Streifen ein, wobei die Farben durch eine gezackte Linie getrennt wurden. Um 1916 gab es kurzfristig eine rote Flagge mit weißem Bord und gelbem Halbmond. 1936 kehrte man zur alten Flagge mit der gezackten Trennlinie zurück. Dabei erschien jetzt der Landesname im roten Feld und rote Rhomben vor der Trennlinie. Der in Katar verwendete rote Farbstoff hatte allerdings die Eigenschaft, sich im Sonnenlicht braun zu verfärben, deshalb legte man 1948 die schokoladenbraune (maroon) Farbe offiziell als die der Nationalflagge fest, gleichzeitig entfernte man die Rauten. Mit der Unabhängigkeitserklärung durch Scheich Khalifa Ibn Ahmed al-Thani am 3. September 1971 wurde die Nationalflagge verbindlich festgelegt. Ihre Proportionen betragen 11:28, wobei der weiße Streifen 1/3 der Flaggenlänge einnimmt. Die Zahl der Zacken ist auf neun festgesetzt, wovon einer halbiert ist.

Wappen: Nachdem sich das Nachbarscheichtum Bahrain ein Staatswappen gegeben hatte, genügte auch den Kataris der als Hoheitszeichen geführte Landesname in der braunen Farbe nicht mehr. Ab etwa April 1966 zeigte das erste Staatswappen den Landesnamen auf zwei Krummschwertern liegend, die an der Spitze von einer Perlmuschel abgeschlossen wurden, umzogen von zwei Palmzweigen; alles in brauner Farbe gehalten. Es symbolisierte die Perlenfischerei, von der die Bewohner des Landes bis 1930 hauptsächlich lebten. Das Krummschwert als die typische Waffe der Araber sollte an die glorreiche Vergangenheit erinnern, während die Palmzweige den Wunsch der Bevölkerung, die Wüste fruchtbar zu machen, versinnbildlichen. 1976 führte Katar dann ein neues Staatswappen ein. Das Wappen zeigt die Bedeutung der Schifffahrt für das Land; die wichtigsten Produkte der Landwirtschaft, Datteln und Kokosnüsse, versinnbildlichen die Palmen. Das Schwert hat religiöse Bedeutung und zeigt die Grenze zwischen Recht und Unrecht. Oben steht der Staatsname »Daulat Katar«.

Kenia

Fläche:	582 646 km²
Einwohner:	37,54 Mio.
Hauptstadt:	Nairobi
Landessprache:	Kisuaheli
Staatsform:	präsidiale Republik

Flagge: Das Land rückte ins Interesse der Weltöffentlichkeit, als 1952 der Mau-Mau-Aufstand begann. Sein Führer Jomo Kenyatta führte Kenia am 12. Dezember 1963 in die Unabhängigkeit. Die Nationalflagge (Proportionen 2:3, Verhältnis der Streifen ist 6:1:6:1:6) basiert auf der Parteiflagge der KANU. Kenyatta erläuterte die Speere als Waffen der Ahnen, die das Land bewachen. Zusammen symbolisieren der Speer, der Pfeil und der Massaischild (die Massai bilden die ethnische Mehrheit im Land) die Verteidigung der Freiheit. Außerdem soll der Speer noch an Kenyatta, dessen Name »Flammender Speer« bedeutet, erinnern. Kenyatta selbst legte auch die Symbolik der Farben fest: Schwarz steht für das staatsbeherrschende afrikanische Volk. Rot zeigt, dass das Blut der Schwarzen genauso rot ist wie das der Weißen und erinnert an den blutigen Freiheitskrieg. Grün symbolisiert das Land, das grün, fruchtbar und gut war, als Gott es den Menschen schenkte. Die weißen Streifen versinnbildlichen das freie Kenia und die Einheit des gesamten Volkes. Sie wurden ursprünglich eingeführt, um die National- von der Parteiflagge zu unterscheiden.

Wappen: Das am 15. Oktober 1963 verliehene Staatswappen löste das Kolonialemblem, einen aufrecht schreitenden, hersehenden roten Löwen, ab. Im Mittelpunkt des Wappens steht ein Massaischild in den Nationalfarben: Schwarz ist das Volk von Kenia, Weiß steht für den Frieden und Grün für die Landwirtschaft und die natürlichen Schätze des Landes. Rot symbolisiert das während des Freiheitskampfes vergossene Blut. Der beilschwingende Hahn ist das Abzeichen der KANU-Partei. Er soll aber auch ein neues und glückliches Leben verkünden. Der Schild, hinter dem sich die Lanzen aus der KANU-Flagge kreuzen, ruht auf einem die Keniaberge darstellenden Fundament, vor dem die landwirtschaftlichen Produkte aufgeschichtet sind: Kaffee, Kamille, Sisal, Tee, Mais und Ananas. Die Schildhalter erinnern an die Kolonialmacht und sind Sinnbilder für Kraft und Wachsamkeit. »Harambee« bedeutet: »Lasst uns zusammenarbeiten!«.

Kirgisistan

KS

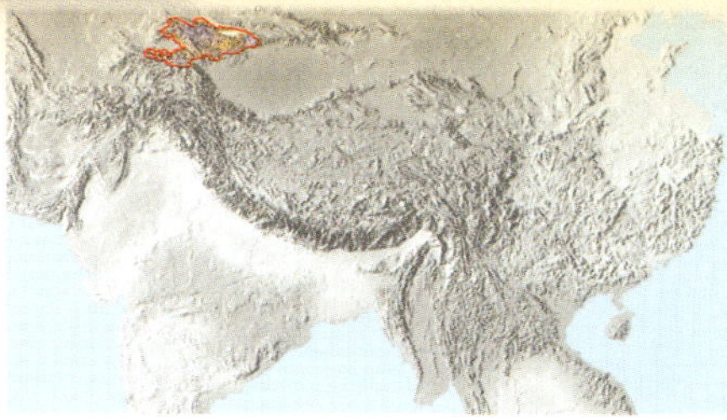

Fläche: 199 900 km²
Einwohner: 5,317 Mio.
Hauptstadt: Bischkek
Landessprachen: Kirgisisch, Russisch
Staatsform: präsidial-parlamentarische Republik

Flagge: Das seit der Bronzezeit besiedelte Gebiet stand ab dem 17. Jahrhundert unter chinesischer Oberhoheit und ab 1876 unter russischer. Nach der Oktoberrevolution wurde 1926 die kirgisische ASSR gebildet, die 1935 den Status einer sowjetischen Unionsrepublik erhielt. Nachdem das Land am 12. September 1990 seine Souveränität erklärt hatte, rief es am 31. August 1991 als Kyrgistan seine Unabhängigkeit aus. Zunächst hielt das Land noch an der am 22. Dezember 1952 angenommenen Staatsflagge fest. Es war die Flagge der Sowjetunion unter Hinzufügung eines blauen Streifens, dem mittig ein schmaler weißer aufgelegt war. Dabei stand der blaue Streifen für das Volk der Kirgisen und der weiße für die schneebedeckten Berge. Erst am 3. März 1992 führte das Land eine neue Flagge (Proportionen 3:5) ein. Das rote Tuch steht für Heldenmut und Tapferkeit und erinnert an den Nationalhelden Manas, der unter einer roten Flagge die 40 kirgisischen Stämme, die durch die 40 Strahlen symbolisiert werden, zur Nation vereinigte. Die Sonne verkörpert die Ruhe und den Reichtum. Der Sonne aufgelegt ist ein Tündük, das Dach einer Jurte. Es ist das Symbol des Vaterhauses im weiteren Sinn und der Welt als Universum und steht für die Aufrichtigkeit und Gastfreundschaft des kirgisischen Volks. Die Sonnenstrahlen verlaufen auf der Vorderseite der Flagge im Uhrzeigersinn und auf der Rückseite entgegen dem Uhrzeigersinn.

Wappen: Noch bis zum 14. Januar 1994 gebrauchte das Land das Wappen der Sowjetrepublik vom 23. März 1937. Das neue Staatswappen zeigt im Vordergrund einen silbernen Bergadler als Symbol der Großzügigkeit und Scharfsichtigkeit und der hochsinnigen Gedanken der das Bergland besiedelnden Kirgisen. Er ist das Symbol des Manas. Adler spielen im Leben der Kirgisen eine große Rolle. Über dem Adler erhebt sich das Ala-Too-Gebirge, ein Ausläufer des mächtigen Tian Shan, über dem Issyk-Kul-See. Umrahmt wird die Szene von Weizenähren und Baumwollkapsen als die wichtigsten Landwirtschaftsprodukte sowie der Staatsbezeichnung »Kirgisische Republik«.

Kiribati

KIR

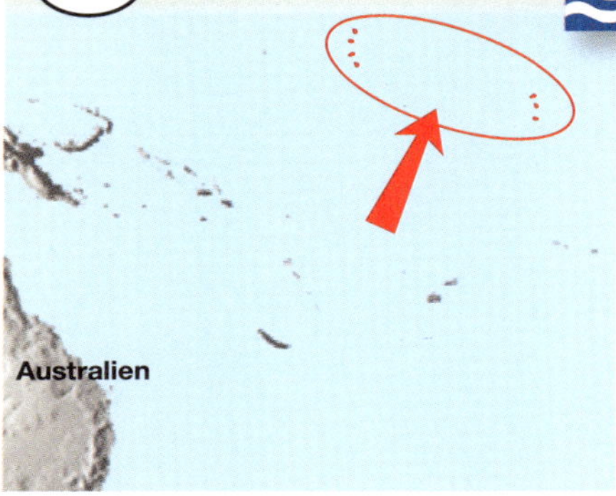

Fläche: 811 km²
Einwohner: 93 000
Hauptstadt: Bairiki
Landessprachen: Kiribati, Englisch
Staatsform: präsidiale Republik

Von den Spaniern im 17. Jahrhundert entdeckt, errichteten die Briten 1892 das Protektorat über die Gilbert-(Kiribati) und Ellice-(heute Tuvalu)-Inseln. Nachdem die Inseln im Mai 1974 die Teilautonomie erhalten hatte, trennten sich am 1. Oktober 1975 die Ellice-Inseln ab. Die Gilbert-Inseln erhielten am 1. Januar 1977 die innere Autonomie und am 12. Juli 1979 als Republik Kiribati die volle Unabhängigkeit.

Flagge: Eine erste inoffizielle Nationalflagge führten die Gilbert- und Ellice-Inseln seit etwa 1960. Sie wurde vor allem bei sportlichen Wettkämpfen gebraucht und zeigte im fliegenden Ende des britischen *Blue Ensign* auf einer weißen Scheibe das 1937 verliehene Wappen. Am 28. August 1969 wurde diese Flagge offiziell als Nationalflagge der britischen Kronkolonie anerkannt. Als die insgesamt 33 Korallenatolle, von denen aber nur 21 ständig bewohnt sind, unabhängig wurden, führte Kiribati die heute gültige Nationalflagge (Proportionen 1:2) ein. Sie entspricht dem Schildinhalt des Wappens und ist eine sogenannte Wappenflagge.

Wappen: Am 1. Mai 1937 verlieh König Georg VI. von Großbritannien der Gesamtkolonie das Wappen. Dazu lag unter dem Schild das Spruchband mit dem Motto »Fürchte Gott und ehre den König«, und zwar sowohl in der Sprache der Tuvalu- als auch in der der Gilbert-Inseln. Bei Erlangung der Unabhängigkeit behielt man den Schild bei, änderte nur das Motto in »Te Mauri te Raoi ao te Tabomoa«, was »Glück, Frieden, Fortschritt« bedeutet. Das Wappen zeigt über silbernen und blauen Wellen im roten Schild eine aufgehende goldene Sonne, worüber ein goldener Fregattvogel fliegt. Es stellt die geografische Lage des Staates dar, dessen Inseln sich aus dem Pazifischen Ozean, dargestellt durch die Wellen, erheben. Die Sonne soll seit der Unabhängigkeit die goldene Zukunft symbolisieren. Der Fregattvogel ist Nationalvogel Kiribatis. Er symbolisiert Stärke, Freiheit und die Kultur von Kiribati.

Kolumbien

CO

Fläche:	1 141 748 km²
Einwohner:	46,16 Mio.
Hauptstadt:	Bogotá
Landessprache:	Spanisch
Staatsform:	präsidiale Republik

1538 machten die Spanier »Neugranada«, zu dem die heutigen Staaten Kolumbien, Ecuador, Venezuela und Panama gehörten, zu ihrer Kolonie. Ab 1781 kam es zu Aufständen gegen die spanische Oberschicht, die 1810 in einen Bürgerkrieg gegen die spanische Zentralgewalt mündeten. Aus diesen Kämpfen etablierte sich am 25. Dezember 1810 die Republik Cundinamarca mit der Hauptstadt Bogotá. Weitere lokale Staaten (Antioquia, Bolívar, Boyaca, Cauca, Magdalena, Pánama, Santander und Tolima) wurden 1811 ausgerufen und schlossen sich am 26. April 1814 zu den Vereinigten Provinzen von Neugranada zusammen. Die totale Unabhängigkeit erreichte das Gebiet nach dem Sieg Bolívars gegen die Spanier 1819. Am 17. Dezember 1819 proklamierte eine verfassunggebende Versammlung die Republik Groß-Kolumbien, der Venezuela und Kolumbien angehörten, 1821 und 1822 kamen auch Panama und Ecuador hinzu. Venezuela und Ecuador erklärten 1830 ihre Unabhängigkeit, der Restteil wurde nun Nueva Granada genannt, welches sich ab 1858 in Granadische Föderation umbenannte. 1866 folgte die Umbenennung in Vereinigte Staaten von Kolumbien und ab 1886 in República de Colombia.

Flagge: Aus dieser Geschichte des Landes ist auch die Entwicklung der Flagge und des Staatswappens zu sehen. Die heutige Nationalflagge (Proportionen 2:3) wurde am 26. November 1861 offiziell eingeführt. In der *Handelsflagge* steht als Unterscheidung zur ecuadorianischen ein achtzackiger weißer Stern im blauen rotumrandeten Oval, die *Marineflagge* trägt das Staatswappen. Miranda, ein Mitarbeiter Bolívars, der die Flagge entwarf, legte die Farben so aus: Das goldene Südamerika wird durch das blaue Meer vom blutigen Spanien getrennt. In Kolumbien erfahren die Farben noch eigene Bedeutung: Gold verkörpert Souveränität und Gerechtigkeit, Blau steht für Mut und Treue, der rote Streifen soll an das Blut erinnern, das für die Freiheit des Landes geopfert wurde.

Die Entwicklung der Flagge begann am 20. Juli 1810, als die Junta von Santa Fe de Bogotá eine gelb-rot gestreifte Flagge annahm. Diese Flagge zeigte auch die Republik Cundinamarca vom Dezember 1810 bis Juli 1813. Am 7. August 1813, nach dem totalen Bruch mit Spanien, nahm Cundinamarca eine hellblau-gelb-rot waagerecht gestreifte Nationalflagge an. In der Mitte lag ein Wappen, bestehend aus Kondor, Granatapfel, Schwert und gebrochener Kette. Eine weitere Flagge dieser Zeit war die der Junta von Cauca aus dem Jahre 1811: innerhalb eines silbernen Bordes waagerecht von Blau und Weiß geteilt. Am 17. November 1811 erklärte die Provinz Cartagena ihre Unabhängigkeit unter einer Flagge, bei der ein grünes Rechteck, darin ein weißer achtzackiger Stern, von einem gelben Bord und dieser von einem roten umgeben war. Diese Flagge, die auch Bolívar 1812/13 in Venezuela führte, wurde am 27. November 1818 als provisorische Flagge der Vereinigten Provinzen von Neugranada festgelegt.

Am 17. Dezember 1819 erklärte dann der Kongress von Angostura die gelb-blau-rot gestreifte Flagge (wobei der gelbe Streifen die Hälfte des Tuchs einnahm), zur Flagge der Republik Groß-Kolumbien. Nach dem Eintritt Ecuadors in diesen Staat legte man drei Sterne, die blau oder weiß sein konnten, in den oberen Streifen. Am 8. Mai 1834 führte Neugranada (Venezuela und Ecuador waren ausgeschieden) eine blau-gelb-rot vertikal gestreifte Flagge mit weißem achtzackigem Stern (er steht heute in der Handelsflagge) im mittleren Streifen. Diese Flagge galt auch 1858–1861 während der Konföderation. Die Flagge der Vereinigten Staaten von Kolumbien zeigte vom 26. Juli bis zum 26. November 1861 neun Sterne im mittleren Streifen. Am 26. November 1861 entschied Präsident De Mosquera dann über die Flagge des Landes in ihrer heutigen Form.

Wappen: Am 8. Mai 1834 führte Neugranada ein Wappen ein, auf welches das Staatswappen Kolumbiens – zuletzt festgelegt 1955 – zurückgeht. Ein erstes eigenes Emblem in dieser Gegend hatte Cundinamarca 1813 eingeführt. Es zeigte als Hauptsymbol den Kondor. Bis 1834 zeigten dann diverse Wappen Landschaftsbilder, Indianer, Sterne oder Ähnliches. Ab 1834 war der Schild bis auf Einzelheiten immer gleich, nur die Prunkstücke um den Schild änderten sich. In der Mitte des blauen Schildhaupts erinnert der Granatapfel an den ursprünglichen Namen Neugranada. Die Füllhörner zu seinen Seiten sollen den natürlichen Reichtum, die Fruchtbarkeit und die Bodenschätze des Landes verkörpern. Der Streifen in der Mitte zeigt auf Platingrund eine auf eine Lanze gespießte Jakobinermütze als Symbol des Freiheitskampfes. Auf dem Schildfuß sieht man den Isthmus von Panama, denn das Wappen wurde geschaffen, als Panama noch Teil des Staates war. Der Kondor, er hält in seinem Schnabel das Motto »Freiheit und Ordnung«, ist in Südamerika das Zeichen der Freiheit. Die den Schild beseitenden kolumbianischen Flaggen künden vom Ruhm der Nation.

Komoren

COM

Fläche: 1861 km²
Einwohner: 839 000
Hauptstadt: Moroni
Landessprachen: Französisch, Komorisch
Staatsform: präsidiale Bundesrepublik

Flagge: Nach Annahme einer neuen Verfassung, zu der am 23. Dezember 2001 ein Referendum stattfand, nahm der sich nun »Union der Komoren« nennende Staat eine neue Flagge an, die sich von allen bis dahin geführten Flaggen deutlich abhob. Die erste von der französischen Heraldikerin Suzanne Gauthier entworfene Flagge von 1963 wurde das Vorbild für die nachfolgenden Flaggen bis 2001. Sie zeigte im grünen Tuch einen weißen Halbmond und vier weiße diagonal gestellte Sterne. Nach einer einseitigen Unabhängigkeitserklärung am 6. Juli 1975 hielt die Inselgruppe zunächst an dieser Flagge fest. Eine neue Flagge wurde am 12. November 1975 eingeführt. Diese zeigte im roten Tuch, mit schmalem grünen Streifen am Unterrand, im Obereck einen weißen Halbmond und vier Sterne. 1978–2001 wehten dann mehrere Flaggen, die Varianten der ersten Flagge darstellten. Die neue Flagge in den Proportionen 3:5 zeigt vier waagerechte Streifen in den Farben Gelb, Weiß, Rot und Blau und ein grünes Dreieck. Als Reminiszenz an die früheren Flaggen symbolisiert es durch die grüne Farbe und den Halbmond, der Glück versinnbildlicht, den Islam. Die vier Sterne stehen für die vier Inseln der Gruppe, wovon aber nur Moheli, Anjouan und Grande Comoro den Staat der Komoren bilden, während Mayotte weiterhin ein französisches Überseeterritorium ist. Die Streifen symbolisieren ebenfalls die Inseln; Gelb für Moheli (Mwali), Weiß für Mayotte, Rot für Anjouan (Ndzuwani) und Blau für Grande Comoro (Ngazidja). Die Symbolik für Mayotte zeigt den Anspruch der Komoren auf diese Insel an.

Wappen: Wie in anderen ehemals französischen Gebieten führen auch die Komoren nur ein *Staatssiegel.* Aus dem ersten Staatssiegel von 1963, das nur einen Halbmond und Stern, umgeben von weiteren Sternen und der Staatsbezeichnung, zeigte, entwickelten sich die weiteren Siegel. Das am 1. Oktober 1978 eingeführte Siegel zeigte das Emblem der Flagge auf dem sog. Stern von Tadjourah und das Motto »Einheit, Gerechtigkeit, Fortschritt«. Das 2005 modifizierte Siegel zeigt das neue Motto »Einheit, Solidarität, Fortschritt«.

Kongo

RCB

→Demokratische Republik Kongo siehe S. 54

Fläche:	342 000 km²
Einwohner:	3,77 Mio.
Hauptstadt:	Brazzaville
Landessprache:	Französisch
Staatsform:	präsidiale Republik

Flagge: Am 15. August 1960 ging die Republik Kongo als souveräner Staat aus der Kolonie Französisch-Äquatorialafrika hervor. Bereits am 18. August 1959 führte das Land eine Flagge (Proportionen 2:3) ein, die die *panafrikanischen Farben* Grün-Gelb-Rot in schräger Anordnung zeigte. Am 30. Dezember 1969 tauschte der Revolutionsrat die Flagge gegen eine aus, die in der Oberecke eines roten Tuchs Hammer und Hacke gekreuzt und in gelber Farbe, überhöht von einem gelben Stern und umgeben von grünen Palmzweigen zeigte. Am 10. Juni 1991 änderte die Nationalkonferenz den Landesnamen von Volksrepublik in Republik und setzte wieder die von 1959 bis 1969 geführte Flagge als Nationalflagge ein. Dabei steht Grün für die Natur des Landes und den Wunsch nach Frieden. Der gelbe Schrägstreifen symbolisiert die natürlichen Reichtümer und ist Ausdruck der Hoffnung auf eine bessere Zukunft. Rot erinnert an die Unabhängigkeit und symbolisiert die Würde aller Menschen, die durch das Blut – egal welcher Rasse sie angehören – »miteinander verwandt sind«.

Wappen: Am 3. November 1959 hatte der Staat ein *Siegel* angenommen. Es zeigte das damalige Staatsmotto »Unité, Travail, Progres« auf Gesetzestafeln gelegt, die von einer jungen Eingeborenen gehalten wurden. Am 12. August 1963 führte das Land ein vom Schweizer Heraldiker Louis Mühlemann entworfenes Staatswappen ein. Die Volksrepublik nahm am Neujahrstag 1970 ein neues Wappen an, das dem Obereck der Flagge entsprach. Am 10. Juni 1991 kehrte man wieder zum ersten Staatswappen zurück. Das vom heraldischen Standpunkt aus schöne Wappen zeigt im goldenen Schild einen grünen Wellenbalken, der den Kongofluss darstellt. Der grünbewehrte rote Löwe repräsentiert die kongolesische Nation. Er hält die Fackel der afrikanischen Freiheit. Die schildhaltenden Elefanten gelten als Zeichen der Kraft, Würde und Ausdauer. Sie stehen auf einem Baumstamm als Symbol der Holzindustrie. Auf dem Schild ruht eine Forstkrone, darin der Staatsname. Das Motto lautet wieder »Einheit, Arbeit, Fortschritt«.

Republik Korea (Nord)

KP

Fläche:	120 538 km²
Einwohner:	23,8 Mio.
Hauptstadt:	Pjöngjang
Landessprache:	Koreanisch
Staatsform:	Volksrepublik

Als Folge des Zweiten Weltkriegs entstanden auf der koreanischen Halbinsel zwei Staaten. Am 9. September 1948 rief die »Oberste Volksversammlung« die Demokratische Volksrepublik von Korea aus, nachdem im Süden am 15. August 1948 die Republik entstanden war.

Flagge: Noch während seiner ersten Sitzung nahm dieses Gremium am 8. September 1948 die Flagge mit geringen Änderungen zum ersten Entwurf an. Die Flagge mit den koreanischen Farben hat die Proportionen 1:2, wobei die Streifen im Verhältnis 6:2:17:2:6 stehen. Sie ist im Artikel 164 des Abschnittes VII der Verfassung verankert. Der Stern symbolisiert die Freude des Volkes beim Aufbau des Sozialismus unter Führung der Partei der Arbeit. Der weiße Kreis erinnert an das traditionelle T`aegúk, das Symbol des Alls. Weiß gilt als Zeichen der Homogenität des koreanischen Volks und die Reinheit seiner Ideale. Die blauen Streifen bedeuten »die Erwartung des koreanischen Volkes, sich mit den Revolutionären der ganzen Welt zu vereinigen und für den Frieden zu kämpfen«. Rot repräsentiert den revolutionären Patriotismus.

Wappen: Wie die Flagge wurde auch das Staatswappen am 8. September 1948 angenommen. Es zeigt im sowjetischen Stil gehalten eine Szene mit folgender Symbolik: Der aus Reisähren gebildete Kranz steht für das landwirtschaftliche Hauptprodukt und versinnbildlicht die werktätige Bauernschaft. Auf dem roten Band steht der Staatsname in der Hangul-Sprache: »Dscho-sön Min-Dsch-Dsch-i In Min Gong-Hoa-Guk«. Im Mittelpunkt stehen eine Wasserstaustufe und ein Kraftwerk. Dabei strömt die Hauptmasse des Wassers durch die Staumauer ab, was anzeigt, dass erst ein Teil der Naturreichtümer genutzt wird. Es erinnert an Lenins Spruch »Kommunismus ist Sowjetmacht plus Elektrifizierung des ganzen Landes«. Das Kraftwerk und der Hochspannungsmast symbolisieren die Industrie und die dort tätigen Menschen. Die Bergkette stellt den Paektu dar, den heiligen Berg der Revolution, von wo aus die Befreiungsbewegung Kim Il-Sungs seinen Ausgang nahm. Der rote fünfzackige Stern steht für seine ruhmreichen revolutionären Traditionen.

Korea (Süd)

ROC

Fläche:	99 646 km²
Einwohner:	48,22 Mio.
Hauptstadt:	Seoul
Landessprache:	Koreanisch
Staatsform:	präsidiale Republik

Der Legende nach entstand der Staat Korea um 2400 v. Chr., als der Gott Hwanung wünschte, auf der Erde zu leben. Er verwandelte eine Bärin durch das Einblasen seines Atems in eine Frau und zeugte mit ihr einen Sohn, Tangun, der die Bergvölker um sich sammelte.

Flagge: Über 200 Jahre dauerte die Abschließung des Landes gegen Fremde. Erst in der Mitte des 19. Jahrhunderts öffnete König Kojong (1873–1907) das bis dahin verschlossene Land den Fremden. Die neue Nationalflagge, die sog. T'aegúk-Flagge, wurde am 27. Januar 1883 erstmals gehisst. Sie zeigte im weißen Tuch das blau-rote Yin-Yang (T'aegúk)-Symbol, umgeben von vier »kwae« (Trigramm). Diese Flagge führt die Republik Korea offiziell seit dem 25. Januar 1950, ihre Proportionen sind 2:3.
Das weiße Tuch symbolisiert den Frieden und das Land. Das Yin-Yang ist ein in Ostasien weit verbreitetes, aus China stammendes religiöses und Weltanschauungssymbol. Der durch eine S-förmige Linie geteilte Kreis umschließt die aufeinander bezogenen Elemente alles Wirklichen. Durch die beiden Farben werden widerstreitende Prinzipien dargestellt: gut-schlecht, Leben-Tod, Tag-Nacht usw. Im Mittelalter sahen chinesische Philosophen die »Erscheinungen des Universums« unter zwei Häuptern, Yin und Yang. Das Yang steht für die männlichen, positiven und himmlischen und das Yin für die weiblichen, negativen und irdischen Kräfte. Die Trigramme bedeuten »i« (links unten) Sonne, Frühling, Osten; »kam« (rechts oben) Mond, Herbst, Westen; »Kon« (links oben) Himmel, Sommer, Süden; »kon« (rechts unten) Erde, Winter, Norden. Zusammen symbolisieren die »kwae« den Staat und das Volk, außerdem soll Frieden herrschen in den »vier Ecken der Erde«. Die zwei Paare der »kwae« stehen für den Geist der Ewigkeit und für den Geist der Aufklärung.

Wappen: Als Staatswappen führt die Republik das Yin-Yang-Symbol. Es ist auf die Mitte einer »Rose von Scharon«, einer Hibiskusblüte, als Willkommenszeichen für ankommende Gäste gelegt. Es soll sich auf die Wiedervereinigung der koreanischen Staaten beziehen. Umgeben ist die Blüte von einem weißen Band, auf dem unten auf Blau die Inschrift steht: »Dae Han Min Kuk« (Republik Korea).

Kroatien

HR

Fläche:	56 594 km²
Einwohner:	4,55 Mio.
Hauptstadt:	Zagreb
Landessprache:	Kroatisch
Staatsform:	parlamentarische Republik

Flagge: Ursprünglich wurde das Gebiet von den Illyrern bewohnt. Im 7. Jahrhundert wanderte ein südslawisches Volk ein, das dem Land den Namen Chrobatia gab. Später, als Königreich Kroatien-Slawonien an Ungarn angeschlossen, gehörte das Land der österreichischen Doppelmonarchie an. Dabei wurde Kroatien eine weiß-rot gestreifte Landesflagge, die Farben leiteten sich vom Wappen ab, aufgezwungen. Dieser Flagge stellten die kroatischen Nationalisten ab 1848 den panslawischen Farbdreiklang in der Reihenfolge Rot-Weiß-Blau entgegen. 1918 gehörte Kroatien zu den Mitbegründern des Königreichs Jugoslawien. Als am 10. April 1941 der Staat Kroatien gegründet wurde, nahm man die alten Farben wieder an, wobei im weißen Streifen das Schachbrettwappen und im Obereck das Zeichen der »Ustascha« eingesetzt waren. Seit dem 18. April 1947 führte Kroatien als jugoslawischer Mitgliedsstaat die rot-weiß-blaue Flagge, in der der goldgeränderte rote Stern mittig aufgelegt war. Obwohl Kroatien erst am 25. Juni 1991 seine Unabhängigkeit erklärte, führte es schon ein Jahr vorher, am 25. Juli 1990, eine neue Flagge ein, indem es den Stern durch das Schachbrettwappen ersetzte. Die heute gültige Flagge, deren Proportionen 1:2 betragen, gilt seit dem 22. Dezember 1990. An diesem Tag führte man auch das neue Wappen ein, bei welchem dem Schachbrettschild eine Wappenkrone auferlegt wurde.

Wappen: Im Mittelpunkt des Staatswappens steht der rot-silbern geschachtete Schild, wobei ausdrücklich festgelegt ist, dass das erste Quadrat rot ist. Dieser Schild tauchte erstmals 1499 am Innsbrucker Wappenturm Kaiser Maximilians auf. Auf Siegeln findet es sich von Kaiser Ferdinand I. (1503–1564) an. Der 1941 gebildete Staat Kroatien führte das Wappen mit darüberliegendem Ustaschazeichen. 1948 wurde ein Wappen für Kroatien eingeführt, bei dem der traditionelle Schild aus Wellen aufstieg und von einem Ährenkranz umgeben war. Im jetzigen Wappen ist dem Schild eine Wappenkrone auferlegt, die die Embleme der historischen kroatischen Landschaften Alt-Kroatien (Illyrien), Dubrovnik, Dalmatien, Istrien und Slawonien zeigt.

Kuba

C

Fläche:	110 961 km²
Einwohner:	11,27 Mio.
Hauptstadt:	Havanna
Landessprache:	Spanisch
Staatsform:	sozialistische Republik

Flagge: Die 1492 von Christoph Kolumbus entdeckte größte Antilleninsel rief 1902 als República de Cuba die Unabhängigkeit aus. Die *Nationalflagge*, gleichzeitig auch *Kriegs-* und *Handelsflagge*, deren Proportionen 1:2 betragen, ist bekannt unter dem Namen »*La Estrella Solitaria*« (»Der einsame Stern«).

Die Geschichte der Flagge begann 1848, als der Führer der kubanischen Unabhängigkeitsbewegung, der venezolanische General Narciso Lopez, den im New Yorker Exil lebenden kubanischen Dichter Miguel Teurbe Tolón beauftragte, eine Flagge für Kuba zu entwerfen. Die Flagge, die dieser mit dem amerikanischen Sternenbanner als Vorbild, entwarf, hisste die Unabhängigkeitsbewegung erstmals 1850 in ihrem New Yorker Hauptquartier. Sofort nach Erringung der Unabhängigkeit wurde »La Estrella Solitaria« am 20. Mai 1902 Nationalflagge Kubas. Die drei blauen Streifen repräsentieren die drei ehemaligen Provinzen des Landes. Das Dreieck erinnert an die Ideale des Freiheitskampfs: Freiheit, Gleichheit und Brüderlichkeit. Der Stern soll den Weg in die Freiheit weisen (ursprünglich drückte er aus, dass den USA ein neuer Staat hinzugefügt werden sollte). Weiß versinnbildlicht die lauteren Absichten der nach Freiheit strebenden Kubaner, die rote Farbe steht für das im Freiheitskampf vergossene kubanische Blut.

Wappen: Ebenso wie die Flagge entwarf Tolón auch das Staatswappen. Der Schlüssel – er steht auch im Wappen der Hauptstadt Havanna – dokumentiert die strategisch wichtige Lage Kubas als Eingangspforte zum Golf von Mexiko. Das heraldisch rechte Feld zeigt die Nationalfarben aus der Flagge, die die drei alten Provinzen symbolisieren. Im hinteren Feld steht eine Königspalme in einer Darstellung der Inselnatur. Das Rutenbündel hinter dem Schild verweist auf die republikanische Verfassung des Staates. Auf den Freiheitswillen Kubas deuten die Freiheitssonne im Schildhaupt und die auf dem Rutenbündel ruhende Jakobinermütze hin. Als Besonderheit ist der »Einsame Stern« auf die Mütze gelegt. Der Schild wird eingerahmt von einem Eichen- und von einem Kaffeezweig, die die Flora der Insel repräsentieren.

Kuwait

Fläche:	17 818 km²
Einwohner:	2,85 Mio.
Hauptstadt:	Kuwait
Landessprache:	Arabisch
Staatsform:	konstitutionelle Monarchie

Flagge: Am 19. Juni 1961 erlangte das Wüstenscheichtum Kuwait durch einen Vertrag mit Großbritannien seine volle Unabhängigkeit. In der Verfassung von 1962, die Scheich Abdulla as-Salim as-Sabah verkündete, ist auch die neue *Nationalflagge* festgelegt, die gleichzeitig auch *Handels- und Kriegsflagge* ist. Sie wurde durch Dekret des Scheichs am 1. Januar 1962 eingeführt. Die Proportionen der Flagge betragen 1:2.

Bis zur Einführung der neuen Flagge führte das Land, wie die anderen Scheichtümer am Persischen Golf, eine rote Flagge mit dem Landesnamen und dem der Familie Sabah in weißen Schriftzeichen. Durch die Annahme der neuen Flagge mit den *panarabischen Farben* erklärte sich Kuwait solidarisch mit den arabischen Bruderländern. In Kuwait legt man den Farben aber noch folgende zusätzlichen Sinngehalte bei: Weiß symbolisiert die Reinheit der Taten, Schwarz die Schlachtfelder und den von den kuwaitischen Reitern in den Schlachten aufgewirbelten Sand der Wüste. Dies bezieht sich vor allem auf die Mitte des 18. Jahrhunderts, als die heute in Kuwait herrschende Dynastie as-Sabah, aus Mittelarabien kommend, den Thron des Emirats bestieg (1756). Der grüne Streifen steht für die Weiden, und »Rot ist, vom Blut der Feinde getränkt, unsere Zukunft«. Auf einen in die Flagge gesetzten Stern verzichtete man bewusst, da er als ein republikanisches Beizeichen gilt. Die Farbensymbolik geht auf ein Gedicht des Safi al-Din ad-Hili aus dem 13. Jahrhundert zurück.

Wappen: Das 1963 eingeführte Staatswappen zeigt auf einer Kreisscheibe, die von einem Falken gehalten wird, eine Dhau (im Persischen Golf verbreiteter Schiffstyp, vor allem auf Kuwaits Werften gefertigt) mit der kuwaitischen Nationalflagge am Heck. Der Schild auf der Brust des Falken zeigt die Farben der Nationalflagge. Das Schriftband trägt in arabischen Schriftzeichen den Namen des Staats »Daulat al Kuwait« (»Staat Kuwait«). Der Falke, das Lieblingstier des regierenden Fürsten, gilt als Symbol der Freiheit; in Kuwait ist die Jagd mit dem Falken sehr verbreitet.

Laos

(LAO)

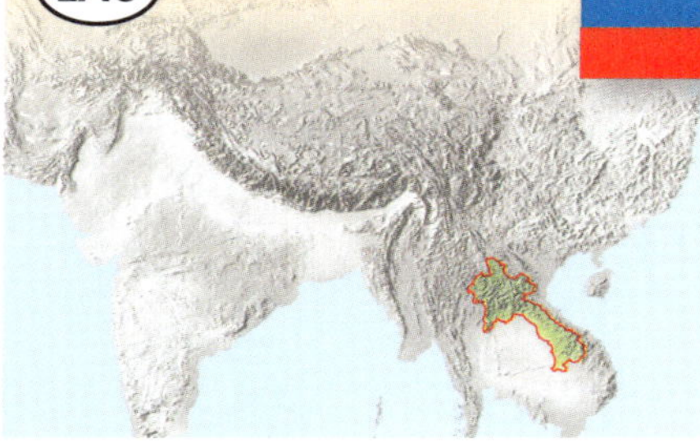

Fläche:	236 800 km²
Einwohner:	5,86 Mio.
Hauptstadt:	Vientiane
Landessprache:	Lao
Staatsform:	sozialistische Volksrepublik

Das um 900 erwähnte Reich Lan Xang (Reich der Mio. Elefanten) zerfiel im 18. Jahrhundert in die Staaten Luang Prabang, Vientiane und Champassak. Ende des 19. Jahrhunderts gerieten diese in Abhängigkeit von der Kolonialmacht Frankreich. 1949 wurden sie als Laos autonom, 1954 unabhängig.

Flagge: Diese geschichtliche Entwicklung lässt sich anhand der laotischen Flaggen erkennen. In der Verfassung vom 11. Mai 1947 wurde die erste laotische Flagge festgelegt und am 22. Oktober 1947 bestätigt. Sie baute auf der Flagge des Staates Vientiane auf und zeigte im roten Tuch (Lieblingsfarbe der Laoten) eine weiße, dreiköpfige Elefantengruppe (die drei Reiche und der Name des Landes) unter einem Schirm (Symbol für das Königreich). Am 2. Dezember 1975 wurde Laos Volksrepublik, die am gleichen Tag die neue Nationalflagge (Proportionen 2:3) annahm. Sie basiert auf der Flagge der Pathet-Lao-Widerstandsbewegung, für die Prinz Sauria 1945 eine Flagge entworfen hatte, wobei die weiße Scheibe der japanischen Flagge entlehnt war. Heute werden die Farben folgendermaßen ausgelegt: Rot versinnbildlicht das für die Freiheit vergossene Blut. Der blaue Streifen symbolisiert den Mekong und steht für das Gedeihen des Landes. Der weiße Kreis symbolisiert den Vollmond als Glückszeichen und steht für die Verheißung einer neuen glänzenden Zukunft.

Wappen: In welchem Jahr Laos sein erstes Wappen einführte, ist nicht mehr bekannt. Als Vorbild diente aber das Emblem der Nationalflagge mit weiteren Symbolen, die das Emblem zum *Königswappen* machten. Direkt nach Ausrufung der Volksrepublik wurde am 4. Dezember 1975 das neue Wappen eingeführt. Im Zuge der politischen Veränderungen wurde am 14. August 1991 das neue Wappen eingeführt. Das Schriftband trägt mittig den Staatsnamen und an den Seiten das Motto »Frieden, Unabhängigkeit, Demokratie, Einheit und Prosperität«. Das am Horizont abgebildete Nationalheiligtum That Luang, eine buddhistische Stupa aus dem 16. Jahrhundert, symbolisiert die Einheit aller Laoten. Der Wald versinnbildlicht die Natur, das Reisfeld die Landwirtschaft sowie das Zahnrad und das Kraftwerk Nam Ngum die sich entwickelnde Industrie.

Lesotho

LS

Fläche: 30 355 km²
Einwohner: 2,0 Mio.
Hauptstadt: Maseru
Landessprachen: Sesotho, Englisch
Staatsform: konstitutionelle Monarchie

Flagge: Das am 4. Oktober 1966 als Königreich Lesotho unabhängig gewordene ehemalige Basutoland führte eine Nationalflagge in den Farben der Regierungspartei ein. Sie zeigte im blauen Tuch mit schmalen grünen und roten Streifen am Liek einen weißen Basuto-Hut. Nach einem Putsch nahm das Land 19. Januar 1987 eine neue Flagge an. Diese war diagonal in Weiß und Grün durch einen schmalen blauen Streifen geteilt und zeigte noch zusätzlich die Kontur des mittleren Wappenteils. Die Farben sollten das Staatsmotto »Frieden, Regen, Wohlstand« versinnbildlichen. Am 4. Oktober 2006 nahm das Land seine dritte Flagge seit der Unabhängigkeit an, ihre Proportionen betragen 2:3, wobei die Streifen im Verhältnis 3:4:3 stehen. Wiederum symbolisieren die Farben das Staatsmotto: Blau steht für »Pula« (Regen), Weiß für Frieden (»Khotso«) und Grün für Wohlstand (»Nala«).

Wappen: Das am Tage der Unabhängigkeit eingeführte Staatswappen fußte auf dem *Protektoratswappen,* das 1951 eingeführt worden war. Bei diesem lag das Krokodil auf einem grünen Schild, begleitet von einem Vlies zwischen zwei Garben. Im heutigen Staatswappen liegt das Krokodil auf dem Basuto-Kampfschild. Es ist das Nationalemblem, denn der Name des führenden Stammes Lesothos, Bakoena, bedeutet »Krokodil-Leute«. Es erinnert aber auch an die große Zeit des Landes, weil das Krokodil Abzeichen von König Moshoeshoe (1790–1870) war. Dieser sammelte nach der Schlacht gegen die Zulus seinen Stamm, die Südsotho, in den Drakensbergen, von wo aus er den erfolgreichen Widerstand gegen seine Gegner organisierte und sogar den Buren widerstand. Hinter dem Schild kreuzen sich ein Assegai (Speer mit Widerhaken), eine Kopfkeule und ein Thyrsus (Blütenstand) von Straußenfedern als Zeichen der Macht. Die schildhaltenden Pferde als Zeichen des Edelmuts stehen auf einem Postament, das den Gipfel von Thababosiu darstellt. Dieser Gipfel war das Widerstandszentrum des Landes, und dort wurde Moshoeshoe 1870 begraben. Der neue »Khotso, Pula, Nala« bedeutet »Frieden, Wasser, Fülle«. Mit der Flagge wurde das Wappen unter Beibehaltung der Symbole farblich neu gestaltet.

Lettland

LV

Fläche:	64 589 km²
Einwohner:	2,23 Mio.
Hauptstadt:	Riga
Landessprache:	Lettisch
Staatsform:	parlamentarische Republik

Das von slawisch-baltischen Stämmen im 9. Jahrhundert besiedelte Gebiet stand von 1237 bis 1561 unter der selbstständigen Herrschaft des Deutschen Ordens. Schon 1201 wurde unter Bischof Albert der Handelsplatz Riga gegründet. Nach dem Untergang des Ordens im 16. Jahrhundert kam das Gebiet teils unter polnische, teils unter schwedische Herrschaft. 1721 fiel der nördliche, 1795 der südliche Teil an Russland. 1801 organisierte Zar Alexander I. die lettischen Gebiete als russisches Generalgouvernement. Die im November 1918 ausgerufene Unabhängigkeit wurde im August 1920 auch von den Sowjets akzeptiert. Als Folge des Hitler-Stalin-Pakts vom 23. August 1939 wurde Lettland am 5. August 1940 wieder in die Sowjetunion eingegliedert. Infolge der politischen Umwälzungen in Osteuropa erklärte sich Lettland am 4. Mai 1990 für unabhängig und nennt sich nun wieder Lettische Republik. Die Unabhängigkeit wurde am 6. September 1991 auch von der damaligen Sowjetunion anerkannt.

Flagge: Schon am 27. Februar 1990 löste die rot-weiß-rote Flagge (Proportionen 1:2, das Verhältnis der Streifen beträgt 2:1:2) die Flagge der Sowjetrepublik ab. Diese 1953 eingeführte Flagge zeigte im Obereck eines roten Tuchs Hammer, Sichel und Stern. An der Unterkante enthielt das Tuch einen gewellten blauen Streifen und darüber schmale weiß-blau-weiße Wellenbalken. Die heutige rot-weiß-rote Flagge wehte schon von 1918 bis 1940 über der alten Republik, ihre Farben gehen sogar bis auf das Jahr 1279 zurück. In der in deutscher Sprache geschriebenen »Livländischen Reimchronik« aus dem 14. Jahrhundert ist die Flagge einer lettischen Militäreinheit von 1279 als ein rotes Tuch mit weißem Streifen beschrieben. Der Legende nach entstand diese dadurch, dass ein verwundeter Führer in ein weißes Tuch gewickelt wurde. Dort wo er lag, blieb es weiß, aber die über ihn geschlagenen Ränder verfärbten sich von seinem Blut.

In neuerer Zeit wurden die Farben erstmals wieder 1870 von lettischen Studenten in der Universität von Tartu gezeigt, die dort die Verbindung »Lettonia« gründeten. Diese Farben wurden sehr schnell bekannt, und bereits 1873 wehten sie über dem Nationalen Sängerfest in Riga. Eine gewisse Anerkennung erlangten die Farben, als der russische

Zar sie per Dekret den lettischen Bataillonen im August 1915 verlieh. Die endgültige und auch heute wieder gültige Flagge zeichnete der Maler Ansis Cirulis im Mai 1917. Unter seiner Flagge wurde am 18. November 1918 die Republik Lettland proklamiert. Aber erst am 15. Februar 1922 bestimmte das Parlament diese Flagge als *National-* und *Handelsflagge* (die *Kriegsflagge* zeigte im weißen Tuch ein durchgehendes karmesinrotes Kreuz, dem wiederum ein weißes Kreuz aufgelegt war).

Karlis Ulmanis, ab 1920 der erste Ministerpräsident des Landes, erklärte die Farben folgendermaßen: Danach steht Weiß für Recht und Wahrheit, die Ehre der freien Bürger und ihre Zuverlässigkeit. Rot symbolisiert das Blut, das in der Vergangenheit für das Land geopfert wurde.

Wappen: Wie schon die Republik von 1918 führt auch die wiederhergestellte Republik Lettland ein großes und ein kleines Wappen. Letzteres zeigt den Schild, die Sterne und den Eichenkranz ohne Band in den Nationalfarben. Das Wappen wurde offiziell am 17. Februar 1990 wieder eingesetzt, mit Wirkung vom 27. Februar.

Entworfen wurde das Wappen 1921 von dem Kunstmalerstudenten Willi Kruminsch und seinem Professor Richard Zarrinsch. Das vom lettischen Landtag am 15. Juni 1921 auf einer Sondersitzung angenommene Wappen geht in Einzelheiten auf mittelalterliche Symbole zurück. Die drei goldenen Sterne über dem Schild stehen für die drei historischen Landesteile Lettgallen, Livland und Kurland. Die Schildhalter Löwe und Greif sind dem Schild entnommen. Das Eichenlaub symbolisiert Stärke und Beständigkeit und verweist darauf, dass die Eiche im alten Lettland ein hochverehrter Baum war. Das den Eichenkranz umschlingende Band in den Nationalfarben dient im großen Wappen nur dekorativen Zwecken. Im Schild symbolisieren die drei Felder jeweils einen Landesteil, aus dem sich die Republik zusammensetzt. Im oberen Feld steht die goldene Sonne auf blauem Grund für Lettgallen. Sie entstammt aber einer Kokarde, unter der die Soldaten von 1918 bis 1920 für die Freiheit kämpften. Der Löwe im vorderen unteren Feld steht für die zwei Provinzen südlich des Flusses Daugava. Er entstammt dem Wappen des Großherzogtums Kurland-Semgallen aus dem Mittelalter. Für die zwei nördlichen Provinzen steht der Greif aus dem Wappen des Herzogtums Livland-Lettgallen, das im Jahr 1566 durch den polnischen König Sigismund-August verliehen wurde. Einen silbernen Greif im roten Feld enthielt auch das Familienwappen des ersten Gouverneurs dieses Herzogtums, Johannes Chodkewitz. Das Wappen der Sozialistischen Sowjetrepublik wurde am 25. August 1940 eingeführt. Es zeigte innerhalb eines Ährenkranzes, der von einem Stern abgeschlossen wurde, eine aus dem Meer aufsteigende Sonne und darüber Hammer und Sichel.

Libanon

RL

Fläche:	10 452 km²
Einwohner:	4,1 Mio.
Hauptstadt:	Beirut
Landessprache:	Arabisch
Staatsform:	parlamentarische Republik

Der Staat wurde am 1. September 1920 unter der Bezeichnung Groß-Libanon durch den französischen Hochkommissar in Syrien gegründet. 1941 nominell unabhängig, erhielt das sich ab 1926 Libanon nennende Gebiet erst am 31. Dezember 1946 die volle Souveränität.

Flagge: Als Frankreich den Staat Groß-Libanon schuf, führte es eine die Oberhoheit anzeigende Flagge ein, die französische Trikolore mit Zeder in der weißen Bahn. Die Zeder gilt als libanesisches Nationalemblem. Schon in der Bibel wird der Baum direkt mit dem Libanon in Verbindung gebracht. Im Psalm 92, Vers 13 heißt es »der Gerechte wird (...) wachsen wie eine Zeder auf dem Libanon«. So war es nicht verwunderlich, dass verschiedene Gruppen oder Kleinfürsten dieser Gegend die Zeder als Symbol zeigten. Während des Ersten Weltkriegs hatte die Libanesische Legion innerhalb des französischen Heeres ein weißes Abzeichen mit rotem Schrägkreuz, auf deren Kreuzungspunkt die Zeder lag. 1943 nahm der Libanon die noch heute gültige *National-*, *Staats-*, *Kriegs-* und *Handelsflagge* an. Ihre Proportionen sind 2:3, wobei die Streifen im Verhältnis 1:2:1 stehen.

Die im Mittelpunkt stehende grüne Zeder (bis 1995 naturfarben) soll die roten Streifen berühren, in der Breite soll sie ein Drittel der Flaggenlänge betragen. Vorbild der Farbzusammenstellung waren die Flaggen des Osmanischen Reiches und die der hier lebenden Sippen. In der Nationalflagge sollten sich Rot auf die Kassiten und Weiß auf die Jemeniten beziehen. Diese hier lebenden Stämme spalteten zwischen 634 und 1711 die libanesische Gesellschaft, weshalb man später dazu überging, den Farben andere Bedeutungen zu geben. So soll Rot an das Blut und die Opferbereitschaft im Kampf um die Freiheit erinnern und Weiß den Frieden zwischen den Bevölkerungsgruppen versinnbildlichen. Die Zeder symbolisiert Stärke, Heiligkeit und Ewigkeit.

Wappen: Der Libanon führt kein offizielles Staatswappen. Bei Bedarf wird ein Schild in den Flaggenfarben geführt.

Liberia

LB

Fläche:	111 369 km²
Einwohner:	3,75 Mio.
Hauptstadt:	Monrovia
Landessprache:	Englisch
Staatsform:	präsidiale Republik

Flagge: Die 1822 von freigelassenen amerikanischen Sklaven gegründete Kolonie nahm 1827 eine Flagge an, die auf das Sternenbanner der USA zurückging. Sie hatte dreizehn rote und weiße Streifen, und im blauen Obereck stand ein frei schwebendes weißes Kreuz. Als 1845 ein Schiff mit dieser Flagge von den Briten wegen Fehlens einer »anerkannten« Flagge festgesetzt wurde, erklärte Liberia am 26. Juli 1847 seine Unabhängigkeit unter gleichzeitiger Änderung der Flagge, die jetzt nur noch elf Streifen und statt des Kreuzes einen Stern zeigte. Am 10. Juli 1847 forderte der damalige Gouverneur Roberts ein Damenkomitee unter Mrs. S. Lewis auf, eine Flagge für die Unabhängigkeit zu entwerfen. Das aus sieben Frauen bestehende Komitee nähte dann auch die neue Flagge. In ihr stehen die Streifen für die elf Unterzeichner der Unabhängigkeitserklärung. Das blaue Obereck steht für Afrika und der weiße Stern darin verkündet »das strahlende Licht, das von der (damals) einzigen Negerrepublik auf dem Kontinent ausgeht«. Die drei Farben ehrten die drei Gebiete, aus denen Liberia 1847 bestand. Heute steht Rot für Tapferkeit und Kühnheit, Weiß für Reinheit und edle Gesinnung und Blau verkörpert die Fruchtbarkeit. Die Flagge wurde am 11. April 1961 letztmals bestätigt, ihre Proportionen betragen 10:19.

Wappen: In der Präambel der Verfassung vom 16. Juli 1847 heißt es über das Staatswappen: »Die Flagge und das Siegel wurden vom Konvent als Abzeichen der Republik Liberia angenommen und vorgeschrieben, um zur Markierung ihrer Nationalität gebraucht zu werden«. Im Wappen ist die Entstehungsgeschichte des Staates festgehalten: Ein Segelschiff brachte die Siedler zurück aus den Vereinigten Staaten zu einem palmenbestandenen Land, welches sie durch harte Arbeit mit Pflug und Spaten urbar machten. Erst Kolonie, erlangte das Land später die Freiheit (Sonne), wovon die Taube schließlich Kunde in die ganze Welt brachte. Der Wahlspruch auf dem oberen Band kündet von der Gründung des Staates: »Die Liebe zur Freiheit brachte uns hierher«.

Libyen

Fläche:	1 759 540 km²
Einwohner:	6,16 Mio.
Hauptstadt:	Tripolis
Landessprache:	Arabisch
Staatsform:	Volksrepublik

Flagge: Der nordafrikanische Staat erlangte am 24. Dezember 1951 als Königreich seine Unabhängigkeit. Schon im Juli 1944 hatte Emir Mohammed Idris es-Senussi (später König Idris I. von Libyen) die Unabhängigkeit der Cyrenaika, neben Fessan und Tripolitanien einer der historischen libyschen Landesteile, proklamiert. Als sein Hoheitszeichen wählte der Emir eine schwarze Flagge mit weißem Halbmond und Stern. Das schwarze Tuch, das Zeichen der Senussi-Sekte, erinnerte an den ersten Abbasiden-Kalifen Abul Abas (reg. 750–754), während Halbmond und Stern den Islam repräsentierten. Als 1951 Fessan und Tripolitanien eingegliedert wurden, proklamierte Emir Idris am 24. Dezember 1951 das Königreich Libyen. Der Name stammt aus dem Jahr 1934, als Italien die drei Landesteile unter dem Namen Libia zu einer Kolonie zusammenschloss. Die von dem Königreich angenommene neue Nationalflagge setzte sich aus den Farben der drei Landesteile zusammen: oben Rot für Fessan, in der Mitte die Flagge Cyrenaikas und unten Grün für Tripolitanien, dabei war der mittlere Streifen so breit wie die beiden anderen zusammen. Dies dokumentierte, dass die Cyrenaika Geburtsort des libyschen Königreichs war. Zugleich zeigte die Flagge die *panarabischen Farben.*

Nach dem Putsch vom 1. September 1969 rief der Revolutionsrat unter Oberst Muammar al-Ghadafi die Arabische Republik Libyen aus. Per Dekret führte dieser noch im gleichen Jahr die neue schwarz-weiß-rot gestreifte Nationalflagge in den Proportionen 1:2 ein, die, bis auf die Proportionen und Sterne, identisch mit der ägyptischen Flagge war. Es wurde aber auch festgelegt, dass bei einer Vereinigung Libyens mit anderen arabischen Staaten ebenso viele grüne Sterne in den mittleren Streifen einzusetzen seien, wie der Bund dann Mitglieder zählt. Durch dieses Dekret waren in der Flagge der Republik auch wieder die panarabischen Farben vertreten. Am 17. April 1971 beschlossen Libyen, Ägypten und Syrien die Vereinigung der drei Länder zu einem Staatenbund. Im Hinblick darauf hissten Libyen und Ägypten am 1. Januar 1972 die für die Union geplante Flagge: rot-weiß-schwarz waagerecht gestreift mit einem goldenen Falken im mittleren

Streifen. Dabei symbolisierte Schwarz die finstere Zeit des Kolonialismus und des Königtums, Rot die Revolution, durch die das Land in eine glorreiche Zukunft geführt würde und Weiß stellte die friedliche Zukunft dar. Rot stand an erster Stelle, weil die Revolution dem Land »Leben einhauchte«. Als 1977 der damalige ägyptische Präsident Anwar el-Sadat Israel besuchte, empfand Libyen dies als Verrat an der gemeinsamen arabischen Verpflichtung, den Staat Israel auszulöschen, um dort einen Palästinenserstaat entstehen zu lassen. Eine der ersten Maßnahmen war, nicht mehr die gleiche Flagge zu führen wie das Land des Verräters. Am 19. November 1977 legte die libysche Volksjamahiria auf Anraten Ghadafis die neue Nationalflagge fest. In den Proportionen 1:2 zeigt sie nur ein grünes Tuch. Libyen ist zurzeit der einzige unabhängige Staat, der ein einfarbiges Tuch ohne irgendwelche Symbole als Nationalflagge führt.

Die Flagge ist ganz geprägt vom Islam, denn Grün gilt als die Lieblingsfarbe Mohammeds. Der Koran schildert seinen Gläubigen das Paradies in Gestalt grüner Wiesen mit sprudelnden Quellen. Weiterhin rettete der Legende nach ein grüner Mantel Mohammed das Leben. Als dieser eine Pilgerfahrt nach Mekka unternehmen wollte, erfuhr sein Schwiegersohn Ali von einem geplanten Anschlag auf seinen »Herrn«. Ali legte sich Mohammeds grünen Mantel um und rettete so dessen Leben. Grün erinnert aber auch an Ghadafis »Grünes Buch«, nach dem Libyen durch die »grüne Revolution« in ein Land verwandelt werde, das seine Lebensmittel selbst produzieren könne.

Wappen: Am 1. Juni 1952 verkündete das Amtsblatt des »Vereinigten Königreichs Libyen« die Einführung des Staatswappens. Es zeigte im schwarzen Kreis einen silbernen Halbmond und Stern, umgeben von einem grünen Rand sowie Sternen und der Königskrone. Das Ganze lag auf einem roten Feld, welches ornamentartig begrenzt und bekrönt war. Mit Dekret vom 6. November 1969 führte der Revolutionsrat nach ägyptischem Vorbild den Saladinadler mit rot-weiß-schwarz gespaltenem Brustschild ein. Der Saladinadler ging zurück auf Sultan Saladin (reg. 1175–1193), der nach dem Sieg über ein Kreuzfahrerheer 1187 Jerusalem einnahm. Er war bekannt als großer Heerführer und großmütig im Umgang mit den besiegten Feinden. Den Saladinadler löste 1972 der goldene Falke als Hoheitszeichen für die geplante Union mit Ägypten und Syrien ab. Dieser Falke – ursprünglich auch der Wappenvogel Syriens – war das Emblem des Stammes der Koraischiten, dem auch Mohammed angehörte. Mit der 1977 durchgeführten Änderung der Flagge wurde auch das Wappen geändert. Obwohl das gesamte Wappen grün sein soll, wird der Falke in goldenen Konturen ausgeführt, sein Brustschild in Grün. Auf dem Sockel steht in kufischer Sprache die Staatsbezeichnung »Sozialistische Libysche Arabische Volksrepublik«.

Liechtenstein

Fläche:	160 km²
Einwohner:	35 000
Hauptstadt:	Vaduz
Landessprache:	Deutsch
Staatsform:	konstitutionelle Monarchie auf parlamentarischer Grundlage

Das zwischen Österreich und der Schweiz liegende 160 km² große Fürstentum entstand, als im Jahre 1719 die beiden unter der Herrschaft von Johann Adam von Liechtenstein stehenden Grafschaften Schellenberg und Vaduz zum reichsunmittelbaren Fürstentum erhoben wurden. 1806 wurde das damals 3 Quadratmeilen große Liechtenstein mit 5000 Einwohnern zum Beitritt zum Rheinbund gezwungen und damit souverän. Nach dem Zerfall des Deutschen Bundes 1866, dem es seit 1815 angehörte, blieb das Fürstentum als souveräner Staat bestehen. Dabei sind seine Grenzen älter als der Staat selbst.

Flagge: Bis 1921 führte Liechtenstein eine gelb-rot waagerecht geteilte Flagge. Am 5. Oktober 1921 wurden dann die blauen und roten Nationalfarben in der Flagge vereinigt und in der Verfassung festgelegt. Um eine Verwechselung mit gleichfarbigen Flaggen (Haiti) zu vermeiden, setzte man am 24. Juni 1937 per Dekret eine gelbe Fürstenkrone in den oberen Streifen. Gleichzeitig änderten sich die Proportionen von 1:2 in 3:5. Rot und Blau sind die Livreefarben des Hauses Liechtenstein. Zu den Farben stellte Joseph Hoop (1937 Regierungschef) fest: »Wir sehen in ihrem Blau das Blau des strahlenden Himmels, im Rot das Leuchten unserer abendlichen Firne, und das Gold der Fürstenkrone bringt uns zum Bewusstsein, dass Volk und Land und Fürstentum eine Einheit bilden«. Die Deutsche Fürstenkrone, die auch auf dem Wappenmantel ruht, besteht aus einem hermelinverbrämten Purpurhut, der mit vier auf ihrem Kreuzungspunkt einen Reichsapfel tragenden Bügeln überwölbt wird. Am 18. September 1982 wurde die Flagge letztmalig festgesetzt, als der rote Farbton in Dunkelrot und die Form der Krone geändert wurden.

Wappen: Das Staatswappen, das letztmalig durch Gesetz vom 18. September 1982 bestätigt wurde, ist eigentlich das Wappen des Fürstenhauses. Es erinnert an Besitzungen der Liechtensteiner und an familiäre Verflechtungen. Als kleines Staatswappen verwendet Liechtenstein den golden-rot geteilten Mittelschild, das Stammwappen der Liechtensteiner mit der Fürstenkrone.

Das große Wappen – es wird von dem Geschlecht seit 1623 unverändert geführt – ist eng mit der Geschichte der Dynastie verknüpft. Das österreichische Fürstengeschlecht, benannt nach der Burg Liechtenstein bei Mödling in Niederösterreich, erscheint zuerst 1140 mit dem Ministerialen Hugo von Liechtenstein und tritt im 13. Jahrhundert in zwei Familien auf, der mährischen Linie Liechtenstein-Nikolsburg und der steirischen Linie Liechtenstein-Murau. Die mährische Familie spaltete sich Anfang des 17. Jahrhunderts mit den Brüdern Karl und Gundakar in zwei Linien. Karl wurde 1608 und Gundakar 1623 in den Reichsfürstenstand, die mährischen Herrschaften Krumau und Ostrau 1633 zum Fürstentum Liechtenstein erhoben. Die Karlische (ältere) Linie erwarb 1614 und 1623 die schlesischen Herzogtümer Troppau und Jägerndorf, 1699 und 1712 die reichsunmittelbaren Herrschaften Schellenberg und Vaduz im oberen Rheintal. Diese Linie starb 1712 aus und wurde von der Gundakarschen (jüngeren) Linie beerbt. Der Kaiser erhob die beiden Herrschaften 1719 zu dem reichsunmittelbaren Fürstentum Liechtenstein.

Die Gestaltung des Wappens geht auf die erfolgreichen Bemühungen des ersten Fürsten aus dem mährischen Geschlecht der Liechtensteiner, Karl, zurück, für sich und seine nähere Verwandtschaft Rangerhöhungen zu erlangen und Verschönerungen der Ahnentafel zu erarbeiten, wobei er sich des Rats vieler bedeutender Fachkundiger der damaligen Zeit bediente. Als Karl 1627 starb, hatte sich Gundakar, sein jüngerer Bruder, der Stifter der heute regierenden Familie, dem letzten seiner zahlreichen Wappenentwürfe zum größten Teil angeschlossen, nur setzte er an die Stelle des Wappens der Boskowitz (Karls Gemahlin entstammte diesem Geschlecht) das Wappen seiner Gemahlin, Agnes von Ostfriesland, die er 1604 geheiratet hatte: den ostfriesischen Adler, allerdings in umgekehrter Farbfolge. Dies geschah wahrscheinlich aus Harmoniegründen. Das erste Feld – in Gold ein schwarzer Adler, der auf der Brust mit einer silbernen halbmondförmigen und mit einem Kreuzchen besetzten Spange belegt ist – steht für die Besitzungen des Geschlechts in Schlesien. Das zweite Feld – der Rautenkranz auf goldschwarz geteiltem Grund – steht für Kuenring. Seit 1491 behauptete man, ein Azzo von Este sei Herzog Leopold von Österreich 1082 gegen die Böhmen zu Hilfe geeilt, und von diesem stammten die Liechtensteiner und die Kuenringer ab, die in Österreich hohe Ämter bekleideten. Für kurze Zeit besaßen die Liechtensteiner den gesamten Besitz der Kuenringer, daher das zweite Feld. Das rot-silber gespaltene Feld steht für Troppau, ein schlesisches Herzogtum, das die Dynastie am 4. Januar 1614 erhielt. Der Adler im vierten Feld erinnert an Agnes von Ostfriesland. Das goldene Horn im blauen Feld steht für das Herzogtum Jägerndorf, das Karl von Liechtenstein als Ersatz für die von dem Siebenbürger Fürsten Gabriel Bethlen verwüsteten Besitzungen erhalten hatte.

Litauen

Fläche:	65 300 km²
Einwohner:	3,39 Mio.
Hauptstadt:	Vilnius
Landessprache:	Litauisch
Staatsform:	parlamentarisch-präsidiale Republik

Im 2. Jahrhundert v. Chr. besiedelten indoeuropäische Stämme das Gebiet des heutigen Litauen. Um die Wende des 12. Jahrhunderts holte der polnische Herzog Konrad von Masowien den Deutschen Orden im Kampf gegen die Preußen in das Land. Im 13. Jahrhundert kam es zu harten Kämpfen zwischen dem Deutschen Orden und den Litauern. Einer der litauischen Führer war der Großfürst Mindaugas, dem es 1240 gelang, die zahlreichen Herrschaften und Kleinfürstentümer zu einem litauischen Reich zu einigen. Er ließ sich zum katholischen Glauben bekehren und wurde gleichzeitig mit der Taufe zum litauischen König gekrönt. Diese Würde erlosch 1263 mit seinem Tod. Zur Großmacht stieg Litauen auf, als Gediminas (1316–1341) als Großfürst den Thron bestieg und das Land unter seiner Herrschaft einte. Im 16. Jahrhundert ging Litauen eine Realunion mit Polen ein.

Innere Kämpfe schwächten später das Land, das ab 1795 zu Russland gehörte. Gegen Ende des 19. Jahrhunderts kam es zu nationalen Bestrebungen, woraufhin die Russen den Litauern 1905 weitreichende Zugeständnisse machten. Dieses hielt die Litauer aber nicht davon ab, 1918 die unabhängige Republik Litauen auszurufen, die von der Sowjetunion 1919 anerkannt wurde. Ab 1939 besetzte die Rote Armee das Land, in dem am 21. Juli 1940 die Sozialistische Sowjetrepublik ausgerufen wurde. Nach Loslösung von der UdSSR rief das Land am 11. März 1990 erneut seine Souveränität aus, die durch Beschluss des Staatsrates der UdSSR am 6. September 1991 anerkannt wurde.

Flagge: Schon lange vorher, am 18. November 1988, hatte Litauen die gelb-grün-rot waagerecht gestreifte Flagge der Republik von 1918 als *Nationalflagge* wieder eingeführt. Die 1940 übernommene Flagge der Sowjetrepublik zeigte im Obereck eines roten Tuchs den Staatsnamen. Sie wurde am 15. Juli 1953 ersetzt durch eine, die der sowjetischen entsprach unter Hinzufügung eines schmalen weißen und breiteren grünen Streifens an der Basis. Sie galt noch bis zum 20. März 1989 als *Staatsflagge*. Danach war nur noch die traditionelle Flagge, deren Proportionen 1:2 betragen, gültig. Die Symbolik der Farben ergibt sich aus den Liedern und der Folklore des Landes. Gelb symbolisiert den reifenden Weizen und die Reichtümer der Landwirtschaft und erinnert an die Freiheit der Gedanken. Grün versinnbildlicht die Wälder und steht für die Hoffnung, Rot soll an die Blumen und die Liebe der Menschen zu ihrem Land erinnern sowie die von der Sonne beschienenen leuchtenden Wolken darstellen.

Die traditionellen Farben der Litauer waren Weiß und Grün, aber die ältesten historischen Banner aus der Zeit des Großherzogs Gediminas zeigten im roten Tuch einen reitenden silbernen Ritter, den »Vytis«. Diese Flagge bildete ab 1922 die Vorderseite der Staatsflagge, die Rückseite zeigte in Rot den weißen »Turm des Gediminas«. Somit boten sich Rot, Weiß und Grün als Farben der Nationalflagge an. Dieser Dreiklang war aber im Volk nicht beliebt, zumal er seinerzeit auch schon in Ostpreußen gebraucht wurde. Vielfach wurden Flaggen gezeigt, bei denen die Farben Rot und Grün durch einen schmalen gelben Streifen voneinander separiert waren. Rot und Grün entstammten den Farben der Webstoffe, die dazu noch einen gelben Einschlag hatten. Nach der Proklamation der Unabhängigkeit am 16. Februar 1918 wurde eine Kommission eingesetzt, die eine Nationalflagge entwerfen sollte. Da Karminrot und Dunkelgrün als Gesamtbild zu trist erschien, legte man nach langen Beratungen den gelben Streifen hinzu. Diese Flagge galt als *National-* und *Handelsflagge.*

Bei der *Kriegsflagge* lag auf den beiden oberen Streifen der rote Schild mit dem gelben »Kreuz des Vytis«. Ab Mitte der 1920er Jahre wurden die Farben Rot und Grün heller dargestellt. Heute betragen die Proportionen der Streifenflagge 1:2, wenn sie als Staatsflagge dient, und 2:3 bei der Nationalflagge.

Wappen: Das am 11. März 1990 wieder angenommene Staatswappen zeigt in Rot einen silbernen Ritter auf silbernem Ross, auf dem linken Arm liegt ein blauer Schild mit goldenem Patriarchenkreuz, mit der Rechten schwingt er ein silbernes Schwert. Wahrscheinlich war das Wappenbild ursprünglich nichts anderes als die Figur eines Jagellionen mit dem jagellionischen Familienwappen auf dem Schild. Das Design basiert auf dem Entwurf des Bildhauers Juozas Zikaras von 1925. Es entstammt den historischen Bannern des Großherzogtums Gediminas und soll den von Ost nach West reitenden legendären Helden Vy iai (Vytis) darstellen. Dieses Emblem erschien erstmals auf Münzen und Staatssiegeln während der Regierungszeit des Vytautas des Großen (gest. 1430). Der Schild enthält das »Vytis Kryžius« (Kreuz des Vytis) als Symbol für Ausdauer und stammt aus dem 14. Jahrhundert. Später brachte man den Ritter in Verbindung mit dem Fürsten Gediminas, der das unbedeutende Großfürstentum in den 25 Jahren seiner Herrschaft zur Großmacht in Osteuropa machte. Die Stellung sollte daran erinnern, dass die damaligen Feinde aus dem Westen kamen. Das Schwingen des Schwertes sollen die Verteidigung der Freiheit andeuten.

Luxemburg

Fläche:	2586 km²
Einwohner:	467 000
Hauptstadt:	Luxemburg
Landessprachen:	Französisch, Deutsch, Luxemburgisch
Staatsform:	konstitutionelle Monarchie auf parlamentarischer Grundlage

Die Geschichte des Landes beginnt 963, als der in den Ardennen regierende Graf Siegfried im Tauschweg die Burg Lucilinburgh (Lützelburg) erwarb, die den Namen Luxemburg prägte. Dies war ein altes Römerkastell auf felsiger Höhe am Zusammenfluss der Alzette und der Pétrusse. Hier liegt heute die Stadt Luxemburg. Nach dem Aussterben der Ardenner Grafen 1135 übernahmen die Grafen von Namur das Gebiet. 1247 ging die Grafschaft an das Haus Limburg, und zwischen 1308 und 1437 stellten die Luxemburger vier deutsche Kaiser; 1354 erhob Karl IV. sein Stammland zum Herzogtum. Im 15. Jahrhundert kam Luxemburg zunächst an Burgund, danach an Habsburg; zwischenzeitlich war es auch mehrfach kurzzeitig französisch. Im Wiener Kongress 1815 musste Luxemburg Gebiete an Preußen abtreten, gleichzeitig begann jetzt aber auch die territoriale Eigenständigkeit. Luxemburg wurde als Großherzogtum Mitglied des Deutschen Bundes, war aber unter Wilhelm I. in Personalunion mit dem Königreich der Niederlande verbunden. Die volle Unabhängigkeit kam 1830 nach der Loslösung Belgiens von den Niederlanden zustande, die von den Luxemburgern unterstützt worden war. 1839 musste Luxemburg die wallonischen Gebiete an Belgien abtreten, wodurch die heutigen Grenzen geschaffen wurden. Dafür sicherten die damaligen Großmächte die territoriale Unversehrtheit des Staates. Am 23. November 1890 starb mit Wilhelm III. der niederländische Zweig des Hauses Oranien-Nassau im Mannesstamm aus. Da im Großherzogtum das salische Erbfolgegesetz galt, also nur männliche Erben die Thronfolge antreten können, ging die Krone auf den Wallramschen Zweig des Hauses Nassau über. Mit der Thronbesteigung des Herzogs Adolf von Nassau war die Personalunion mit den Niederlanden beendet.

Flagge: Mit Aufhebung der Personalunion führte Luxemburg auch seine heutige *Nationalflagge* offiziell ein; ihre Proportionen sind 3:5. Während der Personalunion mit den Niederlanden war deren Flagge gleichzeitig luxemburgische Nationalflagge gewesen. Beide Flaggen unterscheiden sich heute durch ihre Proportionen. In der luxemburgischen Flagge ist der untere Streifen hellblau gegenüber kobaltblau in der niederländischen. Um jede

Verwechslung mit der niederländischen Trikolore zu vermeiden, sieht man in Luxemburg oft eine inoffizielle Flagge, die in dem weißen Streifen ein viereckiges Feld mit dem roten gekrönten Löwen auf blauen und weißen Streifen zeigt.

Die Einführung einer Flagge für die Schifffahrt erwies sich als notwendig, seit die Mosel von Luxemburg bis zum Rhein schiffbar ist und sich niederländische und luxemburgische Schiffe begegnen. Die 1972 eingeführte *Handelsflagge* (Proportionen 5:7) zeigt den roten gekrönten Löwen auf blau-weißen Streifen. Obwohl die luxemburgische Flagge der niederländischen gleicht, hat sie mit dieser nichts zu tun, vielmehr gehen die Farben auf das seit 1288 belegbare Wappen zurück. Während der österreichischen Herrschaft schrieb ein am 24. Juni 1787 (also bereits zwei Jahre vor der Französischen Revolution, die als Schöpferin aller mehr als zweifarbigen Kokarden galt) erlassenes Landesgesetz allen Luxemburgern das Tragen einer weiß-blau-roten Kokarde vor. Die sich aus dieser Kokarde entwickelnde weiß-blau-rote Flagge erlangte während der Revolutionszeit eine gewisse Bedeutung, verschwand aber zwischen 1795 und 1830. Am 12. Juni 1845 sah man erstmals eine Flagge mit der heutigen Farbfolge. Ab 1853 erhielt sie offiziellen Charakter in Form einer Truppenfahne. Letztmalig wurde die 1890 eingeführte Nationalflagge am 16. August 1972 offiziell festgesetzt, wobei die Proportionen 1:2 oder 3:5 betragen.

Wappen: Das Reichswappen des Großherzogtums Luxemburg besteht aus einem neunmal von Silber und Blau geteilten Schild, worauf ein roter, goldgekrönter, doppelschwänziger Löwe steht. Um den Schild, auf dem eine Königskrone ruht (Graf Heinrich VII. legte sie 1346 nach seiner Wahl zum deutschen König auf den Schild) und der von zwei Löwen gehalten wird, ist das Band mit dem Kleinod des »Ordens der Eichenkrone« drapiert. Das Ganze liegt auf einem Wappenmantel, der von der Großherzogskrone überhöht ist. Als kleines Staatswappen führt Luxemburg den Schild mit einer daraufliegenden Königskrone. In der vorliegenden Form wurden die Wappen letztmals durch das Gesetz vom 16. August 1972 festgelegt. Das Wappen ist wahrscheinlich eine Verbindung aus zwei verschiedenen Wappenbildern, von Wappentier und Heroldsbild, die übereinandergelegt wurden. Dies war zu Beginn des 13. Jahrhunderts üblich.
Als Graf von Luxemburg regierte Herzog Walram von Limburg (reg. 1221–1226). Die Limburger führten als Stammwappen im silbernen Schild einen doppelschwänzigen roten Löwen. Wahrscheinlich führten aber schon die älteren Grafen von Luxemburg einen einschwänzigen Löwen. Das dürfte für Walram Anlass gewesen sein, hier ein unterscheidendes Merkmal zu schaffen, in dem er dem Wappen von Luxemburg durch Verbindung von Schildzeichen und Fahnenbild eine zeitgemäße Form verlieh.

Madagaskar

RM

Fläche:	587 051 km²
Einwohner:	19,67 Mio.
Hauptstadt:	Antananarivo
Landessprachen:	Französisch, Madagassisch
Staatsform:	präsidiale Republik

Flagge: Nachdem der viertgrößten Insel der Erde am 1. Oktober 1958 (unabhängig seit dem 26. Juni 1960) die Autonomie zugestanden wurde, nahm sie ihre Nationalflagge an, die aus einem Wettbewerb hervorging (Proportionen 2:3, die weiße Bahn nimmt ein Drittel der Flaggenbreite ein). Die Farben werden wie folgt gedeutet: Weiß gilt als Symbol der Reinheit und des Friedens, Rot steht für die Souveränität und die Entschlossenheit, bis zum letzten Blutstropfen für die Unabhängigkeit zu kämpfen. Grün ist der Ausdruck der Hoffnung auf eine bessere Zukunft. Die Farbe wurde für die Küstenbewohner den rotweißen Farben des Hova-Volkes hinzugefügt. Die roten und weißen Farben werden mit den alten Adelsgeschlechtern der Volamena und der Volafotsi in Verbindung gebracht, die der König Andriandahifotsi (sein Abzeichen war ein roter Stier) von Menabe (d. h. großes Rot) im 17. Jahrhundert stiftete. Einem daraus hervorgegangenen Herrscher des Hova-Volkes, Radama I., gelang es 1810, die vielen Inselreiche zu einigen. Er prägte das Motto »Das Meer ist meines Reisfelds einzige Grenze«. Während des französischen Protektorats führte Madagaskar von 1885 bis 1896 eine blau-weiß-rot waagerecht gestreifte Flagge mit Halbmond.

Wappen: Die Republik führt nur ein *Staatssiegel*, das in farbiger Ausführung als Staatswappen dient. Das zurzeit gültige Staatswappen wurde mit der Verfassung der dritten Republik Malagasy am 4. März 1993 angenommen. Eine Kuriosität stellt das Motto dar. Dieses lautet zwar »Tanindrazana, Fahafahana, Fandrosoana« (Vaterland, Revolution, Fortschritt). Im Siegel steht aber als drittes Wort »Fahamarinana« (Freiheit). Der Grund dafür ist, dass das entsprechende Gesetz diesbezüglich nicht geändert wurde. Das Siegel weist einige Elemente auf, die dem ersten Siegel entstammen. Es zeigt im Mittelpunkt die Insel Madagaskar, die vom Indischen Ozean umgeben ist. Das Symbol ruht zwischen den Hörnern eines Zebus. Das Zebu genießt besondere Beachtung als Lieferant von Nahrung und als Arbeitstier. Es ruht vor einem Reisfeld, dem wichtigsten landwirtschaftlichem Produkt, was durch die Reisähren noch verstärkt wird. Dazu erscheint noch eine Ravenala-Palme.

Makedonien

Fläche: 25 713 km²
Einwohner: 2,04 Mio.
Hauptstadt: Skopje
Landessprache: Makedonisch
Staatsform: parlamentarische Republik

Flagge: Makedonien ist ein historischer Begriff und bildete nie einen Nationalstaat. Nach dem Ende der Osmanenherrschaft wurde das Gebiet dreigeteilt. Das sog. Wardar-Makedonien kam an Serbien und dann an Jugoslawien. Damit begann eine gewisse Eigenstaatlichkeit, 1945 wurde Makedonien jugoslawische Teilrepublik. Dafür hisste man am 31. Dezember 1946 eine Flagge, die im Obereck eines roten Tuchs einen goldgeränderten roten Stern zeigte. Rot und Gelb galten als makedonische Farben. Nach einem Referendum erklärte das Land am 15. September 1991 seine Souveränität. Als provisorische Nationalflagge hisste der Staat zunächst eine rote Flagge mit drei schwarzen Streifen und dem gelben Stern von Vergina im Obereck. Es war die Parteiflagge der Inneren Mazedonischen Revolutionären Organisation VMRO, die von den anderen Parteien aber nicht akzeptiert wurde. Erst am 21. August 1992 wurde dann eine offizielle Staatsflagge gehisst. Sie zeigte in der Mitte eines roten Tuchs eine gelbe sechzehnstrahlige Sonne, die als Stern von Vergina bezeichnet wurde und von einer Grabbeigabe des makedonischen Königs Philipp II. (382–336 v. Chr.) stammte. Wegen dieser Flagge kam es zu Streitigkeiten mit Griechenland (diese reklamierten das Symbol als griechisch), die in einem Embargo mündeten und dem Land schweren wirtschaftlichen Schaden zufügten. Deshalb stimmte das Parlament mit großer Mehrheit der Annahme einer neuen Flagge zu, die am 5. Oktober 1995 mit den Proportionen 1:2 eingeführt wurde. Sie zeigt eine achtstrahlige gelbe Sonne im roten Tuch, dabei steht Rot für den Kampf um die nationale Freiheit, während die gelbe Sonne Leben, Freude und Freiheit versinnbildlicht.

Wappen: Nachdem die Annahme eines neuen Wappens, vorgesehen war ein goldener Löwe im roten Schild (entsprechend der Abbildung in einer Wappenrolle von 1595) gescheitert war, behielt das der ehemaligen jugoslawischen Teilrepublik am 27. Juli 1946 verliehene Wappen seine Gültigkeit. Es zeigt den Shar-Berg und den Ohridsee, hinter dem die Sonne der Freiheit aufgeht. Der Kranz zeigt die wichtigsten landwirtschaftlichen Produkte und wird abgeschlossen von einem Nationalornament.

Malawi

Fläche:	118 484 km²
Einwohner:	13,9 Mio.
Hauptstadt:	Lilongwe
Landessprachen:	Englisch, Chichewa
Staatsform:	präsidiale Republik

Flagge: Als die britische Kolonie Njassaland am 6. Juli 1964 unter dem Namen Malawi (nach einem alten Reich) unabhängig wurde, hisste das Land eine Nationalflagge (Proportionen 2:3), die sich von der Flagge der Malawi Congress Party ableitete, die seit 1953 für die Loslösung von der Zentralafrikanischen Föderation kämpfte. Die Farben der um die Sonne vermehrten Parteiflagge werden so ausgelegt: Schwarz symbolisiert den afrikanischen Kontinent, Rot erinnert an das Blut, das die Bevölkerung im Kampf um die Freiheit vergossen hat, Grün steht für die Landschaft Malawis. Die aufgehende Sonne mit den 31 Strahlen – sie zeigen an, dass Malawi der 31. freie Staat Afrikas ist - gilt als Symbol der Hoffnung, dass ganz Afrika einmal frei sein möge und sich zusammenschließe.

Wappen: Vorläufer des von Königin Elisabeth II. dem Staat am 30. Juni 1964 verliehenen Staatswappens ist das Kolonialwappen von 1924. Dieses zeigte unter schwarzem Schildhaupt mit aufgehender goldener Sonne in Silber einen naturfarbenen Leoparden auf einem Felsblock. Die jetzt im Schildfuß stehende Strahlensonne ist Ausdruck des neuen Lebens in der Unabhängigkeit des Staates Malawi. Die Wellen im oberen Wappenteil symbolisieren die Gewässer des Landes, vor allem den namengebenden Njassasee, der heute Malawisee heißt. Diese beiden Felder versinnbildlichen den Landesnamen, denn Malawi bedeutet »flammende Wasser«. Dies bezog sich auf die Spiegelung der Sonnenstrahlen auf der Oberfläche des Malawisees. Die Sonne symbolisierte auch den Wahlspruch der ehemaligen Kolonie: »Eine Leuchte in der Finsternis«. Der Löwe im mittleren Feld steht für die Tierwelt und erinnert an die ehemaligen britischen Kolonialherren. Als Schildhalter fungieren rechts ein Löwe als Zeichen der ehemaligen Kolonialmacht und des Commonwealth und links der Leopard von Njassaland als Zeichen des Staates. Der Schild ruht auf einer Darstellung der mit 3000 Metern höchsten Erhebung, des Mlanje, das davor liegende Motto heißt »Einheit und Freiheit«. Auf dem Helm steht vor der Sonne ein flugbereiter Schreiseeadler als Zeichen des neuen unabhängigen Staates.

Malaysia

MAL

Fläche: 329 876 km²
Einwohner: 26,6 Mio.
Hauptstadt: Kuala Lumpur
Landessprache: Malaiisch (Bahasa Malaysia)
Staatsform: föderative Wahlmonarchie

Die Entwicklung der malaysischen Symbole ist eng mit der Geschichte dieses südostasiatischen Staates verknüpft. 1511 wurde der südliche Teil der malaiischen Halbinsel von den Portugiesen und 1641 von den Holländern erobert. 1824 kam es zu einem Interessenausgleich zwischen Großbritannien und den Niederlanden, wonach die letztgenannten freie Hand in Indonesien erhielten, während die Malaiische Halbinsel unter britische Oberhoheit geriet. 1826 gründeten sie dort die »Straits Settlements«, bestehend aus Malakka, Pinang, Wellesley und Singapur.

Flagge: Im Innern der Halbinsel gab es einheimische Staaten, meist Sultanate. Mit diesen schloss Großbritannien 1874 bzw. 1888 Protektoratsverträge ab. Hierauf aufbauend gründete sich 1895 die erste Föderation der Malaiischen Sultanate unter britischem Schutz, bestehend aus Perak, Selangor, Pahang und Negri Sembilan. Langsam wuchs das Gebilde eng zusammen, und 1905 nahm die Föderation ein Wappen und eine Flagge an. Die Flagge war weiß-rot-gelb-schwarz waagerecht gestreift, und in der Mitte lag ein weißes Oval mit einem springenden Tiger (Weiß für Perak, Gelb für Negri Sembilan, Rot für Selangor und Schwarz für Pahang). 1909 übertrug Siam seine Oberhoheit über die anderen Staaten der Halbinsel ebenfalls auf Großbritannien, doch traten diese der Föderation noch nicht bei. Dies geschah erst am 1. April 1946 bei Bildung der Malaiischen Union, aus der sich am 1. Februar 1948 die Malaiische Föderation konstituierte. Dieser Staat hisste am 26. Mai 1950 eine Nationalflagge, deren Design heute noch gültig ist, nur hatte der Stern 11 statt 14 Zacken und ebenfalls 11 statt 14 Streifen. Sie repräsentierten die neun Staaten Perak, Selangor, Negri Sembilan, Pahang, Johore, Kedah, Kelantan, Perlis und Trengganu sowie die beiden »Settlements« Malakka und Penang. Rot und Weiß waren die traditionellen malaiischen Farben, Blau zeigte die Verbindung zum Commonwealth an und der Halbmond stand für den Islam, die Religion, der die Bevölkerungsmehrheit angehörte. Unter dieser Flagge erhielt die Föderation Malaya am 31. August 1957 auch die volle Souveränität. Durch den Beitritt von Sarawak, Sabah und Singapur wurde am 16. September 1963 die Föderation Malaysia geschaffen. Sie behielt das Grunddesign der Flagge bei, erhöhte nur die Zahl der Streifen und Sternzacken auf 14. Die Flagge (Proportionen 1:2) blieb auch unverändert, als Singapur am 9. August 1965 die Föderation wieder verließ. Die Symbolik der Flagge wird wie folgt ausgelegt: Das blaue Obereck – es nimmt die Hälfte der Flaggenbreite ein und reicht in seiner Höhe bis zum fünften roten Streifen – steht für die Einheit der Völker Malaysias. Es enthält den Halbmond als Zeichen des Islams. Die 14 Zacken des Sterns symbolisieren die Einheit der 14 Staaten in einer Föderation zum Wohle ihrer Bewohner. Die gelbe Farbe ist die königliche Farbe und repräsentiert die 14 Herrscher. Rot und Weiß sind die traditionellen Farben der Malaien.

Wappen: Mit der Flagge nahmen die »Verbündeten Malaienstaaten« 1905 auch ein Wappen an: ein Schild, geviert von Silber, Rot, Schwarz und Gold, darüber eine orientalische Krone. Auf einem Schriftband mit dem Motto »In Gottes Obhut« standen zwei schildhaltende Tiger. Nach Schaffung des Malaiischen Bundes nahm der Gesetzgebende Bundesrat am 19. März 1952 ein neues *Bundeswappen* an. Es zeigte im roten Schildhaupt fünf goldene malaiische Krise (Dolche) für die bis dahin nichtföderierten Malaienstaaten. Darunter dreigeteilt zeigte das erste Feld im Zinnenschnitt eine Teilung von Gold und achtfacher blau-silberner Wellenlinie, darin oben ein Busch von drei blauen Straußenfedern, überdeckt von einem blauen Spruchband mit den Worten »Ich diene«. Das zweite Feld war silbern, rot, schwarz und golden geviert, und das dritte Feld zeigte in Blau die silberne Darstellung des Santiago-Tores in der Stadt Malakka. Über dem Schildhalter wurden die Tiger aus dem alten Wappen übernommen. Dieses Wappen vereinte für jeden Mitgliedsstaat ein Symbol, wobei für Penang der Wappeninhalt stand, für das Settlement Malakka der Crest. Dieser zeigte das Eingangstor zur ehemaligen portugiesischen Zitadelle von Malakka, das 1511 vom portugiesischen Seefahrer Albuquerque erobert worden war.

Als aus Malaya am 16. September 1963 durch die Aufnahme von Sarawak und Sabah (Britisch-Nordborneo) sowie Singapur die Föderation Malaysia wurde, führte man die Embleme der neuen Staaten ein und erhöhte die Zackenzahl des Sterns auf 14.

Das heute noch gültige Staatswappen wurde am 31. August 1988 eingeführt. Hier berücksichtigte man das Ausscheiden Singapurs von 1965 dadurch, dass das Wappen Singapurs – Halbmond und Sterne – durch ein »Wartefeld« ersetzt wurde, das im weißen Feld eine Hibiskusblüte zeigt. In Ostasien begrüßt man mit dieser Blume ankommende Gäste. Stern und Halbmond als Crest stehen für den Islam und die in der Föderation zusammengeschlossenen Staaten. Die schildhaltenden Tiger erinnern an die vier ursprünglich die Föderation bildenden Staaten. Das Motto auf dem gelben Schriftband lautet: »Einigkeit ist Stärke«. Die einzelnen Felder des Schildes zeigen die Embleme der Mitgliedsstaaten und wurden aus älteren Wappen übernommen.

Malediven

MV

Fläche:	298 km²
Einwohner:	306 000
Hauptstadt:	Male
Landessprache:	Divehi
Staatsform:	präsidiale Republik

Der aus etwa 2000 Inseln bestehende Staat erhielt am 26. Juni 1965 als Sultanat die Unabhängigkeit.

Flagge: Wie viele andere islamische Seefahrerstaaten führten auch die Malediven eine bildlose rote Flagge, die 1932 geändert wurde: Rot mit weißem Halbmond, am Liek ein schmaler abwechselnd 13-mal von Schwarz und Weiß schräg geteilter Streifen. Bei der Dienstflagge zu Land wurde noch ein weißer Halbmond in grünem Rechteck eingefügt. Als die Malediver 1953 erstmals den Sultan vertrieben und die Republik ausriefen, wurde die bis dahin geführte Dienstflagge an Land Nationalflagge. Die durchgeführte Erweiterung der Flagge sollte ihr jeglichen kommunistischen Sinngehalt nehmen. Von 1954 bis 1968 wieder Sultanat, hatte dies keine Auswirkungen auf das Flaggenwesen. Die heute gültige Flagge wird seit dem 26. Juli 1965 in den Proportionen 2:3 als *National-* und *Handelsflagge* mit folgender Symbolik geführt: Rot ist das für die Freiheit vergossene Blut, es symbolisiert die Souveränität der Nation und erinnert an die Geschichte. Grün symbolisiert Leben, Fortschritt und Wohlstand. Der weiße Halbmond ist das Zeichen des Islams sunnitischer Ausrichtung, der Staatsreligion, gleichzeitig dokumentieren die Malediven durch ihn die Zugehörigkeit zur islamischen Welt.

Wappen: Im Mittelpunkt des Staatswappens stehen ein facettierter Halbmond und ein Stern als Symbole des Islams. Die Palme spielt auf die Landesnatur und die Wirtschaft an. Die Ausfuhr von Kopra im Tausch mit anderen Nahrungsmitteln spielte auf den Inseln in der Vergangenheit eine große Rolle. Neben Fisch ist Kopra immer noch das wichtigste Exportgut. Die zwei Flaggen stehen für die vielen Inseln, aus denen das Staatsgebiet besteht. Die Inschrift im Band lautet »Ad-Dawlat al Mahaldheebìyya«, d. h. »Staat der tausend Inseln«.

Die im Süden liegenden Atolle führten von 1959 bis 1963 als Republik der Vereinigten Suvadiva-Inseln eine eigene Flagge: blau-grün-rot gestreift mit weißem Halbmond und Stern im mittleren Streifen und zusätzlich noch ein Stern rechts oben und links unten.

Mali (RMM)

Fläche:	1 242 248 km²
Einwohner:	12,4 Mio.
Hauptstadt:	Bamako
Landessprachen:	Französisch, Bambara, Songhai-Dscherma, Arabisch, Ful
Staatsform:	präsidiale Republik

Flagge: Die Nationalflagge der Republik Mali – ihre Proportionen sind 2:3 – ist in den panafrikanischen Farben gehalten und in der Verfassung vom 20. Januar 1961 verankert. Die Farben besitzen unter anderem die folgenden Sinngehalte: Grün steht für die Natur des Staats, Gelb für Reinheit und für die Bodenschätze und Rot für Tapferkeit und für das im Kampf um die Unabhängigkeit vergossene Blut der »gesamten Bevölkerung«. Die Flagge ist identisch mit der Flagge der Mali-Föderation, die 1959 aus den Staaten Mali (damals hieß das Land noch Sudan) und Senegal gebildet wurde, aber noch im gleichen Jahr auseinanderbrach. In der gelben Bahn der Föderationsflagge (ab 20. August 1960 auch Flagge der Republik Mali) stand das sogenannte Kanaga (auch Mali-Ideogramm genannt). Das Emblem, ein stilisierter Schwarzer, war ein vor allem von dem Dogo-Stamm verwendetes Symbol, das den Menschen innerhalb der weltlichen Ordnung darstellte. Der ehemalige Staatspräsident L. S. Senghor sagte über ihn: »Dieser schwarze Mensch, unser nächster Verwandter …, dieser Mensch bleibt unser höchstes Anliegen; er bestimmt unser Maß.« 1961 entfernte man das Mali-Ideogramm aus der Nationalflagge, weil der islamische Bevölkerungsteil das Abzeichen als »heidnisch« ablehnte.

Staatssiegel: Anstelle eines Staatswappens benutzt Mali sein Staatssiegel in farbiger Ausführung als Staatssymbol. Das um 1982 eingeführte Staatssiegel basiert auf dem 1961 anlässlich der Unabhängigkeit angenommenen Staatssiegel. Es zeigte in der farbigen Ausführung alle Farben der Nationalflagge. Dieses wurde 1982 farblich geändert – die Scheibe ist jetzt einfarbig blau – und unter Beibehaltung der Symbole grafisch umgestaltet. Die Stadtansicht erinnert an die vielen befestigten Städte des alten Großreichs Mali (z. B. Timbuktu). Die schwebende Taube ist das Zeichen des Friedens. Die aufgehende Sonne drückt die Hoffnung auf ein freies Afrika aus und Pfeil und Bogen symbolisieren den Verteidigungswillen gegen äußere Feinde. Das Motto lautet: »Ein Volk, ein Ziel, ein Glaube«.

Malta

(M)

Fläche :	316 km²
Einwohner:	407 000
Hauptstadt:	Valletta
Landessprachen:	Maltesisch, Englisch
Staatsform:	parlamentarische Republik

Flagge: Die kleine Inselrepublik im Mittelmeer führte die Nationalflagge (Proportionen 2:3) in der heute gültigen Form am 21. September 1964, dem Tag der Unabhängigkeit, ein. Bis zu diesem Tag lag das Ordenskleinod des Georgskreuz in einem blauen Obereck, das dem blauen Brustband des Ordens entnommen war. Die Farben symbolisieren Reinheit (weiß) und das Martyrium, das die Bevölkerung in der Geschichte durchmachte (rot). Die Flagge wird schon sehr lange geführt. Ob die Farben – wie die des Wappens – auf das 11. Jahrhundert zurückgehen, ist nicht belegbar. Das Georgskreuz verlieh König Georg VI. der Inselbevölkerung 1943 als Anerkennung für die Tapferkeit, die sie während der italienischen und deutschen Bombardierungen zeigte. In die Flagge wurde es am 28. Dezember 1943 eingesetzt.

Wappen: Bei Erlangung der Unabhängigkeit nahm Malta am 21. September 1964 ein Wappen an, das im Schild das Flaggenbild zeigte, dazu ein Helm mit Mauerkrone. Beseitet wurde der Schild von zwei Delfinen als Zeichen der maritimen Lage. Unter dem Schild lag ein Malteserkreuz zur Erinnerung an die auf Malta lebenden Johanniter (auch Malteser genannt) und der Wahlspruch »Durch Mut und Ausdauer«. Nach der Ausrufung der Republik führte Malta am 11. Juli 1975 ein neues Wappen ein. Es zeigte in runder Form eine Szene, die das »wirkliche Leben Maltas« darstellen sollte: Malteser-Boot mit dem Auge des Osiris, Meer, Strand, Feigenstaude, Gabel und Schaufel.
Nachdem die Nationale Partei 1987 an die Macht gekommen war, führte sie am 19. Oktober 1988 das oben gezeigte neue Staatswappen ein. Es zeigt wieder heraldisiert das Flaggenbild mit auf dem Schild liegender Mauerkrone als Zeichen der Souveränität. Der Oliven- und der Palmzweig sind Zeichen des Friedens. Der Legende nach gehen die Farben zurück auf das Jahr 1091. 1057 gelangte Roger I., der Sohn Tankreds von Hauteville (ein Vetter Wilhelms des Eroberers), nach Malta. Bis 1090 hatte er die Araber, die hier herrschten, von der Insel vertrieben. Aus Dankbarkeit für ihre Hilfe verlieh er den Bewohnern seine Wappenfarben.

Marokko

MA

Fläche:	458 730 km²
Einwohner:	31,22 Mio.
Hauptstadt:	Rabat
Landessprache:	Arabisch
Staatsform:	konstitutionelle Monarchie

Das im Altertum Mauretanien genannte Königreich wurde 42 n. Chr. römische Provinz. Nach der Herrschaft der Wandalen und Byzantiner unterwarfen islamische Araber ab 680 das Land. Mit der Herrschaft der islamischen Almoraviden (1060–1147), die ihre Residenz in Marrakesch hatten, begann die eigenständige Entwicklung des heute Marokko (»äußerster Westen«) genannten Landes, das zum Zentrum eines islamischen Reichs im Maghreb wurde. 1546 kamen die Scherifen von Talilalt an die Macht, unter denen das Reich seine größte Ausdehnung erreichte. 1667 übernahm eine Seitenlinie der Scherifen die Herrschaft, die Alawiten oder Aliden, die noch heute herrschende Dynastie. Um sich europäischen Machtbestrebungen entgegenzustellen, schottete sich Marokko ab. Aber 1911/1912 besetzte Spanien die Nordzone und Frankreich das restliche Gebiet. Am 2. März 1956 erhielt die französische Zone und genau einen Monat später die spanische Zone die volle Unabhängigkeit. Am 16. August 1957 wurde Marokko zum Königreich proklamiert.

Flagge: Wie auch im benachbarten Algerien sind uns seit dem späten Mittelalter Flaggen aus dem marokkanischen Gebiet bekannt. So zeigt eine arabische Miniatur aus dem Jahre 1367 eine ausdrücklich Marokko zugeschriebene Flagge: im roten Tuch ein Oval mit schwarz-weißem Schach. Daneben gab es noch viele Flaggen, da jeder Stamm oder jede Sippe eigene Erkennungszeichen in Form von an Stangen befestigten Tüchern führte.

Die in Marokko herrschenden Scherifen führten seit dem 15. Jahrhundert eine einfarbige rote Flagge als ihr persönliches Zeichen. Es war aber kein Symbol für das Land. Ursprünglich stand diese Flagge nur dem Scherifen von Mekka zu. Um 1810 wird erstmals von einer marokkanischen Nationalflagge gesprochen. Diese zeigte im grünen Tuch drei weiße Halbmonde, aber nach und nach wurde die Flagge des Herrschers auf das Land übertragen, sodass die einfarbig rote Flagge zu Beginn unseres Jahrhunderts als marokkanische Nationalflagge galt. Um sie von anderen roten zu unterscheiden, legte Sultan Moulay-Youssef am 17. November 1915 auf Veranlassung der französischen Besatzungsmacht ein grünes Pentagramm in die Mitte des roten Tuchs. Dies war nun die Nationalflagge zu Land, ihre Proportionen betragen noch heute 2:3.

Dass Marokko in eine französische und eine spanische Zone eingeteilt war, zeigten die *Handelsflaggen* an. Die französische Zone erhielt am 31. März 1919 eine Flagge, bei der im Obereck der marokkanischen Nationalflagge die durch einen weißen Bord separierte französische Trikolore lag. Eine entsprechende Flagge für die spanische Zone wurde erst 1930 angenommen: in der Oberecke eines roten Tuchs ein grünes, weiß abgeteiltes Obereck mit weißem Pentagramm. Von 1953 bis 1957 gab es noch eine spezielle Handelsflagge für Tanger. Diese zeigte im Obereck der marokkanischen Flagge das Wappen von Tanger.

Als Marokko 1956 die volle Souveränität erhielt, verschwanden alle fremden Flaggen, es wehte nur noch die rote Flagge mit dem grünen Pentagramm. Das rote Tuch ist die Farbe der herrschenden Dynastie, der Aliden. Die grüne Farbe des Pentagramms steht für den Islam. Das Pentagramm, auch Salomonssiegel genannt, ist eine aus drei ineinander verschränkten, gleichschenkligen Dreiecken (ohne Basis) gebildete, zeichnerisch in einem Zuge ausführbare fünfeckige Figur, die Leben und Gesundheit bedeutet.

Wappen: Ursprünglich führte Marokko als Wappen drei silberne zunehmende Halbmonde (2:1 gestellt) in einem grünen Ovalschild. Als 1915 das grüne Pentagramm in die Flagge eingefügt wurde, diente dieses in einen Ovalschild gelegt als Staatsemblem.

Als Sultan Mohammed V. am 14. August 1957 den Königstitel annahm, führte Marokko ein Staatswappen ein. Im Schild zeigt der Mittelteil das Atlasgebirge als den die Landschaft Marokkos bestimmenden Gebirgszug. Die untergehende Sonne im oberen Feld versinnbildlicht den Namen des Landes, der in der Landessprache »Maghreb« = »Westen« bedeutet. Das grüne Pentagramm im roten Schildfuß reicht mit seiner Spitze bis an das Schildhaupt und symbolisiert den Staat. Schildhalter sind zwei Löwen, der rechte mit dem Kopf im Profil, der linke mit dem Kopf von vorn. Sie stehen für Kraft, Mut und Stärke. Über dem Ganzen ruht die marokkanische Königskrone, die mit roten und grünen Steinen abwechselnd belegt ist. Sie symbolisiert den König, der als Staatsoberhaupt auch geistliches Oberhaupt (Emir-el-Muminin, d. h. Herrscher der Gläubigen) und Oberbefehlshaber der Streitkräfte ist. Als Wahlspruch dient der siebte Vers der 47. Sure des Korans »Wenn ihr Gott beisteht, wird er euch beistehen«. Der vollständige Vers lautet: »Oh ihr Gläubigen, wenn ihr Gott beisteht, wird er euch beistehen und eure Fersen stärken«.

Marshall-Inseln

MH

Fläche:	181 km²
Einwohner:	59 000
Hauptstadt:	Dalap-Uliga-Darrit
Landessprache:	Englisch
Staatsform:	präsidiale Republik

Die im Pazifik liegende, 1529 entdeckte Inselgruppe, besteht aus der östlichen Ratak- und der westlichen Ralikgruppe. Die Inseln wurden 1885 deutsches Schutzgebiet. Ab 1947 von den USA treuhänderisch verwaltet, wurden sie am 28. Dezember 1990 in die Unabhängigkeit entlassen.

Flagge: Unter deutscher Schutzherrschaft wehten zwei Flaggen, die die deutschen Farben Schwarz-Weiß-Rot in unterschiedlichen Anordnungen zeigten. Am 3. Oktober 1962 wurde die Flagge des Trust Territory of the Pacific Islands – in Blau sechs kreisförmig angeordnete weiße Sterne – auch über den Marshallinseln gehisst.

Als der Inselgruppe am 1. Mai 1979 die innere Autonomie gewährt wurde, hisste sie ihre neue Nationalflagge, deren Proportionen (10:19) von der Flagge der USA übernommen wurden. Sie war nach einem Wettbewerb, zu dem mehr als 50 Entwürfe zur Entscheidung gestanden hatten, am 23. April 1979 vom Parlament (Nitijela) angenommen worden. Das blaue Tuch stellt den Pazifischen Ozean dar, der orangerote Streifen den Sonnenuntergang (Ralik) und der weiße den Sonnenaufgang (Ratak).

Die aufsteigenden und breiter werdenden Streifen bezeichnen stetiges Wachstum und zunehmende Lebenskraft auf den Inseln. Zudem symbolisiert Orange den Reichtum der Inseln und die Tapferkeit seiner Bewohner. Weiß steht für den Scharfsinn und die Intelligenz der Bewohner, die dadurch in Frieden leben. Der Stern symbolisiert die geographische Lage der Inseln nördlich des Äquators. Die 24 Strahlen stehen für die 24 Verwaltungsbezirke. Die vier großen, die durch ihre Kreuzform den christlichen Glauben der Insulaner versinnbildlichen, stehen für die vier Hauptbezirke.

Wappen: Das in seinen Grundzügen 1979 angenommene Siegel mit dem Wahlspruch »Lang lebe die Nation« dient in der farbigen Ausführung als Staatswappen. Die Figur in der Mitte repräsentiert den Geist des Friedens. Stern und Strahlen stehen für den Staat und seine Bezirke. Die anderen Symbole, Netz, Kanu, Werkzeuge, Kokospalmen und Seekarte stehen für die Lebensbedingungen der Menschen. Die Kette symbolisiert den Zusammenhalt der Inseln in einer Nation.

Mauretanien

Fläche:	1 030 700 km²
Einwohner:	3,12 Mio.
Hauptstadt:	Nouakchott
Landessprache:	Arabisch
Staatsform:	präsidiale Republik

Flagge: Die Islamische Republik Mauretanien ist die Brücke zwischen dem Maghreb und Westafrika. Französische Truppen besetzten 1902 bis 1910 das Wüstengebiet des heutigen Mauretanien. Es wurde als Teil Französisch-Westafrikas verwaltet. Am 28. November 1960 wurde Mauretanien unabhängige Republik. Den einzigen Zusammenhalt der Bevölkerung, die islamische Religion, dokumentiert die 1959 angenommene Nationalflagge (Proportionen 2:3), die in der Verfassung vom 22. März 1959 verankert ist. Sowohl das grüne Tuch als auch Stern und Halbmond symbolisieren die Staatsreligion, den Islam sunnitischer Richtung. Gelb symbolisiert die Wüste Sahara, die den größten Teil der Republik einnimmt. Grün ist die Farbe des Islams, denn der Koran schildert seinen Gläubigen das Paradies in Gestalt grüner Wiesen mit sprudelnden Quellen. Der Legende nach rettete ein grüner Mantel Mohammed das Leben. Als er eine Pilgerfahrt nach Mekka unternehmen wollte, erfuhr sein Schwiegersohn Ali von einem geplanten Anschlag auf seinen »Herrn«. Er legte sich den grünen Mantel, den Mohammed immer trug (angeblich bekam er ihn aus Hadramaut), um und rettete seinem Schwiegervater so das Leben. Heute taucht die grüne Farbe als verbindendes Element in allen Flaggen islamischer Länder auf. Grün steht auch für Wohlstand und Hoffnung auf eine gute Zukunft.

Staatssiegel: Wie viele andere frankophone Länder Afrikas führt auch Mauretanien kein Staatswappen, sondern lässt es bei Bedarf durch das oben abgebildete Staatssiegel – geschaffen mit Gesetz Nr. 60, 140 vom 3. August 1960 – vertreten. Gelegentlich sieht man es farbig dargestellt: Halbmond und Stern gelb, Feld grün, alles andere weiß, schwarze Konturen und Schrift. Neben den islamischen Elementen enthält das Siegel Symbole für den Ackerbau: Dattelpalme und Hirsestecklinge. Der Rand trägt den Staatsnamen in Französisch und Arabisch. Die Rückseite des Siegels (eine Besonderheit) zeigt zwischen einem Kranz aus Palm- und Olivenzweigen den Wahlspruch des Staates in Französisch und Arabisch: »Ehre – Brüderlichkeit – Gerechtigkeit«.

Mauritius

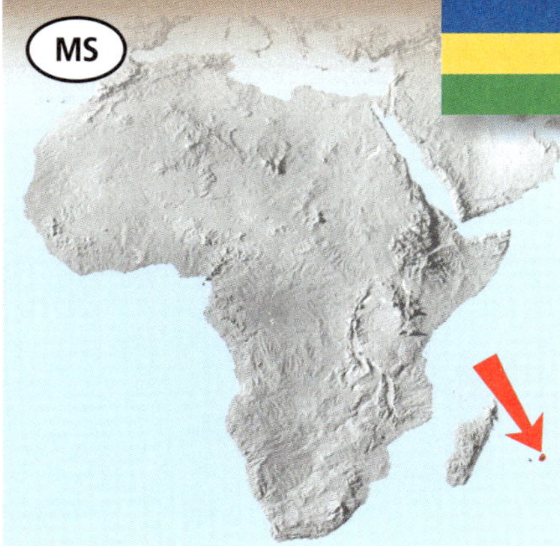

Fläche:	2040 km²
Einwohner:	1,26 Mio.
Hauptstadt:	Port Louis
Landessprache:	Englisch
Staatsform:	parlamentarische Republik

Flagge: Die Niederländer besiedelten die Insel und benannten sie nach ihrem Statthalter Mauritz von Oranien. Ab 1715 gehörte sie unter dem Namen Ile-de-France zu Frankreich. 1814 wurde Mauritius britische Kronkolonie und erhielt am 12. März 1968 als Königreich innerhalb des Commonwealth seine Unabhängigkeit. An diesem Tag hisste der Inselstaat erstmals die Nationalflagge (Proportionen 2:3), die vom Londoner Heroldsamt entworfen und am 9. Januar 1968 dort registriert wurde. Die Farben entstammen dem Wappen. Ihnen werden folgende Sinngehalte beigelegt: Das an der Spitze stehende Rot versinnbildlicht das harte Ringen der Insel um Unabhängigkeit, die dann ohne Blutvergießen erreicht wurde. Blau symbolisiert den Indischen Ozean und die Insellage des Staates. Gelb repräsentiert »das Licht der Selbstständigkeit, das jetzt über der Insel leuchtet«. Grün steht für die immergrüne Vegetation der Insel und für das Zuckerrohr.

Wappen: König Edward VIII. von Großbritannien verlieh der Kolonie Mauritius das Wappen am 25. August 1906. Es wurde bei Erlangung der Unabhängigkeit unverändert als Staatswappen übernommen und basierte auf einem Entwurf von 1889. Die Felder haben folgende Bedeutung: Das stilisierte goldene Segelschiff erinnert an die ersten Siedler. Schon 1510 von Portugiesen entdeckt, ließen sich zuerst Niederländer hier nieder. Die drei – 2:1 gestellten – grünen, bewurzelten Palmen symbolisieren die einheimische Flora und die Fruchtbarkeit der Insel. Gleichzeitig steht das goldene Feld für Mauritius und die Palmen für die drei zugehörigen Dependancen. Der Schlüssel im dritten Feld stellt die strategisch wichtige Lage der Insel im Ozean dar. Zusammen mit dem vierten Feld veranschaulicht er den Wahlspruch der Insel »Stern und Schlüssel des Indischen Ozeans«, der festgehalten ist auf dem Schriftband. Als Schildhalter fungieren ein Dodo und ein Sambuhirsch. Den Dodo, eine flugunfähige Vogelart, rotteten die ersten Siedler aus, den Hirsch führten sie aus Java ein. Sie halten je ein Zuckerrohr, das wichtigste Produkt der Insel. Auf 45 Prozent der Inselfläche wird Zuckerrohr angebaut.

Mexiko

MEX

Fläche:	1 964 375 km²
Einwohner:	106,54 Mio.
Hauptstadt:	México
Landessprache:	Spanisch
Staatsform:	präsidiale bundesstaatliche Republik

Flagge: Der Spanier H. Cortés eroberte das Reich der Azteken zwischen 1519 und 1521 und nannte es Nueva España (Neuspanien). Zum Vizekönigreich erhoben, führte das Land eine weiße Flagge mit rotem schräg gezinnten *Andreaskreuz*, dessen Enden mit je einem bekrönten Wappen belegt waren.

Zu Beginn des 19. Jahrhunderts entstand unter den mexikanischen Kreolen eine Unabhängigkeitsbewegung, die in den Aufständen des M. Hidalgo und J. M. Morelos gipfelten. Der von Morelos 1813 einberufene Nationalkongress proklamierte die Unabhängigkeit Mexikos und erhob das »Heilige Banner der Jungfrau von Guadalupe« zur Nationalflagge des Landes. Dies blieb aber nur eine Episode. Die Kreolenaristokratie, die seit dem Aufstand die spanische Herrschaft wieder unterstützte, fiel 1820 unter dem Einfluss des hohen Klerus ab, da sie die liberalen Tendenzen im spanischen Mutterland fürchtete. Auf ihre Seite trat General Agustín de Iturbide, der Führer der Regierungstruppen. Er erließ im Februar 1821 den »De Iguala«-Plan, der eine unabhängige Monarchie unter einem spanischen Bourbonenprinzen verlangte. Mit dieser Forderung hatte sich Mexiko von Spanien losgesagt. Hier setzt eine Legende ein, die zur Schaffung der mexikanischen Flagge führte: Als sich im Januar 1821 der Befehlshaber des Rebellenheeres, Vicente Guerrero, und der Kommandeur der königlichen Truppen, Agustín de Iturbide, im Bund von Acatempán darauf geeinigt hatten, den elfjährigen Bürgerkrieg zwischen Königlichen und Republikanern zu beenden, suchte ein Ausschuss die Flaggenfarben für den zukünftigen Staat. Ein Komiteemitglied sah, wie ein Soldat eine Melone halbierte, und schlug danach Grün, Weiß und Rot als Nationalemblem vor, was auch allgemeine Zustimmung fand. Damit waren die mexikanischen Nationalfarben geboren. Um jedoch die Erinnerung an das große historische Erbe des von den Spaniern zerstörten Aztekenreichs wach zu halten, setzte man in die Mitte das Stammeszeichen der Nahuatl, einen Adler auf einem Nopalkaktus, der eine Schlange vertilgt. Die Rebellen beriefen sich voller Stolz auf die Hochkultur des weit ausgedehnten Aztekenreichs. Der Bund zwischen den beiden gegensätzlichen Führern setzte ein Signal. Im Plan von Iguala gaben sie ihr Programm bekannt, die »Drei Garantien«: Einigkeit im katholischen Glauben, Gleichberechtigung von in Mexiko lebenden Spaniern und Kreolen sowie Unabhängigkeit.

Die neue bewaffnete Macht nannte sich die »Drei-Garantien-Armee« und die Flagge war somit die »Flagge der Drei Garantien«. Weiß symbolisierte die Reinheit der Religion, Grün die Unabhängigkeit und Rot die Symbiose des spanischen und mexikanischen Bluts. Die erste Flagge war schräg gestreift von Weiß-Grün-Rot und ist heute noch mexikanische Gösch. Iturbide ließ sich als Befreier Mexikos im Mai 1822 zum Kaiser Agustín I. ausrufen. Er legte nach Ausrufung des Kaiserreichs die Streifen senkrecht an und änderte die Farbfolge in Grün-Weiß-Rot. Im weißen Streifen stand der Adler (ohne Beizeichen) auf einem Nopalkaktus, von vorn mit ausgebreiteten Flügeln, den Kopf im Profil und mit einer Kaiserkrone versehen. Schon 1823 wurde der Kaiser jedoch gestürzt und Mexiko Republik. Bis auf den heutigen Tag aber führt Mexiko diese Flagge, die zuletzt per Gesetz vom 8. Februar 1984 festgelegt wurde, in den Proportionen 4:7. Die späteren Wappenmodifikationen wurden in die Flagge übernommen.

Wappen: Das Staatswappen Mexikos geht auf das Jahr 1823 zurück. Das am 5. Februar 1934 und damit amtlich verbindlich eingeführte Wappen wurde am 16. September 1968 modifiziert und letztmalig am 8. Februar 1984 bestätigt. Es besteht aus einem mexikanischen Adler in Kampfhaltung, der auf einem blühenden Nopalkaktus steht. Dieser wächst auf einem aus einem See herausragenden Felsen. Der Adler hält in seiner rechten Kralle eine Klapperschlange. Das Ganze wird umgeben von einem Kranz aus Lorbeer- und Eichenästen, die von den Nationalfarben zusammengehalten werden. Oft bilden die Worte »Estados Unidos Mexicanos« einen oberen Halbkreis, und zwar dann, wenn das Wappen in Siegeln, auf Münzen, Medaillen und amtlichen Drucksachen erscheint.

Ursprünglich geht das Motiv auf eine aztekische Legende zurück. Bis etwa 1325 befand sich das kriegerische Volk der Azteken noch auf der Wanderschaft, eingedenk einer Prophezeiung, die besagte, dass es sich dort niederlassen sollte, wo es inmitten eines Sees auf einem kakteenbewachsenen Felsen auf einen mit einer Schlange kämpfenden Adler treffen würde. Dies geschah im Hochland von Anahuac am Tetzcoco-See, wo die Azteken die Hauptstadt Tenochtitlán erbauten, d. h. »der Ort, wo der Nopalkaktus auf dem Felsen steht« (das heutige Mexiko City). »Die aufgerichtete Haltung des Adlers entspricht der Absicht, ihn mit seiner Geste den Siegeswillen ausdrücken zu lassen. Außerdem wird als Vorbild ein kraftvoller und jugendlicher Adler genommen, dessen Entwurf von der Zeichnung inspiriert ist, die in dem Mendoza-Codex erscheint.« Die Darstellung des Sees und des Felsens entspricht den den Stein und das Wasser darstellenden aztekischen Schriftzeichen. Die dreifarbige Schleife ist das Symbol der »vaterländischen Einheit«, während die beiden Zweige das »graeco-lateinische Emblem des Sieges und der Stärke« darstellen.

Mikronesien

FSM

Fläche: 701 km²
Einwohner: 111 000
Hauptstadt: Palikir
Landessprache: Englisch
Staatsform: präsidiale Bundesrepublik

Flagge: Mikronesien, zunächst nur als geographische Kennzeichnung gedacht, bezeichnet heute einen Staat, der vier Distrikte (Pohnpei, Chuuk, Yap und Kosrae) auf einer Fläche von 701 km² umfasst. Unabhängig wurde das Land am 22. Dezember 1990, als die Vereinten Nationen die Treuhandschaft durch die USA aufhoben. Aus dem 1946 übernommenem Treuhandgebiet formten die USA das »Trust Territory of the Pacific Islands«, für das am 3. Dezember 1962 erstmals eine eigene Flagge gehisst wurde. Diese Flagge zeigte im blauen Tuch sechs ringförmig angeordnete weiße Sterne. Die von dem 22-jährigen Gonzalo Santos entworfene Flagge (Proportionen 10:19) ging aus einem Wettbewerb hervor. Blau stand für Treue, Freiheit und den Pazifischen Ozean und Weiß symbolisierte den Frieden zwischen den unterschiedlichen Bevölkerungsgruppen. Die Sterne standen für die sechs Distrikte. Nach dem Ausscheiden der Marshallinseln und der Nördlichen Marianen bildeten die vier verbliebenen Distrikte 1979 die »Vereinigten Staaten von Mikronesien«. Sie hielten an der Flagge fest, man entfernte nur zwei Sterne, Symbolik und Proportionen blieben unverändert.

Wappen: Das Trust Territory führte ein *Siegel*, welches ein einheimisches Boot und eine Palme mit der Umschrift »High Commissioner Trust Territory of Pacific Islands« zeigte. Dieses wurde im Jahr 1979 gegen ein neues eingetauscht. Ursprünglich nur für den Präsidenten der Föderation gebraucht, gilt es in Farbe ausgelegt als *Staatswappen.* Das von einem Beamten des Informationsministeriums entworfene Wappen ist wellenförmig von hell- über dunkelblau geteilt. Die sechs Wellen erinnern an die ursprünglichen sechs Mitgliedsstaaten, während die vier weißen Sterne für die vier heutigen Mitgliedsstaaten der Föderation stehen. Diese werden nochmals durch die vier Wedel der Kokospalme symbolisiert, das sprießende Blatt in der Mitte steht für die junge Föderation und die Möglichkeit des Eintrittes weiterer Staaten in die Föderation. Die Palme steht auf einem weißen Grund, der an die Atolle erinnert. Das Motto auf dem unteren Spruchband »Friede, Einheit, Freiheit« wird schon in der Flagge ausgedrückt. Auf dem äußeren Ring steht der Schriftzug Government of the Federated States of Micronesia (»Regierung der Föderierten Staaten von Mikronesien«).

Moldova

MD

Fläche:	33 800 km²
Einwohner:	3,8 Mio.
Hauptstadt:	Chişinău
Landessprache:	Moldauisch
Staatsform:	parlamentarische Republik

Im 14. Jahrhundert eroberte das walachische Fürstenhaus der Basarab das Land zwischen Dnjestr, Donau, Pruth und Schwarzem Meer, das fortan nach ihnen Bessarabien genannt wurde. Ab dem 15. Jahrhundert unter osmanischer Herrschaft, kam es ab 1812 an Russland. 1856 kamen die südlichen Gebiete, das bessarabische Kernland, zum Fürstentum Moldau und 1878 zurück an Russland. Nach der Februarrevolution erklärte das Land am 2. Dezember 1917 seine Autonomie und am 24. Januar 1918 rief Bessarabien, das nun Moldawische Demokratische Volksrepublik hieß, seine Unabhängigkeit aus, die allerdings nicht lange währte. Noch im selben Jahr kam es zum Königreich Rumänien. 1924 wurde seitens der Sowjetunion innerhalb der Ukrainischen SSR eine Moldawische ASSR errichtet. 1940 erzwang die UdSSR von Rumänien die Abtretung Bessarabiens. Dessen südlicher Teil wurde der Ukraine angeschlossen, der Hauptteil mit der Moldauischen ASSR zur Moldauischen SSR vereinigt. Nachdem sich das Land am 21. März 1990 in Republik Moldova umbenannt hatte, rief es am 27. August 1991 seine staatliche Unabhängigkeit aus.

Flagge: Als das Land im Dezember 1917 seine Autonomie erklärte, führte man eine zweifarbig blau-rot waagerecht gestreifte Flagge ein. Dabei handelte es sich um die traditionellen Farben Moldaus. Nach der ein Jahr später ausgerufenen Unabhängigkeit sah man neben den moldauischen und roten Flaggen vor allem blau-gelb-rot gestreifte Flaggen, oftmals in waagerechten Streifen. Dazu lagen darin Wappen, Inschriften oder die Initiale »RM« für »Republica Moldovenesca«. In den folgenden Jahren führte das Land als autonome Republik innerhalb der Sowjetunion rote Flaggen mit Hammer, Sichel und die Initiale oder auch den Staatsnamen, alles in Gold. Am 31. Januar 1952 erhielt die Moldauische SSR eine Flagge, die auf Grundlage der sowjetischen Flagge zusätzlich einen waagerechten grünen Streifen zeigte, der die Weinberge und die Landwirtschaft symbolisierte, zeigte. Im Gefolge der politischen Umwälzungen in der Sowjetunion nahm das sich jetzt Moldova nennende Land am 12. Mai 1990 eine neue Nationalflagge an. Die Proportionen betragen 1:2 (hier hielt man sich an die Proportionen der Flaggen im Bereich der Sowjetunion). Bewusst wurde als Grundlage die rumänische Flagge herangezogen, um das damalige Staatsziel, die Vereinigung mit Rumänien herauszustellen. Dieses Staatsziel wurde inzwischen suspendiert. Um die moldovische Flagge von der rumänischen zu unterscheiden, setzte man das Staatswappen in den mittleren Streifen ein und behielt die Proportionen 1:2 bei. Gemäß der im Gesetz festgelegten Symbolik versinnbildlicht die Flagge die Vergangenheit, Gegenwart und Zukunft. Sie reflektiert die demokratischen Wurzeln, die historischen Traditionen, die Gleichheit vor dem Gesetz und die Freundschaft und Solidarität aller Bürger.

Wappen: Am 5. Juli 1878 wurde der russischen Provinz Bessarabien ein Wappen verliehen. Dieses zeigte im blauen Schild einen goldenen Büffelkopf mit roten Augen, Zunge und Hörner, begleitet von einem goldenen fünfzackigen Stern zwischen den Hörnern, von einer silbernen Rose mit fünf Blättern zur rechten Seite und zur linken von einem zunehmenden silbernen Mond. Umgeben war der Schild von einem golden-schwarz-silbern gestücktem Bord. Auf dem Schild ruhte die goldene Zarenkrone und darum lag ein goldener Eichenlaubkranz, der mit dem blauen Band des St. Andreasordens verschlungen war. Auf Grundlage dieses Wappens und dem des Königreichs Rumänien nahm Moldova am 3. November 1990 sein neues Staatswappen an. Dieses löste das der Sowjetrepublik vom 10. Februar 1941 ab (Hammer, Sichel und Stern über einer aufgehenden Sonne; herumgelegt ein Ährenkranz und Mais und unten Weintrauben und -blätter). Bei dem Wappen des Königreichs Rumänien lag ebenfalls ein Schild auf der Brust eines Adlers, nur hatte man das Schwert durch einen Olivenzweig ersetzt. Der Adler soll an das römische Erbe des Staatsvolks erinnern, das Kreuz an seinen christlichen Glauben. Der Olivenzweig steht für den Friedenswillen des Volkes, das Zepter für die Autorität der Regierung. Der Brustschild ist von Rot und Blau, den traditionellen Farben Moldaus geteilt. Der Kopf des Urs gilt als Symbol Moldaus und ist im Staatswappen mit den Symbolen Bessarabiens vereint. Dabei ist die Rose ein altes nordbalkanisches Symbol für immer währendes Glück. In früheren Wappen unter russischer Herrschaft von 1812 bis 1856 führte Moldau im Rot über Blau geteiltem Feld einen silbernen Ochsenkopf ohne Stern. Danach unter einem eigenen Fürsten wurde das Wappen erweitert, in dem der silberne Stern als Zeichen der Unabhängigkeit zwischen die Hörner gelegt wurde. Der Kopf des Urs geht bis ins 14. Jahrhundert zurück. Standarten des Fürsten Bogdan I. (1359–1365) zeigen im roten Tuch auf der Vorderseite den Kopf des Urs mit Stern, Halbmond und Blume und auf der Rückseite den Kopf, begleitet von Kreuzen. Zu diesen Standarten fügte man Anfang des 19. Jahrhunderts Blau hinzu. Ein Dokument von 1813 berichtet von einer Standarte des Prinzen Scarlat Calimachi, die rot, gelb und blau war mit dem Ur auf der Vorder- und dem hl. Georg auf der Rückseite.

Monaco

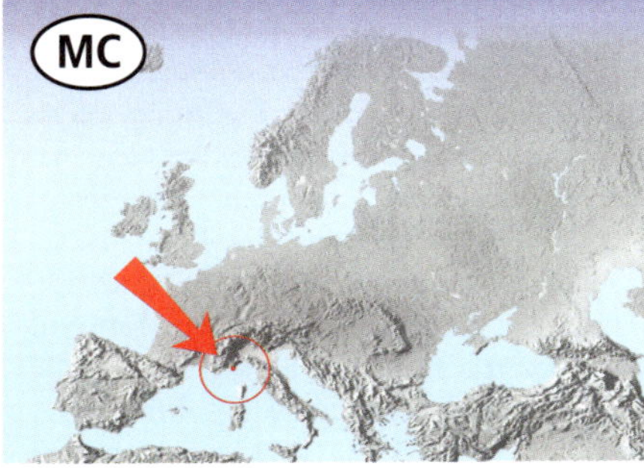

Fläche:	2,0 km²
Einwohner:	33 000
Hauptstadt:	Monaco
Landessprache:	Französisch
Staatsform:	konstitutionelle Monarchie

Flagge: Mit einer Fläche von nur 2 km² ist das Fürstentum Monaco einer der kleinsten souveränen Staaten der Erde. Ein monegassisches Sprichwort sagt: »Ich bin Monaco auf einem Felsen, ich säe nicht und ich ernte nicht und kann doch leben.« Die oben dargestellte rot-weiße *National-* und *Handelsflagge* – Proportionen offiziell 4:5, meist aber im Verhältnis 2:3 (Breite zu Länge) geführt – stammt aus dem Jahr 1881, als sie der regierende Fürst Karl III. (reg. 1856–1889) am 4. April durch eine Verordnung einführte. Die Farben – Rot und Weiß – entstammen dem Fürstenwappen. Diese Nationalflagge ist eine vereinfachte Darstellung der bis dahin geführten Nationalflagge, die identisch war mit der heutigen *Fürstenstandarte.* Diese – sie wird auch als *Dienstflagge* gebraucht (Proportionen 7:10) – zeigt in der Mitte eines weißen Tuchs das Vollwappen, d. h. Schild, Schildhalter, Wappenmantel und andere Beizeichen des Fürsten. Es ist möglich, dass sich das weiße Tuch der Fürstenflagge von der ehemaligen französischen Königsflagge ableitet; diese war weiß mit dem Königswappen in der Mitte und bestreut mit den goldenen Lilien Frankreichs.

Wappen: Das Fürstentum Monaco hat kein eigentliches Staatswappen; als Hoheitszeichen zeigt es das *Fürstenwappen.* Dieses hat einen rot-silbern gerauteten »französischen Schild«, umgeben von der Kette mit Kleinod des »Ordens vom heiligen Karl«; als Schildhalter dienen zwei schwertschwingende Mönche. Unter dem Schild liegt ein Spruchband mit dem Motto: »Deo Juvante« (»Mit Gottes Hilfe«). Das Ganze ruht auf einem bekrönten Wappenmantel, der um 1858 als hermelin-gefüttertes blaues Wappenzelt ausgeführt wurde. Die blaue Farbe bedeutete seinerzeit, dass es unter dem Schutz eines anderen Staates stand. Der Wappenmantel wie auch die Krone werden seit dem 15. März 1858 gemäß obiger Darstellung ausgeführt. Dieses Wappen ist das Familienwappen der Grimaldi, die Schildhalter beziehen sich auf eine kurze Episode aus der Geschichte Monacos.

Die Grimaldi sind eine seit dem 12. Jahrhundert nachweisbare genuesische Adelsfamilie. Auf Genua beziehen sich auch die Farben des Wappens und der Flagge, denn seit alters zeigte das Wappen von Genua ein rotes Kreuz in Silber. Gleichzeitig beziehen sich die Farben auch auf Monaco. Um 1078 gründeten die Einwohner von La Turbie die Kirche von Sainte-Marie und Saint-Donat und schufen einen wichtigen Vorposten des Christentums. Schon bald warfen die reichen Genueser Kaufleute ein Auge auf das Küstengebiet bis Monaco und ließen sich 1162 von Kaiser Friedrich I. Barbarossa das Niederlassungsrecht zugestehen. Schon 1191 erreichten sie unter dem Vorwand, das Gebiet gegen die Angriffe der Sarazenen verteidigen zu müssen, dass ihnen Kaiser Heinrich VI. Monaco überließ. Seit dieser Zeit stritten sich Genua, Frankreich und Spanien um das kleine Land. In Genua kämpften inzwischen die Guelfen, vertreten durch die Grimaldi und Fieschi, gegen die Ghibellinen, vertreten durch die Doria und Adorni, die als Sieger aus diesem Streit hervorgingen; die Grimaldi und die Fieschi mussten Genua verlassen. 1297 soll es François Grimaldi mit zwei als Mönchen verkleideten Soldaten gelungen sein, die Stadttore zu passieren und sich des Felsens zu bemächtigen. An dieses Ereignis erinnern die beiden Schildhalter. Es gelang den Grimaldi schließlich, die Anerkennung ihrer Ansprüche vom französischen König Karl VIII. zu erlangen. Im Jahre 1512 bestätigte König Ludwig XII. von Frankreich die Souveränität Monacos. Seit 1659 dürfen sich die Grimaldi Fürsten von Monaco nennen. Der Wappenmantel wird seit dem 17. Jahrhundert in manchen europäischen Wappen geführt. Sein Ursprung geht bis ins 16. Jahrhundert zurück und ist wahrscheinlich in den Amtsmänteln zu finden, die Fürsten als Insignien ihrer Würde anlegten. Sie verbreiteten sich sehr schnell in den europäischen Fürstenwappen, nachdem ein französischer Graveur zu Beginn des 17. Jahrhunderts den irrigen Eindruck erweckte, der König von Frankreich stelle sein Wappen unter einem Thronhimmel dar. Den »Orden vom heiligen Karl« stiftete Karl III. von Monaco am 15. März 1858; der Orden erhielt neue Statuten am 16. Januar 1863. Nach diesen ist der Orden zur »Belohnung des Verdienstes und zur Anerkennung der dem Fürsten und dem Staate geleisteten Dienste bestimmt, auch für Fremde«. Der Orden hat fünf Klassen, und zwar Großkreuze (im Wappen dargestellt), Großoffiziere, Kommandeure, Offiziere und Ritter. Jeder Monegasse muss den niederen Grad erlangt haben, ehe er in den höheren Grad aufgenommen wird, außer bei außerordentlichen Diensten. Das Ordenszeichen ist ein rotbordiertes, weiß-emailliertes Malteserkreuz in Gold mit einem Lorbeerkranz zwischen den Kreuzarmen, das an einer goldenen Bügelkrone getragen wird. Das Aversmedaillon (Vorderseite) trägt ein gekröntes »C« (für Charles) in Spiegelmonogrammen auf rotem Grund mit der Umschrift »Princeps et Patria« (»Fürst und Vaterland«) auf weißem Grund. Das Reversmedaillon trägt die rot-silbernen Rhomben des Fürstenwappens mit der Umschrift »Deo Juvante« (»Mit Gottes Hilfe«).

Mongolei

MGL

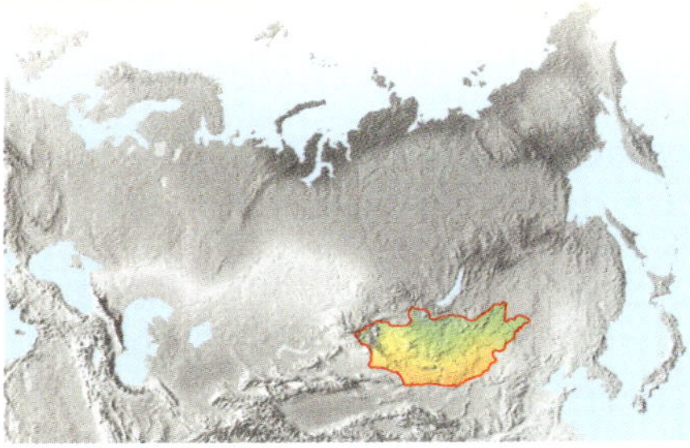

Fläche:	1 564 100 km²
Einwohner:	2,63 Mio.
Hauptstadt:	Ulan Bator
Landessprache:	Mongolisch
Staatsform:	parlamentarische Republik

Nach der Proklamation der Republik China am 12. Februar 1912 betrachteten die geistlichen und weltlichen Führer der äußeren Mongolei das Abhängigkeitsverhältnis als erloschen und bildeten ein Königreich, das die Chinesen 1919 aber wieder aufhoben. Mit Hilfe der Sowjets gelang es den Mongolen 1921, einen unabhängigen Staat zu bilden. Als der letzte Khan im Mai 1924 starb, rief die Mongolische Revolutionäre Volkspartei am 26. November 1924 die Volksrepublik aus.

Flagge: Am gleichen Tag nahm das Parlament die Verfassung an, in deren Artikel 47, 48 und 49 Siegel, Wappen (entwickelt aus dem Siegel) und Flagge verankert waren. Nach sowjetischem Vorbild zeigte die erste Nationalflagge in der Mitte eines roten Tuchs das blaue Staatswappen. Dieses bestand aus der Letter »Soyombo« und – darunter – der Abbildung der Blume » Badmalinchova« (die Lotosblüte ist die heilige Blume des Buddhismus). Das Soyombo-Zeichen wurde wie ein Notenschlüssel allen Texten vorangesetzt, die in der Ende des 17. Jahrhunderts aus der tibetanischen Schrift entwickelten Schrift geschrieben sind. Es wurde zum Zeichen der Unabhängigkeit und der Befreiung vom Joch der Mandschu und sollte 1924 anzeigen, dass die Staatsgewalt auf das Volk überging.

Das Soyombo erinnert an das Muster eines lamaistischen Ritualdolches (Phur-bu), der bei der Dämonenaustreibung Verwendung findet. Es besteht aus mehreren Zeichen mit folgender Symbolik: Das Feuer mit den drei Flammen an der Spitze versinnbildlicht Vergangenheit, Gegenwart und Zukunft. Darunter liegen Sonne und Halbmond als Ausdruck ewiger Jugend. Der Legende nach sind Sonne und Mond Vater und Mutter des mongolischen Volkes, und die Flammen verkünden, dass das Volk so alt wie die Gestirne ist und auch so lange leben wird. Die zwei nach unten gerichteten Dreiecke sind Pfeilspitzen, mit denen die Feinde des Volkes getötet werden. Die waagerechten Balken bedeuten Ehrbarkeit und Gleichheit und gebieten allen Bürgern, ihrem Land aufrichtig und treu zu dienen. Die senkrechten Balken, die die Zeichen des Soyombo umschließen, sind das alte Zeichen für Festung; sie bedeuten Unabhängigkeit und Stärke. Das alte Yin-Yang-Symbol wird in der mongolischen Flagge als zwei sich umkreisende Fische dargestellt. Sie fordern von Mann und Frau, dass sie sich wachsam und rechtschaffen ihrem Staat gegenüber verpflichtet fühlen. Das ganze Soyombo-Symbol besteht aus den alten mongolischen Zeichen, die Weisheit, Freiheitswillen, Friedenssehnsucht und Gerechtigkeit verkünden. In dieser Zeit zeigte die *Handelsflagge* im gelben Tuch ein rotes Andreaskreuz, auf dessen Mittelpunkt das blaue Soyombo lag.

Als das Parlament am 30. Juni 1940 die Verfassung änderte, nahm es auch eine neue Nationalflagge (Proportionen 1:2). an. Sie besteht aus drei Bahnen in den Farben Rot-Hellblau-Rot mit dem goldgelben Soyombozeichen (diesem wurde der Stern auferlegt und die Badmalinchova-Blume entfernt) in der vorderen Bahn. Die Flagge vereint das Rot, das für die Revolution, für die Liebe und den Sieg steht, mit dem Hellblau, der alten traditionellen mongolischen Farbe. Sie verkörpert den grenzenlosen friedlichen Himmel. Das Soyombozeichen symbolisiert die nationalen Interessen des Landes, seine Farbe unveränderliche Freundschaft. Die politische Entwicklung ab 1990, als sich das Land demokratischen Reformen öffnete, wurde in der Flagge, die am 12. Februar 1992 angenommen wurde, durch Entfernen des Sterns über dem Soyombo zum Ausdruck gebracht.

Wappen: Vom 26. November 1924 bis zum 30. Juni 1940 galt das Soyombo-Zeichen mit der Blume Badmalinchova als Staatswappen. Das dann nach dem Vorbild anderer sozialistischer Länder entworfene neue Wappen zeigte einen Reiter in der mongolischen Steppe. Anlässlich der Verfassungsänderung von 1960 wurde dies strenger stilisiert dargestellt. Es zeigte einen auf die Sonne zugaloppierenden Reiter in der mongolischen Landschaft umgeben von einem Kranz.

Im Zuge der politischen Veränderungen änderte die Mongolische Volksrepublik im März 1992 ihren Namen in Mongolei und nahm ein vollkommen neues Wappen an. Danach drückt es Tradition, Sehnsucht, Einigkeit, Gerechtigkeit und den Geist der mongolischen Bevölkerung aus.

Das Emblem wird von dem Ornament »Turnen Nasan« als Zeichen der Einigkeit umrahmt und unten von einem weißen Lotos überdeckt. Oben wird es abgeschlossen vom Chandmani, dem dreifachen Edelstein, als Symbol der Vergangenheit, Gegenwart und Zukunft. Der blaue Hintergrund ist das Symbol des ewigen blauen Himmels, der das traditionelle mongolische Heiligtum ist. Im Zentrum des Wappens steht eine Kombination des »kostbaren Pferdes« (nachempfunden einer Edelsteinskulptur) und des Soyombo-Zeichens als Ausdruck der Unabhängigkeit, der Souveränität und des Geistes der mongolischen Bevölkerung. Im unteren Teil symbolisiert das Rad, das vom seidenen Tuch »Hadag« umflochten ist und Ehrfurcht und Ehrerbietung ausdrückt, immerwährendes Gedeihen und Wohlfahrt. Es ist platziert vor dem Hintergrund eines Musters, das Berge darstellt und mit dem Begriff »Mutter Erde« zu übersetzen ist.

Montenegro

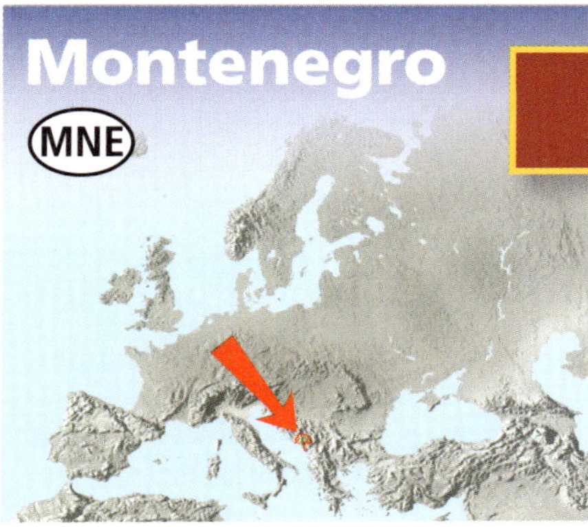

Fläche:	13 812 km²
Einwohner:	598 000
Hauptstadt:	Podgorica
Landessprache:	Montenegrinisch
Staatsform:	Republik

Montenegro, das Land der Schwarzen Berge, bildete ab 1360 ein unabhängiges Fürstentum, das 1481 Vasallenstaat des Osmanischen Reichs wurde. Auf dem Berliner Kongress 1878 erhielt das Land die volle Unabhängigkeit. Ab 1918 Teilstaat Jugoslawiens, bildetet es seit 2002 einen losen Staatenverbund mit Serbien und rief schließlich am 3. Juni 2006 die volle Unabhängigkeit aus.

Flagge: Im Vorfeld auf die geplante Selbstständigkeit führte Montenegro am 12. Juli 2004 seine heutige Flagge ein. Die Proportionen betragen 1:2, die Breite des gelben Bordes ist nicht spezifiziert. Mit der Annahme der Flagge, die auf der Fürstenflagge von 1861 basiert, wollte Montenegro alle Verbindungen zu den serbischen Symbolen kappen, um die Eigenständigkeit anzuzeigen. Da die Montenegriner mit den Serben verwandt sind, hatte das Land 1878 eine an die serbische Trikolore angelehnte Flagge angenommen. Später unterschieden sich die beiden Trikoloren durch die Proportionen (Montenegro 1:3, Serbien 1:2) und dem helleren Blauton in der Flagge Montenegros. Erste Berichte montenegrinischer Flaggen betrafen die »Alaj-Barak«. Das waren Regimentsfahnen, die häufig goldene oder weiße Kreuze im roten Tuch zeigten. Die Fahnen von Prinz Danielo Petrovi Njegoš (1697–1735) zeigten dann einen Doppeladler statt eines Kreuzes im roten Tuch. In Anlehnung an diese Fahnen legte Peter II. (reg. 1830–1851) die erste Staatsflagge fest. Fürst Nikola (reg. 1860–1910, ab 1910 König) machte daraus die Staatsflagge, auf der die heutige Flagge beruht. Sie zeigte im roten Tuch einen silbernen Doppeladler mit den Initialen »HI«, darüber schwebte eine Krone, darunter lag ein goldener Löwe.

Wappen: Das am 17. September 2004 angenommene Staatswappen basiert auf dem Wappen der Crnojevski-Dynastie aus dem 15. Jahrhundert und dem des Fürstbischofs Sava aus dem 17. Jahrhundert. Seine Gestaltung erhielt es unter Prinz Danielo II. (reg. 1852–1860) und unter König Nikola (reg. 1910–1917). Der goldene schreitende Löwe im Brustschild galt zu jener Zeit als Zeichen der religiösen Autorität unter den ersten Herrschern Montenegros, die alle Fürstbischöfe waren.

Mosambik

MOC

Fläche:	790 399 km²
Einwohner:	21,4 Mio.
Hauptstadt:	Maputo
Landessprache:	Portugiesisch
Staatsform:	präsidiale Republik

Flagge: Die durch den Zusammenschluss von drei Befreiungsbewegungen 1962 entstandene Frelimo führte kurze Zeit später eine fünffarbige Flagge ein, die der heutigen Nationalflagge ähnelte. Als in der portugiesischen Provinz am 20. September 1974 eine Übergangsregierung eingesetzt wurde, avancierte die Parteiflagge zur ersten Nationalflagge Mosambiks. Überraschend hisste der junge Staat dann bei Erlangung der vollen Souveränität am 25. Juni 1975 aber eine andere Flagge. Bei dieser liefen grün-rot-schwarz-gelbe Streifen, die von schmalen weißen Streifen getrennt waren, von einem Punkt im Obereck an der Mastseite bis hin zum fliegenden Ende. Außerdem war in der Oberecke noch das Staatsemblem angebracht. Hiermit sollte angezeigt werden, dass Staat und Einheitspartei getrennt zu betrachten seien. Im April 1983 nahm die Frelimo während ihres vierten Parteikongresses eine neue Parteiflagge an. Gleichzeitig wurde die bis dahin geführte Parteiflagge unter Hinzufügung des Emblems auf den Stern mit Wirkung vom 1. Mai 1983 neue Nationalflagge. Die Bedeutung der Flagge ist im Artikel 68 der vierten Sektion der Verfassung festgelegt: Grün symbolisiert die Fruchtbarkeit des Bodens. Der schwarze Streifen steht für den Kontinent und für seine Bevölkerung. Die weißen Streifen versinnbildlichen sowohl den Friedenswillen der Bevölkerung als auch die Ordnung im Land. Gelb steht für die Bodenschätze, während das rote Dreieck an den siegreichen Freiheitskampf erinnert. Der gelbe Stern symbolisiert den Sozialismus. Dem Stern ist der Mittelteil des Staatswappens aufgelegt.

Wappen: Wie alle portugiesischen Kolonien erhielt auch Mosambik ein Wappen, das ab 1935 ein Pfeilbündel als lokales Beizeichen im hinteren Feld zeigte und daran erinnerte, dass die Urkolonie auf der Insel São Sebastiaõ de Moçambique errichtet wurde. Das jetzige Staatswappen, 1975 eingeführt, wurde 1982 leicht modifiziert. Das Mittelemblem steht für Bildung (Buch), Verteidigung (Gewehr) und Landwirtschaft (Hacke). Sonne und goldener Grund versinnbildlichen die Zukunft, das Zahnrad die Industrie. Flankiert wird es von Zuckerrohr und Mais. Der Stern ist Ausdruck des Geistes der Revolution. Letztmalig wurde es am 2. November 1990 festgesetzt.

Myanmar

MYA

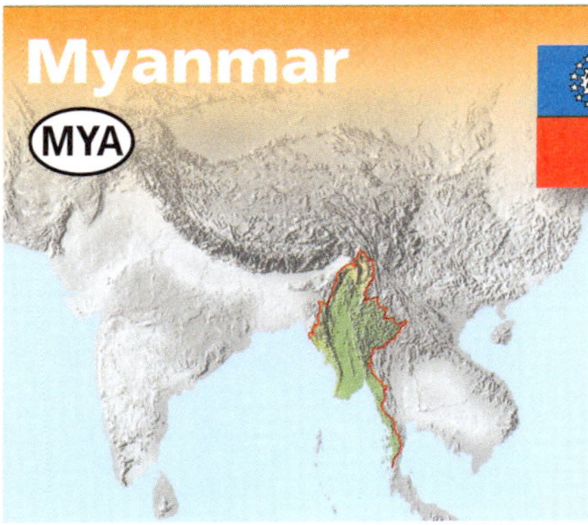

Fläche:	677 000 km²
Einwohner:	48,8 Mio.
Hauptstadt:	Naypyidaw
Landessprache:	Birmanisch
Staatsform:	Militärregime

Am 18. Juni 1989 erfolgte die Umbenennung des am 4. Januar 1948 unabhängig gewordenen Birma in Myanmar. So hieß das Land immer in der Sprache seiner Bewohner. Als die Briten Indien eroberten, sprachen die Inder immer von Barma, woraus später »Burma« wurde. 1937 trennten die Briten das Land von Indien.

Flagge: Am 9. Februar 1939 führte das Land den britischen Blue Ensign mit einem Pfau, der den Flaggen des Königreiches Pegu entstammte, als Badge, als Nationalflagge ein. Von 1943 bis 1945 zeigte das von Japan beherrschte Birma eine gelb-grün-rot gestreifte Flagge mit Pfau. Mit seiner Unabhängigkeit 1948 nahm Birma eine neue Flagge an: Im blauen Obereck des roten Tuchs lag ein großer weißer Stern, begleitet von fünf kleineren. Als am 4. Januar 1974 eine neue Verfassung in Kraft trat, wurde die noch heute gültige Flagge eingeführt (Proportionen 25:45, Obereck 13:21). Rot steht für Mut, Beharrlichkeit und Entschlossenheit des Volkes; das blaue Obereck für den Himmel über Birma. Die 14 Sterne symbolisieren die Gleichheit der Provinzen und der Bundesstaaten, Zahnrad und Ähren stehen für Industrie und Landwirtschaft. Die Flagge ist im Artikel 190 des Kapitels XIV der Verfassung illustriert, Artikel 191 zeigt das Wappen.

Wappen: Bei der Änderung des Landesnamens 1989 wurde nur der Schriftzug im Band geändert. Ansonsten führt das Land das 1974 eingeführte Wappen, welches auf dem ersten der Union von Birma von 1948 basiert. Im Mittelpunkt des Wappens steht die Karte des Landes auf einem Zahnrad mit vierzehn Zähnen. Das Zahnrad soll die erfolgreiche Industrialisierung anzeigen, während die vierzehn Zähne für die sieben Staaten der Minderheiten und die gleichrangigen anderen sieben Provinzen stehen. Diese Darstellung wird von einem Reiskörnerkranz umgeben, was die Bedeutung der Landwirtschaft für die Ernährung der Landesbewohner unterstreicht. Anstelle des dritten Löwen aus dem ersten Wappen erscheint jetzt der Stern aus der ersten Flagge als Symbol der Einheit des Landes. Im Schriftband steht der Staatsname »Union von Myanmar«. Die Löwen symbolisieren Tapferkeit, Stärke und Reinheit.

Namibia

NAM

Fläche: 824 268 km²
Einwohner: 2,07 Mio.
Hauptstadt: Windhuk
Landessprachen: Afrikaans, Englisch, Deutsch
Staatsform: präsidiale Republik

Als erster Europäer setzte der Portugiese Diego Cão 1486 seinen Fuß auf namibischen Boden, wo er am Kap Cross einen wappengeschmückten Steinpfeiler errichtete. 1884 schloss der deutsche Kaufmann Vogelsang mit dem Hottentottenchef Fredericks in Angra Pequena einen Pachtvertrag über das Gebiet ab, für das Bismarck den Schutz des Deutschen Reiches gewährte. Dieser Vertrag wurde in der Folge auf ganz Damara- und Namaland unter dem Namen »Deutsch-Südwestafrika« ausgedehnt. 1920 übertrug der Völkerbund das Gebiet der Südafrikanischen Union als Mandat C, sodass diese das Land mit gewissen Auflagen als integralen Teil ihres Gebietes behandeln konnte. Hierauf beruhten die späteren Schwierigkeiten hinsichtlich der namibischen Unabhängigkeit. Nach dem Zweiten Weltkrieg verweigerte Südafrika die Umwandlung des Völkerbundmandats in eine UN-Treuhandschaft und behandelte das seit 1968 von den Vereinten Nationen (UN) als Namibia bezeichnete Gebiet seit 1946 als fünfte Provinz. Der Unabhängigkeitskampf begann, als 1959 die SWAPO gegründet und ab 1973 von der UN als Sprecher Namibias anerkannt wurde. Am 21. März 1990 rief Sam Nujoma, Führer der SWAPO (South West African People's Organization) und erster Staatspräsident, die Unabhängigkeit Namibias aus. Namibia bedeutet übrigens »der Ort, wo nichts ist«.

Flagge: Obwohl Namibia von Südafrika lange Zeit als seine fünfte Provinz behandelt wurde, führte es dennoch im Gegensatz zu den in Südafrika gelegenen Provinzen keine Flagge. Dafür gab es aber Überlegungen, in Südwestafrika nach südafrikanischem Vorbild drei sog. Homelands einzurichten, für die bereits Flaggen entworfen worden waren: Caprivi (schwarz-weiß-grün-blau waagerecht gestreift mit zwei schwarzen Elefanten in der Mitte, die ihre Rüssel gekreuzt hatten), Kavango (in der Mitte eines grünen Tuchs einen schmalen waagerechten orange-weiß-blauen Streifen) und Owamboland (blau-weiß-grün waagerecht gestreift mit sieben schmalen grünen Hochkantrechtecken im weißen Streifen). Obwohl im Zuge der Unabhängigkeitsverhandlungen in Südwestafrika viele Parteiflaggen gezeigt wurden, fand aber nur die Flagge der SWAPO weltweit Anerkennung. Sie war blau-rot-grün waagerecht gestreift. Als in der Nacht vom 20. auf den 21. März 1990 die Unabhängigkeit Namibias ausgerufen wurde, hisste das Land im Stadion von Windhuk erstmals seine Nationalflagge, die auf der Flagge der SWAPO basiert. Ihre Proportionen betragen 2:3.

Die Nationalflagge wurde durch eine Kommission aus 835 Vorschlägen ausgewählt, am 2. Februar 1990 vom Informationsminister Hidipo Hamutenya vorgestellt und zum 21. März 1990 eingeführt. Die Flagge ist mit ihrer Symbolik im Artikel 8 der Verfassung verankert. Ein weißgesäumter roter Schrägstreifen teilt die Flagge in ein blaues Dreieck oben, darin eine gelbe Sonne mit zwölf Strahlen, und ein grünes Dreieck unten. Rot steht für das Volk und dessen Willenskraft, das Ziel, eine Zukunft mit gleichen Chancen für alle zu erreichen. Das blaue Feld steht für den Atlantischen Ozean und symbolisiert die Wichtigkeit des Wassers für die Entwicklung Namibias. Grün repräsentiert den Reichtum der natürlichen Ressourcen und die Landwirtschaft. Die weißen Streifen versinnbildlichen das friedliche Zusammenleben aller Namibier, ohne Rücksicht auf ihre Rasse oder Stammeszugehörigkeit. Die goldene Sonne steht für Leben und Kraft.

Wappen: Für sein Schutzgebiet entwarf das Deutsche Kolonialbüro 1913 ein Wappen. Dieses zeigte im goldenen Schildhaupt den schwarzen Adler mit schwarz-silber geviertem Brustschild, darunter in Blau ein silberner Ochsenkopf, zwischen den Hörnern ein Diamant. Über dem Schild schwebte die Kaiserkrone.

Teile dieses Entwurfs fanden sich auch wieder in dem 1961 für Südwestafrika geschaffenen Wappen: im dreigeteilten Schildhaupt vorn in Rot das Namitumi-Fort, dann in Silber der schwarze deutsche Reichsadler, dahinter in Rot die silberne Abbildung des von Cão errichteten Pfeilers. Darunter erschien in Silber eine eingeschweifte Spitze, vorn stand der Kopf eines Karakulwidders, hinten der Kopf eines Afrikanerbullen, in der Spitze Diamanten und Bergwerkshämmer. Der Schild stand zusammen mit den Schildhaltern – ein Springbock und ein Kudu – auf einem braunen Postament. Über dem Schild erschien als *Crest* eine Antilope. Zu dem Wappen gehörte das Motto »Viribus unitis«.

Mit der Flagge nahm die Republik Namibia auch ein neues Wappen an. Es zeigt im Schild das Flaggenbild. Als Schildhalter dienen zwei Oryx-Antilopen, die bekannt sind für ihre Eleganz und ihren Mut. Sie repräsentieren die namibische Tierwelt. Der auf dem Wulst stehende Fischadler steht für den Norden und die Gewässer des Landes. Er ist berühmt für seinen scharfen Blick und versinnbildlicht die Zukunft Namibias. Der Schild ruht auf dem die Namib-Wüste darstellenden Postament. Darauf liegt eine Welwitchia mirabilis, die zu den ältesten Pflanzen der Welt zählt und nur in der Namib-Wüste vorkommt. Das Motto auf dem unteren Spruchband lautet: »Einheit, Freiheit, Gerechtigkeit«.

Nauru

NAU

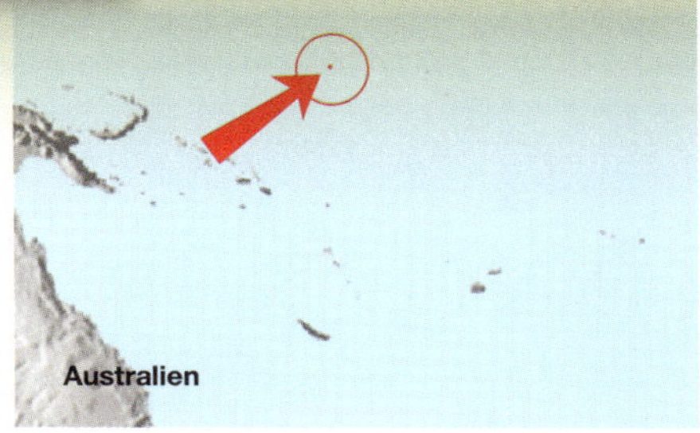

Fläche:	21 km²
Einwohner:	10 000
Hauptstadt:	Yaren
Landessprachen:	Englisch, Nauruisch
Staatsform:	parlamentarische Republik

Flagge: Die Koralleninsel Nauru, die 1798 von Captain Fearn entdeckt wurde, erhielt am 31. Januar 1968 die volle Unabhängigkeit. An diesem Tag hisste man erstmals die Staats- und Nationalflagge.

Die Proportionen sind 1:2, dabei beträgt die Höhe des gelben Streifens ein Zwölftel der Flaggenbreite. Entworfen von einem Einheimischen stammte der endgültige Entwurf von der australischen Flaggenfirma Evans. Das blaue Tuch versinnbildlicht den Himmel über Nauru und den Pazifischen (Stillen) Ozean, der das Land umspült. Der schmale gelbe Streifen, der den Äquator symbolisiert, und die Position des Sterns sollen die geografische Lage Naurus – ein Grad südlich des Äquators und westlich der internationalen Datumsgrenze – veranschaulichen. Die Teilung des blauen Tuchs erinnert an eine einheimische Legende, nach der die ersten Bewohner der Insel aus zwei Felsen hervorgingen. Das Weiß des Sterns symbolisiert das Kalziumphosphat, das den Nauruern ein Leben in Wohlstand ermöglicht. Die zwölf Zacken des Sterns repräsentieren die ursprünglich auf der Insel lebenden zwölf Stämme: Deiboe, Eamwidamit, Eamwidara, Eamwit, Eano, Eamgum, Emeo, Eoaru, Irutsi, Iruwa, Iwi und Ranibok.

Wappen: Der Entwurf des Staatswappens stammt aus dem Unabhängigkeitsjahr, offiziell angenommen wurde es aber erst in den 1970er Jahren.Oben liegt auf einem gelben Flechtwerk, das auf künstlerische Vorbilder der Inselbewohner zurückgeht, ein kreuzbestecktes gleichseitiges Dreieck. Es ist das Zeichen für das Phosphat und somit Symbol für den relativen Reichtum der Bevölkerung, die durch das Flechtwerk repräsentiert wird. Der Fregattvogel ist stellvertretend für die Vogelwelt dargestellt. Die Wellenlinien stellen den Ozean dar. Als Vertreter der Pflanzenwelt ist der Zweig der Tomanoblume angebracht. Der Schild wird umrahmt von zeremoniellen Abzeichen der Häuptlinge: Palmfaserschnüre, Fregattvogelfedern und Haifischzähne. Der Stern aus der Flagge ist das Symbol für Nauru. Oben ist der Inselname auf nauruisch und unten das Motto »Gottes Wille zuerst« angebracht.

Nepal

NEP

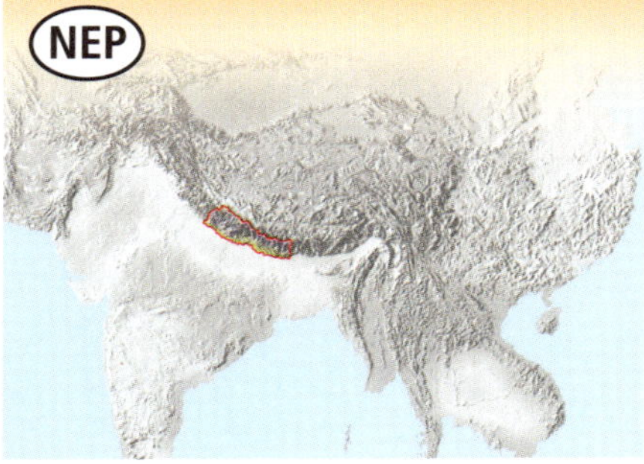

Fläche:	147 181 km²
Einwohner:	28,2 Mio.
Hauptstadt:	Katmandu
Landessprache:	Nepali
Staatsform:	konstitutionelle Monarchie

Flagge: Das Königreich im Himalaya, unabhängig seit 1768, führt als einziger Staat der Erde eine Nationalflagge (Porportionen 4:3), deren Außenkanten nicht rechtwinklig verlaufen. Die Nationalflagge entstand vor etwa 100 Jahren, als man zwei Wimpel zu einer Flagge zusammenfasste. Anlässlich der Verfassungsänderung vom 16. Dezember 1962 modifizierte man die Flagge, indem die Gesichter aus dem Halbmond mit Stern und der Sonne entfernt wurden. Die Flagge wird als Wunsch Nepals gedeutet, der Staat möge so lange wie Sonne und Mond bestehen. Andere Interpretationsvarianten beziehen sich auf das Königshaus und die Rama-Dynastie, die von 1846 bis 1951 de facto Nepal beherrschte. In den zwei Zipfeln sind die Bergspitzen des Himalaya dargestellt. Die Nationalfarbe Karminrot ist der Nationalblume Rhododendron entlehnt und gilt als Zeichen des Sieges im Krieg. Der blaue Rand versinnbildlicht den Frieden. Beide Farben herrschen in der religiösen und weltlichen Kunst des Landes vor.

Wappen: In den zwanziger Jahren des letzten Jahrhunderts nahm Nepal sein erstes Wappen an, das religiös geprägt war. Mit einer neuen Verfassung wurde auch am 16. Dezember 1962 ein neues Staatswappen festgelegt. Dieses zeigte eine landschaftliche Darstellung Nepals, die von der Königskrone überhöht wurde. Lange Zeit herrschte in Nepal ein Bürgerkrieg, der Ende 2006 beendet wurde. Mit der im Dezember 2006 eingeführten »Interimsverfassung« wurde das »hinduistische Königreich« zum säkularen Staat erklärt. Dem König wurde nur noch eine repräsentative Rolle zugewiesen. Diese Änderungen zeigt auch das am 30. Dezember 2006 eingeführte neue Wappen an. Statt von der Krone wird es jetzt von der Nationalflagge als Zeichen der Volkssouveränität bekrönt. Innerhalb eines natürlichen Rhododendronkranzes erhebt sich der höchste Berg des Landes, der Mount Everest (auch Sagramatha oder Jomolungma genannt) vor einem Hügelland und der Karte Nepals. Ein Mann und eine Frau reichen sich darunter die Hände – ein Symbol für Gleichberechtigung der Geschlechter. Unter den Reisähren erscheint das Motto »Die Mutter und das Heimatland sind wichtiger als der Himmel«.

Neuseeland

NZ

Fläche:	270 692 km²
Einwohner:	4,18 Mio.
Hauptstadt:	Wellington
Landessprache:	Englisch
Staatsform:	parlamentarische Monarchie im Commonwealth

Neuseeland, das sich im südwestlichen Pazifik über 1600 km beiderseits des 40. Breitengrades erstreckt, gehört zu den am jüngsten besiedelten Gebieten der Erde. Die ersten Einwohner waren austronesische Polynesier, die um 750 n. Chr. auf die Südinsel gelangten. Die im 14. Jahrhundert einwandernden Maoris errichteten hier unterschiedliche »Staaten«. 1642 entdeckte der Niederländer Abel Tasman die Inseln, als er für die niederländische Ostindienkompanie einen günstigeren Kurs von Südostasien nach Südamerika suchte. Doch erst nach ihrer Wiederentdeckung durch James Cook im Jahre 1769 begann ihre Besiedlung. Als die Zahl der Siedler immer größer wurde und es zu Auseinandersetzungen mit den Maoris kam, ernannte Großbritannien 1833 einen Residenten und setzte im Mai 1841 einen Gouverneur ein, der beide Inseln für die britische Krone in Besitz nahm. Dabei gab es für die fast unbesiedelte Südinsel keine Probleme. Für die Nordinsel erkannten die Maori-Häuptlinge im Vertrag von Waitangi die Souveränität der britischen Krone an. 1907 erhielt die Kolonie den Status eines Dominion, dem 1931 durch das Westminsterstatut praktisch die volle Unabhängigkeit zugestanden wurde. Die offizielle Unabhängigkeitserklärung fand aber erst mit der Annahme einer neuen Verfassung am 10. Dezember 1947 statt.

Flagge: Als erste Nationalflagge Neuseelands sieht man heute die Flagge des Staates der »Vereinigten Stämme von Neuseeland« an, die vom 20. März 1834 bis zum 6. Februar 1840 Gültigkeit besaß. Diese ursprünglich nur von 25 Maori-Stämmen geführte Flagge übernahmen auch bald die ins Land strömenden Siedler. Die Flagge zeigte im weißen Tuch ein durchgehendes rotes Kreuz. Im ersten Viertel erschien auf blauem Grund ein schwarzgerändertes rotes Kreuz, in dessen vier Ecken vier weiße achtzackige Sterne lagen. Am 6. Februar 1840 unterzeichneten acht Maori-Häuptlinge und der britische Gouverneur William Hobson den sog. Vertrag von Waitangi, indem die Häuptlinge ihre souveränen Rechte mit Wirkung vom 21. Mai 1840 auf die britische Königin Victoria übertrugen. Damit wehte nur noch der britische *Union Jack* über den Inseln.

Bald musste ein spezielles *Badge* geschaffen werden. Anlass dazu war ein Zwischenfall im Hafen von Auckland im Jahre 1866. Das neuseeländische Regierungsschiff »St. Hilda« hisste den britischen *Blue Ensign*, was aber verboten war, denn die Kolonien durften nur die britischen Dienstflaggen mit den Kolonialabzeichen hissen. So wurde durch Proklamation des Gouverneurs Sir George Brown vom 10. Januar 1867 das erste Badge für Neuseeland geschaffen. Es zeigte die roten weißgeränderten Buchstaben »NZ« für New Zealand. Die Bezeichnung entstammt dem holländischen Nieuw Zeeland. Dies wurde am 23. Oktober 1869 modifiziert. Am 1. Januar 1900 wurde eine Flagge für Handelsschiffe geschaffen, bei der auf einer weißen Scheibe im fliegenden Ende des Red Ensign vier rote Sterne standen. Dieses Bild übertrug man auch in den Blue Ensign. Hieraus entwickelte sich die heutige Nationalflagge, die am 12. Juni 1902 (Proportionen 1:2) offiziell eingeführt wurde. Die Sterne stellen das Sternbild »Kreuz des Südens« dar. Dieses ist auf der Nordhalbkugel nicht sichtbar und bringt Neuseelands Lage auf der Südhalbkugel zum Ausdruck.

Wappen: Die Entstehung des Wappens begann am 29. November 1905, als der damalige »Garter King of Arms«, Sir Alfred Scott-Gatty, dem britischen Premierminister mitteilte, dass der Kolonie noch kein Wappen zuerkannt worden war. Im April 1908 wurde zu einem Wettbewerb zur Schaffung eines Wappens aufgerufen. Der siegreiche Entwurf wurde mehrfach in Neuseeland und England modifiziert, bevor er am 26. August 1911 durch Royal Warrant von Georg VI. gebilligt wurde. Aus staatsrechtlichen Gründen modifizierte Neuseeland mit Wirkung vom 20. April 1953 dieses Wappen noch einmal. Über dem Schild des heute gültigen Wappens schwebt die britische Königskrone, die 1955 die sog. »Tudorkrone« ablöste. Sie versinnbildlicht, dass die britische Königin gemäß dem Königlichen Titel-Gesetz 1953 auch Königin von Neuseeland ist. Als Schildhalter dienen ein Maori-Häuptling, eine taiaha (Kriegswaffe) haltend, und eine weiße Frau mit der neuseeländischen Flagge; diese Personen, die auf zwei Wedeln des Silberbaumfarns (Cyathea dealbata) stehen, repräsentieren die Ureinwohner und die Einwanderer. Im Schild symbolisiert das erste Quartier mit dem Kreuz des Südens den Staat. Die drei übereinanderstehenden Segelschiffe in der Mitte stehen für die große Bedeutung des Seehandels und dafür, dass die Besiedlung der Inseln vom Meer aus erfolgte. Das Vlies im zweiten Quartier stellt die Viehzucht dar, die sich vor allem auf die Schaf- und Rinderzucht konzentriert. Dieser Wirtschaftszweig bescherte dem Land großen Reichtum. Die Weizengarbe im dritten Quartal repräsentiert den Ackerbau. Die gekreuzten Hämmer im vierten Quartier vertreten den Bergbau (geringe Eisen-, Phosphat- und Kohlevorkommen). Der Silberbaumfarn gilt als Nationalpflanze Neuseelands und als eigentliches Symbol des Landes. Das Schriftband unten trägt den Staatsnamen.

Nicaragua

NIC

Fläche:	130 373 km²
Einwohner:	5,6 Mio.
Hauptstadt:	Managua
Landessprache:	Spanisch
Staatsform:	präsidiale Republik

Am 16. September 1502 betrat Christoph Kolumbus als erster Europäer nahe dem heutigen Bluefields an der Ostküste nicaraguanischen Boden. Es folgten Wirren und Kämpfe zwischen den ihm nachfolgenden Spaniern. Erst mit der Übertragung der Provinz von Pánama an Guatemala im Jahre 1570 begann für das Land, dessen Name auf den Indianerstamm Nicarao zurückgeführt wird, eine lange Periode des Friedens. Spanische Interessen wurden im 18. Jahrhundert nur von den Engländern tangiert, die einen an der Ostküste liegenden Misquitostaat, der hauptsächlich von den Misquitoindianern bewohnt wurde, bis 1893 unter ihren Schutz stellten. In der nicaraguanischen Verfassung von 1986 ist sichergestellt, dass den zwei Departamentos an der Misquitoküste Autonomierechte zugestanden werden. Am 28. September 1821 erklärte das ehemalige Generalkapitanat Guatemala, zu dem Nicaragua gehörte, seine Unabhängigkeit und schloss sich dem Kaiserreich Mexiko an. Nach dem Sturz Kaiser Iturbides gründeten Honduras, Guatemala, Costa Rica, El Salvador und Nicaragua (obwohl hierfür kein Vertreter sprach) Anfang 1823 die Vereinigten Provinzen von Zentralamerika, aus der später die Zentralamerikanische Föderation wurde. Nicaragua verließ die Föderation am 30. April 1838 und wurde selbstständige Republik.

Flagge: Seit 1823 wehen die blau-weiß-blauen Farben der Zentralamerikanischen Föderation über Nicaragua (die immer wieder angeführte gelb-weiß-rote Flagge unter Präsident Chamorro war Flagge der Konservativen, aber nicht Nationalflagge). Lange Zeit gab es keine exakte Festlegung der Flagge, erst am 4. September 1908 wurde eine offizielle Beschreibung der Flagge veröffentlicht: »Die nationalen Farben sind Blau (azul) und Weiß. Die Flagge besteht aus drei gleich breiten waagerechten Streifen: der mittlere weiß, der obere und untere blau. Das Wappen steht in der Mitte des weißen Streifens«. Obwohl der blaue Farbton nicht exakt beschrieben wurde, bürgerte sich das Himmelblau der Föderationsflagge von 1823 ein. Letztmalig wurde die Flagge am 27. August 1971 offiziell festgestellt. Als Nationalflagge kann sie mit oder ohne Staatswappen gezeigt werden. Ihre Proportionen betragen 3:5. Die Symbolik entspricht noch der alten Föderationsflagge, nach der das Karibische Meer und der

Pazifische Ozean die mittelamerikanische Landbrücke beiderseits umspülen. Gleichzeitig werden den Farben in Nicaragua noch eigene Bedeutungen beigegeben. Danach symbolisiert Blau Gerechtigkeit und Treue und Weiß Reinheit und Ehrlichkeit.

In diesem Zusammenhang ist bemerkenswert, dass die Flagge des Misquitostaates von 1881 bis 1895 aus zehn blauen und weißen Streifen bestand, die im Obereck die Flagge der Zentralamerikanischen Föderation, allerdings mit rotem Emblem im weißen Streifen, zeigte. Wahrscheinlich entstammten die Farben der argentinischen Flagge. Ein General namens Luis Aury erhielt von der chilenischen und argentinischen Regierung den Auftrag, Panama zu befreien. Er befehligte eine Flotte von 14 Schiffen unter der hellblau-weiß-hellblauen Flagge. Die Befreiung Panamas schlug fehl, aber am 4. Juli 1818 nahm er die mittelamerikanischen Inseln Vieja Providentia, Santa Catalina und San Andrés in Besitz und hisste dort die blau-weiß-blaue Flagge. Es heißt zwar, dies sei der erste unabhängige mittelamerikanische Staat, was aber nicht korrekt ist, vielmehr okkupierte er die Inseln in chilenisch-argentinischem Namen.

An der Pazifikküste tauchte die argentinische Flagge erstmals im März 1819 auf, als die Fregatte »La Argentina« den Golf von Fonseca in Honduras erreichte. Diese Farben waren in Mittelamerika so bekannt wie keine anderen und es ist wahrscheinlich, dass sie von der Föderation adoptiert wurden, zumal die Symbolik auf die mittelamerikanischen Belange problemlos zugeschnitten werden konnte. Die blau-weiß-blaue Flagge selbst entstand in El Salvador unter dem ersten Präsidenten der Zentralamerikanischen Föderation, Manuel José Arce (reg. 1825–1829). Der Legende nach nähten seine Frau Felipa Aranzamendi und seine Schwester Antonia die erste Flagge aus den Seidenstoffen ihrer Kleider.

Wappen: Das in dem Gesetz von 27. August 1971 bestätigte Staatswappen wurde 1908 festgelegt. Es handelt sich um das am 21. August 1823 angenommene »Vulkanwappen« der ehemaligen mittelamerikanischen Föderation. Kurzfristig führte Nicaragua ab 1854 ein Wappen, das nur einen Vulkan – umgeben von einem Lorbeerkranz – inmitten des Ozeans zeigte. Die fünf grünen Vulkane repräsentieren die ehemaligen Staaten der mittelamerikanischen Föderation, sie trennen als Landbrücke die Karibische See vom Pazifischen Ozean. Im Mittelpunkt des gleichseitigen Dreiecks, in dem die Gleichheit aller Menschen zum Ausdruck kommt – wobei die Ecken für Brüderlichkeit, Gleichheit, Freiheit stehen –, ist eine Jakobinermütze innerhalb einer weißen strahlenförmigen Gloriole als Zeichen des Freiheitskampfes dargestellt. Der sich darüber erhebende Regenbogen gilt in Lateinamerika als Zeichen des Friedens. Die Inschrift soll den entgrenzenden Gehalt des Staatswappens unterstreichen.

Niederlande

NL

Fläche:	33 873 km²
Einwohner:	16,42 Mio.
Hauptstadt:	Amsterdam/Den Haag
Landessprache:	Niederländisch
Staatsform:	parlamentarische Monarchie

Flagge: Das Königreich der Niederlande führte als erster Staat eine dreistreifige Flagge. Die Geschichte der Flagge, die auch *Prinsevlag* (Prinzenflagge) genannt wird, begann 1572. Nachdem Philipp II. 1556 König von Spanien geworden war, verschärfte sich der Kampf der Niederländer gegen die spanische Herrschaft. Als die Anführer des Unabhängigkeitskampfes, die Grafen Hoorn und Egmont, hingerichtet wurden, brach der fast 100 Jahre dauernde Freiheitskampf der Niederländer aus, der von Wilhelm von Oranien (1533–1584) geleitet wurde. Wilhelm, Erbprinz der Grafschaft Nassau-Dillenburg, war am Hof Kaiser Karls V. katholisch erzogen worden. Schon 1566 war er an die Seite der um ihre Unabhängigkeit kämpfenden Niederländer getreten und in die Provinz Holland gegangen, Zentrum des Aufstands gegen die spanische Unterdrückung. 1572 ernannten die Provinzen Holland und Seeland – Zentren des Aufstands – ihn zu ihrem Statthalter.

Im gleichem Jahr entstand die niederländische Flagge; sie setzte sich zusammen aus den Livreefarben Weiß-Blau des Hauses Oranien und dem oberen orangefarbenen Streifen, der Wilhelm von Oranien ehren sollte. Als sich am 23. Januar 1579 die sieben nördlichen Provinzen Holland, Seeland, Utrecht, Geldern, Overijssel, Friesland und Groningen im Vertrag der Utrechter Union verbanden, verzichteten sie auf ihre Provinzflaggen und kämpften unter der orange-weiß-blauen Flagge für ihre Freiheit. Am 26. Juli 1581 widerriefen die Generalstände (Versammlung der Provinzialparlamente) ihren Untertaneneid gegenüber dem spanischen König und erklärten sich für selbstständig mit Wilhelm von Oranien als Statthalter. Die Reihenfolge der Farben (Orange-Weiß-Blau) wurde 1599 offiziell festgelegt.

Schon bald erreichte die Republik der Vereinigten Niederlande einen gewissen Wohlstand. Die Folge war die Vergrößerung der Flotte. Auf See erwies sich aber der orangefarbene Streifen als schlecht erkennbar, sodass er im Jahr 1630 durch einen roten Streifen ersetzt wurde. Nach der Besetzung der Niederlande durch Frankreich 1795 entstand die Batavische Republik, die weiterhin die dreistreifige Flagge führte, aber ein weißes Rechteck am Liek im roten Streifen mit der

Darstellung der Figur der Freiheit und eines Löwen hinzufügte. Nach Wiederherstellung der niederländischen Souveränität am 24. November 1813 wurde die »Prinsevlag« genannte Flagge mit dem orangefarbenen Streifen vorherrschend. Am 16. März 1816 stellte ein königlicher Erlass den roten Streifen verbindlich fest. Erst am 19. Februar 1937 legte man die Proportionen der *National-*, *Kriegs-* und *Handelsflagge* mit 6:9 fest und ersetzte das bisherige Dunkelblau durch Kobaltblau. Als Zeichen ihrer Verehrung für das Haus Oranien führen die Niederländer an Feiertagen einen orangefarbenen Wimpel über der Nationalflagge.

Vielen Staaten, die sich die Unabhängigkeit erkämpfen mussten, wurde die niederländische Trikolore zum Vorbild für die eigene Flagge, denn die niederländischen Farben galten als Symbol der Unabhängigkeit.

Wappen: Als Kernland der Niederlande gilt die Grafschaft Holland, so war es nur folgerichtig, dass deren Wappen die Grundlage des niederländischen Wappens bildete. Der Löwe erscheint erstmals im Siegel des Grafen Dirk von 1198. Graf Wilhelm führte in seinem Wappen von 1247 einen blau bewehrten roten Löwen im goldenen Schild. Diesen Löwen übernahmen die Staaten der Vereinigten Niederlande, in goldener Färbung und gekrönt. In der rechten Pranke hielt er ein Pfeilbündel. Um den Löwen gruppierten sich die Wappen der Provinzen. Aus dieser Darstellung entwickelte sich ein Wappen, das in einem bekrönten roten Schild einen goldenen Löwen mit Schwert und Pfeilbündel und Löwen als Schildhalter zeigte. Während des napoleonischen Königreichs zeigte der Schild im ersten und vierten Feld den Löwen und im zweiten und dritten Feld den napoleonischen Adler. Zum Wappen gehörten noch Prunkstücke entsprechend der napoleonischen Heraldik. Nach der Vertreibung der Franzosen bestieg Wilhelm I. von Oranien den niederländischen Thron. Am 14. Januar 1814 bestimmte er als Wappen einen quadrierten Schild, der im ersten und vierten Feld in Rot einen goldenen pfeilhaltenden Löwen für Holland zeigte, im zweiten und dritten Feld das Stammwappen des Hauses Oranien und im Herzschild das nassauische Stammwappen. Am 16. März 1815 erklärte Wilhelm, »dass die Vereinigten Niederlande von nun an das Königreich der Niederlande bilden sollte«. Am 24. August 1815 stellte er dafür durch Verordnung ein Reichswappen fest, das in Grundzügen noch heute gültig ist. Es wurde letztmalig im Staatsblad Nr. 181 vom 10. Juli 1907 gesetzlich festgestellt. Die letzte offizielle Abbildung wurde im Staatsbad Nr. 206 vom 23. April 1980 auf Grundlage einer Zeichnung von J. E. van Leeuwen veröffentlicht. In dem Wappenschild sind der niederländische Löwe mit dem Stammwappen der Nassauer verschmolzen. Dieses zeigte im blauen Schild, der mit sieben goldenen Schindeln bestreut war, einen gekrönten goldenen Löwen. Das Motto: »Ich werde standhalten« stammt aus einem Wappen von René de Nassau-Chalon von 1554.

Niger

RN

Fläche:	1 267 000 km²
Einwohner:	14,43 Mio.
Hauptstadt:	Niamey
Landessprache:	Französisch
Staatsform:	präsidial-parlamentarische Republik

Flagge: Die République du Niger erlangte am 3. August 1960 die volle Unabhängigkeit. Die Nationalflagge (Proportionen 6:7) nahm das Land aber schon am 23. November 1959 an. Sie ist der Flagge von Côte d'Ivoire nachempfunden, da diese beiden Länder ursprünglich eine Allianz bildeten. Den Farben werden folgende Bedeutungen gegeben: Der grüne Streifen repräsentiert die fruchtbaren Ebenen im Süden und Westen der Republik, die vom Fluss Niger durchzogen werden. Nur ein Fünftel der Fläche gehört zu dieser Region, aber 70 Prozent der Bevölkerung leben hier. Grün steht auch für Brüderlichkeit und Hoffnung. Der orangefarbene Streifen vertritt die Regionen im Norden und Osten, in denen Savanne und Wüste vorherrschen. Diese beiden Regionen werden verbunden durch die »Reinheit der Nation«, was sich im weißen Streifen ausdrückt. Er ist aber auch Ausdruck der Pflichterfüllung, die das Land für seine Entwicklung braucht. Die orangefarbene Kreisscheibe symbolisiert die über dem Land scheinende Sonne. Als Rundschild deutet sie die Bereitschaft des Volkes an, seine Rechte zu verteidigen.

Wappen: Am 1. Dezember 1962 nahm der Staat durch Dekret ein Wappen an, das im Artikel 1 festgelegt ist. Die Sonne steht im Zentrum des Wappens und repräsentiert den Staat. In der oberen rechten Ecke kreuzen sich zwei Tuaregschwerter vor einer pfahlweise stehenden Lanze zum Zeichen der Bereitschaft der Bevölkerung, ihre Unabhängigkeit zu verteidigen. Der Speer vertritt die Gruppen mit dunkler Hautfarbe, die Sahelier (11 Prozent der Bevölkerung) und die Haussa (44 Prozent). Das Schwert steht für die Gruppen mit weißer Hautfarbe, die Saharier (vor allem Tuareg, 10 Prozent). Die Waffen sollen auch an die großen Reiche der Vergangenheit erinnern. Auf die Bedeutung des Ackerbaus, bei dem vor allem Hirse angebaut wird, weisen die drei Hirsekolben hin. Der Büffelkopf steht für die Viehzucht, die große Bedeutung für den Export von Lebendvieh, Häuten und Fellen hat. Weiterhin repräsentiert er die im Norden der Republik lebenden Nomaden.

Nigeria

Fläche:	923 768 km²
Einwohner:	148,1 Mio.
Hauptstadt:	Abuja
Landessprache:	Englisch
Staatsform:	präsidiale Bundesrepublik

Flagge: Als Nigeria am 1. Oktober 1960 unabhängig wurde, hisste es erstmals die Nationalflagge, deren Proportionen 1:2 betragen. Die grünen Streifen symbolisieren die Fruchtbarkeit der Erde und die Landwirtschaft. Durch den ertragreichen Boden gelingt es der Landwirtschaft, den Eigenbedarf des Landes zu decken und sogar Export zu betreiben. Der weiße Streifen gilt als Symbol der Einheit und des Friedens. Schon als Großbritannien 1914 die Föderation von Nigeria schuf, gab es zwischen dem Norden und dem Süden erhebliche soziale, wirtschaftliche und religiöse Gegensätze, die noch immer bestehen. Zur Schaffung einer Nationalflagge wurde 1958 eine Kommission unter Vorsitz des Innenministers Johnson eingerichtet. Diese gab Richtlinien für eine Flagge heraus, die ganz schlicht sein sollte. Am 3. April 1959 wählte man aus vielen Vorschlägen den Entwurf des Studenten Michael Taiwo Akinkunmi aus Ibadan aus. Er erhielt für den Entwurf eine Prämie von 100 £. Angeblich war er während eines Fluges über Nigeria von dem unter ihm liegenden grünen Land so beeindruckt gewesen, dass er die grüne Farbe auswählte. Aus dem endgültigen Entwurf verschwand noch das rote Viertel der Sonne im weißen Streifen. Eine im Süden gegründete Republik Biafra führte 1967–1970 eine rot-schwarz-grün waagerecht gestreifte Flagge mit halber gelber Sonne in der Mitte.

Wappen: Königin Elisabeth II. von Großbritannien verlieh am 20. Mai 1960 dem Land das Staatswappen. Hierin symbolisiert die schwarze Schildfarbe die »gute nigerianische Erde«. Die silberne Wellendeichsel versinnbildlicht die Hauptflüsse Nigerias, den Niger und den Benue, die nach ihrem Zusammenfluss einen gemeinsamen Lauf nehmen. Die weißen Pferde sind Zeichen der Würde und repräsentieren den Staat. Der rote Adler auf dem Wulst in den Nationalfarben gilt als Zeichen der Stärke und der Entschlossenheit. Der Wahlspruch lautet: »Einigkeit und Glaube, Frieden und Fortschritt«. Auf dem Rasenstück stehen die in Nigeria weit verbreiteten Coctus spectabilis. Bis 1960 galt ein grünes Salomonssiegel in Rot mit Krone als Badge.

Norwegen

N

Fläche: 385 199 km²
Einwohner: 4,7 Mio.
Hauptstadt: Oslo
Landessprache: Norwegisch
Staatsform: parlamentarische Monarchie

Flagge: Um 900 gründete ein Kleinkönig namens Harald Schönhaar das erste norwegische Reich, das jedoch schon bald wieder auseinanderbrach. Etwa 100 Jahre später (1015) gründete Olaf II. Haraldson, genannt der Heilige, das zweite norwegische Reich. In seinem Banner führte er einen weißen Drachen. Jeder nachfolgende König hatte sein eigenes Symbol. Erst mit der Thronbesteigung Haakon Haakonsons 1217 wird eine königliche Standarte erwähnt: ein goldener Löwe im roten Feld. 1280 wurden Axt und Krone ins Wappen und somit auch ins Banner eingefügt.

Anfang des 14. Jahrhunderts starb das norwegische Königshaus aus, und die Herrschaft ging auf die schwedischen Folkunger über. Ein Sohn der dänischen Königin Margarete aus ihrer Ehe mit einem Folkunger, Olaf, war seit 1380 König von Norwegen und Dänemark, wodurch die über 400-jährige Verbindung zwischen den beiden Staaten eingeleitet wurde. 1397 einte Margarethe Norwegen und Dänemark mit Schweden in der Kalmarer Union, die bis 1523 dauerte. 1536 erklärte eine königliche Urkunde, dass Norwegen ein Teil Dänemarks sei. Da Dänemark zu dieser Zeit schon den Danebrog führte, war es selbstverständlich, dass er auch Norwegens erste Nationalflagge wurde. Im Januar 1814 musste Dänemark Norwegen im Frieden von Kiel an Schweden abtreten. Die Norweger, die für ihre Unabhängigkeit eintraten, wählten aber einen Dänenprinzen zu ihrem König. Mit seiner Proklamation am 27. Februar 1814 legte Prinz Christian Frederik auch eine neue Flagge vor: Es war der dänische Danebrog mit dem norwegischen Löwen in seiner damaligen Form (der Löwe stand auf dem unteren Ende des gebogenen Axtstieles) im Obereck.

Nach dem bewaffneten Eingreifen der Schweden musste Norwegen die Personalunion mit Schweden hinnehmen. An der vorgenannten Flagge hielt man fest, allerdings durften norwegische Schiffe in »ferneren Fahrwassern« nur die schwedische Flagge zeigen. Am 7. März 1815 ordnete König Karl XIII. eine für beide Länder identische Kriegsmarineflagge an. Es wurde eine dreizüngige schwedische Flagge mit einem weißen Andreaskreuz auf rotem Grund im Obereck an der Mastseite. Auf Grundlage dieser Flagge schuf man am 26. Oktober 1818 auch eine Unionshandelsflagge, die als Stutflagge (gewöhnliche viereckige Flagge) ausgebildet war.

Die Stärkung des norwegischen Nationalbewusstseins, die Herausbildung parlamentarischer Regierungsformen im ständigen Konflikt zwischen Storting (Parlament) und König und das Streben nach voller Unabhängigkeit bestimmte bald die politische Entwicklung. Dazu gehörte auch die Schaffung einer eigenen Flagge. Einige Entwürfe basierten auf den Wappenfarben: gelbes Kreuz auf rotem Tuch und umgekehrt, fanden aber keinen Anklang. Der Überlieferung nach zeichnete ein 13-jähriger Junge während des Unterrichts mit blauer Tinte in das weiße Kreuz des Danebrogs ein blaues Kreuz ein. Soweit die Legende, tatsächlich scheint der erste Entwurf von dem Bergener Stortingabgeordneten Frederik Meltzer zu stammen, der unbedingt die Farben der Französischen Revolution herausstellen wollte, da sie die Freiheit symbolisierten. Am 11. und 16. Mai 1821 ließ der Storting ein entsprechendes Gesetz passieren, und der König stimmte dem Entwurf am 17. Juli 1821 zu. Dabei durfte die Flagge aber auf See nur in Küstennähe gebraucht werden (diese Einschränkung wurde am 10. Dezember 1898 aufgehoben). Für die schwedisch-norwegische Union existierte von 1844 bis 1898 noch eine Unionshandelsflagge, die im Obereck ein kompliziertes Abzeichen trug. 1905 wurde Norwegen unabhängiges Königreich unter dem Dänenprinz Carl, der den Namen Haakon VII. annahm. Die Kreuzflagge, die durch Gesetz vom 10. Dezember 1898 festgesetzt war, wurde Nationalflagge. Die Proportionen betragen in der Länge 6:1:2:1:12, in der Breite 6:1:2:1:6. Die Königsstandarte zeigt den goldenen Löwen mit Axt im roten Tuch.

Wappen: Das norwegische Staatswappen geht zurück auf Haakon IV. (reg. 1217–1263). Er wählte als sein Zeichen den gekrönten goldenen Löwen im roten Schild. Während seiner Regierungszeit war Friede im zerstrittenen Königreich, und eine Blütezeit der Wirtschaft setzte ein. Um 1280 legte König Erich II. dem Löwen die Axt, das Attribut des Nationalheiligen Olaf II., in die Vorderpranken. Olaf war in der Normandie zum Christentum übergetreten. Als er nach Norwegen kam, christianisierte er das Land. Um 1028 musste er nach Russland fliehen, da sich einige norwegische Adelige mit dem Dänenkönig Knut verbanden. Als Olaf zwei Jahre später versuchte, sein Reich wiederzugewinnen, fand er den Schlachtentod. 1164 sprach man ihn heilig. Zuletzt wurde das Wappen 1937 festgesetzt. Im Königswappen (oben abgebildet) liegt das Staatswappen auf einem Wappenmantel, auf dem die Sankt-Olaf-Krone ruht, umgeben ist der Schild von der Kette des Sankt-Olaf-Ordens, an dem das Ordenszeichen des Großkreuzes hängt. Das Wappen basiert auf der Zeichnung, wie es zum Einzug König Haakons VII. in Christiania (Oslo) am 25. November 1905 entworfen wurde.

Oman

OM

Fläche: 309 500 km²
Einwohner: 2,6 Mio.
Hauptstadt: Maskat
Landessprache: Arabisch
Staatsform: absolute Monarchie

Oman grenzt im Nordosten an den Golf von Oman, im Osten und Süden an das Arabische Meer und geht im Westen in die große Arabische Wüste Rub al-Khali über. Mit der Eroberung der Küstengebiete durch die Portugiesen 1506 ging der einträgliche Handel an portugiesische Kaufleute über. 1650 konnte der Sultan von Oman die Portugiesen aus dem Land vertreiben. 1741 besiegte der Gouverneur von Suhar, Ahmed ibn Said, ein persisches Invasionsheer; er wurde zum Ahnherrn der heute noch regierenden Sultan-Dynastie Said. Während des 18. und 19. Jahrhunderts war Oman einer der mächtigsten Seefahrerstaaten Arabiens. Ab Mitte des 19. Jahrhunderts trat Großbritannien als Schutzmacht des Sultanats auf, 1891 wurde Oman britisches Protektorat. 1939 löste ein Freundschaftsvertrag das Protektorat ab. Unter Sultan Said ibn Taimur schottete sich das Land ab 1929 hermetisch ab. Während dieser Zeit gründete der Imam, das religiöse Oberhaupt der islamischen Sekte der Ibaditen, im Landesinnern den State of Oman. In der Provinz Dhofar riefen von der Volksrepublik Südjemen beeinflusste Rebellen einen Staat aus (1968). Im Juli 1970 stürzte der jetzige Sultan Qabus seinen Vater. Er öffnete und modernisierte den Staat, die Rebellenbewegungen verschwanden.

Flagge: Wie viele andere Staaten dieser Gegend gebrauchte auch Oman seit dem 17. Jahrhundert eine einfache rote Flagge, die an der Küste Ostafrikas und im Indischen Ozean sehr bekannt war. Diese Flagge zeigte die Farbe der Charidschiten; zu dieser Richtung des Islam bekennen sich etwa 75 Prozent der Bevölkerung. Als sie nach Oman einwanderten, brachten sie das rote Tuch mit und zeigten es als erster Stamm am Persischen Golf. Ursprünglich stand diese islamische Sekte auf Seiten des Kalifen Ali ibn Abi Talib, versagten ihm aber nach der Schlacht von Siffin 657 den Gehorsam, weil er sich einem Schiedsgericht über seine Ansprüche auf das Kalifat unterwarf und damit ihrer Ansicht nach die Würde des Kalifats verletzte. Die Charidschiten standen seitdem zur offiziellen sunnitischen Richtung der Kalifen in Opposition. Weiterhin war Rot noch die Lieblingsfarbe der seit 1741 herrschenden Dynastie Al Bu-Said. Diese von Imam Ahmed ibn Said begründete Dynastie befreite Oman von der persischen Besetzung, unter der es von 1736 bis 1747 stand.

Als Oman britisches Protektorat wurde, versuchte der Sultan seine Position zu verbessern, indem er Franzosen gegen Briten ausspielte. Dazu gehörte auch, dass er kurzerhand die französische Trikolore zur omanischen Nationalflagge erklärte. Als der Sultan um seine Stellung fürchten musste, hielt er sich jedoch bald wieder an den britischen Schutzherrn.

Nach dem Ersten Weltkrieg musste auch Oman auf britisches Verlangen ein weißes Emblem in seiner roten Flagge anbringen. Oman führte einen schmalen weißen Rand und im roten Feld die weiße Inschrift »Maskat und Oman« ein. Nach Abschluss des Freundschafts- und Handelsvertrages 1939 kehrte das Sultanat zur bildlosen roten Flagge zurück. 1957 musste der Sultan nach Unruhen 1957 wieder britische Hilfe annehmen, in deren Folge wohl auch die Flaggenfrage eine Rolle spielte. So schlug der Direktor des Flag Research Centers, Dr. Whitney Smith, die Änderung der roten Flagge vor, indem die weiße Silhouette des Wappens in das Obereck des roten Tuchs setzte. Obwohl einige Flaggen gefertigt wurden, erhielten sie keinen offiziellen Status.

Erst Sultan Qabus führte mit seiner Inthronisation eine neue Nationalflagge ein. Die Proportionen der am 17. Dezember 1970 erstmals gehissten Flagge betrugen 2:3, wobei die waagerechten Streifen im Verhältnis 2:1:2 standen und der senkrechte rote ein Drittel der Flaggenlänge einnahm. Die rote Bahn am Liek mit dem Staatswappen erinnerte an die frühere rote Flagge und symbolisierte das Land, während der waagerechte rote Streifen die Hauptstadt Maskat repräsentierte. Weiß stand für den Imam und drückte die religiöse Autorität aus. Der grüne Streifen versinnbildlichte den Jabal al-Akhdar, d. h. Grüner Berg. Durch die hier fallenden Niederschläge können Kaffee, Getreide und weitere landwirtschaftliche Produkte angebaut werden. Am 23. Juli 1985 wurde erstmals eine modifizierte Flagge gehisst. Bei dieser waren die waagerechten Streifen in gleicher Breite ausgeführt, bei gleich bleibenden Gesamtproportionen. Außerdem wurde das Emblem nun nicht mehr nur in Weiß, sondern in Weiß mit den roten Verzierungen dargestellt. Die heutige Flagge wehte erstmals am 18. Oktober 1995. Bei ihr wurden die Proportionen in 1:2 geändert und der senkrechte Streifen auf ein Viertel der Flaggenlänge. Gleichzeitig steht Weiß nun für Frieden und Grün für die Fruchtbarkeit.

Wappen: 1940 erschien das Staatswappen Omans erstmals auf Münzen. Es wurde am 23. Juli 1985 aus Anlass des 15. Jahrestags der Machtübernahme durch Sultan Qabus ibn-Said modifiziert. Das Emblem zeigt ein Wehrgehänge, wie es die erwachsenen Männer zur traditionellen Kleidung in Oman tragen. Es besteht aus dem Khanjar (Krummdolch) und zwei sich kreuzenden Krummschwertern am Gürtel. Dabei gilt der Krummdolch, auch Dschambija genannt, als ein Symbol für Freiheitsliebe und kriegerische Haltung der Beduinen, die eine uralte Tradition hat.

Österreich

A

Fläche:	83 871 km²
Einwohner:	8,4 Mio.
Hauptstadt:	Wien
Landessprache:	Deutsch
Staatsform:	parlamentarische Bundesrepublik

Flagge: Durch ein Gesetz vom 1. Mai 1945 führte die am 27. April 1945 gebildete provisorische Regierung der Republik Österreich unter Führung des Sozialdemokraten Karl Renner die rot-weiß-rote Flagge wieder als National- und Handelsflagge ein (Proportionen 6:9). Mit dem Staatswappen in der Mitte ist sie die *Staats-* und *Ministerflagge* sowie die *Präsidentenstandarte.* Sie wurde letztmals am 27. April 1984 per Gesetz bestätigt.

Die rot-weiß-rote Flagge leitet sich ab vom sog. österreichischen »Bindenschild« (rot mit silbernem Balken), der erstmals 1230 auf einem Siegel des letzten Babenbergers Friedrich II. auftauchte. Der Legende nach stammt er aber schon von Herzog Leopold V., der 1191 nach einer Schlacht gegen die Sarazenen den Gürtel von seinem blutbefleckten weißen Obergewand löste und so das Symbol des weißen (silbernen) Streifens auf rotem Grund schuf. Ihre Einsetzung als Markgrafen der Ostmark verdanken die Babenberger Kaiser Otto II., der einen aufsässigen Bayernherzog 976 absetzte und Luitpold I. von Babenberg einsetzte. Die Ostmark, aus der sich später Österreich entwickelte, reichte damals von der Enns bis an die Traisen in der Gegend von Krems. Um 1100 nahmen die Babenberger Wien in ihren Besitz. Das Geschlecht erlosch, als Herzog Friedrich der Streitbare 1246 in einer Schlacht gegen die Ungarn den Tod fand. 1786 führte Kaiser Joseph II. die rot-weiß-rote Flagge mit dem gekrönten, goldeingefassten Bindenschild in der Mitte als *Kriegsmarineflagge* ein.

Um den Charakter der Doppelmonarchie nach dem Österreichisch-Ungarischen Ausgleich von 1867 zu zeigen, legte man in diese Flagge noch das ungarische Wappen (gespalten, »rechts« siebenmal von Rot und Silber geteilt, »links« in Rot ein silbernes Patriarchenkreuz auf einem grünen Dreiberg; vor dem Kreuz ruht auf dem Berg eine goldene Krone). 1869–1918 führte die Doppelmonarchie Österreich-Ungarn eine *Handelsflagge*, die eine Aneinanderreihung zweier Flaggen war, denn an der Mastseite zeigte sie die rot-weiß-roten Streifen, daran schlossen sich die rot-weiß-grünen Streifen Ungarns an, im weißen Streifen standen die jeweiligen bekrönten Wappen. Eine eigentliche Nationalflagge führte Österreich bis 1918 nicht. Als *Staatsflagge* hisste man die Kaiserfarben Schwarz-Gold-Schwarz horizontal geteilt. Die *Standarte* des Kaisers zeigte das kleine Reichswappen im gelben Feld, welches mit acht Kronen bestreut war; ein Bord, gebildet aus schwarzen, gelben, roten und weißen Dreiecken, umgab das gelbe Feld.

Nach der Abdankung des Kaisers am 11. November 1918 erhielt Österreich eine republikanische Staatsform. Die rot-weiß-rote Flagge wurde ohne Beizeichen am 31. Oktober 1918 als *National-* und *Handelsflagge* angenommen (gesetzlich bestätigt am 21. Oktober 1919). 1938–1945, in der Zeit des Anschlusses an Deutschland, war die Flagge verboten; nach dem Krieg nahm die Zweite Republik dann das Nationalsymbol wieder an.

Wappen: Am 1. Mai 1945 wurde das Staatswappen festgelegt, eine einwandfreie Beschreibung der Farben und des Wappens wurde jedoch erst 1981 geschaffen. Zu dem Adler mit dem Bindenschild, der Mauerkrone, die das Bürgertum symbolisiert, dem Hammer, der für den Arbeiterstand steht, und der Sichel (für die Bauern) legte man nun noch die gesprengte Kette als Zeichen der Befreiung vom Nationalsozialismus.

Der Adler stammt noch aus der Zeit des mittelalterlichen römisch-deutschen Reichs. Als die deutschen Könige nach Rom zogen, um sich zum Kaiser krönen zu lassen, brachten sie den römischen Adler als ihr Zeichen mit. Auf diese Weise wurde der Adler zum Hoheitszeichen des Reichs. Mit Rudolf I. gelangte 1273 zum ersten Mal ein Habsburger auf den Königsthron, der nach dem Sieg über Ottokar II. Premysl von Böhmen, dem damals Österreich gehörte, das gewonnene Gebiet als sein Stammland betrachtete. Sigismund (reg. 1410–1437) legte erstmals fest, dass der Doppeladler dem Kaiser zukomme. Nach ihm gelangten wieder die Habsburger auf den Thron, die vor allem ihre österreichischen Stammlande bevorzugten, sodass der kaiserliche Doppeladler allmählich als österreichischer aufgefasst wurde. Durch die Auswirkungen der Französischen Revolution und den Einfluss Frankreichs auf die Fürsten in Süddeutschland schien die Zukunft des Heiligen Römischen Reiches so ungewiss, dass Kaiser Franz II. (reg. 1792–1806; als österreichischer Kaiser Franz I. 1804–1835) die Errichtung des Kaiserreichs Österreich beschloss und sich am 18. August 1804 zum Kaiser krönen ließ. Dabei übernahm er den zweiköpfigen Adler als österreichisches Reichswappen. Auf der Brust lag ein Schild, darauf wieder ein Adler und auf dessen Brust der Bindenschild; rundherum waren die Schilde der anderen Reichsteile angeordnet. Nach Auflösung der Monarchie hielt Österreich ebenso wie Deutschland an dem Adler fest, nur entfernte man von ihm die monarchischen Beizeichen Zepter, Schwert, Reichsapfel und den doppelten Kopf. (Ein von Dr. Renner vorgeschlagenes Wappen verzichtete ganz auf den Adler. Sein Entwurf zeigte Stadtturm, Ährenkranz und Bergmannshämmer). 1934 kehrte man unter E. Dollfuß noch einmal zum Doppeladler ohne Hammer und Sichel zurück. Nach dem Zweiten Weltkrieg wurde das Hoheitszeichen der Ersten Republik wieder eingeführt, wobei betont wurde, dass die Insignien keine bolschewistischen seien.

Die österreichischen Bundesländer

Die von den österreichischen Bundesländern geführten Flaggen leiten sich in der Farbgebung von den Hauptfarben der Landeswappen ab.

BURGENLAND: Das Land besteht aus den deutsch besiedelten Teilen der ehemaligen ungarischen Komitate Wieselburg, Ödenburg und Eisenburg. Aus deren Endungen leitet sich auch der Landesname ab. Die Farben der Flagge, am 25. Juni 1971 offiziell eingeführt, sind älter als das Wappen. Sie lehnen sich an die Fabelwappen der Vandalen an (diese waren im 4. Jahrhundert im Burgenland ansässig). Im roten Tuch ist ein goldener Drache abgebildet. Das Wappen wurde 1922 festgelegt. Es ist eine Kombination der Wappen zweier mächtiger Geschlechter des Landes, der Grafen von Güssing-Bernstein (Herzschild) und der Grafen von Mattersdorf-Forchtenstein (in geänderten Farben).

KÄRNTEN: Die Flagge des nach einer Volksabstimmung von 1920 an Österreich gelangten Gebietes wurde am 18. Juni 1946 offiziell angenommen. Das dazugehörige Wappen hatte man 1930 fest. Es geht zurück auf ein Wappen von 1237, das Ulrich als Sohn des Herzogs von Kärnten führte. Es zeigt im von Gold und Rot gespaltenen Schild vorn drei schwarze rotbezungte, gewaffnete Löwen, hinten einen silbernen Balken.

NIEDERÖSTERREICH: Die Flagge wurde am 9. August 1954 offiziell eingeführt. Das dazugehörige Wappen ist im Landesverfassungsgesetz von 1920 festgelegt. Es enthält im blauen Schild fünf goldene Adler. Das Wappen erscheint um 1335 als Fabelwappen des heiligen Leopold. Herzog Rudolf IV. legte es ab 1360 als Wappen von Altösterreich neben den Bindenschild.

OBERÖSTERREICH: Das frühere Kronland wurde 1918 Bundesland, die Flagge am 25. April 1949 offiziell eingeführt. Das bereits 1930 festgelegte Wappen zeigt im gespaltenen Schild vorn in Schwarz einen goldenen, rotbezungten Adler, hinten dreimal von Silber und Rot gespalten. Es geht zurück auf Herzog Rudolf IV. (reg. 1358–1365), der es auf das Geschlecht der Herren von Machland zurückführte.

SALZBURG: Aufgrund der 1921 festgelegten Farben nahm Salzburg seine Flagge am 16. Februar 1921 in Gebrauch und legte sein Wappen fest: von Gold und Rot gespalten, vorne ein schwarzer, rotbezungter Löwe, hinten ein silberner Balken. Nachweisbar seit etwa 1290, stand es seit dem 14. Jahrhundert in regelmäßigem Gebrauch. Es geht wahrscheinlich auf ein Siegel von Herzog Philipp von Kärnten zurück, der 1246–1256 Erzbischof von Salzburg war.

Steiermark: Die grün-weiße Flagge wurde 1960 eingeführt. Das dazugehörige Wappen ist im Landesverfassungsgesetz von 1926 festgelegt: in Grün ein silberner, Feuer speiender Panther. Der Panther ist erstmalig auf einem Herzogssiegel Ottokars aus der Mitte des 12. Jahrhunderts nachweisbar. Seine Farben sind seit 1246 unverändert überliefert.

Tirol: Die am 10. März 1949 offiziell eingeführte Flagge zeigt in der Mitte das letztmalig 1946 festgelegte Wappen. Der Tiroler Adler ist seit 1205 bekannt, auf Münzen seit 1250. Die älteste farbige Darstellung stammt von 1340. Die Krone erscheint erstmalig 1416, der Kranz 1567, wurde aber erst um 1920 amtlicher Wappenbestandteil.

Vorarlberg: Die 1946 angenommene Flagge geht auf die Farben des Wappens zurück: in Silber eine rote Kirchenfahne. Dieses Wappen der Herren von Montfort, auch »Herren von der Fahne« genannt, ist seit 1181 nachweisbar. Von 1863 bis 1923 war dies das sog. *kleine Landeswappen.* Seit 1923 wird es als alleiniges Wappen geführt.

Wien: Seit 1922 Bundesland, führt Wien seit 1844 die rot-weißen Farben, die Flagge wurde 1946 eingeführt. Damit wurde auch das Wappen – in Rot ein silbernes Kreuz – von 1925 wieder in Kraft gesetzt. Ein Kreuzschild tauchte erstmals 1278 auf einem Wiener Pfennig auf, wahrscheinlich stammt es von der Reichssturmfahne ab.

Osttimor

TL

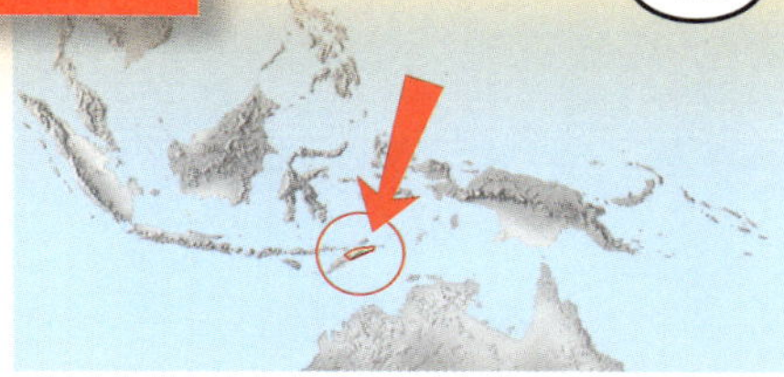

Fläche:	18 889 km²
Einwohner:	1,15 Mio.
Hauptstadt:	Dili
Landessprachen:	Portugiesisch, Tetum
Staatsform:	präsidial-parlamentarische Republik

Flagge: 1974 begann der Prozess der Dekolonisation der portugiesischen Kolonie Timor. Am 28. November 1975 rief die Befreiungsbewegung Fretilin die Unabhängigkeit des Landes aus. Neun Tage später besetzte Indonesien Osttimor und gliederte es in seinen Staat ein. Der folgende Freiheitskampf endete am 20. Mai 2002 mit Ausrufung der Republica Demokratica de Timor-Leste (RDTL).

1966 gab es einen Flaggenentwurf für Portugiesisch-Timor, im Flugende der portugiesischen Flagge das Wappen Timors vom 8. Mai 1935. Dieses zeigte u.a. als timorspezifisches Symbol ein von Schwarz und Silber geständertes Feld, überdeckt von einem Lilienkreuz und dem portugiesischen Schild. Dieses Symbol erinnerte an den Dominikanerorden, der eine bedeutende Rolle in der Kolonisierung spielte. Zur Unabhängigkeit 1975 hisste man eine Flagge, die auf der der Fretelin beruhte. Diese zeigte die waagerechten Streifen Rot-Gelb-Rot und am Liek einen senkrechten weißen mit schwarzem Stern. 1976 nahm die im australischen Sydney sitzende Exilregierung eine Flagge an, die von Natalino Leitao entworfen wurde. Sie war rot mit zwei sich überdeckenden Dreiecken: ein schwarzes, darin ein weißer Stern, über einem gelben. Nach der tatsächlichen Unabhängigkeit führte Osttimor diese Flagge mit einer geänderten Stellung des Sterns am 20. Mai 2002 ein; die Proportionen betragen 1:2. Die Symbolik entwickelte sich allmählich. Danach steht Schwarz für die koloniale Unterdrückung, Aberglauben, Analphabetentum und Rückständigkeit, während Weiß den Glauben nährt, dass dies einmal überwunden wird. Gelb steht für den Reichtum und die gelbe Pfeilspitze für den Unabhängigkeitskampf. Rot symbolisiert das im Freiheitskampf geopferte Blut.

Wappen: Ursprünglich war ein Krokodil, das Nationaltier, als Wappen vorgesehen. Eingeführt wurde aber das modifizierte Emblem der Fretilin. Dies wurde am 18. Januar 2007 durch das heutige Wappen abgelöst. Es symbolisiert das Land Osttimor innerhalb des Erdballs. Die Dreiecksform stellt den Berg Tatamailau dar, seine drei Ecken die Gewaltenteilung. Die anderen Symbole stehen für die Bildung, Selbstverteidigung, Einheit und die Lebensgrundlagen. Das Motto lautet »Einigkeit, Bewegung, Fortschritt«; RDTL sind die Initialen des Staatsnamens.

Pakistan

PK

Fläche:	796 095 km²
Einwohner:	163,9 Mio.
Hauptstadt:	Islamabad
Landessprache:	Urdu
Staatsform:	präsidiale Republik

Pakistan verdankt seine Entstehung letztlich der islamischen Eroberung des Subkontinents seit dem 11. Jahrhundert. Es war bis 1947 ein Teil Britisch-Indiens; am 14./15. August 1947 entstanden aus dieser Kolonie zwei selbstständige Staaten: das hinduistische Indien und das muslimische Pakistan. 1971 spaltete sich Ostpakistan mit indischer Unterstützung von Pakistan ab und wurde als Bangladesch unabhängig. Die Islamic Republic of Pakistan existiert seit dem 23. März 1956. Schon im offiziellen Staatsnamen weist das Land darauf hin, dass der Islam, zu dem sich fast 97 Prozent der Bevölkerung bekennen (überwiegend Sunniten), die Grundlage des Staats bildet.

Flagge: Ganz im Zeichen der Religion steht auch die Nationalflagge, die das Land am 11. August 1947, also drei Tage vor Gewährung der Unabhängigkeit, annahm; die Proportionen betragen 2:3, die Breite des weißen Streifens am Liek ist mit einem Viertel der Flaggenlänge festgelegt. Das grüne Feld steht für den muslimischen Bevölkerungsteil, während der weiße Streifen die religiösen Minderheiten, vor allem Hindus, berücksichtigt; Halbmond und Stern zeigen den Islam an. Als Ruhmes-, Fortschritts- und Siegessymbol feiert die Nationalhymne Halbmond und Stern, in den Schlussversen heißt es: »Strahle in immerwährendem Ruhm, Seele des Ehrgeizes, unsere Flagge mit Halbmond und Stern, Führerin zu Fortschritt und Erfolg, und Verkörperung der Vergangenheit, Ruhm der Gegenwart, Seele der Zukunft, Schatten des allgegenwärtigen Gottes«.

Die *Nationalflagge*, die in den Proportionen 1:2 auch als *Kriegsflagge* verwendet wird, geht auf die Fahne der Muslimliga zurück, die in der Mitte des grünen Tuchs (ohne weißen Streifen) den weißen Halbmond und Stern zeigte. 1906 wurde in Indien die Moslemliga als Interessengemeinschaft der Muslime gegenüber den besitzenden Schichten der Hindus gegründet. Im Lucknow-Pakt (1916) einigten sich der Indische Nationalkongress (Partei der Hindus, Indien) und die Moslemliga auf gemeinsame Forderungen nach getrennten Wahlkörperschaften für Muslime und Hindus und nach indischer Autonomie. Zu Beginn der 1920er Jahre begann sich Mohammed Ali Jinnah, ein begüterter und politisch engagierter Rechtsanwalt, als Führer der Liga durchzusetzen, mit ihm wurden auch Vertreter des Kleinbürgertums Mitglieder der Bewegung. Ab 1941 setzte sie sich zum Ziel, den separaten Staat Pakistan zu schaffen, was sie am 14. August 1947 verwirklichte (Indian Independence Act). Nach dem Tode Jinnahs, der 1948 ermordet wurde, errichteten die neuen Führer der Liga, meist Großgrundbesitzer, ein Regime, das zu den rückständigsten in ganz Asien gehörte. Dies war einer der Gründe, die zur Aufspaltung der Liga und zum Bürgerkrieg in Ostpakistan führten. Nach britischem Vorbild führte die Republik eine rote *Handelsflagge* mit der Nationalflagge in der Oberecke. Offiziell gilt Ameer-du-din Khidwai als Gestalter der Flagge und nicht wie vielfach zu lesen ist Ali Jinnah. Bis zur Erlangung der Unabhängigkeit führte Pakistan wie auch Indien den *Blue Ensign* (Großbritannien) mit folgendem Badge: ein goldener fünfzackiger Stern, umgeben vom Band des Hosenbandordens und von goldenen Sonnenstrahlen, das Ganze überhöhte die Krone des Britischen Empires.

Wappen: Bevor Pakistan 1955 sein heute noch gültiges Staatswappen annahm, führte die Regierung ein Emblem, das wahrscheinlich mit Erlangung der Unabhängigkeit angenommen wurde: unter Halbmond (darin die Inschrift »Pakistan«) und Stern eine Drapierung der Flagge ohne den weißen Streifen. Darunter stand im Schriftband die Inschrift »Pakistan Government«. Es ist anzunehmen, dass dies ohne das untere Schriftband das Emblem der Muslimliga war. Das dann 1955 angenommene Staatswappen entstand ohne Mitwirkung des englischen Heroldsamtes. Dies war eine einmalige Ausnahme, denn Pakistan hatte noch den Status eines Dominions (für diese wurden Wappen im britischen College of Arms geschaffen). Mit seinen vier Feldern sprach das Wappen für die beiden Teile Pakistans. Auch nach der Abspaltung Bangladeschs behielt es weiterhin Gültigkeit für den nun auf den Westen beschränkten Teil des ehemaligen pakistanischen Gesamtstaats.

Wie in der Flagge so werden auch im Wappen nur die Farben Weiß und Grün verwendet, wobei die letztere die Hauptfarbe ist. Als Farbe des Propheten Mohammed ist Grün die heilige Farbe des Islam und soll in den pakistanischen Symbolen das Aufblühen des Staates andeuten, während Weiß als Farbe der Reinheit gilt. Der als Crest dienende Halbmond und der Stern stehen für die islamische Religion. Gleichzeitig ist der Halbmond das Zeichen für den Fortschritt und der Stern bezeichnet Licht und Wissen. Den Schild umrahmt ein Narzissenkranz, Pakistans Nationalblume. Auf dem darunterliegenden Spruchband steht in Urdu »Iman, Itehad, Nazm« (= Glaube, Einheit, Zucht). Im Schild stehen die vier wichtigsten Nutzpflanzen Pakistans: für Westpakistan Baumwollpflanzen (erstes Feld) und Weizengarbe (drittes Feld) und für Ostpakistan eine Teestaude (im zweiten Feld) und vier Jutepflanzen (im vierten Feld).

Palau

PAL

Fläche:	490 km²
Einwohner:	20 000
Hauptstadt:	Melekeok
Landessprachen:	Englisch, Palauisch
Staatsform:	präsidiale Republik

Die etwa 500 Meilen östlich der Philippinen gelegenen Palau-Inseln konstituierten sich nach ihrem Ausscheiden aus der Föderation von Mikronesien am 1. Januar 1981 als Republic of Palau. Am 20. Februar 1983 sprachen sich die Wähler für eine freie Assoziierung mit den USA aus. Die Republik mit der Hauptstadt Melekeok hat eine Fläche von 490 km², welche sich auf 7 größere und 20 kleinere Inseln verteilt.

Flagge: Zur Schaffung einer Nationalflagge schrieb eine Kommission 1979 einen Wettbewerb aus. Der Siegesentwurf zeigte im rot-blau geteilten Tuch ein »Azde«, umgeben von sechzehn weißen Sternen. Erstmalig am 13. Juni 1980 als Nationalflagge gehisst wurde aber der Entwurf des Einheimischen Blau Skebong, der bei dem Wettbewerb auf dem zweiten Platz gelandet war. Das Gesetz dazu erschien am 22. Oktober 1980. Die Proportionen der Flagge betragen 5:8, der Durchmesser der Scheibe beträgt drei Fünftel der Flaggenbreite. Das himmelblaue Tuch – es ist der Flagge Mikronesiens entlehnt – repräsentiert den die Inseln umgebenden Pazifischen Ozean. Es symbolisiert gleichzeitig den Übergang von der Kolonie zur Autonomie. Die gelbe Scheibe stellt den vollen Mond über Palau dar. Er hat für alle Bevölkerungsgruppen traditionelle und gefühlsbetonte Bedeutungen. Er sagt aus, dass bei Vollmond die größten Aktivitäten stattfinden. Es ist die beste Zeit, Boote zu bauen, Bäume zu fällen, die beste Zeit zu fischen und die beste Zeit, die traditionellen Feste zu feiern. Der Mond ist verantwortlich für die Gezeiten, und der volle Mond gibt den Bewohnern das Gefühl der Wärme, der Ruhe, des Friedens, der Liebe und der Einheit.

Wappen: Die Republik hat kein Staatswappen, sondern führt das aus dem Jahre 1955 stammende *Distriktsiegel* weiter. In dessen Mittelpunkt steht ein traditionelles »bai«. Dies ist das auf jeder Insel stehende auf Steinplattformen errichtete Versammlungshaus, in dem sich die Volksvertreter versammeln und die gemeinsamen Feste stattfinden. Die sich darunter befindenden Steine repräsentieren die Verwaltungseinheiten des Landes. 1981 steht für das Gründungsjahr des Staates. Der Schriftzug oben im Siegel ist der Name des Parlaments.

Siehe Brockhaus S. 448 („P" in Band 16)

Panama

PA

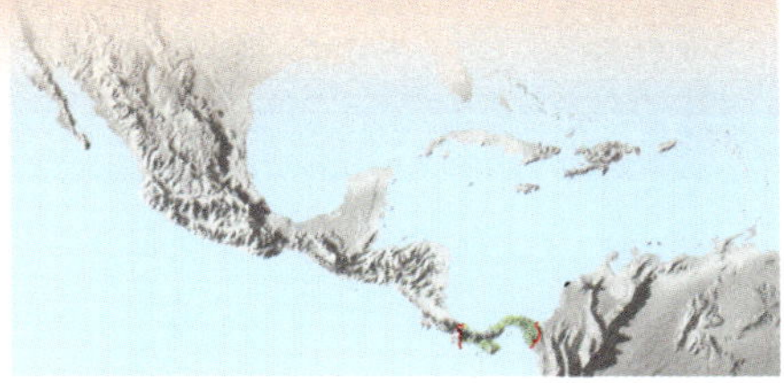

Fläche:	75 517 km²
Einwohner:	3,34 Mio.
Hauptstadt:	Panamá
Landessprache:	Spanisch
Staatsform:	präsidiale Republik

Flagge: Die República de Panamá erlangte am 3. November 1903 ihre Unabhängigkeit. An diesem Tage wurde erstmals die Nationalflagge (Proportionen 2:3), die auch *Staats-* und *Handelsflagge* ist, gehisst. Damals nur Entwurf, wurde sie am 4. Juni 1904 offiziell bestätigt. Vorbild für die Flagge, die vom ersten Präsidenten M. Guerrero entworfen wurde, war das Sternenbanner der USA. Die Farben der Flagge entsprechen den Farben der alten Parteien Panamas, dem Rot der Liberalen und dem Blau der Konservativen. Weiß versinnbildlicht den Frieden, der zwischen beiden Parteien zum Wohl des Vaterlandes herrschen soll. Darüber hinaus erinnert Rot an den Unabhängigkeitskampf, Blau an die beiden, Panama beseitenden Meere, und Weiß steht für die Lebenskraft und den Zusammenschluss des Volkes. Der blaue Stern ist Ausdruck der Reinheit der Gesinnung, der rote verkörpert Gesetz und Autorität.

Wappen: Das Staatswappen der Republik wird seit der Unabhängigkeit fast unverändert geführt. Geändert hat sich nur die Anzahl der Sterne, die die Provinzen des Staats repräsentieren. Die heute gültige Form mit neun, statt wie früher sieben Sternen, ist in der Verfassung von 1946 verankert. Der Schild, der zweimal geteilt und oben und unten gespalten ist, zeigt in der Mitte das vom Kanal geteilte panamesische Staatsgebiet. Hinten geht die Freiheitssonne auf, am Horizont steht der Mond. Die beiden Waffen, Säbel und Gewehr, erinnern an die Freiheitskämpfe gegen Spanien und gegen Kolumbien. Oben hinten kreuzen sich auf dem roten Feld eine Hacke und ein Spaten, die die Arbeiten am Panamakanal versinnbildlichen. Das goldene Füllhorn in Blau zeigt den Reichtum des Landes an. Das Flügelrad signalisiert den Verkehr, vor allem die Küstenschifffahrt. Das Motto, des Schriftbandes »Pro Mundi Beneficio«, das der Adler im Schnabel hält, bedeutet »Zum Wohle der Welt«; es bezieht sich auf die große Bedeutung des Kanals als Verbindung von Atlantik und Pazifik. Das Wappen entwarf Nicanor Villaluz. Als Staatswappen steht es auf einem grünen Rechteck, als Symbol der Vegetation.

Papua-Neuguinea

Fläche:	462 840 km²
Einwohner:	6,3 Mio.
Hauptstadt:	Port Moresby
Landessprachen:	Englisch, melanesisches Pidgin, Motu
Staatsform:	parlamentarische Monarchie im Commonwealth

Flagge: Der nördlich von Australien liegende Staat, von 1884 bis 1914 deutsches Protektorat, wurde am 16. September 1975 unabhängig. Eine erste Flagge für Papua und Neuguinea, eine sog. *Sportflagge*, wurde 1962 eingeführt. Sie repräsentierte das Gebiet bei sportlichen Wettkämpfen in Ozeanien (Nationalflagge war die australische Flagge) und zeigte im hellgrünen Tuch einen zum Liek hin versetzten weißen Paradiesvogel.

Seit 1964 wurde dann die Einführung einer eigenen Nationalflagge diskutiert. Die dafür eingesetzte Kommission befürwortete eine blau-gelb-grün vertikal gestreifte Trikolore mit einem weißen Kreuz des Südens im vorderen und einem weißen Paradiesvogel im hinteren Streifen. Doch stieß dieser Flaggenentwurf in der Bevölkerung auf Ablehnung. Aus dem folgenden Wettbewerb wurde der Entwurf der einheimischen, 17-jährigen Künstlerin Susan Hareho Karike nach stürmischen Debatten im Parlament am 4. März 1971 angenommen und am 1. Juli 1971 offiziell eingeführt. Die Künstlerin hatte die Farben Rot und Schwarz ausgewählt, weil sie in der Kunst der einheimischen Bevölkerung an die Ahnen erinnern. Das Symbol der Insel, der Paradiesvogel, wurde eingesetzt, weil dessen Federn bei zeremoniellen Veranstaltungen eine große Rolle spielen. Das weiße Kreuz des Südens entstammt der australischen Flagge und zeigt die Lage der Insel auf der südlichen Erdhälfte an. Es soll auch die Verbundenheit mit den anderen Ländern des Pazifischen Ozeans symbolisieren. Gleichzeitig erinnern die fünf Sterne an eine einheimische Legende, in deren Mittelpunkt fünf Schwestern stehen. Die Proportionen sind 3:4.

Wappen: Das Wappen, von dem es zwei offizielle Varianten gibt, wurde im »National Identa Ordinance 1971« erlassen. Es zeigt eine teilstilisierte Darstellung des Paradiesvogels (Gerrus Paradisaea) in Prunkhaltung. Er sitzt auf einer Kundutrommel und einem Zeremonialspeer, die beide in den Riten des Landes eine wichtige Rolle spielen. Der Paradiesvogel stand schon im Wappenentwurf für das Schutzgebiet Deutsch-Neuguineas und zwar silbern im grünen Feld.

Paraguay

PY

Fläche: 406 752 km²
Einwohner: 6,13 Mio.
Hauptstadt: Asunción
Landessprachen: Spanisch, Guaraní
Staatsform: präsidiale Republik

Die im Gebiet des heutigen Paraguay seit dem 7. Jahrhundert lebenden Tupi-Guaraní-Indianer hatten 1516 die erste Begegnung mit einem Europäer, als Juan Diaz de Solis den Río de la Plata hinauffuhr. Die Besiedlung begann, als Juan de Ayola von Buenos Aires aus kommend im Jahr 1537 ein Fort mit einer Ansiedlung gründete: Casa Fuerte de Nuestra Señora Santa María de la Asunción, die heutige Hauptstadt. Bald begannen die Jesuiten die Indianer zu missionieren, und 1604 errichtete der Provinzial Diego de Torres Bollo unter Zustimmung König Philipps III. die Ordensprovinz Paraguay, die heute allgemein als Jesuitenstaat bezeichnet wird. Dieser unterstand zwar der spanischen Oberhoheit, war in sich jedoch souverän. Mit der Ausweisung der Jesuiten aus Paraguay 1767 endete diese Episode. Das Land wurde nun ein Teil des Vizekönigreichs La Plata. Doch schnell empfanden die Bewohner Paraguays die Unterstellung unter Buenos Aires als ein Joch. So kam es, dass sie sich 1810 weigerten, der Unabhängigkeitserklärung der La-Plata-Provinzen beizutreten; eine argentinische Armee wurde geschlagen. Infolge dieser Ereignisse setzte man am 14. Mai 1811 auch den spanischen Gouverneur ab. Unter Beibehaltung des indianischen Landesnamens »Paraguay« rief man den ersten Nationalen Kongress ein. Obwohl faktisch bereits unabhängig, rief Paraguay aber erst 1813 förmlich die Unabhängigkeit von Spanien und Argentinien aus.

Flagge: Über die Flaggenführung bis zur offiziellen Einführung der rot-weiß-blauen Flagge 1842 gibt es einige Ungereimtheiten. Unstrittig ist wohl, dass der erste Kongress am 14. Mai 1811 eine blau-gelb-rot waagerecht gestreifte Flagge mit dem spanischen Wappen in der Mitte annahm. Diese Flagge wehte bis Ende des Jahres 1812. Für die nächsten dreißig Jahre werden in den unterschiedlichen Büchern und Karten jener Zeit für Paraguay verschiedene Flaggen gezeigt, so z. B. Blau mit weißem Stern oder gelb-blau gestreift. Auf einem Siegel von 1858 wird eine weiß-blau-weiß-blau gestreifte Flagge angegeben. Weitere Flaggen waren aber auch weiß-rot-blau oder rot-weiß-blau gestreift.

Am 27. November 1842 führte der Kongress per Gesetz die rot-weiß-blau waagerecht gestreifte Flagge ein. Ihre Proportionen betrugen 2:3, sie wurden 1967 in 1:2 geändert und 1988 in 3:5. Die letzte Modifikation geschah 1994, als das Emblem grafisch überarbeitet wurde. Das in der Mitte liegende damalige Emblem bestand aus einem rotgolden facettierten Stern, umgeben von einem Lorbeerkranz (das Emblem zeigt u. a. Le Gras). Die Umschrift erscheint erstmals in dem Wappen aus dem Jahr 1883, welches der Kriegsflagge aufgelegt ist.

Die Nationalflagge, sie ist auch *Handels-* und *Kriegsflagge*, ist einzigartig auf der Welt, da ihre beiden Seiten unterschiedlich sind. Sie trägt auf der Vorderseite das Staatswappen und auf der Rückseite das Siegel des Finanzministeriums. Dieses zeigt einen sitzenden herschauenden braunen Löwen, dahinter eine auf einer Stange ruhende Jakobinermütze und das Motto »Paz y Justicia«. Das Ganze ist eingerahmt vom Staatsnamen und den Nationalfarben. Die Symbole versinnbildlichen die Bewahrung der Freiheit. Heute legt man den Farben folgenden mehrdeutigen Sinngehalt bei: Der rote Streifen symbolisiert Patriotismus, Mut, Tapferkeit, Gleichheit und Gerechtigkeit. Der weiße Streifen steht für die Standhaftigkeit, Einigkeit, den Frieden und die Reinheit der Ideale. Der blaue Streifen verkörpert Sanftmut, Liebe, Scharfblick, Realitätssinn und Freiheit.

Am 15. August 1812 erschienen in Asunción erstmals Flaggen mit roten, weißen und blauen Streifen, sie trugen entweder Sterne, das Wappen von Asunción oder das spanische Wappen oder mehrere dieser Symbole zusammen. Über die Entstehung dieser Farben gibt es zwei Versionen. Nach der ersten erhielten die paraguayischen Truppen im August 1806 die Farben von Santiago Liniers, einem Franzosen in spanischen Diensten, der als Oberbefehlshaber eine englische Invasion von Buenos Aires verhinderte. Die zu Hilfe geeilten paraguayischen Truppen erhielten aus Dank die Flaggen. Nach der anderen Version führte Rodríguez da Francia die Flagge ein. Er regierte das Land von 1814 bis 1840 mit diktatorischer Härte. Als Bewunderer Napoleons wählte er die französischen Farben, jedoch in umgekehrter Reihenfolge und waagerechter Streifenanordnung, die damals üblich war. Später sollte die Flagge auch den Großmachtanspruch Paraguays demonstrieren.

Wappen: 1842 nahm der Staat das Staatswappen an. Es zeigt den »Maistern«, der seinen Namen nach dem Tag der Unabhängigkeit, dem 14. Mai 1811, trägt. Er ist von einem Kranz aus Palm- und Lorbeerzweigen als Symbole des Friedens und der Ehre umgeben und wird durch eine Schleife in den Nationalfarben zusammengehalten. Umgeben ist die Zusammenstellung vom offiziellen Staatsnamen und abgeschlossen wird es von einem Ring in den Nationalfarben als Zeichen der Untrennbarkeit. 1990 wurde das Emblem grafisch überarbeitet und entsprechend modernisiert.

Peru

Fläche: 1 285 216 km²
Einwohner: 27,9 Mio.
Hauptstadt: Lima
Landessprachen: Spanisch, Ketschua, Aymará
Staatsform: präsidiale Republik

Wer das Wort Peru hört, denkt unweigerlich an das Reich der Inka, das der Legende nach seinen Ausgangspunkt in einer 30 km von Cuzco entfernten Höhle nahm. Von hier aus zogen vier Brüder in die vier Himmelsrichtungen, um der Welt die Ordnung zu schenken. Einer von ihnen war Manco Capac. Er überlebte seine Brüder und pflanzte seine Goldstandarte am Platz des späteren Sonnentempels von Cuzco und legte so die Keimzelle des Inka-Reichs. Dieses wurde 1532/33 von Francisco Pizarro erobert, der 1535 Lima gründete. Dem argentinischen General José de San Martín gelang es 1821, das Land von der spanischen Herrschaft zu befreien. Er rief am 28. Juli 1821 in Lima die Unabhängigkeit aus. 1825 trennte sich Oberperu als selbstständige Republik Bolivien von Peru. Seine heutigen Grenzen erhielt Peru nach dem verlorenen Salpeterkrieg (1879–1883), als es drei Provinzen an Chile abgeben musste.

Flagge: Wie bei vielen anderen Nationalflaggen gibt es auch eine Legende über die Entstehung der rot-weißen peruanischen Farben. Am 8. September 1820 schiffte sich die aus argentinischen und chilenischen Truppen gebildete Befreiungsarmee unter San Martíns Kommando in der Bucht von Paracas ein. Von seinem in Pisco errichteten Hauptquartier brach die erste Truppe ins Landesinnere auf, um auch Peru von den Spaniern zu befreien. Um die Unterstützung der Bevölkerung zu erlangen, gründete San Martín die Peruanische Legion und stattete sie mit besonderen Emblemen aus, aus denen sich später die Nationalflagge entwickeln sollte. Er verband das Rot der Quasten der Inka-Könige mit Weiß, der königlichen Farbe. Beide Farben befanden sich auch in den Flaggen der Befreiungsarmeen (Weiß Argentinien und Rot Chile). Somit wurden die peruanischen Farben eine ewige Erinnerung an die zwei Länder, die für die Befreiung Perus kämpften. Der Legende nach sah San Martín bei seiner Ankunft in Peru einen Schwarm Flamingos zur Erde niedergehen. Inspiriert von ihren roten Flügeln und weißen Brüsten, wählte er diese Farben, zumal er in diesem Ereignis ein günstiges Omen für sein Vorhaben sah.

Durch Dekret vom 21. Oktober 1820 wurde die erste Flagge festgelegt. Sie war diagonal geteilt (oben und unten weiß, an den Seiten rot) mit dem Wappen in der Mitte (innerhalb eines Lorbeerkranzes eine aufgehende Sonne über einer Berggruppe, die sich über einem See erhob). Diese Flagge war wahrscheinlich von spanischen Truppenfahnen inspiriert, die meist das Burgunderkreuz zeigten.

Da sich die Herstellung dieser Flagge als sehr schwierig erwies, beschloss die Regierung, sie zu ändern. Am 15. März 1822 dekretierte der Marquis von Torre Tagle als Regierungsbevollmächtigter die neue Flagge: rot-weiß-rot waagerecht gestreift mit roter Sonne in der Mitte. Die *Militärflagge* zeigte statt der Sonne das volle Staatswappen. Inoffiziell symbolisiert Rot das Blut und den Freiheitskampf und Weiß Gerechtigkeit und Frieden.
Da diese Flagge zu sehr an die rot-gelb-rote spanische Flagge erinnerte, wurde bald eine andere gesucht. Nach einem Dekret von Simón Bolívar vom 25. Februar 1825 sollte das neue Staatswappen in der Mitte einer rot-weiß-rot senkrecht gestreiften Flagge stehen. In den Proportionen 2:3 ist dies noch heute die peruanische *Dienstflagge*, bei der National- und Handelsflagge fehlt das Wappen. Zur Erreichung einer bolivianisch-peruanischen Föderation im Jahr 1836 zettelte General A. Santa Cruz Aufstände an, wodurch Nord- und Südperu entstanden. Nordperu behielt die peruanische Flagge, während die für Südperu bestimmte Flagge am Liek einen roten Streifen mit Sonne und Sternen zeigte, hinten war sie grün-weiß waagerecht geteilt. Die Föderationsflagge zeigte in der Mitte eines roten Tuchs das Föderationswappen.

Wappen: Bis zum 25. Februar 1825 führte Peru das schon beschriebene Wappen mit den Bergen, dann wurde das noch heute gültige, von José Gregorio Paredes entworfene Wappen durch Dekret des Kongresses eingeführt. Der goldgerandete Schild besteht aus drei Feldern, die das Tier-, das Pflanzen- und das Mineralreich versinnbildlichen. Das Vikunja (ein wildes Lama) symbolisiert dabei die Fauna. Für die Flora steht im zweiten Feld in Silber ein naturfarbener Chinarindenbaum. Die Rinde des Baumes enthält u. a. das für die Wirtschaft Perus wichtige Chinin. Das Vikunja und der Chinarindenbaum entstammen noch dem ersten Wappen. Die reichen Bodenschätze des Landes werden durch das Füllhorn, aus dem Gold- und Silbermünzen quellen, in der unteren Hälfte des Schildes symbolisiert. Den Schild beseiten links und rechts jeweils eine Dienst- und Nationalflagge. Der Lorbeerkranz oberhalb des Schildes ist der Republik gewidmet. In der Kriegs- und Dienstflagge wird das Wappen ohne Flaggen dargestellt, dafür ist dabei der Wappenschild aber von einem Kranz aus Lorbeer- und Palmzweigen umzogen.

Philippinen

RP

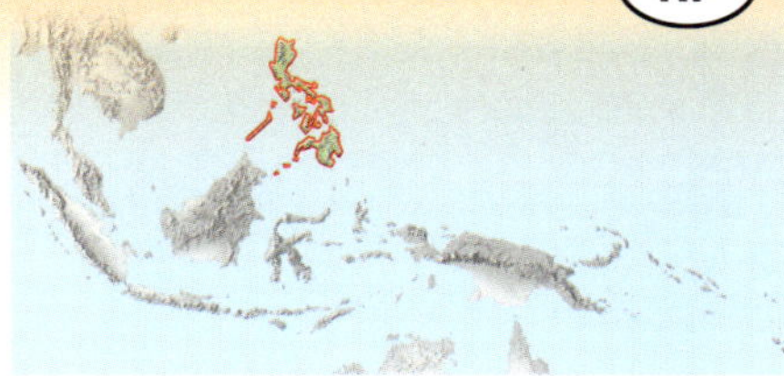

Fläche:	300 000 km²
Einwohner:	87,96 Mio.
Hauptstadt:	Manila
Landessprache:	Filipino
Staatsform:	präsidiale Republik

Eine spanische Expedition unter Ruy Lopez de Villalobos gab 1542/43 den Inseln Samar und Leyte zu Ehren des damaligen spanischen Kronprinzen Philipp (reg. 1558–1596) den Namen Philippinen, nachdem sie bereits am 17. März 1521 von Magellan für Spanien in Besitz genommen worden waren. Am 12. Juni 1898 erklärten sich die Philippinen unter Führung Emilio Aguinaldos (1869–1964) zur unabhängigen Republik, wurden aber im selben Jahr von den USA okkupiert. Die volle Souveränität wurde erst Wirklichkeit, als der amerikanische Präsident Truman am 4. Juli 1946 die Unabhängigkeit proklamierte.

Flagge: Erstmals gehisst wurde die Nationalflagge am 12. Juni 1898. Als Dominion der USA durfte sie ab 1920 neben der US-Flagge gezeigt werden. Bei Erlangung der Unabhängigkeit wurde sie wieder Nationalflagge, ihre Proportionen betragen 1:2. Letztmalig wurde sie im Juni 1998 modifiziert, als das Blau im Ton Royal Blue festgelegt wurde. General Emilio Aguinaldo, der eine führende Rolle im nationalistischen Geheimbund Katipunan spielte und 1899 erster Präsident der Philippinen wurde, entwarf die Flagge, die von der aus Hongkong operierenden Patriotischen Junta als Nationalflagge eines zukünftigen freien Staates proklamiert wurde.

Für die Flagge gilt folgende Symbolik: Rot und Weiß haben eine lange Tradition in dieser Gegend. Rot steht für Mut und Tapferkeit, Blau für Idealismus und Weiß für Frieden und Reinheit. Die drei Freiheitssterne stehen für die geographischen Hauptgebiete Luzón, Mindanao und das Visayan-Archipel. Die Sonne bedeutet das Licht der Freiheit und Gerechtigkeit, ihre acht Strahlen entsprechen den Provinzen, in denen die Revolution ausbrach: Manila, Bulacan, Pampanga, Nueva Ecija, Morong, Laguna, Batangas und Cavite. Das Dreieck steht für Gleichheit und erinnert an den Katipunan, der die Revolution anführte. Als Kriegsflagge wird die Flagge mit dem roten Streifen obenstehend gehisst.

Die vorgenannte Nationalflagge entwickelte sich in mehreren Phasen: Am 7. Juli 1892 wurde der Arzt und Schriftsteller Dr. José Rizal, einer der Hauptsprecher der Unabhängigkeitsbewegung, deportiert. Da es im Volk schon lange gärte, wurde aus diesem Anlass der Geheimbund Katipunan (d. h. Gesellschaft) gegründet. Sie wählten als ihr Zeichen ein rotes Tuch (Kundiman) mit der weißen Letter »K«, welche in Latein oder Malaiisch dargestellt war. Diese Flagge wurde bald so geändert, dass drei »K«'s erschienen, entweder im Dreieck oder in einer Reihe. Die K's bedeuteten Kataastaasan (höchst), Kagalanggalangang (respektable), Katipunan (Gesellschaft). Am 30. August 1896 verhängte der spanische Gouverneur Blanco das Kriegsrecht, worauf die Katipunan-Flagge nochmals geändert wurde.

Wappen: Der Abschnitt 18 des Commonwealth-Gesetzes Nr. 731 vom 4. Juli 1946 beschreibt das Wappen wie folgt: »Wappen – pfahlweise in zwei Felder, Blau und Rot (geteilt), ein silbernes Schildhaupt, besetzt mit drei goldenen Sternen in gleichem Abstand voneinander, an der Ehrenstelle ein silbernes Oval alles überdeckend, darin die mit acht kleineren und abnehmenden Strahlen leuchtende Sonne; im linken roten Fußfeld der springende Löwe von Spanien; im rechten blauen Fußfeld der ausgebreitete Adler in Naturfarben. Zum Staatswappen gehört noch ein Spruchband mit Inschrift. 1946 bis 1980 lautete sie »Republic of the Philippines«, zwischen 1980 und 1987 »Isang Bansa Isang Diwa« (ein Volk, ein Geist). Seit 1987 steht hier der philippinische Staatsname »Republika ng Pilipinas«. Der Löwe – ursprünglich der von Leon – erinnert an die Zeit der spanischen Herrschaft 1596–1898; der Adler mit einem Ölzweig, der acht Blätter und acht rote Früchte trägt und drei goldene Pfeile in den Fängen hält, symbolisiert die Zeit der amerikanischen Herrschaft 1898–1946. Der philippinische Schild und die Sonne versinnbildlichen die Unabhängigkeit der Republik.

Vor diesem Wappen führten die Philippinen seit 1596 das Wappen der Stadt Manila. Am 20. März 1596 verlieh es Philipp II. von Spanien der Stadt; und da es spanische Gewohnheit war, das Wappen der Provinz mit dem der Hauptstadt gleichzusetzen, erfüllte das Stadtwappen die Funktion des Landeswappens bis 1905. Es war geteilt und zeigte oben in Rot das Kastell von Kastilien und unten in Blau einen silbernen, schwerttragenden Seelöwen. Diesen Schild legte man 1905 als Oval auf einen Schild, der in seiner Form mit dem heutigen identisch war: unter dem blauen Schildhaupt in Silber sechs rote Pfähle (»amerikanischer Schild«). Über dem Schild schwebte, auf einem silber-roten Wulst hockend, der amerikanische Adler.

Als die Philippinen 1935 den Status eines Dominions erhielten, änderte man auch das Wappen. Der ovale Mittelschild (das Feld war jetzt aus ästhetischen Gründen silbern) lag auf einem Schild, der der inzwischen anerkannten Nationalflagge ähnelte: drei goldene Sterne (ohne Sonne) im silbernen Schildhaupt, darunter im rechten Winkel (nicht wie in der Nationalflagge im Deichselschnitt) das rote (»links«) und das blaue Feld. Unter dem Schild stand in goldenen Buchstaben auf einem silbernen Spruchband »Commonwealth of the Philippines«, der über dem Schild stehende Adler zeigte die Oberhoheit der USA an.

Polen

PL

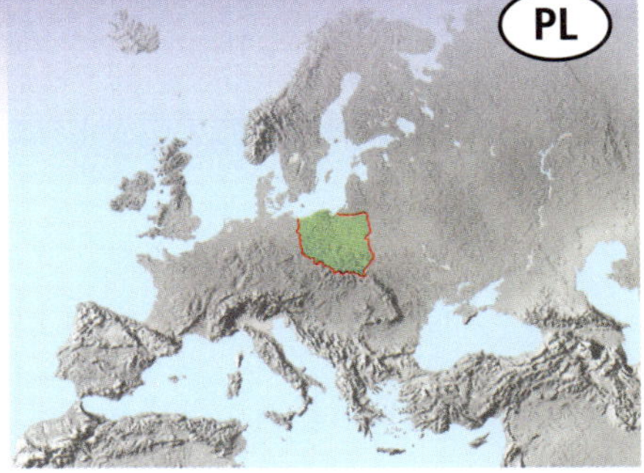

Fläche: 311 889 km²
Einwohner: 38,1 Mio.
Hauptstadt: Warschau
Landessprache: Polnisch
Staatsform: parlamentarische Republik

Die Anfänge eines polnischen Staates reichen zurück bis in das 10. Jahrhundert. Unter dem Einfluss seiner mächtigen Nachbarn, die das Land mehrfach unter sich aufteilten und es als Staat zeitweise gänzlich auslöschten, entwickelte sich schon früh ein ausgeprägtes Nationalbewusstsein.

Flagge: Die erste polnische Flagge ist in einem Flaggenbuch eines unbekannten spanischen Franziskanerpaters aus der Mitte des 14. Jahrhunderts dargestellt. Er gab für das Königreich Polen eine Flagge an, die in der Mitte eines dunkelgrünen Tuchs einen roten Davidstern auf einer roten Rosette liegend zeigte; alle Zwischenräume waren weiß.

Jahrhundertelang war Polen Spielball seiner Nachbarn, 1795 wurde der polnische Staat zerschlagen. Erst die napoleonische Herrschaft in Europa ließ 1807 (Frieden von Tilsit) wieder einen polnischen Staat im Herzogtum Warschau entstehen. Das Herzogtum, das aus den 1772 (1. Teilung Polens) an Preußen abgetretenen Gebieten bestand, hatte eine weiß-amaranthenrote (unten), horizontal geteilte Flagge.

Der Wiener Kongress von 1814/15 bereitete dem Herzogtum jedoch schnell ein Ende. Statt dessen entstand Krongresspolen, ein verkleinertes Königreich Polen, das durch Personalunion mit dem Zarentum Russland verbunden war. Die Flagge Polens war nun die russische Kriegsflagge mit einem »polnischen« Obereck: in Weiß ein blaues Andreaskreuz, im roten Obereck ein weißer, schwingenausbreitender, golden gekrönter Adler. Das Andreaskreuz leitete sich vom 1698 von Zar Peter dem Großen gestifteten Sankt-Andreas-Orden ab; die höchste Auszeichnung des russischen Kaiserreiches sollte an den hl. Andreas erinnern, der angeblich an einem Kreuz starb, das die X-Form hatte.

Die Stadt Krakau erhielt mit ihrer näheren Umgebung 1815 den Status »Freie und unabhängige Republik Krakau«; sie zeigte eine weiß-blau horizontal geteilte Flagge. Dieser Freistaat, der unter dem Schutz der Großmächte Österreichs, Russland und Preußen stand, blieb allein noch von einem ehemals großen Reich unabhängig. Da aber Krakau sich zum Mittelpunkt der nationalpolnischen Verschwörungen und Aufstände entwickelte, wurde es mehrmals von den Truppen der

Schutzmächte besetzt und schließlich Österreich einverleibt.

Im Ersten Weltkrieg stellten sich die polnischen Freiheitskämpfer an die Seite der Mittelmächte, weil sie sich von diesen die Schaffung eines unabhängigen Staates erhofften. Am 5. November 1916 proklamierten die deutschen und österreichischen Militärbehörden in Warschau und Lublin das »Königreich Polen« als konstitutionelle Monarchie, doch der Führer der polnischen Unabhängigkeitsbewegung, Pilsudski, lehnte dieses Polen ab. Er wurde daraufhin verhaftet, doch während der Novemberrevolution in Deutschland wieder frei gelassen. Am 11. November 1918 stürzte Pilsudski die deutsche Verwaltung und rief als Staatsoberhaupt die Republik Polen aus. Noch am gleichen Tag nahm der Staat die Nationalflagge an, die auf den Wappenfarben aufbaut (Proportionen 5:8). Die Nationalflagge mit dem Staatswappen im weißen Streifen wird als *Handels-* und *Dienstflagge* gebraucht, sie wird auch von Polens diplomatischen Vertretungen im Ausland gezeigt. Die Kriegsmarineflagge ist eine Splittflagge, die Proportionen sind 10:21, der Ausschnitt in fünf Einheiten. Diese Flagge scheint den Wimpeln nachgebildet worden zu sein, die die polnischen Lanzenreiter in Napoleons Armee führten. In der Gösch liegt auf den weiß-roten Streifen ein Tatzenkreuz in verwechselten Farben, im Mittelpunkt des Kreuzes befindet sich ein schwertschwingender Arm (dieses Emblem geht auf ältere Flaggen zurück). Letztmalig bestätigte man die Nationalflagge 1992. Sie ist in der Verfassung von 1997 verankert.

Wappen: Als einziger Staat im kommunistischen Machtbereich führte die Volksrepublik Polen das Wappen der Vorkriegszeit fast unverändert weiter. Man entfernte nur die Krone, später verschwand auch noch die charakteristische volkstümliche Zickzackborte. Nach den Umwälzungen im Ostblock wurden auch in Polen weitreichende Verfassungsänderungen durchgeführt. Am 29. Dezember 1989 bestimmte der Sejm, dass dem polnischen Adler »wieder die Krone der polnischen Könige als Symbol für Polens Souveränität und Einheit aufgelegt wird«. Das Aussehen der Krone wurde im Februar 1990 festgelegt, am 22. Februar 1990 erschien die Wappenzeichnung in der Tageszeitung »Dzienik ustaw«. Über die Entstehung des typischen polnischen Adlers gibt es unterschiedliche Berichte. Als Herzog Przemyl II. (1295–1296) von Papst Bonifatius VIII. die Königskrone erhielt, nahm er einen Adler als Zeichen der Vereinigung Großpolens mit Kleinpolen in sein Siegel auf. Nach einer anderen Version verwendete bereits Prinz Leszek der Weiße als erster polnischer Fürst den Adler in seinem Siegel (1228). Die Farben Rot und Weiß tauchen zu Anfang des 13. Jahrhunderts in Militäruniformen auf. Eine farbige Abbildung von 1241 zeigt erstmals einen weißen Adler im roten Feld. Der polnische Sejm legte 1831 diese Farben für polnische Kokarden fest. Im Lauf der Zeit wurde der zunächst nur dem König zustehende Adler zum Hoheitszeichen des polnischen Staates und ist nun auch in der Verfassung verankert.

Portugal

Fläche:	92 090 km²
Einwohner:	10,6 Mio.
Hauptstadt:	Lissabon
Landessprache:	Portugiesisch
Staatsform:	parlamentarische Republik

Im Jahre 100 n. Chr. errichteten die Römer die Provinz Lusitanien. An der Mündung des Douro bauten sie den Hafen Portus Cale. Später benannte man die Landschaft längs des Flusses Portucalia, woraus der Name Portugal entstand. Ab 711 eroberten Araber die Iberische Halbinsel. Im Zuge der Reconquista kamen rückeroberte Gebiete Nordportugals als Grafschaft Portugal Ende des 11. Jahrhunderts unter die Herrschaft Heinrichs von Burgund. Er löste Portugal schrittweise aus der Lehnsabhängigkeit vom Königreich Kastilien-León. Sein Sohn Alfons wurde erster portugiesischer König, was Kastilien im Jahre 1143 anerkannte. Die heute noch bestehenden Grenzen erhielt Portugal im Jahre 1297. Seit dem 5. Oktober 1910 ist Portugal Republik.

Flagge: Da Portugal zu den seefahrenden Nationen gehört, sind uns schon früh Flaggen des Landes übermittelt. Die ersten Flaggen, wohl von den Kreuzzügen geprägt, zeigten blaue Kreuze im weißen Tuch. Ab 1185 tauchten weiße Fahnen auf, die den portugiesischen Schild (in Blau fünf weiße Scheiben) – entweder einen oder fünf in Kreuzform angeordnete – zeigten. Übereinstimmend geben verschiedene Flaggentafeln und »Landkarten« aus dem 13. und 14. Jahrhundert für Portugal *Wappenflaggen* an. Ab 1495 wurden offiziell nur noch weiße Flaggen mit dem bekrönten Wappenschild gebraucht. Es war eigentlich eine Königsflagge. Weil aber mit der Zeit die Symbole der Herrscher mit ihren Herrschaftsgebieten gleichgesetzt wurden, so galt die Flagge des Königs auch als die des Landes. Auf portugiesischen Handelsflaggen waren Kreuze, Mönche und Himmelssphären im weißen Tuch angeordnet. Zwischen 1580 und 1640 war Portugal in Personalunion mit Spanien verbunden, was durch eine Flagge mit dem Burgunderkreuz sichtbar wurde.

Als Johann von Braganza die portugiesische Souveränität wiederherstellte, kamen auch die alten Symbole wieder zu Ehren. Am 13. Mai 1816 wurde für das Vereinigte Königreich von Portugal und Brasilien eine weiße Flagge mit dem portugiesischen Schild auf einer gekrönten Armillarsphäre in der Mitte angenommen. Am 23. August 1823 wurden Blau und Weiß per Edikt als Farben für eine portugiesische Kokarde bestimmt. 1828 kam es zum Bürgerkrieg zwischen Royalisten und Konstitutionalisten. Im Exil auf den Azoren bestimmte Königin Maria am

18. Oktober 1830 eine blau-weiß senkrecht gestreifte Flagge, die sie nach ihrem Sieg im Jahre 1833 mit dem bekrönten Wappenschild erweiterte.

In den Kommunalwahlen vom November 1909 errangen die Republikaner eine Mehrheit. Am 4. Oktober 1910 erhoben sie sich mit Unterstützung von Heer und Marine, und einen Tag später riefen sie die Republik aus. Ursprünglich sollte die rote Revolutionsflagge neue Nationalflagge werden. Da aber die Königsflagge das Wappen im roten Tuch zeigte, fügte man noch einen grünen Streifen ein. Als Vorbild diente eine Flagge auf dem Kreuzer »Adamastor«, der den ersten Schuss während der Revolution abgegeben hatte. Diese Flagge war rot-grün senkrecht gestreift und zeigte neben weiteren Symbolen eine gelbe Armillarsphäre. Am 19. Juni 1911 wurde die neue Nationalflagge von der Nationalversammlung gebilligt und zum 30. Juni 1911 eingeführt. Die Proportionen der Flagge betragen 2:3, die Breite des grünen Streifens ein Drittel der Flaggenlänge. Grün als Symbol der Hoffnung erinnert an Heinrich den Seefahrer, der die portugiesische Weltmacht begründete. Rot steht für die Revolution von 1910. Die Farben Rot, Grün und Gold haben ihre Wurzeln in den Farben der drei großen Ritterorden, die an der Konstituierung des Staates beteiligt waren, den Christusorden, den Jakobsorden und den Orden von Aviz.

Wappen: Als eigentliches Wappen Portugals gilt der blaue Schild mit den silbernen Beschlägen. Erstmals zeigte ein Siegel der Mathilde, einer Schwester Sanchos I. um 1200 und eines von Alfons II. um 1220 einen weißen Schild mit fünf blauen Figuren, die Weintrauben ähnelten. Der Übergang zur heutigen Form erfolgte allmählich. Im Siegel Alfons III. (reg. 1245–1279) erschienen in einem Schild fünf kreuzförmig angeordnete Schilde, die jeweils mit sechs Ballen belegt waren. König Alfons III. heiratete Beatrix von Kastilien, was zu einem Allianzwappen führte. Dabei lag das kastilische Wappen als Bord um den portugiesischen Schild. Im 18. Jahrhundert wurde das Wappen schließlich festgesetzt. Danach lagen im silbernen Schild fünf mit silbernen Quinas belegte kreuzförmig angeordnete blaue Schilde, umgeben von einem mit sieben goldenen Kastellen belegten Bord. Nach Ausrufung der Republik 1910 verschwanden die monarchischen Attribute und der Schild wurde auf eine goldene Armillarsphäre gelegt. Darum zieht sich ein goldener Lorbeerkranz. Ein silbernes Band wird seit neuerer Zeit in den Nationalfarben angelegt.

Über die Entstehung des portugiesischen Wappens gibt es mehrere Legenden. Die bekannteste stammt aus dem Nationalepos »Os Lusiades«. Danach besiegte Alfons fünf maurische Fürsten, nachdem ihm diese vorher fünf Schilde entwendet hatten. Er bat um Hilfe und der gekreuzigte Heiland sagte ihm diese zu. Zur Erinnerung an den folgenden Sieg stehen fünf silberne Scheiben auf fünf blauen Schilden in Anlehnung an die fünf Wunden Jesu.

Rumänien

(RO)

Fläche:	238 391 km²
Einwohner:	21,44 Mio.
Hauptstadt:	Bukarest
Landessprache:	Rumänisch
Staatsform:	parlamentarisch-präsidiale Republik

Im unteren Donaubereich entstanden im 14. Jahrhundert die Fürstentümer Walachei und Moldau, die, nachdem die Türken 1453 Byzanz erobert hatten, ab etwa 1500 dem Osmanischen Reich tributpflichtig wurden. Mit dem Niedergang des Osmanischen Reichs wurden die beiden Fürstentümer zum Spielball anderer Mächte. Zur Einigung kam es, als sowohl Moldau als auch die Walachei den Bojaren Cuza 1859 als Alexandru Ioan I. zum gemeinsamen Fürsten wählten. Er vereinigte die beiden Gebiete und proklamierte 1861 den Staat Rumänien mit der Hauptstadt Bukarest.

Flagge: Schon aus der Zeit der Gründung der beiden Fürstentümer liegen uns Zeugnisse für Fahnen und militärische Abzeichen vor, ohne dass sie näher beschrieben wurden. Die erste uns bekannte Fahne für Moldau ist auf einer Zeichnung des österreichischen Kaiserhofs abgebildet. Diese Zeichnung zeigt eine Fahne, die 1601 während der Schlacht von Golu von Michael dem Tapferen getragen wurde: ein gelbrandiges rotes Tuch mit dem moldauischen Wappen (Auerochsenkopf mit Stern) und der Titulatur des Fürsten.

Über eine Fahne der Walachei ist uns ein Bericht von 1598 überliefert. Darin heißt es: »Michael (Anmerkung: Michael einte kurzzeitig Moldau und Walachei unter seiner Herrschaft) entfaltete die große Fahne des Landes, welche von weißem Damast war. Darauf befand sich ein Rabe auf grünen Wacholderblättern, welcher im Schnabel ein silbernes, golden behauchtes Doppelkreuz hatte, ein sehr altes und hauptsächliches Wahrzeichen der Walachei«.

Am 24. Juni 1834 gestattete Sultan Mahmud II. dem walachischen Fürsten Alexander Ghika eine Flagge zu: ein gelbes Tuch mit rotem Obereck, darin drei weiße Sterne, ein bekrönter blauer Adler mit Schwert und Zepter in den Krallen. Diese Flagge zeigte erstmals die drei Farben der späteren rumänischen Flagge in einer Flagge vereint. Im Ehrensaal des Militärmuseums ist auch noch eine Flagge der Walachei zu sehen, die wahrscheinlich auf den Booten gesetzt war, die auf der Donau verkehrten. Sie war rot-gelb-blau waagerecht gestreift. In der Mitte der kreuzhaltende Adler, darum ein Girlandenzweig und jeweils ein Stern. In den Ecken steht der Buchstabe »A« für Alexander. Auch für Moldau sind Flaggen von 1834 aus der Zeit des Michael Sturza bekannt. Diese militärischen Flaggen zeigten ein blaues Kreuz, in dessen Mitte innerhalb eines Kranzes der Auerochsenkopf mit Stern und Krone; im roten Feld lag in den Ecken jeweils ein achtzackiger weißer Stern. Während die moldauische Flagge bis 1859 in Gebrauch war, galt für die Walachei ab 1835 die rot-gelb-blau gestreifte Flagge.

Im Anschluss an die Pariser Februarrevolution kam es auch in Rumänien zu Unruhen. Im Mai 1848 versammelten sich in Blasendorf (Siebenbürgen) 40 000 Menschen, die ein vereintes Rumänien und die Eingliederung Siebenbürgens in diesen Staat forderten. Sie bildeten eine provisorische Regierung, die eine »rumänische Flagge« schuf. Sie war blau-gelb-rot horizontal gestreift, in der Mitte standen die Worte »DREPTATE RYBIE«. Beide Wörter, einmal in moldauischer Landessprache, das andere in der walachischen, bedeuten »Recht«. Nach Auslegung der Demonstranten vereinigte sich in der Flagge das Rot der Moldau mit dem Blau der Walachei und dem Gold Siebenbürgens.

1859 bestimmte Alexandru Ioan I. nach Vereinigung der beiden Fürstentümer eine Flagge für das »Vereinigte Fürstentum der Walachei und Moldau«, die auf die Revolutionsflagge von 1848 zurückging. Sie war orange-goldgelb-dunkelblau waagerecht gestreift. Darauf lagen unter einer Fürstenkrone auf einer Flaggendrapierung der moldauische Ochsenkopf und der walachische Adler. Karl von Hohenzollern-Sigmaringen änderte anlässlich seiner Thronbesteigung als Fürst Carol I. (ab 1881 König) die waagerechte in die senkrechte Streifenfolge. Nach Ausrufung der Volksrepublik setzte man das Staatswappen in den mittleren Streifen. Nach dem Sturz des Diktators Ceauçescu legte man am 27. Dezember 1989 die neue Flagge fest, aus der alle Embleme entfernt worden waren. Ihre Proportionen sind 2:3. Inoffiziell steht Blau für den Himmel, Gelb für die Bodenschätze und Rot für die Tapferkeit des Volkes.

Wappen: Nach dem Ende der Diktatur verschwand auch das sozialistische Staatswappen. Nach einer langen wappenlosen Zeit führte Rumänien erst am 10. September 1992 ein neues Wappen ein: Zentrales Wappenelement ist der goldene Adler mit dem Kreuz im Schnabel. Er symbolisiert Mut, Geschlossenheit, Macht und Ruhm und steht auch im Wappen Transsylvaniens. Der blaue Schild versinnbildlicht die Weite des Himmels. Zepter und Schwert, die Zeichen der Souveränität, erinnern an Stefan den Großen und an Michael den Tapferen, den ersten Vereiniger der rumänischen Länder. Diese werden im Brustschild dargestellt. Das erste Feld zeigt den Adler der Walachei. Der Ur im zweiten Feld ist das alte Zeichen von Moldau. Das dritte Feld steht für das Banat und Oltenia. Das vierte Feld steht für Transsylvanien mit der Maramureb und der Cribana. Die Delfine in der Spitze versinnbildlichen die Dobrudscha und alle Schwarzmeergebiete.

Russland

RUS

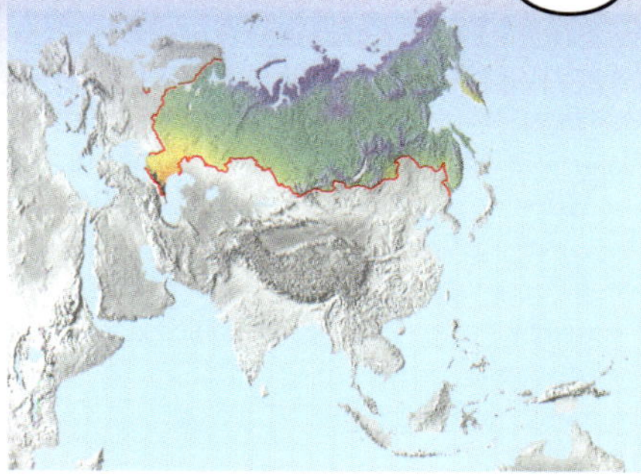

Fläche:	17 075 400 km²
Einwohner:	142,5 Mio.
Hauptstadt:	Moskau
Landessprache:	Russisch
Staatsform:	präsidiale Republik

Das sich seit dem 17. April 1992 Russische Föderation nennende Land hatte infolge der politischen Umwälzungen in der Sowjetunion, dessen wichtigste Unionsrepublik es war, am 12. Juni 1990 seine Souveränität erklärt und trat nach dem Ende der Sowjetunion am 26. Dezember 1991 als dessen Nachfolger in der ganzen Welt auf. Über die Gründung des flächenmäßig größten Staats der Erde gibt die dem Mönch Nestor zugeschriebene älteste russische Chronik aus dem 12. Jahrhundert Auskunft. Danach hatten die Ostslawen die sie beherrschenden Waräger vertrieben, aber um 860 zurückgeholt, da sie erkannten, »dass sie sich selbst nicht regieren konnten«. Danach kamen drei warägische Brüder mit der ganzen »Rus« (vermutlich ein Synonym für »Flussfahrer«), von denen sich Rurik in Nowgorod niederließ und nach dem Tod der Brüder die Alleinherrschaft ausübte. Zunächst lag die Macht in Kiew, dann in Moskau. Mit Iwan III., der 1472 die Nichte des letzten byzantinischen Kaisers heiratete, wurde das Großfürstentum zum Kaiserreich. Nach der Oktoberrevolution wurde am 7. November 1917 die Russische Sozialistische Föderative Sowjetrepublik ausgerufen, die zum Machtzentrum der am 30. Dezember 1922 gegründeten Union der Sozialistischen Sowjetrepubliken (Sowjetunion) wurde.

Flagge: Am 22. August 1991 wurde auf Beschluss des Obersten Sowjets der RSFSR die weiß-blau-rot waagerecht gestreifte Flagge zur Staatsflagge erklärt, ihre Proportionen waren 1:2. Diese Flagge löste damit die am 9. Januar 1954 eingeführte ab, die im Obereck eines roten Tuchs mit schmalem blauen Streifen am Liek, Hammer, Sichel und Stern zeigte. Gemäß Erlass des Präsidenten vom 18. Dezember 1993 wurde die weiß-blau-rote Flagge bestätigt, aber in den Proportionen 2:3. Die weiß-blau-rote Trikolore, deren Farben als panslawische Farben Eingang in die Vexillologie fanden, wurde von Zar Peter I. d. Gr. eingeführt. Als Tag ihrer Entstehung gilt der 20. Januar 1705, als diese Flagge zur »Flagge der Russischen Kommerziellen Handels- und Industrieschiffe« benannt wurde. Vor der Zeit Peters d. Gr. gab es in Russland keine gesetzlichen Festlegungen über Flaggen. Im Jahre 1667 erschien zum ersten Mal eine Flagge in den Farben Weiß, Blau und Rot. Bilder zeigen russische Schiffe während der Belagerung der türkischen Festung Asow im Jahre

1696 mit Heckflaggen in diesen Farben, aber in anderer Anordnung. Peter I. legte dann seine persönliche Marinestandarte fest, die erstmals 1693 an Bord eines Schiffes wehte, das unter seinem Kommando in das Weiße Meer auslief. Es war die waagerecht gestreifte Flagge mit über die Streifen gelegtem gelben Adler. Wahrscheinlich hatte Peter die Farben aus Holland mitgebracht, wo er Schiffsbau studierte und sich auch mit dem Flaggenwesen beschäftigt hatte. Zu jener Zeit genoss die niederländische Trikolore Weltgeltung. Er führte das niederländische Flaggenwesen in die russische Marine ein, allerdings mit umgekehrter Farbfolge, so dass Blau oben lag. Schon bald vertauschte er Blau und Weiß, so dass die weiß-blau-rote Farbfolge entstand. Ein Grund dafür könnte gewesen sein, dass Weiß als Farbe des Herrschers galt, entsprechend der französischen Königsflaggen, die Vorbildfunktion hatten. Im Jahre 1858 wurde eine schwarz-gelb-weiße Flagge, deren Farben dem Wappen entlehnt waren als »heraldische National- und Volksflagge« eingeführt, die 1873 in Nationalflagge umbenannt wurde. Die weiß-blau-rote Flagge blieb aber weiterhin Handelsflagge und ab 1883 betrachtete man schließlich diese Flagge als eigentliche Nationalflagge. Über die Farben hieß es »Weiß für den Zaren, Blau für den Adel, Rot für das Volk«. In früheren Zeiten wurden den Farben weitere unterschiedliche Sinngehalte beigegeben. Offiziell sind der heutigen Flagge keine Symboliken mehr beigegeben.

Wappen: Wie in der Flagge, greift Russland auch bei dem Staatswappen auf Symbole des Zarenreichs zurück. Am 30. November 1993 wurde der Doppeladler durch Erlass Präsident Jelzins zum Staatswappen Russlands erklärt. Erst am 8. Dezember 2000 verabschiedete die Duma ein Gesetz zum Staatswappen, welches Präsident Putin am 25. Dezember 2000 unterzeichnete. Das Staatswappen unterscheidet sich von dem des Kaiserreichs durch Änderungen der Farben und der Stellung des Brustschilds. Der Adler gilt als altes Symbol Russlands. Die drei Kronen, die früher für den Anschluss Kasans und Astrachans an Russland standen, symbolisieren heute die Gewaltenteilung in Exekutive, Legislative und Judikative. Der Brustschild entspricht dem Moskauer Wappen und zeigt den drachentötenden heiligen Georg. Um dem Wappen heute die religiösen Bezüge zu entziehen, stellt es in neuerer Interpretation einen Bogatyr zu Pferd dar, der mit einer langen Lanze einen Drachen ersticht. Die Bogatyr waren freie Söldner, die durch Sagen aus der Kiewer Rus verherrlicht wurden. Der Doppeladler stammt vom Adler des byzantinischen Kaiserreichs ab. Er kam durch die Ehe des Zaren Iwan III. Wassiljewitsch mit der Nichte des letzten byzantinischen Kaisers, Sophia Pelaiologa, nach Russland. Dadurch stellten sich die Moskowiter Großfürsten und späteren Zaren in die Tradition der Byzantiner. Der Adler erschien erstmals auf einem Siegel von 1497, das an einer kaiserlichen Tauschurkunde befestigt war.

Rwanda

RWA

Fläche:	26 340 km²
Einwohner:	9,73 Mio.
Hauptstadt:	Kigali
Landessprachen:	Französisch, Englisch, Kinyarwanda
Staatsform:	präsidiale Republik

Flagge: Am 1. Juli 1962 wurde das UN-Treuhandgebiet, das ab dem 28. Januar 1961 Republik war, unabhängig. Mit der Proklamation der Republik führte das Land eine Flagge in den panafrikanischen Farben Grün-Gelb-Rot ein, änderte aber kurz danach die Farbfolge in Rot-Gelb-Grün. Um die Flagge von der Guineas zu unterscheiden, fügte man 1963 ein schwarzes »R«, das dann »Ruanda geboren durch Revolution, bestätigt durch Referendum« bedeutete, ein. 1994 kam es in dem Land zu einem furchtbaren Genozid. Dadurch kam auch die vorgenannte Flagge in Verruf, denn sie galt als das Symbol der Hutu-Regierung, die für den Genozid verantwortlich gemacht wurde. Um die nationale Versöhnung anzuzeigen, wurde am 31. Dezember 2001 eine neue Nationalflagge eingeführt. Ihre Proportionen sind 2:3, dabei stehen die Streifen im Verhältnis 2:1:1. Die Flagge entwarf der einheimische Künstler und Ingenieur Alphonse Kirimbeneyo. Sie ist blau-gelb-grün waagerecht gestreift mit einer 24-strahligen Sonne im Obereck an der Flugseite. Von den panafrikanischen Farben zeigt die Flagge nur Gelb und Grün, weil auf Rot absichtlich als Farbe des Blutes verzichtet wurde. Die neue Flagge stellt die Einheit des Landes dar. Hellblau steht für Frieden und Ruhe, Gelb für den Reichtum, entstanden durch Arbeit zur Erhaltung des ökonomischen Wachstums, Grün symbolisiert Aufschwung, Arbeit und Produktivität. Die Sonne stellt die neue Hoffnung und ihre Strahlen Ehrlichkeit dar.

Wappen: Mit der Flagge nahm das Land am 31. Dezember 2001 auch ein neues Staatswappen an. Nichts sollte mehr an den alten Staat erinnern. Das neue Wappen soll ein Symbol des Zusammenlebens der verschiedenen Volksgruppen sein. Das grüne Band mit dem Knoten symbolisiert die industrielle Entwicklung durch harte Arbeit, die beiden Schilde den Patriotismus, Verteidigung der Souveränität, Integrität und Gerechtigkeit. Der traditionelle Korb gilt als Symbol der Freundschaft in Rwanda. Das Zahnrad symbolisiert die Industrie, Kaffee und Sorghum die Landwirtschaft. Der Wahlspruch »Ubumwe Umurimo Gukunda Igihugu« bedeutet »Einheit, Arbeit, Patriotismus«. Oben steht der einheimische Staatsname.

Saint Kitts und Nevis

KAN

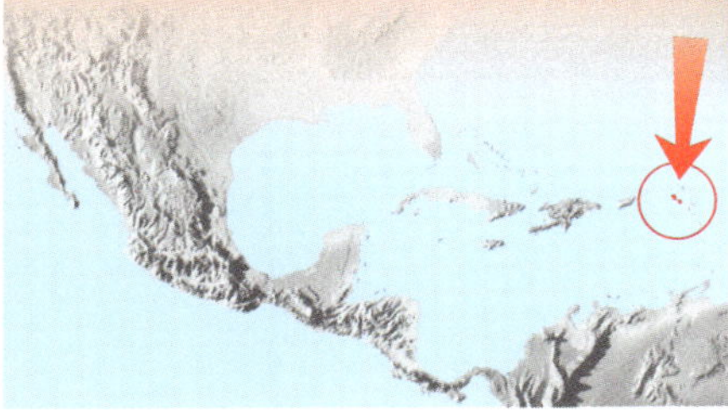

Fläche:	261 km²
Einwohner:	50 000
Hauptstadt:	Basseterre
Landessprache:	Englisch
Staatsform:	parlamentarische Monarchie im Commonwealth

Flagge: Ursprünglich bildete die 1493 von Kolumbus entdeckte Inselgruppe die britische Kronkolonie St. Christopher (St. Kitts), Nevis und Anguilla. Nach dem Ausscheiden Anguillas wurden die verbleibenden Inseln am 19. September 1983 unabhängig. Am 28. Februar 1967 erhielten sie den Status eines assoziierten Staates und damit auch das Recht, eine eigene Flagge zu führen. Sie war grün-gelb-blau senkrecht geteilt mit einer schwarzen Palme mit drei Wedeln im mittleren Streifen. Als die Föderation unabhängig wurde, hisste sie erstmals ihre neue Nationalflagge (Proportionen zu Land 2:3, zur See 1:2). Sie wurde nach einem Wettbewerb aus 258 Entwürfen ausgewählt und stammt von Edrice Lewis, einem ehemaligen Lehrer. Grün steht für die tropische Natur der Inseln, Schwarz für die Herkunft der meisten Bewohner, die als Sklaven auf die Inseln gebracht wurden. Auf diese Weise sollen die Geschichte und das kulturelle Erbe versinnbildlicht werden. Rot symbolisiert die errungene Unabhängigkeit, während die schmalen gelben Streifen die Sonne darstellen. Die Sterne versinnbildlichen Hoffnung und Freiheit, ihre Farbe den Frieden. Die Insel Nevis führt eine Flagge, die im Obereck eines gelben Tuchs die Nationalflagge zeigt. Im fliegenden Ende liegt das Symbol für Nevis, ein grünes Dreieck mit blauer Basis, an der Spitze von einem weißen Dreieck abgeschlossen.

Wappen: Im Februar 1967 erhielten die Inseln ihr Staatswappen mit dem Wahlspruch »Einheit in Dreiheit«. Am 19. September 1983 wurde das Wappen modifiziert, als der Wahlspruch in »Das Land über alles« ersetzt wurde. Im Schildhaupt steht der Kopf eines Kariben zwischen einer französischen Lilie und einer englischen Rose. Diese Nationen kämpften lange um das Land. Über dem Sparren im unteren Feld stehen zwei Poiciana-Blüten (die Nationalblume) als Erinnerung an M. de Poinzy, den ersten französischen Gouverneur. Der Schoner verbindet die beiden Inseln. Als Schildhalter dienen zwei Pelikane, die eine Kokospalme und einen Zuckerrohrstengel – Symbole für die landwirtschaftlichen Produkte – halten. Auf dem Helm halten der Arm eines Schwarzen und eines Mulatten die Fackel als Symbol der Freiheit.

Saint Lucia

WL

Fläche:	616 km²
Einwohner:	165 000
Hauptstadt:	Castries
Landessprache:	Englisch
Staatsform:	parlamentarische Monarchie im Commonwealth

Die von Kolumbus am St.-Lucia-Tag (16. Juni 1502) entdeckte Insel kam 1814 in britischen Besitz. Seit 1. März 1967 assoziierter Staat, erlangte die Insel am 22. Februar 1979 die volle Unabhängigkeit.

Flagge: Als Saint Lucia den assoziierten Status erhielt, hisste es am 21. Februar 1967 eine von einem einheimischen Künstler entworfene Flagge, deren Proportionen 5:8 betrugen. Bei Erlangung der Unabhängigkeit änderte man nur die Proportionen in 1:2, der Blauton wurde dunkler und das gelbe Dreieck höher dargestellt. Die Flagge wird wie folgt erklärt: Himmelblau ist die Treue, es symbolisiert den tropischen Himmel und das die Insel umspülende Meer. Gold steht für Wohlstand und für die Sonne. Das schwarze und weiße Dreieck symbolisieren die kulturellen Einflüsse der schwarzen und weißen Rasse, die in Eintracht miteinander leben. Das Design drückt die Dominanz der afrikanischen Kultur in Verbindung mit der europäischen aus. Die Spitzen der farbigen Dreiecke stehen noch für den Gros Piton und den Petit Piton, die höchsten Berge, die wichtige Orientierungspunkte für die Schifffahrt waren. Alle drei Spitzen zusammen sind Symbole für die Hoffnung und das Streben des Volkes. Die Flagge wurde letztmalig am 22. Februar 2002 modifiziert.

Wappen: Am 16. August 1939 löste das Wappen ein seit 1880 geführtes *Badge* ab. Dieses zeigte die noch jetzt geführten Symbole, aber golden im schwarzen Schild. Am 1. März 1967 kehrte man die Farben um und fügte den Stuhl ein. Als Saint Lucia unabhängig wurde, nahm es das heute gültige Wappen an. Die britischen Tudorrosen und die französischen Lilien erinnern daran, dass sich diese beiden Länder lange um die Inseln stritten. Der »afrikanische Autoritätsstuhl« erinnert an die Herkunft der Bewohner, das Bambuskreuz an die Pflanzenwelt und den Glauben der Bewohner. Als Schildhalter repräsentieren die Blaumaskenamazonen die Tierwelt der Insel. Auf dem Wulst hält die Hand eines Schwarzen eine Fackel als wegweisendes Licht und als Zeichen, wie wichtig Saint Lucia für die Schifffahrt war. Der Wahlspruch bedeutet »das Land, das Licht, das Volk.«

Saint Vincent und die Grenadinen

WV

Fläche:	388 km²
Einwohner:	120 000
Hauptstadt:	Kingstown
Landessprache:	Englisch
Staatsform:	parlamentarische Monarchie im Commonwealth

Die von Kolumbus am 22. Januar 1498, dem St.-Vincent-Tag, entdeckte Insel gehörte seit 1793 zu Großbritannien, wurde am 27. Oktober 1969 assoziierter Staat und ist seit dem 27. Oktober 1979 unabhängig.

Flagge: Zur Assoziierung hatte man eine Flagge entworfen, die als Vorläufer der jetzigen Flagge angesehen werden kann. Sie zeigte in der Mitte des grün-gelb-blau waagerecht gestreiften Tuchs einen weißen blaubordierten Rhombus, darauf eine grüne Pflanze mit roten Beeren. Als Staatsflagge nahm St. Vincent am 27. Oktober 1975 den britischen Blue Ensign mit dem Mittelteil des Wappens als Badge im fliegenden Ende an. Bei Erlangung der Unabhängigkeit führte die Insel eine blau-gelb-grün senkrecht gestreifte Flagge ein. Dabei war dem gelben Streifen, der mit weißen Säumen versehen war, das volle Staatswappen aufgelegt. Diese von Elaine Liverpool entworfene Flagge war das Vorbild für die jetzige, am 21. Oktober 1985 gegen die verfassungsmäßigen Bedenken der Opposition eingeführte Nationalflagge. Ihre Proportionen sind 2:3 (Verhältnis der Streifen 1:2:1). Die Flagge entwarf der Schweizer Julien van der Waal. Sie ging aus einem Wettbewerb hervor, zu dem 150 Entwürfe eingereicht worden waren. Blau steht für den Himmel und die See, Grün verkörpert die reiche Vegetation auf den Inseln und Gelb steht für Wärme und den Sonnenschein. Die drei grünen Diamanten bilden ein »V« für »Victory« und stehen für St. Vincent und »die Pluralität der Inseln in einer Nation«.

Wappen: Das der Insel durch Royal Warrant am 29. November 1912 verliehene Wappen wird seither unverändert weitergeführt. Es zeigt im weißen Feld mit grünem Grund, das ein Rasenstück darstellt, einen Altar, auf dem ein Opferfeuer brennt. Zwei Frauengestalten, die eine mit einem Zweig, die andere mit einer Opferschale, personifizieren Frieden und Gerechtigkeit, versinnbildlichen also den Wahlspruch auf dem unteren Band »Pax et Justitia«. Auf dem Wulst in den Nationalfarben drückt der Baumwollzweig die Wichtigkeit dieser Pflanze für den Inselstaat aus.

Salomonen

SOL

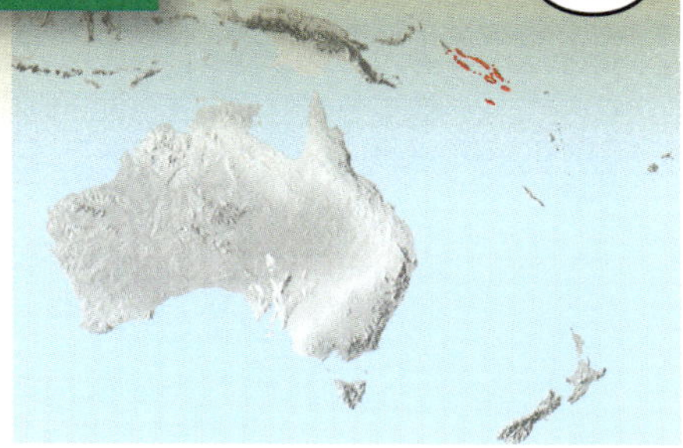

Fläche:	27 556 km^2
Einwohner:	496 000
Hauptstadt:	Honiara
Landessprache:	Englisch
Staatsform:	parlamentarische Monarchie im Commonwealth

Flagge: Bevor die Salomonen die oben abgebildete Nationalflagge am 18. November 1977 – also noch vor der Unabhängigkeit am 7. Juli 1978 – annahmen, wehten über den Inseln bereits drei andere Flaggen. Dabei handelte es sich jeweils um den Blue Ensign mit einem entsprechenden Badge. Zur Schaffung einer Nationalflagge fand im Juli des Jahres 1975 ein Wettbewerb statt. Der siegreiche Entwurf zeigte im blauen Feld einen gelben Kreis mit einem Fregattvogel, umgeben von einer Kette. Allerdings fand dieser bei der Bevölkerung keine Zustimmung, und so wurde nach heftigen Diskussionen die heutige Flagge geschaffen, die in der Urversion noch das Wappen im grünen Feld zeigte. Die Proportionen der Flagge sind 1:2, wobei der gelbe Streifen ein Elftel der Flaggenbreite einnimmt. Die Sterne stehen für die fünf Distrikte Eastern, Western, Malaita, Central Islands und Outer Islands. Blau symbolisiert das die Inseln umspülende Meer und den Regen, der die üppige tropische Natur gedeihen lässt. Grün versinnbildlicht das Land und seinen natürlichen Reichtum, Gelb die Sonne und Weiß die Sandstrände.

Wappen: Die Salomonen erhielten am 10. Mai 1947 ein erstes Wappen. Es zeigte unter einem schwarzen Schildhaupt mit acht silbernen Spitzen in Rot eine silberne Schildkröte. Dieses Wappen wurde 1956 durch ein anderes ersetzt, welches unter einem roten Schildhaupt, darin ein goldener Leopard, viergeteilt war. Das neue Staatswappen, das am 7. Juli 1978 verliehen wurde, weist die Farben der Nationalflagge auf. Im Schildhaupt repräsentieren die beiden Fregattvögel den Eastern- und der Seeadler den Malaita-District. Im Hauptfeld stehen die Schildkröten für den Western-District, und die Pfeile, der Tanzschild und der Bogen zusammen mit dem Andreaskreuz für den Central-District. Als Schildhalter dienen ein Hai und ein Salzwasserkrokodil als Symbole für das Meer und die Fauna der Inseln. Im Crest erscheint unter der Sonne ein traditionelles Boot der Salomonen. Unter dem Schild ist als künstlerisches Beiwerk ein hochstilisierter doppelköpfiger Fregattvogel zu sehen. Der Wahlspruch auf dem unteren Spruchband gibt das Staatsmotto auf Englisch wieder: »Führen heißt dienen«.

Sambia

Fläche:	752 614 km²
Einwohner:	11,9 Mio.
Hauptstadt:	Lusaka
Landessprache:	Englisch
Staatsform:	präsidiale Republik

Flagge: Als die britische Kolonie Nordrhodesien am 24. Oktober 1964 unter dem Namen Sambia unabhängig wurde, hisste das Land erstmals die Nationalflagge (Proportionen 2:3), deren Farben der »United National Independance Party« entstammen. Die UNIP bekämpfte unter Kenneth Kaunda die 1953 gebildete Zentralafrikanische Föderation, die die britischen Kronkolonien Nord- und Südrhodesien mit dem Protektorat Njassaland verband. Nachdem die Föderation 1963 auseinandergebrochen war, bildete Kaunda die erste schwarzafrikanische Regierung und führte das Land in die Unabhängigkeit.

Die Flagge wird folgendermaßen erklärt: Grün sind die Felder und Wälder, die die größte Fläche des Staatsgebiets einnehmen; Schwarz ist die Hautfarbe des Volkes von Sambia; Rot symbolisiert den Freiheitskampf, der sich gegen die Zentralafrikanische Föderation richtete. Orange repräsentiert die Kupfervorkommen des Staates. Auf Kupfer, das etwa 93 Prozent des Exportes ausmacht, gründet sich der relative Reichtum der Republik. Der Fischadler (Nkwazi) symbolisiert den Freiheitswillen Sambias und seine Fähigkeit, mit allen Problemen fertig zu werden. Die Flagge wurde 1996 letztmalig modifiziert, als der Grünton heller und der Adler dem des Wappens angepasst wurden.

Wappen: Das Staatswappen wurde durch Gesetz am 19. Februar 1965 festgelegt. Es basiert auf dem Kolonialwappen (sechs silberne Wellenpfähle in schwarzem Feld unter einem blauen Schildhaupt, darin ein goldener Fischadler mit ausgebreiteten Schwingen, einen silbernen Fisch schlagend), das 1939 förmlich verliehen worden war, aber als Siegel bereits seit 1927 geführt wurde. Die sechs silbernen Wellenpfahlleisten repräsentieren die Victoriafälle (Mosioa-Tunya-Wasserfälle), die am mittleren Sambesi liegen und von D. Livingstone entdeckt wurden. Die auf dem Schild gekreuzt stehenden Werkzeuge symbolisieren den Bergbau. Auf dem als Rasenstück ausgebildeten Fundament stehen der Mais für den Ackerbau, das Zebra für die Fauna und das Bergwerk für den Bergbau. Das Motto lautet: »Ein Sambia – eine Nation«. Als Schildhalter dienen ein sambesischer Mann und eine sambesische Frau.

Samoa

WS

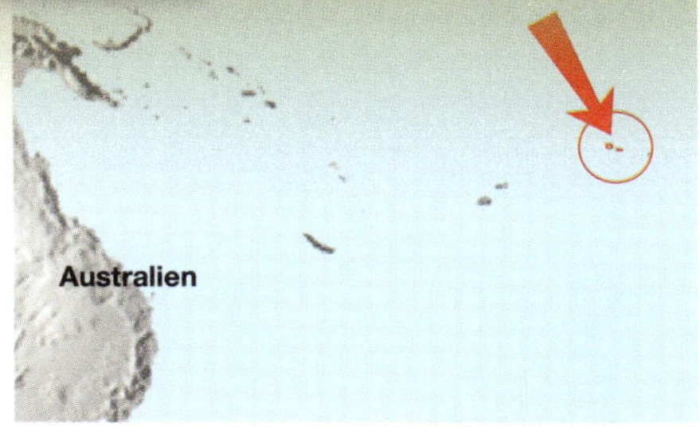

Fläche:	2890 km²
Einwohner:	187 000
Hauptstadt:	Apia
Landessprachen:	Samoanisch, Englisch
Staatsform:	parlamentarische Monarchie

Flagge: Eine erste Flagge wehte im Bereich Samoas 1858, sie war rot und zeigte in der Mitte Halbmond und Stern, beide weiß. Nach der Missionierung der Inseln 1873 wurde die Flagge geändert; sie war weiterhin rot, zeigte aber nun ein weißes durchgehendes Kreuz und im Obereck am Liek einen weißen Stern. Diese Flagge wehte 1873–1899 über den Inseln, ausgenommen in den Jahren 1887–1889. In dieser Zeit erlangte der vom Deutschen Reich unterstützte Häuptling Tamasese die Macht. Tamasese führte eine Flagge ein, die das deutsche Vorbild verriet: Im weißen Tuch lag ein schwarzes durchgehendes Kreuz, im roten Obereck ein weißer fünfzackiger Stern. 1899 wurden die Samoainseln unter Deutschland, Großbritannien und den USA aufgeteilt.

Am 1. Juni 1948 führte dann Westsamoa die Flagge mit vier statt fünf Sternen im Obereck ein. Sie wurde entworfen von dem König Malietoa Tanumafili II. und von Tupua Tamasese Mea'ole. Durch Einsetzen des fünften Sterns am 24. Februar 1949 entstand die heutige National- und Handelsflagge (Proportionen 1:2). Das Sternbild des Kreuz des Südens stammt aus der neuseeländischen Flagge. Die Farben stehen für Tapferkeit (Rot), Reinheit (Weiß) und Freiheit (Blau).

Wappen: Am 12. April 1951 wurde in der »New Zealand Gazette« Nr. 30 das Wappen für Westsamoa bekannt gegeben. Dieses Wappen übernahm der Staat bei Erlangung der Unabhängigkeit fast unverändert, nur ersetzte man die ursprünglich oben stehende Halbsonne durch ein Kreuz, innen blau, außen rot, weiß abgesetzt mit roten Strahlen. Das Kreuz weist darauf hin, dass sich die Bevölkerung zur christlichen Religion bekennt. Der Wappenschild liegt auf den Kreisen des UN-Emblems, das daran erinnert, dass Westsamoa ein UN-Mandat war. Umgeben ist der Wappenschild von Olivenzweigen, ebenfalls auf dem UN-Emblem. Der unten stehende Wahlspruch heißt: »Gott sei die Grundlage Samoas«. Der Wappenschild selbst beschreibt die Natur des Landes unter dem südlichen Himmel. Die unteren zwei Drittel zeigen das Kreuz des Südens; das obere Drittel zeigt die Insellage durch Wellen und Palmen an.

San Marino

RSM

Fläche:	61 km²
Einwohner:	31 000
Hauptstadt:	San Marino
Landessprachen:	Italienisch, Romagnol
Staatsform:	parlamentarische Republik

Die Repubblica di San Marino, ganz umgeben von Italien, ist mit 61 km² einer der kleinsten souveränen Staaten der Erde. Seine Geschichte geht bis auf die Spätantike zurück. Souveränität erlangte San Marino um 1300.

Flagge: Als Napoleon 1797 Italien besetzte, ließ er San Marino unangetastet. Er bot sogar eine Erweiterung des Territoriums an. Zum Zeichen seiner Souveränität legte sich San Marino 1797 eine weiß-blaue Kokarde zu. Wahrscheinlich wurde die Flagge zur gleichen Zeit geschaffen. Mit Wappen wird sie als Staatsflagge und ohne als Nationalflagge geführt, ihre Proportionen betragen 3:4. Die Farben werden heute so erklärt: Weiß als Zeichen für den Frieden verkörpert die Wolken über dem Land und den Schnee auf seinen Bergen, während Blau die Freiheit und den Himmel symbolisiert. Die Flagge wurde offiziell am 6. April 1862 eingeführt.

Wappen: Das jahrhundertealte, wahrscheinlich aus dem 14. Jahrhundert stammende Staatswappen zeigt im blauen Schild drei grüne Berge mit drei silbernen Türmen, jeder mit einer silbernen Straußenfeder geschmückt. Die Tradition schreibt die Gründung von San Marino einigen dalmatinischen Sklaven im 3. Jahrhundert zu. Unter Führung eines christlichen Steinhauers namens Marinus von der Insel Arbe (Rab) versammelten sie ihre Familien auf dem Monte Titano und gründeten eine religiöse Gemeinschaft, die alle Verfolgten der Umgebung aufnahm. Darauf bezieht sich das Motto »Libertas«. Es zeigt aber auch an, dass die Republik immer unabhängig sein wird. Angesichts drohender Invasionen von Sarazenen und Normannen befestigte die Bevölkerung ihren Siedlungsraum, so entstanden die drei Kastelle. Im Wappen sind es die Wachttürme, die auf den drei Gipfeln stehen: La Guaita, La Cesta und La Montale. Statt einer Wetterfahne sind die Türme mit Straußenfedern besteckt. Die drei Berge stehen für die drei Gipfel des Monte Titano. Der Schild ist umkränzt von einem Eichen- und Lorbeerzweig als Zeichen der Beständigkeit der Republik und der Verteidigung ihrer Freiheit. Die Krone gilt als Symbol der »tatsächlich ausgeübten Souveränität«.

São Tomé und Príncipe

Fläche: 1001 km²
Einwohner: 158 000
Hauptstadt: São Tomé
Landessprache: Portugiesisch
Staatsform: präsidiale Republik

Flagge: 1960 begann auf den Inseln das Streben nach Unabhängigkeit, als die Bewegung für die Befreiung der Inseln, die MLSTP, gegründet wurde. Deren Führer, Manuel Pinto da Costa, soll der Zeichner einer Flagge für die Bewegung gewesen sein. Im Zusammenhang mit dem Umsturz in Portugal erreichte da Costa bereits am 7. Juli 1975 die Wahl einer verfassunggebenden Versammlung. Als der Staat am 12. Juli 1975 seine Unabhängigkeit erklärte, wurde die Flagge der MLSTP als Nationalflagge gehisst. Die heute gültige Flagge (Proportionen 1:2) wehte erstmals am 5. November 1975, das Verhältnis der waagerechten Streifen ist 2:3:2. Bevor die MLSTP-Flagge angenommen wurde, gab es neun weitere Entwürfe, die alle die Farben Rot, Gelb, Grün und Schwarz zeigten.

Diese sog. panafrikanischen Farben werden wie folgt interpretiert: Das rote Dreieck erinnert an das Ringen um die Unabhängigkeit und an die Gleichheit seiner Bewohner. Das Schwarz der Sterne symbolisiert die Bewohner und den afrikanischen Kontinent, während die Sterne die beiden Hauptinseln repräsentieren. Grün symbolisiert die Natur und Gelb den Kakao, den wichtigsten Devisenbringer der Republik.

Wappen: Wie alle portugiesischen Kolonien erhielten auch die Inseln 1935 ein Wappen, welches vorn die fünf Schildchen für Portugal und in der eingebogenen Spitze Wellenbalken für das trennende Meer zeigte. Das im dritten Feld stehende Beizeichen zeigte für São Tomé und Príncipe in Rot ein goldenes Wassermühlrad mit absprühenden Wassertropfen. Dieses war das persönliche Abzeichen König Alfons V., unter dessen Regierung die Inseln in Besitz genommen wurden. Das jetzige Staatswappen nahm die junge Republik 1977 an. Es zeigt im Schild eine Palme und erinnert daran, dass Kakao und Kopra die wichtigsten Einnahmequellen der kleinen Nation sind. Die beiden Vögel stehen für die Gleichrangigkeit der Inseln São Tomé und Príncipe, deren Einheit durch den Stern symbolisiert wird. Das obere Schriftband zeigt den offiziellen Staatsnamen, auf dem unteren Band ist das Motto des Staates »Einheit, Disziplin, Arbeit« eingetragen.

Saudi-Arabien

KSA

Fläche:	2 250 000 km²
Einwohner:	24,74 Mio.
Hauptstadt:	Riad
Landessprache:	Arabisch
Staatsform:	absolute Monarchie

Flagge: Das Königreich Saudi-Arabien ist eine absolute Monarchie, in der der Islam die religiöse, geistige und rechtliche Grundlage bildet. Zwischen 1902 und 1921 schuf Ibn Saud Abd al Aziz III. das Reich der Wahhabiten neu. 1915 erkannte Großbritannien Ibn Saud als unabhängigen Herrscher des Nadjd an. Nach einigen Berichten wurde die 1924 geschaffene Flagge des Nadjd, eine schwarz-grün-gelbe Streifenflagge mit rotem Dreieck am Liek, Flagge dieses Staates. 1924 zogen die Saudis siegreich in Mekka ein. Bereits 1920 hatte sich das Hochland von Asir unter Ibn Sauds Schutz gestellt. 1926 ließ sich Ibn Saud zum König des Hedjas ausrufen und am 18. September 1932 vereinigte er Hedjas und Nadjd zur Doppelmonarchie Saudi-Arabien. Als Wächter der Heiligen Stätten führte er für diesen Staat die traditionelle Flagge der Wahhabiten ein, die ganz vom Islam geprägt war und noch zusätzlich einen weißen Streifen am Liek zeigte. 1937 wurde diese Flagge geändert, als man unter die Schahada (Glaubensbekenntnis) zwei gekreuzte Säbel legte, als Symbol der Vereinigung von Hedjas und Nadjd. 1946 kehrte man zur ursprünglichen Flagge zurück. Die Flagge mit den zwei Säbeln stand nur dem König zu, und die Staatsflagge sollte nur einen Säbel zeigen. Ihre heutige Form erhielt die Flagge (Proportionen 2:3) am 15. März 1973, als der Säbel gegen ein Schwert mit gerader Klinge getauscht wurde. Die Flagge zeigt das islamische Glaubensbekenntnis »Es gibt keinen Gott außer Allah und Mohammed ist sein Prophet«. Das Schwert, als Symbol der Gerechtigkeit, erinnert an die Verbreitung des Islam in früheren Jahrhunderten. Die Inschrift muss so angebracht werden, dass sie auf beiden Seiten richtig zu lesen ist. Die Flagge darf wegen der Schahada niemals auf Halbmast gesetzt werden.

Wappen: Das Staatswappen, das seit 1950 bekannt ist, entwickelte sich aus dem Siegel des Königs aus den 1930er Jahren. Es zeigt eine Palme über zwei gekreuzten Säbeln. Gehalten in der grünen Farbe des Islam erinnert es an die Entstehung des Staates durch die Vereinigung zweier Gebiete. Nach neuer Deutung symbolisiert es, dass Wohlergehen und Glück nur durch Gerechtigkeit entstehen können.

Schweden

S

Fläche:	410 335 km²
Einwohner:	9,12 Mio.
Hauptstadt:	Stockholm
Landessprache:	Schwedisch
Staatsform:	parlamentarische Monarchie

Flagge: Der unabhängige Nationalstaat Schweden existiert seit der Regierung Gustav Wasas (reg. 1523–1560) und war zwei Jahrhunderte lang eine führende europäische Großmacht. Das »Konungariket Sverige« dokumentiert durch die blaue Flagge mit dem Kreuz, dass es sich der skandinavischen Völkerfamilie zugehörig fühlt. Nach dem *Danebrog* (Dänemark) ist die schwedische Flagge die zweitälteste Nordeuropas.

Wie über die dänische Nationalflagge existiert auch über die Entstehung der schwedischen eine Legende. Um 1150 wurde Erik IX., der Heilige, König. Da er ein eifriger Förderer des Christentums war, unternahm er bald nach seiner Thronbesteigung einen Kreuzzug, um die heidnischen Finnen zu bekehren. Vor der Schlacht kniete er zum Gebet nieder. Als er zum strahlend blauen Himmel aufsah, erblickte er ein von der Sonne beleuchtetes, wunderbares Kreuz; darauf wählte er ein goldenes Kreuz auf blauem Tuch zu seinem Feldzeichen. So bestärkt, unterwarf und bekehrte er einen Teil Finnlands. Am 18. Mai 1160 wurde er vom Dänenprinzen Magnus bei Uppsala überfallen und erschlagen; im Dom zu Uppsala befindet sich sein Grab. Bereits am Ende des 12. Jahrhunderts kultisch gefeiert, entstanden um 1280 verschiedene Legenden um ihn. Heute wird er als Schwedens Nationalheiliger verehrt.

Nachzuweisen ist das schwedische Kreuz seit etwa Mitte des 15. Jahrhunderts; es entstand aus dem goldenen Kreuz zwischen den vier blauen Feldern des Königswappens. Heute wird Gelb als Farbe der Sonne und Blau als die des Himmels und des Meeres gedeutet. Seine große Volkstümlichkeit datiert aus der Zeit Gustav Wasas, den die Schweden nach der Vertreibung der Dänen 1523 zu ihrem König wählten. Alljährlich feiert Schweden den 6. Juni, den Krönungstag, als »Flaggentag«.

Letztmals wurde die National- und Handelsflagge am 22. Juni 1906 festgesetzt, als das schwedisch-norwegische Unionsabzeichen aus dem Obereck verschwand. Die Proportionen betragen 10:16, die Länge beträgt 5:2:9, die Breite 4:2:4. Bereits um 1600 tauchte in Schweden erstmals die dreizüngige Splittflagge auf; seit 1906 wurde diese zur Kriegsflagge und zur Gösch mit den Längenverhältnissen 5:2:5:8 (für die Zungen), die Breite blieb. Mit dem großen Staatswappen in einem quadratisch-weißen Feld, das den Schnittpunkt der Kreuzarme überlagert, gilt die Kriegsflagge als Königsstandarte.

Wappen: Neben dem Königswappen führt Schweden ein Staatswappen, das im bekrönten Schild drei goldene Kronen in Blau zeigt. Das heute gültige Königswappen, das auch als großes Staatswappen gilt, wurde zuletzt am 15. Mai 1908 festgesetzt. Die zurzeit gültige Ausführung stammt aus dem Jahr 1966. In seiner Gestaltung geht das Wappen zurück auf Gustav Wasa, der das Kreuz des Danebrogs aus dem vorigen schwedischem Wappen entfernte, die Felder anders anlegte und sein Wappen als Herzschild auflegte. Das Wappen zeigte die drei Kronen in Feld 1 und 4 und den Folkunge-Löwen in Feld 2 und 3. Gustavs Nachfolger hielten an diesem Wappenaufbau fest, nur der Herzschild entsprach ihrem Familienwappen. Eine wesentliche Veränderung erfuhr das Wappen unter Karl XIV. Johann (reg. 1818–1844). Der Schild war durch ein Gabelkreuz in drei Felder geteilt, darin die drei Kronen, der norwegische Löwe und der Folkunge-Löwe. Der aufgelegte Herzschild entsprach aber dem heutigen. 1908 kehrte man zu der alten Feldanordnung zurück.

Das erste und das vierte Feld zeigen in Blau drei goldene Kronen. Sie gelten ab dem 15. Jahrhundert als schwedisches Staatswappen. Der Ursprung der drei Kronen liegt im Dunkeln. Zum ersten Mal sollen sie auf dem sog. »Mora Steen« abgebildet sein. Dieser Stein, der im Jahre 1662 zerbrochen wurde, lag im freien Feld bei Uppsala, wo die Könige gewählt wurden. Ebenfalls nicht gesichert ist die Angabe, wonach ein Siegel König Johannes von 1220 drei Kronen zeigte. Den ersten sicheren Beweis für die drei Kronen liefern Münzen des letzten Folkungers, Magnus (reg. 1319–1365). Sein Nachfolger Albrecht von Mecklenburg (reg. 1365–1389) führte die drei Kronen in seinem Siegel als Zeichen des Reichs. Man deutete die drei Kronen in einem Schild als die Reiche, aus denen sich Schweden zusammensetzte, aus Svealand, Götaland und Österland. Im zweiten und dritten Feld steht der Folkunge-Löwe, der fälschlicherweise Göta- oder Gothland-Löwe genannt wird. Er stellt das alte schwedische Königswappen aus dem 13. Jahrhundert dar. Die Dynastie der Folkunger trat mit Birger Jarl im Jahre 1250 die Thronfolge an und festigte die innere Einheit des Staates. Der Löwe soll auf König Anund (reg. 1022–1050) zurückgehen. Der gespaltene Herzschild zeigt vorn das Wappen der Wasa und hinten das der Bernadotte, der heute regierenden Dynastie. Die Wasa (= Garbe) führten als redendes Wappen eine Garbe, die Gustav Wasa nach seiner Thronbesteigung in die heutige Form brachte. Das Wappen der Bernadotte, die aus Frankreich stammten, zeigt in Blau eine silberne Brücke über Wasser und darüber einen goldenen Adler unter dem Sternenbild des Großen Bären. Der Schild ist eingefasst vom Seraphim-Orden, der höchsten schwedischen Auszeichnung, die schon Magnus I. im 13. Jahrhundert gestiftet haben soll.

Schweiz

Fläche:	41 285 km²
Einwohner:	7,5 Mio.
Hauptstadt:	Bern
Landessprachen:	Deutsch, Französisch, Italienisch, Rätoromanisch
Staatsform:	parlamentarischer Bundesstaat

Die Schweizerische Eidgenossenschaft, im Herzen Europas gelegen, verdankt ihre Eigenstaatlichkeit dem Schutzbündnis der drei »Waldstätte« Uri, Schwyz und Unterwaiden (von Schwyz leitet sich der Staatsname ab) aus dem Jahre 1291. Diesem Bündnis schlossen sich später andere Städte und Landschaften an. Sie behielten so viel Eigenständigkeit, dass die Schweiz, die ein Staatenbund war und 1815 ihre endgültigen Grenzen erhalten hatte, erst 1848 zum Bundesstaat wurde. Die 25 Kantone der Schweiz haben weitgehende Autonomie und das Recht, eine eigene Flagge zu führen.

Flagge: Von einer Bundes-(National-)flagge kann man erst seit dem Jahr 1848 sprechen. Die Flagge ist quadratisch und zeigt in Rot ein schwebendes weißes Kreuz. 1848 wurde im Artikel 200 endgültig festgelegt: »Alle Truppenabteilungen im eidgenössischen Dienst führen ausschließlich die eidgenössische Fahne.« Eine genaue Beschreibung der Fahne findet sich erst im § 363 des »Reglement, Bewaffnung und Ausrüstung des Bundesheeres« aus dem Jahr 1852. Obwohl der Flaggenerlass erst so späten Datums ist, lässt sich der Ursprung der Flagge bis in die Entstehungszeit der Eidgenossenschaft verfolgen.

Im frühen Mittelalter war das Kreuz als christliches Symbol ein weit verbreitetes Münz- und Siegelzeichen. Von ihnen ging es auf die Feldzeichen über; während der Kreuzzüge hatte es große Bedeutung. Als Fahnenzeichen wurde das immer durchgehende weiße Kreuz in ein rotes Feld gelegt.

Die genauen Zusammenhänge zwischen diesen Fahnen und dem Schweizerkreuz, das seit dem 14. Jahrhundert belegbar ist, sind noch nicht ganz geklärt; der Ursprung dürfte in den Bannern des Heiligen Römischen Reiches zu suchen sein, deren Symbol der Adler war, der Kraft, Stärke und weltliche Macht des Kaisers symbolisierte. Dazu trat das Kreuz als Kennzeichen der dem Herrscher verliehenen Schutzgewalt über die gesamte Christenheit. Der Adler blieb das persönliche Zeichen des Kaisers, und die Kreuzfahne war das Zeichen des Reichs. Ihre Verleihung bestätigte die Unabhängigkeit von Kaiser und Reich. Das Kreuz symbolisierte die »hohe Marter Christi«. Daneben gab es als dritte Reichsfahne die Blutfahne (bildloses rotes Tuch); sie ging zurück auf den römischen Kaiser Konstantin. Rot galt seit alten Zeiten als Symbol des Rechts über Leben und Tod. Mit Überreichung der Blutfahne ging im Mittelalter der Blutbann (das Recht, über Leben und Tod zu entscheiden) auf den Träger über, er übte die Rechtsprechung im Namen des Kaisers aus.

Eine Schar von 1500 Schwyzern zeichnete sich auf Seiten des Königs in der Schlacht bei Besançon 1289 (gegen den Herzog von Burgund) aus. Als Lohn für ihre Hilfe bestätigte der König den Schwyzern die schon früher verliehene Reichsfreiheit, d. h. die Befreiung von jeder landesherrlichen Gewalt. Es ist wahrscheinlich, dass das rote Banner von Schwyz als Zeichen der Reichsfreiheit schon 1240 von Kaiser Friedrich II. bei Faenza verliehen worden war. König Rudolf von Habsburg gewährte ihnen auch das Recht, im alten Banner noch ein Kruzifix zu führen (es war die Darstellung Christi am Kreuz mit Johannes; ursprünglich war es auf Pergament gemalt und am Banner angenäht). Die Bereicherung eines Banners durch solch ein Eckquartier durch den König oder Papst galt als hohe Auszeichnung. Das Schwyzer Banner wurde zum Vorbild der schweizerischen Flagge.

Auch im Berner Feldzeichen finden wir gegen Ende des 13. Jahrhunderts ein weißes Kreuz – teils durchgehend, teils nicht durchgehend – im roten Feld; diese Fahne übernahmen die Berner von den Grafen von Savoyen. Obwohl sich das durchgehende weiße Kreuz mehr und mehr durchsetzte, zog die Eidgenossenschaft unter den Standesfahnen mit den Wappen der einzelnen Orte ins Feld. Allerdings hatte sie ein gemeinsames Feldzeichen, das ihre Zusammengehörigkeit für Freund und Feind sichtbar machte. Seit 1339 wird ein »weißes Kreuz aus langen Leinwandstreifen, das jeder im Heer vom höchsten bis zum geringsten Krieger auf seinem Harnisch aufgenäht oder mit Nesteln befestigt trug« bezeugt. Seit dem 15. Jahrhundert begann sich das weiße Kreuz in Rot als einziges eidgenössisches Kennzeichen durchzusetzen. Daraus entwickelte sich dann die schweizerische Bundesflagge, in der das Kreuz frei schwebt und nicht durchgehend ist.Bereits 1862 beschäftigte sich eine Gesellschaft, die sich mit Kolonialplänen befasste, mit der Zulässigkeit der schweizerischen Flagge auf den Weltmeeren, was aber nicht weiter verfolgt wurde. Erst ab 1952 begann eine Entwicklung, die schließlich zur Einführung einer Schweizerflagge zur See führte. Im »Bundesgesetz über die Seeschifffahrt unter der Schweizerflagge (Seeschifffahrtsgesetz)« vom 23. September 1953, in Kraft seit dem 1. Januar 1957, wird unter Artikel 3 die Flagge (Proportionen 2:3) beschrieben.

Wappen: Das Siegel der Schweiz wurde erstmals am 16. Mai 1814 festgelegt. Der Artikel 41 der damaligen Verfassung sagte: »Das Siegel der Eidgenossenschaft ist das Feldzeichen der alten Schweizer, ein weißes, freistehendes Kreuz im roten Feld.« Das daraus resultierende Wappen von 1848, das heute noch gilt, wurde letztmals 1889 festgelegt. Als erste gemeinsame Landesflagge der Schweiz muss man die grün-rot-gelb waagerecht gestreifte Trikolore der Helvetischen Republik ansehen, die 1798-1803 nach französischem Vorbild existierte.

Die Schweizer Kantone

Aargau: Am 20.04.1803 nahm der Kanton die

Farben Schwarz und Hellblau und das Wappen an. Die exakte Festlegung erfolgte am 2. Juni 1930. Wahrscheinlich soll das schwarze Feld den fruchtbaren, schwarzerdigen, von der Aare durchflossenen Berner Aargau darstellen. Das blaue Feld versinnbildlicht die neuen Gebiete: Grafschaft Baden, die Freien Ämter und das Fricktal.

Appenzell-Ausserrhoden: Das Wappen leitet

sich aus dem des Gesamtkantons Appenzell ab und stammt von 1597. Der Bär entstammt dem Wappen der ehemaligen Landesherren, den Äbten von St. Gallen. VR steht für Ussroden.

Appenzell-Innerrhoden: Der Kanton benutzt

das Wappen des Gesamtkantons, es ist erstmals auf einem Siegel von 1403 nachweisbar. Nach einer Sage erlaubte Abt Otmar um 720 den Bewohnern, einen Bären als Wahrzeichen zu führen.

Basel-Land: Das Wappen des nach der

Trennung von Basel-Stadt 1832 gegründeten Kantons ging aus dem Liestaler Stadtwappen hervor. Als Kantonswappen ist es seit 1834 bekannt. Es zeigt auf Silber einen roten Bischofsstab mit sieben Verzierungen.

Basel-Stadt: Der »Baselstab« geht auf den

Krummstab als Symbol der bischöflichen Herrschaft zurück. Die ältesten Belege stammen von Münzen aus dem 11. Jahrhundert. Das älteste noch erhaltene Banner stammt von 1548.

Bern: Das Kantonswappen geht auf das

Wappen der Stadt Bern von 1224 zurück; das Banner ist älter als das Wappen. Letztmalig wurde es am 1. Januar 1974 festgelegt. Ein Banner ist erstmalig 1375 belegt, wobei die Farben wohl von den Zähringer Wappenfarben abstammen.

Freiburg: Das älteste bekannte schriftliche

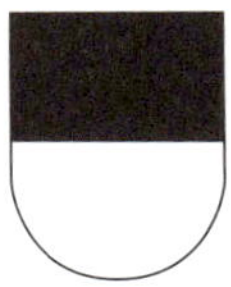

Zeugnis für das Banner, das älter als das Wappen ist, stammt aus dem Jahr 1410. Offiziell wurden die Farben Schwarz und Weiß am 29. August 1831 bestimmt.

Genf: Die Farben wurden 1699 festgelegt.

Eine 1792 eingeführte Trikolore zeigte die Farben Rot-Schwarz-Gelb. Die ersten Belege für das noch heute geführte Wappen stammen von 1446. Es zeigt den Adler, das Wappentier des Kaisers, vereint mit dem Petrusschlüssel, dem Wahrzeichen des Bistums.

Glarus: Das Wappen, bekannt seit 1352, zeigt

den hl. Fridolin. Als irischer Missionar ließ er sich um 500 auf der Rheininsel Säckingen nieder. Ein dort gegründetes Kloster schenkte ein deutscher

König dem Bergland Glarus. Später wurde der hl. Fridolin Patron des Glarus. Das älteste Banner stammt von 1388. Zuletzt wurden Wappen und Flagge am 25. Juni 1959 festgelegt.

GRAUBÜNDEN: Der Kanton entstand im 15. Jahrhundert durch Zusammenschluss der drei Bünde: Grauer Bund (Schwarz-Weiß), Gotteshausbund (Steinbock) und Zehngerichtebund (Kreuz). Deren Symbole sind im Wappen zusammengefasst. 1932 wurde das vereinfachte gemeinsame Wappen eingeführt (erstmalig 1548 dargestellt).

JURA: Wappen und Fahne des 1978 gegrün deten Kantons gehen auf die 1951 festgelegte jurassische Fahne zurück. Der Stab steht für das Fürstbistum Basel, die Balken symbolisieren die sieben Amtsbezirke des Jura. Zum Kanton Jura gehören aber nur drei.

LUZERN: Die Fahne, die älter als das Wappen ist (dieses ist im Gegensatz zur Fahne gespalten), stammt aus dem 13. Jahrhundert. Eventuell wurden die Farben den Ministerialen von Hunwil und von Littau entlehnt. Auch vermutet man die Assoziation mit dem See (Weiß) und mit der in Luzern vorherrschenden Marienverehrung (Blau).

NEUENBURG: Flagge und Wappen des Kantons wurden am 11. April 1848 festgelegt, im Gegensatz zu den Symbolen des Fürstentums Neuenburg, das bis zum 1. März 1848 zu Preußen gehörte. Wappen und Flagge vereinen die traditionellen Schweizer Farben mit der grünen Freiheitsfarbe.

NIDWALDEN: Das erste Banner mit dem Doppelschlüssel stammt von 1422. Ursprünglich führte der Kanton den einfachen Schlüssel. Der doppelte Petrusschlüssel sollte sich wahrscheinlich auf das Gleichberechtigungsstreben mit Obwalden beziehen. Der hl. Petrus ist Landespatron von Nidwalden.

OBWALDEN: Ursprünglich führte der Kanton nur ein rot-weißes Banner, von dem sich das Wappen ableitete. Der Schlüssel wurde erst 1816 hinzugefügt. Der Petrusschlüssel entstammt dem Siegel von 1241. Der hl. Petrus war Patron der alten Kirche von Stans.

ST. GALLEN: Am 5. April 1803 legte der Kanton Wappen und Flagge fest, wobei man alle alten Symbole fallen ließ. Die Rutenbündel (Fasces) sind Sinnbilder der Souveränität und Eintracht. Ursprünglich hatte das Rutenbündel acht Stäbe für die acht ehemaligen Distrikte des Kantons. Heute sind es symbolisch nur noch fünf.

SCHAFFHAUSEN: Das Banner, welches älter als das Wappen ist, stammt wahrscheinlich aus dem 13. Jahrhundert. Der Schafsbock wies nach damaliger Deutung auf den Stadtnamen hin. Die Kantonsfarben sind Grün und Schwarz.

Schwyz: Das ursprünglich bildlose rote Banner stammt aus dem 13. Jahrhundert. Es wurde eventuell aus der Blutfahne des Reiches abgeleitet. Das weiße Kreuz ist zurückzuführen auf die Verleihung des »Heilig Rych«, einer Heiligendarstellung, die in die Oberecke einer Fahne gelegt wurde.

Solothurn: Das Banner, von dem das Wappen abstammt, ist bekannt seit etwa 1330. Es steht im Zusammenhang mit dem im Mittelalter erfundenen Zeichen der Thebäischen Legion. Auch wird Solothurns Patron, St. Ursus, mit roter Fahne, die ein durchgehendes weißes Kreuz trägt, dargestellt.

Tessin: Die Farben wurden am 23. Mai 1803 festgesetzt (das Wappen ist senkrecht gespalten). Über die Farbwahl liegen keine Belege vor. Die unterschiedliche Farbteilung von Wappen und Fahne stammt endgültig vom 6. Oktober 1930.

Thurgau: Das Wappen, auf dem auch die Flagge aufbaut, wurde am 15. März 1803 festgelegt. Die Löwen stammen aus dem Wappen der mächtigen Grafen von Kyburg, die auch Herren der Landgrafschaft Thurgau waren.

Uri: Das Banner stammt wahrscheinlich von 1231, als Uri seine Reichsfreiheit erklärte. Der Stierkopf wird als redende Wappenfigur bezeichnet, denn die ersten Siedler nannten das Land »ur«. Der Nasenring drückt die Zähmung des Tieres und damit des Landes aus.

Waadt: Am 23. Januar 1798 proklamierte sich die Lemanische Republik und nahm die grüne Farbe an. Hieraus entwickelten sich Flagge und Wappen des am 14. April 1803 gegründeten Kantons Waadt, die am 16. April 1803 angenommen wurden. Das Motto lautet »Freiheit und Vaterland«.

Wallis: Vorläufer des Banners, älter als das Kantonswappen, war das 1220 erstmals erwähnte silbern-rot gespaltene Wappen des Bistums Sitten. Seit 1507 zeigte das Wappen Sterne. Die erste offizielle Darstellung des Wappens stammt von 1548. Die Sterne stehen für die 13 Zenden (Bezirke) des Kantons.

Zug: Die älteste Abbildung des Schildes mit dem Balken stammt von 1319, die blau-weißen Farben sind erstmalig 1370 zu sehen. Das Wappen geht zurück auf das der letzten Herren, der Herzöge von Österreich, die in Rot einen silbernen Balken führten.

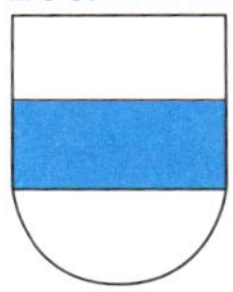

Zürich: Das Banner bestand bereits im 13. Jahrhundert. Die ersten erhaltenen Exemplare datieren von 1437. Die älteste erhaltene Wappendarstellung stammt von 1389. Das Wappen wird meist mit schildhaltenden Löwen dargestellt, die für Mut und Stärke stehen.

Senegal

Fläche: 196 192 km²
Einwohner: 12,38 Mio.
Hauptstadt: Dakar
Landessprachen: Französisch, Wolof
Staatsform: präsidiale Republik

Die älteste französische Kolonie in Westafrika war Senegal, benannt nach dem gleichnamigen Fluss, der das Land begrenzt und in dessen Mündungsgebiet französische Kaufleute 1633 ihre ersten Stützpunkte errichteten.

Flagge: Am 25. November 1958 entstand die autonome Republik Senegal. Diese schloss sich am 17. Januar 1959 mit der seit Oktober 1958 autonomen Republik Sudan (die ehemalige Kolonie Französisch-Sudan) zur Mali-Föderation zusammen. Bei ihrer Gründung nahm die Föderation eine grün-gelb-rot vertikal gestreifte Flagge an. Sie zeigte also die panafrikanischen Farben im Design der französischen Trikolore, obendrein bestand die Absicht, die Verbundenheit mit Ghana und Guinea deutlich zu machen. In dem gelben Streifen stand noch das Mali-Ideogramm, auch »Kanaga« genannt, das einen stilisierten Schwarzen darstellte. Es symbolisierte den Menschen innerhalb der weltlichen und überzeitlichen Ordnung. Während der Mali-Föderation propagierte es vor allem der damalige Ratspräsident der Föderation und erste Staatspräsident von Senegal, L. S. Senghor (1906–2001), als Symbol der »Négritude«. Der Begriff »Négritude« wurde von A. Césaire 1939 geprägt und stand bis ca. 1960 für die Rückbesinnung der Afrikaner und Afroamerikaner auf die Werte der altafrikanischen Kulturtradition. Noch während der Zeit der Föderation erlangte Senegal am 20. Juni 1960 die volle Souveränität, kurze Zeit später, am 20. August 1960, brach die Föderation auseinander.

Schon kurz vor dem Auseinanderbrechen der Föderation lag der Vorschlag für eine neue senegalesische Nationalflagge vor, die in der Mitte eines grünen Tuchs einen gelben fünfzackigen Stern zeigte. Letztendlich aber hielt Senegal doch an der Flagge der Mali-Föderation fest, nur setzte sie an die Stelle des Kanaga nun den grünen Stern. Die Proportionen der Flagge betragen 2:3. Den panafrikanischen Farben gibt man in Senegal noch folgende Bedeutungen: Rot erinnert an den gemeinsamen Kampf des Volkes für die Unabhängigkeit und insbesondere an die »Märtyrer der Freiheit«. Die Farbe symbolisiert das Leben und den Sozialismus. Gelb versinnbildlicht die blühende Landschaft, die als Zeichen des Reichtums gilt, der nicht aus feudalen Privilegien, sondern aus der gemeinsamen Arbeit erwächst. Grün drückt die Hoffnung auf den ungestörten Fortschritt in der Zukunft aus. Gleichzeitig steht Grün für die drei größten Religionsgruppen in der Republik: Grün ist die Farbe des Propheten Mohammed (etwa 75 Prozent der Senegalesen bekennen sich zum Islam sunnitischer Richtung). Grün gilt auch als Farbe der Hoffnung bei den Christen (etwa 5 Prozent bekennen sich zum Christentum, hauptsächlich zum Katholizismus; zu ihnen zählte auch Präsident Senghor). Darüber hinaus ist Grün auch die Farbe der Fruchtbarkeit für die Animisten, wozu sich etwa 15 Prozent bekennen (Animismus ist die Religion der Naturvölker). Außerdem war Grün die Farbe der »Union Progressiste Sénegalaise« (Fortschrittsunion), der von Senghor geführten, einzigen legalen Partei im Lande; die Verfassung ließ allerdings die Tätigkeit anderer Parteien zu. Der grüne Freiheitsstern ist das Symbol der Unabhängigkeit und Hoffnung auf eine glückliche Zukunft. Er versinnbildlicht aber auch die Vereinigung der Parteien um ein gemeinsames Ideal.

Wappen: Schon 1955 wurde ein Wappen für den Senegal entworfen. Es zeigte einen Schild, der durch einen Wellenbalken in zwei Hälften geteilt war. Oben war das Feld blau-rot gespalten mit einem aufgelegten silbernen Segelschiff, während die untere Hälfte durch einen grünen Winkel in ein oberes schwarzes Feld mit einem goldenen Pflug und in ein unteres goldenes separiert war. Über dem Schild ging eine rote Sonne auf. Als Schildhalter fungierten eine schwarze und eine weiße Meerjungfrau. Trotzdem nahm die Republik bei Erlangung der Unabhängigkeit nur ein *Staatssiegel* an. Es zeigte auf der einen Seite einen hersehenden stehenden Löwen unter einem Stern mit vier Strahlen. Auf der Rückseite stand ein Baobab-Baum. Dieser afrikanische Affenbrotbaum, der eine Höhe von bis zu 20 m erreicht und einen bis zu 10 m dicken Stamm hat, ist der charakteristische Baum für die senegalesische Steppe. Als provisorisches Wappen stellte man Löwe, Stern und Strahlen in einen Schild und legte darum einen Palmzweigkranz, den ein Spruchband mit dem Wahlspruch umschlang.

Im Dezember 1965 stellte die Republik Senegal ihr von der französischen Heraldikerin Suzanne Gauthier entworfenes *Staatswappen* fest. Es zeigt die Embleme des Siegels in heraldischer Darstellung und ist in den Farben der Nationalflagge gehalten. Der goldene Löwe im roten Feld gilt als Symbol der Stärke und stellt durch seine rote Feldfarbe die revolutionäre Gesinnung dar. Im hinteren Feld steht in Gold ein natürlicher Baobab-Baum über einem grünen Wellenbalken. Der Wellenbalken symbolisiert den Senegal-Fluss, der die Nordgrenze des Landes bildet und dem Staat seinen Namen gibt. Das Motto des Staates bedeutet »Ein Volk, ein Ziel, ein Glauben«. Unter dem Schild hängt das Kleinod des Nationalordens. Der Stern ist aus der Flagge entlehnt, als ein Symbol der Unabhängigkeit und der Hoffnung. Der Palmwedelkranz als Verzierung entstammt der französischen Heraldik.

Serbien

Fläche:	88 361
Einwohner:	9,86 Mio.
Hauptstadt:	Belgrad
Landessprache:	Serbisch
Staatsform:	parlamentarische Republik

Serbiens Wurzeln reichen bis in das 9. Jahrhundert zurück. Ein Großserbisches Reich ging 1459 als Provinz in dem Osmanischen Reich auf. Ab 1830 autonomes Fürstentum, erlangte es 1878 die volle Souveränität. Ab 1918 wurde Serbien führendes Glied in einem Staat, der sich ab 1929 Jugoslawien nannte. Mit dem langsamen Zusammenbruch dieser zuletzt nur noch aus Serbien und Montenegro bestehenden Föderation wurde Serbien ab dem 27. Juni 2006 wieder ein eigener Staat.

Flagge: Am 17. August 2004 hatte die serbische Nationalversammlung die Verwendung neuer Staatssymbole empfohlen, die dann auch als Flagge und Wappen des selbstständigen Serbiens weitergeführt wurden. Dabei handelte es sich um die alte serbische – rot-blau-weiße Trikolore (Proportionen 2:3) mit dem zum Liek hin versetzten kleinen Staatswappen. Die Farben reichen zurück bis in das Jahr 1815, wo sie auf einer Fahne erschienen, allerdings in anderer Reihenfolge. Als autonomes Fürstentum nahm Serbien die russischen Farben an, wobei die Reihenfolge der Farben umgekehrt wurde. Serbien ehrte damit das Land, unter dessen Schutz es stand. Formell hatte der türkische Sultan 1835 dem serbischen Volk die dreistreifige Flagge in der vorbeschriebenen Farbfolge zugestanden. Ab 1838 lagen in dieser Flagge noch das Wappen und drei weiße Sterne.

Wappen: Mit der Flagge stellte die Nationalversammlung am gleichen Tag das Kleine und das Große Staatswappen fest. Beim Großen Staatswappen liegt das Kleine Staatswappen auf einem bekrönten Wappenmantel. Als eigentliches serbisches Wappen gilt der dem Doppeladler aufgelegte Brustschild, der im roten Feld ein durchgehendes, von vier silbernen Feuereisen beseitetes silbernes Kreuz zeigt. Das Symbol geht zurück auf Stefan Nemanja (reg. 1167–1196), den ersten Herrscher aus der Dynastie der Nemanjiden (1167–1371). Die Feuereisen versinnbildlichen den Spruch »Samo Sloga Srbina Spašava« (Nur Eintracht rettet den Serben). Ihre Form ähnelt dem kyrillischen Buchstaben »C« (lat. »S«). Der Adler und das Kreuz sind noch älter, wobei der Adler den Staat und das Kreuz das Volk symbolisiert. Die Kronen stehen für die Souveränität Serbiens.

Seychellen

SY

Fläche:	455 km²
Einwohner:	87 000
Hauptstadt:	Victoria
Landessprachen:	Kreolisch, Englisch, Französisch
Staatsform:	präsidiale Republik

Der aus mehr als 90 Inseln bestehende Staat wurde 1501 von Vasco da Gama entdeckt. Zuerst in französischem Besitz, übernahm England 1811 die Inseln. Sie erhielten 1975 Autonomie und am 28. Juni 1976 die Unabhängigkeit.

Flagge: Am Tag der Unabhängigkeit hisste das Land seine erste Flagge, in der ein weißes Andreaskreuz das Tuch in blaue (oben und unten) und rote (an den Seiten) Dreiecke teilte. Die Farben bezogen sich auf Frankreich, Großbritannien und zwei einheimische Parteien. Am 5. Juni 1977 übernahm die SPUP die Macht und machte ihre Parteiflagge zur Basis einer neuen Nationalflagge. Diese war rot-weiß-grün waagerecht im Wellenschnitt geteilt. Dabei standen die Streifen im Verhältnis 2:1:1. Rot symbolisierte die Revolution, der weiße Wellenbalken den Indischen Ozean und Grün die Landwirtschaft. Nach der Annahme einer neuen Verfassung im Jahre 1993 nahmen die Seychellen ihre dritte Nationalflagge an. Sie wurde am 8. Januar 1996 per Gesetz angenommen und wehte erstmals am 18. Juni 1996. Die Verfassung garantiert ein Mehrparteiensystem, so enthält die Flagge die Farben aller Parteien. Davon abgesehen werden den Farben folgende Sinngehalte beigegeben: Blau steht für das Meer und den Himmel, Gelb für die Sonne, Rot für den Beschluss des Volkes, für die Zukunft zu arbeiten, Weiß steht für Einklang und soziale Gerechtigkeit und Grün für die Umwelt. Die schräge Anordnung symbolisiert die Zukunft. Die Proportionen betragen 1:2.

Wappen: Das am 27. Mai 1976 bekannt gegebene, von Königin Elisabeth II. verliehene Staatswappen baut auf dem 1903 verliehenen und 1961 modifizierten Badge auf. Es zeigt im Vordergrund die Hauptinsel, während diejenige im Hintergrund für die anderen Inseln steht. Schildkröte und Kokospalme repräsentieren Flora und Fauna sowie die Wirtschaft der Inseln. Der Schoner symbolisiert den Schiffsverkehr, durch den die Verbindung zwischen den Inseln aufrechterhalten wird. Als Schildhalter dienen zwei Fächerfische als Symbol des Ozeans; auf dem Wulst ist ein Tropikvogel zu sehen. Das Motto lautet: »Das Ende krönt das Werk«.

Sierra Leone

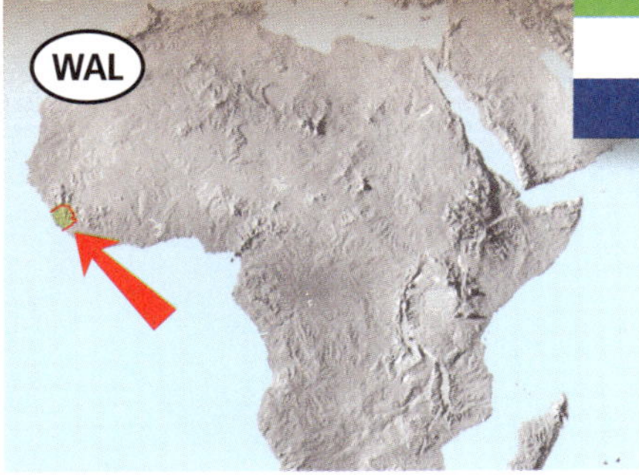

Fläche:	71 740 km²
Einwohner:	5,87 Mio.
Hauptstadt:	Freetown
Landessprache:	Englisch
Staatsform:	präsidiale Republik

Flagge: Als der Portugiese Pedro de Cintra 1462 Sierra Leone erreichte, erschien seiner Mannschaft das Heulen der Stürme in den Gelben Bergen wie das Brüllen der Löwen. Sie gaben daher dem Land den Namen »Serra Lyoa« (d. h. Löwengebirge). Ab 1787 unter britischer Herrschaft, wurde das Land am 27. April 1961 unabhängig. An diesem Tag hisste es erstmals die aus einem Wettbewerb hervorgegangene Nationalflagge (Proportionen 2:3), deren Farben dem Wappen entstammen. Blattgrün steht für die Landwirtschaft, von der drei Viertel der Bevölkerung leben, sowie für die Berge und die Naturschätze des Landes. Kobaltblau symbolisiert den Ozean und die Hauptstadt Freetown, die über den einzigen Naturhafen des Landes verfügt, und steht somit auch für die Hoffnung, dass der Staat fähig sei, mit der fortschreitenden Entwicklung des Außenhandels durch seinen Hafen einen Beitrag zum Weltfrieden zu leisten. Weiß symbolisiert Frieden und Gerechtigkeit.

Wappen: Das von Königin Elisabeth II. am 1. Dezember 1960 verliehene Staatswappen wurde am 1. April 1961 in der »Sierra Leone Royal Gazette« veröffentlicht. Der Löwe, der vor den stilisierten Bergen steht, versinnbildlicht den Landesnamen »Löwengebirge« und erinnert an die ehemalige Kolonialmacht. Die als Schildfuß fungierenden blau-silbernen Wellenlinien versinnbildlichen die Lage des Staates am Atlantischen Ozean. Die drei brennenden Fackeln stehen anstelle eines Sklaven, der im Kolonialwappen die Freiheit darstellte. Ihre schwarze Farbe symbolisiert die afrikanische Bevölkerung, ihre Flammen deren Streben nach Freiheit und Wissen. Sie erinnern auch an den Somersett-Prozess, der zur Bildung des Staates führte: 1772 war der Sklave James Somersett seinem Herrn auf einer Reise von Boston nach England entflohen. Nach seiner Festnahme sollte er verurteilt werden. Doch der Philantrop G. Sharp strengte einen Prozess an, in dem schließlich das Urteil gefällt wurde, dass jeder Sklave, der seinen Fuß auf britischen Boden gesetzt habe, ein freier Mann sei. 351 der nach dieser Entscheidung Freigelassenen kamen 1787 auf eine Halbinsel, die sie »Freetown« nannten. Die schildhaltenden Löwen halten Ölpalmen und verweisen damit auf ein wichtiges Exportgut des Landes. Das Motto lautet »Einigkeit, Freiheit, Gerechtigkeit.«

Simbabwe

ZW

Fläche:	390 757 km²
Einwohner:	13,35 Mio.
Hauptstadt:	Harare
Landessprache:	Englisch
Staatsform:	präsidiale Republik

Das im Süden Afrikas liegende Land ging einen weiten Weg, bis aus der britischen Kolonie Südrhodesien Simbabwe wurde. Dieser Weg ist auch aus der Geschichte seiner Flagge ersichtlich.

Flagge: Auf Betreiben des Kaufmanns Cecil Rhodes erklärten die Briten 1885 alles Land zwischen Limpopo und Sambesi zu ihrem Interessensgebiet. Im April 1891 wurde das der British South Africa Company zugestandene Territorium britisches Protektorat. Dieses Gebiet flaggte bald den Blue Ensign mit einem entsprechenden Badge, das in einem blauen Feld einen goldenen Löwen auf rotem Wulst sowie die Buchstaben B.S.A.C. zeigte.

Am 1. Oktober 1923 wurde Rhodesien nach einem Referendum selbstregierende Kolonie. Ihr wurde am 11. August 1924 ein Wappen verliehen, welches dann auch als Flaggenbadge diente und später in der Mitte der grün-weiß-grünen Flagge Rhodesiens stand. Es zeigte in Grün eine goldene Hacke sowie darüber in einem silbernen Schildhaupt einen roten Löwen zwischen zwei grünen Disteln. Am 3. September 1953 trat das nun Südrhodesien genannte Land der aus Nordrhodesien (heute Sambia) und Njassaland (heute Malawi) gebildeten Zentralafrikanischen Föderation bei. Das für diese Kronkolonie geschaffene Wappen, das auch als Flaggenbadge diente, vereinte in sich Symbole aus den Wappen der drei ehemals separaten Kolonien. Es war geteilt durch Schwalbenschwanzzinnenschnitt, oben in Blau eine goldene aufgehende Sonne für Njassaland, in der Mitte in Silber ein roter Löwe für Nordrhodesien und unten in Schwarz sechs silberne Wellenpfahlleisten für Südrhodesien.

Nachdem sich diese Föderation im Dezember 1963 wieder aufgelöst hatte, erklärte sich Südrhodesien am 11. November 1965 durch die »Unilateral Declaration of Independence« für unabhängig. Dieser Staat, der von keiner Nation anerkannt wurde (Großbritannien nannte die Unabhängigkeitserklärung einen illegalen Akt), zeigte noch bis zum 10. November 1968 den Blue Ensign mit dem südrhodesischen Wappen als Nationalflagge.

Der einzige Unterschied lag in der hellblauen Farbe des Tuchs. Am 11. November 1968 hisste Rhodesien dann eine grün-weiß-grün senkrecht gestreifte Flagge mit dem schon erwähnten Vollwappen in der Mitte. Bewusst wählte das Land eine Trikolore, die in Anlehnung an die senkrecht geteilte französische Flagge den republikanischen Charakter des Staates betonte. Durch die grüne Farbe, als Symbol der Freiheit verstanden, demonstrierte Rhodesien so seine Eigenständigkeit. Da die schwarze Bevölkerungsmehrheit nicht an der Regierung beteiligt wurde, kam es bald zu kriegerischen Auseinandersetzungen. Hinzu kam die Isolation des Regimes des seit 1964 regierenden Ian Smith. Hierdurch bedingt begannen im Oktober 1976 Gespräche unter britischem Vorsitz, die die Modalitäten des Übergangs zu einer schwarzen Mehrheitsregierung klären sollten. 1978 wurde eine gemischtrassige Übergangsregierung eingesetzt. Das Land nannte sich Simbabwe-Rhodesien und hisste am 2. September 1979 eine neue Flagge: rot-weiß-grün waagerecht gestreift mit einem breiten senkrechten schwarzen Streifen an der Mastseite, darin die goldene Skulptur des Großen Simbabwe-Vogels (der schwarze Streifen wurde durch einen schmalen weißen von den anderen separiert). Der schwarze Streifen stand für die Bevölkerungsmehrheit, der weiße für die Minderheit. Der rote Streifen symbolisierte den Kampf der Bevölkerungsmehrheit für die Regierungsbeteiligung, der grüne Streifen betonte die Wichtigkeit der Landwirtschaft. Der Simbabwe-Vogel versinnbildlichte den Reichtum des Landes.
Am 10. September 1979 nahmen an der Londoner Verfassungskonferenz gleichstarke Delegationen von Simbabwe-Rhodesien und der Patriotischen Front teil. Aus diesen Verhandlungen ging schließlich der unabhängige Staat Simbabwe hervor. Am 18. April 1980 hisste der Staat erstmals seine Nationalflagge (Proportionen 1:2), die auf der Parteiflagge der Zimbabwe African National Union (ZANU) basierte. Der schwarze Streifen steht für die Bevölkerungsmehrheit, Rot für den Freiheitskampf, Gelb für den Reichtum an Bodenschätzen und Grün für Landwirtschaft und Vegetation. Das weiße Dreieck symbolisiert den Freiheitswillen in einem Staat, in dem alle Bürger die gleichen Rechte haben. Der rote Stern versinnbildlicht die politischen Ziele des Volkes; auf ihm ruht als nationales Emblem der Große Simbabwe-Vogel.

Wappen: Das am 18. April 1980 eingeführte Staatswappen greift teilweise auf Symbole älterer Wappen zurück. Die Darstellung der Ruinen von Simbabwe erinnert an das historische Erbe, während der grüne Grund den fruchtbaren Boden darstellt. Das Schildhaupt symbolisiert das Wasser, durch das Gedeihen und Wohlstand ermöglicht werden. Die Farben der schildhaltenden Kudus erinnern an die Einheit der gemischtrassigen Bevölkerung. Hacke und Gewehr versinnbildlichen den Übergang vom Krieg zum Frieden. Der Wulst ist Symbol für Bergbau und Landwirtschaft. Das Oberwappen entstammt der Flagge. Das Motto »Einheit, Freiheit, Arbeit« ruht auf einem Bodenstück, das Maiskolben, Kornähren und Baumwollkapseln trägt.

Singapur

SGP

Fläche:	699 km²
Einwohner:	4,44 Mio.
Hauptstadt:	Singapur
Landessprachen:	Englisch, Malaiisch, Chinesisch, Tamil
Staatsform:	parlamentarische Republik

Flagge: Der Stadtstaat Singapur wurde am 31. August 1963 unabhängig und gehörte noch bis 1965 der Malaysischen Föderation an. Seine *National-* und *Staatsflagge* in den Proportionen 2:3 nahm es am 3. Juni 1959 an, als Großbritannien seiner Kronkolonie (ab 1867; in britischem Besitz seit Anfang des 19. Jahrhunderts, als die Ostindienkompanie dem Sultan von Johore die Insel abkaufte) die erweiterte innere Autonomie zugestand. Rot und Weiß sind seit alters die malaiischen Farben; die Bedeutung des Halbmondes und der fünf Sterne ist identisch mit der des Wappens. Als *Handelsflagge* führt Singapur seit dem 6. Dezember 1966 eine rote Flagge mit dem Motiv des Staatswappens, umgeben von einem schmalen weißen Band in der Mitte. Die Proportionen dieser Flagge betragen 1:2.

Wappen: Das Staatswappen wurde am 11. November 1959 von der Nationalversammlung angenommen und löste das als Abzeichen geführte Emblem von 1950 ab. Dieses war dem Abzeichen der Straits Settlements (britische Kronkolonie an der Küste der Halbinsel Malakka) nachgebildet. Es zeigte auf weißem Grund einen roten Göpel (nach unten geöffnet), in deren Mitte die Tudorkrone lag. Die rote Schildfarbe des jetzigen Wappens symbolisiert die alles umspannende Brüderlichkeit und Gleichheit der Menschen (in Singapur leben Chinesen, Malaien und Bengalen). Weiß gilt als Farbe der ewigen Reinheit und Treue. Der Halbmond, das Zeichen des Islam, repräsentiert den Aufstieg der jungen Nation. Die Ideale des Staates werden durch die Sterne dargestellt: Demokratie, Fortschritt, Frieden, Gerechtigkeit und Gleichheit. Dieses Motiv stand auch im malaysischen Bundeswappen. Der schildhaltende Löwe (rechts) steht für die Stadt, denn Singapur heißt »Löwenstadt«. Der Tiger weist auf die Verbindung des Staates mit Malaysia hin. Tiger sind auch die Schildhalter des malaysischen Bundeswappens, der Tiger war das erste gemeinsame Abzeichen der Vereinigten Malaysischen Sultanate. »Majulah Singapura« auf dem Spruchband bedeutet »Vorwärts Singapur«. Dieser malaysische Spruch bildet den Anfang des Refrains der Nationalhymne.

Slowakei

SK

Fläche:	40 934 km²
Einwohner:	5,4 Mio.
Hauptstadt:	Bratislava
Landessprache:	Slowakisch
Staatsform:	parlamentarische Republik

Während der österreichisch-ungarischen Doppelmonarchie wurde die Slowakei als Ober-Ungarn bezeichnet. Ab 1918 Teil der Tschechoslowakei, war das Land zwischen 1939 und 1945 unabhängiger Staat und dann wieder Teil der CSSR. Seit dem Ende der Föderation ist die Slowakei seit dem 1. Januar 1993 eine unabhängige Republik.

Flagge: Die Nationalflagge ist in der Verfassung vom 1. September 1992 definiert. Ihre genaue Gestaltung wurde aber erst am 18. Februar 1993 per Gesetz festgelegt, ihre Proportionen betragen 2:3. Die erste slowakische Flagge, die am 23. April 1848 in Brezova wehte, zeigte nur die Farben Weiß und Rot. Diese Farben lassen sich zurückverfolgen bis in die Zeit um 1230. Dieser Bikolore wurde ein blauer Streifen hinzugefügt, so dass slowakische Revolutionäre am 18. September 1848 Trikoloren mit sich führten, die unterschiedliche Farbfolgen zeigten. Das Blau war wohl russischen Flaggen entnommen, da die Russen als Beschützer der slawischen Völker galten. 1868 wurde die weiß-blau-rote Farbfolge festgesetzt. Die Slowakische Republik führte 23. Juni 1939 die Trikolore mit Wappen als Staatsflagge ein. Nach Erlangung der Unabhängigkeit wurde die Trikolore neue Nationalflagge. Um Verwechslungen mit der russischen Flagge auszuschließen, fügte man das zum Liek hin verschobene Staatswappen ein.

Wappen: Das von Ladislav Cisarik entworfene Staatswappen wurde am 1. März 1990 eingeführt und per Gesetz vom 18. Februar 1993 bestätigt. Spätestens seit dem 16. Jahrhundert gilt das Doppelkreuz mit dem Dreiberg (das ursprüngliche Grün wurde 1848 in Blau geändert) als slowakisches Symbol. Das wohl aus Byzanz stammende Doppelkreuz wurde um 1046 in Neutra gezeigt, im Wappen erstmals unter König Bela III. im Jahre 1189. Es erinnert an die für das Land bedeutenden Heiligen Benedikt, Cyrill und Methodios. Rot und Silber versinnbildlichen das Blut und den Leib Christ. Den Dreiberg verwendete erstmals König Ladislav V. von Ungarn (reg. 1301–1305) aus dem Geschlecht der Premysliden. Er wurde aber nur in der Slowakei anerkannt. Nach der seit dem 16. Jahrhundert nachgewiesenen Deutung steht er für die Tatra, Fatra und Matra.

Slowenien

SLO

Fläche:	20 273 km²
Einwohner:	2,0 Mio.
Hauptstadt:	Ljubljana
Landessprache:	Slowenisch
Staatsform:	parlamentarische Republik

Flagge: Die erstmals 1848 von den Slowenen geforderte Verwaltungseinheit wurde erst verwirklicht, als sich der Slowenische Nationalrat am 28. Oktober 1918 dem Königreich der Serben, Kroaten und Slowenen anschloss. Am 25. Juni 1991 erklärte Slowenien seine Unabhängigkeit. Einen Tag später hisste das Land erstmals seine neue Nationalflagge, deren Proportionen 1:2 betragen. Am 24. Juni 1991 hatte die Nationalversammlung die Flagge mit dem Staatswappen in den panslawischen Farben angenommen. In Slowenien gehen die Farben der Flagge auf das Wappen des Herzogtums Krain (Carniola) zurück. Der Krainer Adler lässt sich bis 1195 zurückverfolgen. Um 1260 zeigte das Wappen im silbernen Schild einen blauen Adler, dem eine rot-silbern geschachte Brustspange aufgelegt war. Im 15. Jahrhundert wurde als Schildfarbe Gold festgelegt. Den sich daraus entwickelnden Landesfarben Blau-Gelb fügte man 1836 Rot hinzu. Gleichzeitig wurde die Farbe des Schildes wieder in Silber geändert. 1848 wurde die Forderung erhoben, die Landesfarben dem Wappen anzupassen, woraus slowenische Nationalisten den Farbdreiklang Weiß-Blau-Rot formten. Durch Verordnung des Landespräsidenten von Krain wurden die Farben 1916 offiziell als Landesfarben eingeführt. Als jugoslawische Teilrepublik lag ab 1947 ein goldgeränderter roter Stern über den Streifen.

Wappen: 1947 führte Slowenien ein Wappen ein, das auf dem Emblem der slowenischen Freiheitsbewegung basierte und den Triglav, den höchsten und heiligen Berg Sloweniens, zeigte. Das am 24. Juni 1991 eingeführte neue Staatswappen zeigt im Mittelpunkt ebenfalls den Triglav. Der Berg verkörpert die alte Gottheit Triglav, der durch seine drei Gesichter für den Himmel, die Erde und das unterirdische Reich steht. Die beiden Wellenbalken stehen für das Adriatische Meer und die Flüsse Sloweniens. Die goldenen Sterne entstammen dem Wappen der gefürsteten Grafschaft Celje (Cilli), die den größten Teil des heutigen slowenischen Staatsgebietes beherrschte. Gleichzeitig symbolisieren sie die Jahre 1918 (erstmals Verwaltungseinheit), 1945 (erstmals Republik) und 1991 (erstmals unabhängig).

Somalia

SO

Fläche:	637 657 km²
Einwohner:	8,7 Mio.
Hauptstadt:	Mogadischu
Landessprache:	Somali
Staatsform:	präsidiale Republik

Um 1200 besiedelten die aus Arabien stammenden Somalvölker das Gebiet, das später nach ihnen benannt wurde. Zwischen 1884 und 1889 kolonisierten Briten und Italiener diese Gebiete, die 1960 vereinigt und am 1. Juli 1960 als Somalia unabhängig wurden.

Flagge: Bereits am 12. Oktober 1954 führte Italienisch-Somaliland eine von Mohamed Awale Liban entworfene Flagge ein, die es bei Erlangung der Unabhängigkeit unverändert als Nationalflagge übernahm; ihre Proportionen betragen 2:3. Die Farben wurden der UN-Flagge entlehnt, wodurch der Staat seinen Dank an die Vereinten Nationen für die Förderung der Entwicklung des Landes zum Ausdruck brachte. Heute symbolisiert das blaue Tuch den blauen Himmel über dem »Land am Horn von Afrika«. Der fünfzackige silberne Stern ist das Symbol der afrikanischen Freiheit, seine Zacken repräsentieren die Gebiete, in denen Somalis leben: das ehemalige britische und italienische Somaliland, Kenia, Äthiopien und Djibouti.

Wappen: Italien verlieh seiner damaligen Kolonie am 3. April 1919 ein Wappen, in dem der Schild durch eine silberne Wellenlinie in eine obere blaue und eine untere rote Hälfte geteilt war. Das obere Feld zeigte einen naturfarbenen Leoparden und fünfzackigen Stern, das untere zeigte zwei sechszackige silberne Sterne. Das am 18. Dezember 1950 für Britisch-Somaliland verliehene Wappen war gespalten und zeigte im goldenen Schildhaupt zwei gekreuzte Speere und einen Rundschild. Die beiden Felder zeigten vorn in Grün einen Moscheeturm und hinten in Blau Wellen, Anker und ein arabisches Segelschiff.

Teile aus beiden Wappen finden sich in dem am 10. Oktober 1956 eingeführten, noch heute gültigen Staatswappen wieder. Dabei entspricht der Schild dem Flaggenbild. Als Zeichen der Souveränität legte man dem Schild eine arabische Mauerkrone auf, welche der italienischen Kommunalheraldik entstammt. Die schildhaltenden Leoparden und die Speere sind den beiden Kolonialwappen entlehnt. Die Palmzweige stehen für den Frieden, das Band dient nur dekorativen Zwecken.

Spanien

Fläche: 504 645 km²
Einwohner: 44,3 Mio.
Hauptstadt: Madrid
Landessprachen: Spanisch, Katalonisch, Baskisch, Galizisch
Staatsform: parlamentarische Monarchie

Der Name des Landes, España, leitet sich vom römischen Hispania ab, das wahrscheinlich die Umschreibung eines phönikischen Ausdrucks war und der »Küste der Kaninchen« bedeutet. Obwohl die staatliche Einheit erst im 15. Jahrhundert nach dem erfolgreichen Abschluss der Reconquista erlangt wurde, begann man bereits von »Spanien« zu sprechen, als Alfons VI. (reg. 1072–1109) die Königreiche León und Kastilien unter seiner Krone vereinte.

Flagge: Spanien führte von 1230 bis 1516 eine Flagge, die die Wappen der beiden Landesteile in einem Tuch vereinigte: Im ersten und vierten Feld stand ein gelbes Kastell mit blauem Tor auf rotem Grund für Kastilien, und im zweiten und dritten Feld tauchte der rote Löwe von León auf weißem Grund auf. Ein weiteres Königreich auf der Iberischen Halbinsel, Aragón, führte bereits zu dieser Zeit eine gelbe Fahne mit fünf senkrechten roten Balken.

In der Folgezeit wurden Kastilien und Aragón die Kernländer des spanischen Reichs. Die Heirat der Erben Isabella I. von Kastilien (reg. 1474–1504) und Ferdinand II. von Aragón (reg. 1479–1516) war der Grundstein zum spanischen Einheitsstaat.

Ab 1580 zeigte die spanische Königsstandarte und damit auch die Staatsflagge im weißen Tuch das vielfeldrige bekrönte Königswappen, umgeben von der Kette des Ordens vom Goldenen Vlies. Am 28. Mai 1785 wurde unter Carlos III. (reg. 1759–1788) zum ersten Mal die rot-gelb-rote Flagge als Flagge für Kriegsschiffe gezeigt. Sie setzte sich aus den Wappenfarben der Landesteile zusammen und sollte eine leichtere Unterscheidung zu anderen Flaggen jener Zeit ermöglichen (die meisten Länder hatten damals Fahnen, bei denen das entsprechende Herrschaftswappen im weißen Feld stand). Zusätzlich zeigte die Flagge zum Mast hin versetzt ein bekröntes Oval, das vorn in Rot das goldene Kastell und hinten in Silber den roten Löwen trug. 1793–1873 und wieder 1874–1931 galt diese Flagge als Nationalflagge. Während der Zeit der spanischen Republik 1931–1939 führte das Land eine rot-gelb-purpurne waagerecht gestreifte Trikolore. Diese wurde bewusst gewählt, um die republikanische Staatsform zu demonstrieren, wobei der purpurne Streifen (fälschlicherweise) dem Löwen von León entlehnt wurde. Letztmalig wurde die

Nationalflagge durch das Gesetz Nr. 39 vom 28. Oktober 1981 festgelegt. Seitdem steht im mittleren Streifen zum Mast hin versetzt das Staatswappen. Die Proportionen der Flagge betragen 2:3, wobei die Streifen im Verhältnis 1:2:1 stehen. Die Flagge ist im Artikel 4 der spanischen Verfassung verankert.

Wappen: Das gültige Staatswappen wurde am 19. Oktober 1981 geschaffen und durch königliches Dekret vom 18. Dezember 1981 in amtlicher Form bekannt gemacht. Es zeigt in seinem Schild die Symbole der historischen Landesteile und dokumentiert ihre Verschmelzung in einem Staat. Im ersten Feld steht ein goldenes Kastell mit blauem Tor auf rotem Grund. Dieses für Kastilien redende Wappen ist bekannt seit dem 12. Jahrhundert. Im zweiten Feld steht ein rotbewehrter purpurner Löwe für León auf silbernem Grund. Er erschien bis ins 16. Jahrhundert immer ungekrönt, dann abwechselnd gekrönt oder ungekrönt und zuletzt nur noch gekrönt. Die Farbfestlegung kam erst später auf. In alten spanischen Werken wurde er immer rot dargestellt oder es hieß »Leon roxo, Campo di plata«. Für Aragón und somit auch für Katalonien stehen im dritten Feld vier rote Pfähle in Gold. Der Ursprung des Wappens geht auf eine Sage zurück: Gottfried von Velu, ein Vorfahre der Grafen von Barcelona, hielt sich in einer Schlacht als Vasall Karls des Kahlen so tapfer, dass, als er blutig vor dem Kaiser erschien, dieser seine Hand in das Blut tauchte und mit vier Fingern der Länge nach über den goldenen Schild fuhr, wodurch das Wappen entstand. Im vierten Feld steht das Symbol Navarras, das ebenfalls auf eine Sage zurückgeht, nach der Sancho der Starke den Maurenkönig Mahomet 1212 besiegte, und als er in dessen Lager einrückte, dieses mit Ketten umgeben vorfand. Zum Andenken daran legte er die Ketten auf seinen roten Schild. Ursprünglich war es wohl eine Schildverstärkung und wurde um 1600 zum Kettennetz verfremdet. Den Granatapfel als Symbol für Granada führten schon die maurischen Könige. Im Mittelpunkt liegt, die vier Hauptfelder überdeckend, ein ovales blaues rotbordiertes Feld, darauf drei – 2:1 gestellte – Lilien. Sie symbolisieren das regierende Königshaus aus der Familie der Bourbonen, wobei es im spanischen Staatswappen in der Form des alten Wappens von Anjou ausgeführt ist. Die auf dem Schild ruhende Krone, ein geschlossener goldener Ring mit acht, davon fünf sichtbaren Akanthusblättern und großen perlenbesetzten Diademen, die oben in einem Reichsapfel enden, versinnbildlicht die monarchische Staatsform. Den Schild beseiten die Säulen des Herkules, worauf seit der Zeit Karls V. die spanische Königskrone und die Kaiserkrone des Heiligen Römischen Reiches liegen. Der Spruch »plus ultra« (frei übersetzt »es gibt doch etwas außerhalb«) erinnert an das spanische Weltreich. Ursprünglich stand hier der Spruch »Non plus ultra« (»es gibt nichts außerhalb«), worin die Ansicht ausgedrückt wurde, dass jenseits der Straße von Gibraltar kein Land zu finden sei. Nach der Entdeckung Amerikas wurde der Spruch in »plus ultra« geändert.

Sri Lanka

CL

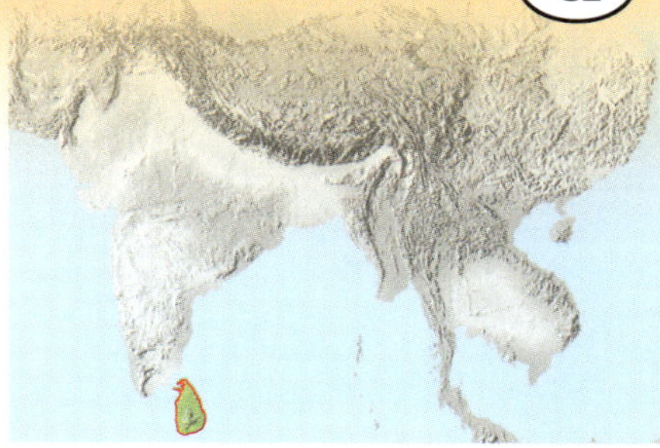

Fläche:	65 610 km²
Einwohner:	19,3 Mio.
Hauptstadt:	Colombo
Landessprachen:	Singhalesisch, Tamil
Staatsform:	präsidiale Republik

Flagge: Die Herrschaft über die Insel Ceylon teilten sich um 1500 drei Königreiche, von denen Kandy das mächtigste war. Dieses Königreich führte eine Flagge, die einen schwertschwingenden goldenen Löwen auf karminbraunem Feld innerhalb eines goldenen Zierrandes zeigte.

Um 1800 vertrieb England die Niederländer, die die Insel im 17. Jahrhundert von den Portugiesen erobert hatten. Am 2. März 1815 setzten die singhalesischen Adligen den König von Kandy ab – Kandy wurde im Innern der Insel als singhalesisches Königreich gegründet – und unterstellten sein Reich in der »Konvention von Kandy« der britischen Krone. Mit diesem Akt verschwand auch vorerst die »Sinhala rajakhiva dajaya«, die Löwenflagge, sie wurde ersetzt durch den britischen Union Jack mit einem nationalen Abzeichen, einem Badge. Dieses zeigte einen vor einer Dagoba vorbeischreitenden Elefanten. (Eine Dagoba ist ein glockenförmiges Gebäude, in denen buddhistische Reliquien aufbewahrt werden.) Der Hintergrund war blau, der Vordergrund grün. Umgeben war das runde Abzeichen von einem roten, mit Gold eingefassten Bord, auf dem sich goldene Rhomben und Kugeln befanden. Dieses Abzeichen ging bis auf das 5. Jahrhundert vor unserer Zeitrechnung zurück.

1946 gestand Großbritannien seiner Kronkolonie in der Verfassung vom 17. Mai die Selbstverwaltung zu. Die singhalesische Bevölkerungsmehrheit nahm daraufhin die Flagge des letzten Königs von Kandy (Löwe im braunen Feld, umgeben vom Zierrand) zur Betonung der Eigenständigkeit in Gebrauch. Am 4. Februar 1948 gewährte Großbritannien der Insel formale Unabhängigkeit als Dominion innerhalb des Commonwealth und man hisste die Löwenflagge neben dem Union Jack (er galt noch bis zum Oktober 1953 als Nationalflagge). Doch schon nach kurzer Zeit demonstrierten die Minderheiten, an der Spitze die Tamilen und die Muslime, denn nur die singhalesische Bevölkerungsmehrheit war durch die Flagge vertreten. Aus diesem Grunde schuf der spätere Premierminister D. S. Senanayake am 6. März 1948 eine Kommission mit der Aufgabe, die Löwenflagge zu modifizieren. Nach zahlreichen Sitzungen legte der Ausschuss seinen Bericht am 27. Februar 1951 dem Repräsentantenhaus vor, das den daraus resultierenden Flaggenentwurf annahm. An diesem Tag nahm Ceylon die weitgehend noch gültige Nationalflagge (Proportionen 18:35) ohne weitere Bekanntmachung in Gebrauch. Die Flagge steht für die Bevölkerungsmehrheit, die Singhalesen, der grüne Streifen für die Muslime und Orange für die Tamilen. Die vier gelben Eckausschnitte stellen vier Dagobas dar.

Seit dem 22. Mai 1972 ist Ceylon eine Republik unter dem Namen Sri Lanka. In der Flagge wurden aus diesem Anlass nur die Ecken leicht geändert. Sie werden heute als Blätter des heiligen Bodhi-Baums ausgelegt. Unter einem Bodhi-Baum (indische Feigenart) kam Buddha nach sieben Jahren des Kämpfens und Suchens die Erleuchtung (um 528 v. Chr.). Der Buddhismus, zu der sich etwa 70 Prozent der Bevölkerung bekennen, ist zwar nicht Staatsreligion, aber in der neuen Verfassung ist verankert, dass der Buddhismus als Religion der Mehrheit des Volkes anerkannt wird und es Pflicht des Staates ist, diese Religion zu fördern und zu schützen.

Wappen: Am 17. Dezember 1906 verlieh der britische König Edward VII. der Kronkolonie ein Wappen, das aber wegen seiner unproportionierten und schlechten Darstellung amtlich kaum gebraucht wurde (Ausspruch eines Beamten: »die Art Ding, die man nach einem schlechten Essen träumt«) und das *Badge* (Elefant vor Dagoba) nicht verdrängen konnte. Das Wappen zeigte einen Elefanten zwischen Kokospalmen und Bergen.

Nach der Unabhängigkeit fiel die Entscheidung über die endgültige Form des Staatswappens erst im April 1953. Nach einigen Modifikationen nahm man am 30. Juli 1954 das Wappen an, das in der Mitte den »Sinhalapia«, den Löwen Ceylons, zeigte, umgeben von einem Lotosblütenrand und überhöht von der sog. Ceylonkrone, die die des Königreiches von Kandy war. Sie sollte anzeigen, dass der britische Monarch Nachfolger des Königs von Kandy war.

Als sich Sri Lanka am 22. Mai 1972 zur Republik erklärte, wurde auf der Basis des alten Wappens ein neues eingeführt. Im Mittelpunkt steht weiterhin der schwerttragende Löwe des alten Reiches von Kandy. Dabei entsprechen die Farben der alten Königsflagge von Kandy aus dem 19. Jahrhundert, in der ein goldener Löwe in einem roten Feld mit blauem Bord stand. Die Sage erzählt, dass der arische Prinz Vidschaya, der im 6. Jahrhundert Ceylon eroberte, von einem Löwen abstammte.

In den alten Königspalästen finden sich plastische Darstellungen von Löwen, die auch in der Tradition des Volkes verankert sind. Der Löwe ist eingerahmt von einem Lotosblütenkranz (Palapeti Vitaya = buddhistisches Symbol) und einem Reisährenkranz (= Wohlgedeihen des Volkes). Statt der Krone ruht auf der Spitze der Darstellung das buddhistische Rad der Lehre oder Lebensrad. Das Emblem ruht auf »Punkalasa«, der Reisschüssel als Ausdruck von Wohlstand und Glück. Sonne und Mond daneben drücken den Wunsch nach ewigem Leben aus.

Südafrika

ZA

Fläche:	1 220 813 km²
Einwohner:	44,8 Mio.
Hauptstadt:	Pretoria, Kapstadt
Landessprachen:	Englisch, Afrikaans, Bantu-Sprachen
Staatsform:	präsidiale Republik

Flagge: Am 6. April 1652 kamen 90 Angestellte der niederländischen Ostindienkompanie unter der Führung des Arztes Jan van Riebeeck nach Südafrika in das heutige Kapstadt. Hier gründeten sie eine Kolonie und hissten neben der alten niederländischen Flagge – Orange, Blau, Weiß – noch die der Ostindienkompanie. Ab 1806 besetzte Großbritannien die niederländische Kapkolonie. Die nach Norden geflüchteten Buren gründeten dort einige Staaten, wovon der 1830 gegründete Oranje-Freistaat und das 1850 gegründete Transvaal, das sich 1884 in Südafrikanische Republik umbenannte, die wichtigsten waren. Bis 1902 annektierte Großbritannien nach dem 2. Burenkrieg das gesamte Südafrika und teilte es in die vier Kronkolonien Natal, Kapprovinz, Oranje-Freistaat und Transvaal ein. Am 31. Mai 1910 vereinigten sich nach langjährigen Verhandlungen die vier Kolonien zur »Union von Südafrika«. Ab nun diente der britische *Red Ensign* mit dem vierfeldrigen südafrikanischen Wappenschild im fliegenden Ende als Staatsflagge, die unter dem Namen »*Red Duster*« bekannt wurde.

Die Tatsache, dass sich die Buren nicht mit dem britischen Liberalismus und der Toleranz bei der Behandlung der andersfarbigen Rassen auszusöhnen vermochten, erhöhte die Spannungen zwischen Großbritannien und seinem Dominium. Die 1924 an die Macht gekommene Nationalpartei betonte die Selbstständigkeit der Union gegenüber dem Mutterland, ohne aber den Zusammenhang zum britischen Weltreich aufzuheben. Zur Betonung der Selbstständigkeit rief man 1925 zu einem Wettbewerb für eine neue Flagge auf. Aber erst am 31. Mai 1928 hisste man eine Flagge, die einen Kompromiss darstellte. In den Proportionen 2:3 handelte es sich um die alte niederländische Flagge mit den waagerechten Streifen Orange-Weiß-Blau unter Hinzufügung eines Emblems im mittleren Streifen. Dieses setzte sich zusammen aus den Flaggen von Großbritannien, Oranje-Freistaat und Transvaal. In der Folgezeit war die Flagge allerdings auch ein Symbol des Apartheitsystems.

Somit war klar, dass für das neue Südafrika, in dem die Rassentrennung aufgehoben war, eine neue Flagge geschaffen werden musste. Am 26. April 1994 wehte erstmals die neue Nationalflagge, deren Proportionen 2:3 betragen und die die einzige sechsfarbige Flagge der Welt ist. In ihr sind die schwarz-gelb-grünen Farben des Afrikanischen Nationalkongresses (ANC) als Symbol der schwarzen Bevölkerungsmehrheit mit den rot-weiß-blauen der alten Flagge als Symbol der weißen Minderheit vereinigt.
Das in der Gestaltung einbezogene Gabelkreuz (heraldischer Ausdruck für die Y-Form) versinnbildlicht die Annäherung des Traditionellen und des Neuen und stellt den gemeinsamen Weg der Südafrikaner in die Zukunft dar. Den Farben werden inzwischen folgende Sinngehalte beigegeben: Rot steht für das vergossene Blut, Blau für den wolkenlosen Himmel, Grün für das Land, Weiß für die Europäer, Schwarz für die Afrikaner und Gelb für die natürlichen Ressourcen, vor allem Gold.

Wappen: Die am 31. Mai 1961 ausgerufene Republik hielt an dem Wappen fest, das König Georg V. der Union von Südafrika am 17. Mai 1910 verliehen hatte. Der vierfeldrige Schild enthielt Symbole für die Kapprovinz (die Dame der Guten Hoffnung), für Natal (zwei Gnus), für Oranje-Freistaat (Orangenbaum) und Transvaal (Treckwagen). Dazu kamen noch heraldische Prunkstücke.

Das am 27. April 2000 eingeführte neue Wappen wurde von Iaan Bekker entwickelt. Er verwirklichte darin die vom Departement of Arts and Culture vorgegebenen Ideen. Darin sollte die Sesotho-Redewendung »Batho Pele«, dass bedeutet, dass der Mensch im Vordergrund steht, ausgedrückt werden. Die Basis des Wappens bildet ein grünes Spruchband, das von vier Elefantenstoßzähnen nach oben abgeschlossen wird. Das Motto in der Khoisan-Sprache der Kap-Buschmänner bedeutet »Einheit der unterschiedlichen Menschen und Volksgruppen«. Es sagt aber mehr aus und zwar sollen alle Menschen in Südafrika in Taten und Worten die gemeinsame Nation aufbauen. Die Elefantenstoßzähne symbolisieren Weisheit, Stärke, Mäßigung und Beständigkeit. Die beiden Weizenähren zwischen Spruchband und Schild symbolisieren das Aufgehen der neuen Nation, die Entwicklung aller Potenziale und die Landwirtschaft. Der Schild symbolisiert die Nation und dessen Schutzfunktion für alle Südafrikaner. Die auf ihm dargestellten Menschen entstammen dem »Linton Stone«, der heute im Nationalmuseum in Kapstadt aufbewahrt wird. Die Zeichnung stammt von den Khoisan, den Ureinwohnern Südafrikas. Über dem Schild liegen Keule und Speer, die für Verteidigung und Autorität stehen, ihre Darstellungsart symbolisiert Frieden. Die Proteablüte darüber, die die Nationalblume der Nation ist, steht für die Schönheit des Landes. Der sich darüber befindende Sekretär, ein Raubvogel, ist das Äquivalent zum Löwen auf der Erde. Er symbolisiert den Sieg über die äußeren Feinde. Seine Darstellung in Gold steht für die Gewalt des »Höheren«. Die Sonne ist das Symbol der Helligkeit und für alles Leben spendende.

Sudan

SUD

Fläche:	2 492 360 km²
Einwohner:	38,6 Mio.
Hauptstadt:	Khartum
Landessprache:	Arabisch
Staatsform:	präsidiale Republik

Die Republik Sudan nimmt das gesamte Becken des Weißen Nils einschließlich der südöstlichen Sahara ein. Das zur Unterscheidung vom geographischen Großraum Sudan auch Ostsudan genannte Land ist Teil Nord- und Schwarzafrikas, zwischen dem die islamische Bevölkerung eine Mittlerrolle einnimmt. Bis zum 1. Januar 1956 übten Ägypten und Großbritannien gemeinsam die Oberhoheit über dieses Gebiet aus, dann wurde der Sudan unabhängig.

Flagge: Am Tage der Unabhängigkeit hisste die Republik erstmals eine eigene Nationalflagge (Proportionen 1:2), die politisch vollkommen neutral war. Sie zeigte die Farben Blau-Gelb-Grün in waagerechter Anordnung. Dabei versinnbildlichte Blau den das Land durchfließenden Nil, Gelb die Wüste, die den größten Teil des Landes einnahm, und Grün stand für die Fruchtbarkeit des Landes.

Wahrscheinlich hatte man diese Farben dem Tartan (Stoffmuster des Kilts) des General Charles »Chinese« Gordon entnommen, den die britisch-ägyptische Kondominiumsregierung im Land als Nationalhelden verehren ließ. Gordon, von 1863 bis 1874 in chinesischen Diensten, unterwarf das obere Nilufer und wurde 1877 zum Pascha und Generalgouverneur des Sudan ernannt. Im Januar 1884 schickte ihn die britische Regierung nach Khartum, um die ägyptische Herrschaft im Sudan gegen den Mahdi zu behaupten. Nach zehnmonatiger Belagerung fiel Khartum, Gordon wurde am 26. Januar 1885 von den Mahdisten erschlagen.

Am 25. Mai 1969 stürzten Offiziere unter Führung von Oberst Dschafar Mohammed el-Numeiri (er wurde anschließend Staatspräsident) die Zivilregierung. Schon bald nach der Machtübernahme lehnte sich die neue Regierung eng an die revolutionären arabischen Staaten an. Im Dezember 1969 schloss der Sudan eine Allianz mit Libyen und Ägypten, der sogar der Oberbefehl über die sudanesischen Streitkräfte übertragen wurde.

Die Anlehnung an den arabischen Block – hierdurch verstärkten sich die Gegensätze zwischen dem arabischen Norden und dem schwarzen Süden noch mehr – sollte auch durch die Annahme einer neuen Nationalflagge dokumentiert werden. Sie ging aus einem Wettbewerb hervor und wurde entworfen von dem Absolventen der Khartumer Kunstschule Abdal Rahman Ahmad Aljali. Ihre Proportionen betragen 1:2. Das Land hisste sie erstmals am 20. Mai 1970. Der Designer der Flagge legte auch ihre Symbolik fest, die jedoch teilweise von der Regierung geändert bzw. ergänzt wurde. Die Flagge ist in den »Farben der arabischen Nation gehalten, wodurch wir unser Bekenntnis zu dieser Tradition ablegen. Wir bekennen uns zur Mitgliedschaft in dieser Staatengemeinschaft und unterstützen unter dieser Flagge den Kampf des palästinensischen Volkes zur Erreichung seiner Ziele«.

Das grüne Dreieck, seine Spitze ragt in den mittleren Streifen hinein, symbolisiert die Dynastie der Fatimiden, die von 909 bis 1171 weite Teile Nordafrikas beherrschten. Grün steht auch für den Islam und das Wohl und Gedeihen des Staates. Der rote Streifen symbolisiert die Revolution, den Fortschritt und den Sozialismus. Er erinnert aber auch an die Märtyrer, die durch ihre Opfer im Kampf dem Land die Freiheit brachten. Weiß versinnbildlicht das Licht, den Frieden und Optimismus. Es erinnert an die »Liga der Weißen Flagge«. Diese im Mai 1922 von Ali Abd el-Latif gegründete Gesellschaft kämpfte ab Juni 1924 gegen die Fremdherrschaft. Schwarz symbolisiert die Zugehörigkeit des Landes zum Schwarzen Kontinent. (In Arabien bedeutet »Bilad es-Sudan« »Land der Schwarzen«.) Gleichzeitig erinnert Schwarz an Mohammed Ahmed ibn-Abda Uah, genannt der Mahdi, der unter einem schwarzen Banner gegen Ägypter und Briten kämpfte und zwischen 1885 und 1898 den sog. Mahdistaat errichtete.

Wappen: Am 1. Januar 1956, dem Unabhängigkeitstag, wählte der Staat ein Staatswappen, das speziell auf das Land zugeschnitten war. Es zeigte ein braunes schreitendes Nashorn inmitten zweier zum Kreis gebogener Zweige und darumgelegt zwei gebogene Ölzweige. Auf einem weißen, an den Enden braun abgesetzten Spruchband stand in schwarzen arabischen Zeichen der Staatsname »Dschumhurijat As Sudân« (Republik Sudan). In Afrika gilt das Rhinozeros als Zeichen der Kraft und Stärke. An die Stelle dieses Wappens trat 1969 ein neues, das sich an die Staatswappen der anderen arabischen Republiken anlehnt. Man wählte jedoch keinen Adler, sondern einen einheimischen Greifvogel – einen Sekretär oder »Kranichgeier« (Sagittarius serpentarius), ein Vogel mit sehr langen Beinen, langem Hals, sehr langen Schwanzmittelfedern und Hinterhauptschopf. Dieser Schopf erinnert an eine hinter das Ohr gesteckte Schreibfeder eines Sekretärs; diese Ähnlichkeit führte dazu, dass der Vogel den Namen »Sekretär« erhielt. Der etwa 1,20 m große Savannenvogel fliegt nur im Notfall, läuft aber ausgezeichnet und nährt sich von kleinem Getier, besonders aber von Schlangen, die er durch kräftige Fußtritte tötet. Auf dem Schriftband oben steht der Ruf »Der Sieg zu uns!«. Das Schriftband unten trägt in arabischen Schriftzeichen den Landesnamen »Dschumhurijat As Sudân«.

Suriname

SME

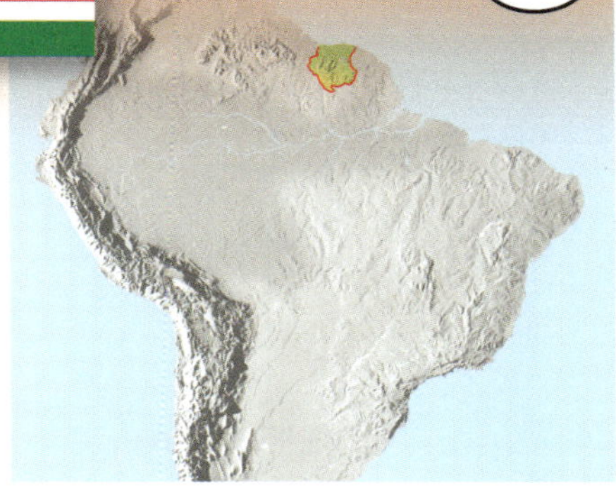

Fläche:	163 820 km²
Einwohner:	458 000
Hauptstadt:	Paramaribo
Landessprache:	Niederländisch
Staatsform:	präsidiale Republik

1667 kam das Gebiet Surinames im Tausch gegen New York an die Niederlande, die dem Land am 29. Dezember 1954 die innere Autonomie und am 25. November 1975 die Unabhängigkeit zugestanden.

Flagge: Als Zeichen der inneren Autonomie hisste das ehemalige Niederländisch-Guyana am 15. Dezember 1959 seine von dem einheimischen Künstler Noni Verwey-Lichtveld entworfene Nationalflagge. Sie zeigte im weißen Tuch fünf Sterne in den Farben Schwarz, Braun, Gelb, Rot und Weiß. Ringförmig durch ein schwarzes Band zusammengehalten, symbolisierten sie den Zusammenhalt der in Suriname lebenden Rassen. Als Suriname unabhängig wurde, hisste es am 25. November 1975 die neue Nationalflagge (Proportionen 2:3). Vor der Unabhängigkeit wurde ein Wettbewerb zur Schaffung einer Flagge ausgeschrieben. Aber keiner der 270 eingereichten Entwürfe sagte der Kommission zu, sodass sie die Nationalflagge aus Elementen der eingereichten Entwürfe komponierten. Die Breite der Streifen steht im Verhältnis 2:1:4:1:2. Den Farben werden folgende Sinngehalte beigegeben: Rot symbolisiert die Liebe und den Fortschritt im Kampf für ein besseres Leben, Weiß steht für Frieden und Gerechtigkeit. Grün versinnbildlicht die Vegetation, die als Hoffnung auf eine bessere Zukunft gilt. Der Stern ist das Symbol der Einheit, seine Farbe symbolisiert das Opfer, das auf dem Weg in eine bessere Zukunft zu erbringen ist, sowie den Uneigennutz, den das Volk bei seiner Arbeit für den nationalen Fortschritt aufbringt.

Wappen: Das am 15. Dezember 1959 angenommene Staatswappen wurde auch von Noni Verwey-Lichtveld entworfen und basiert in Einzelheiten auf älteren Wappen. Das Segelschiff versinnbildlicht die Rolle der Seefahrt in der Wirtschaft des Landes, die Palme erinnert an die Wichtigkeit der Landwirtschaft. Der Stern der Freiheit steht im Rhombus, der die Bodenschätze symbolisiert. Die schildhaltenden Indianer repräsentieren die Ureinwohner. Das Motto lautet: »Gerechtigkeit, Glauben, Treue«.

Swasiland

SD

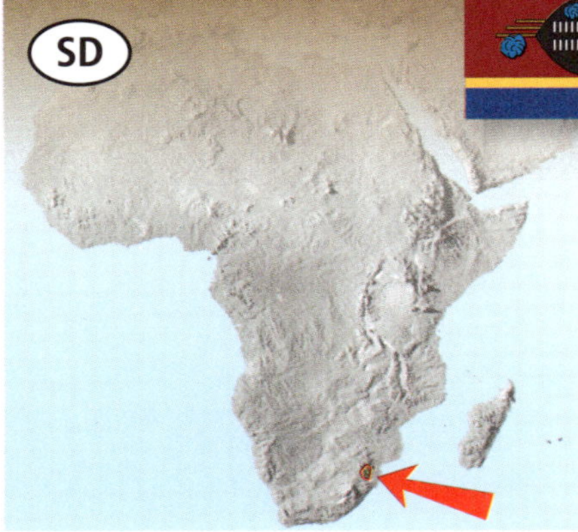

Fläche:	17 363 km²
Einwohner:	1,14 Mio.
Hauptstadt:	Mbabane
Landessprache:	SiSwati
Staatsform:	absolute Monarchie

Flagge: Das seit 1964 autonome Swaziland (auch Ngwane genannt) wurde am 6. September 1968 unabhängiges Königreich. Seine Nationalflagge (Proportionen 2:3, Verhältnis der Streifen 3:1:8:1:3) hisste das Land erstmals am 25. April 1967, sie wurde am 30. Oktober 1967 in modifizierter Form amtlich festgestellt.

1954 entwarf Emily Shongwe, eine Kusine des Königs, die Flagge auf Basis einer Fahne des Swazi-Pionierkorps aus dem Jahre 1941. Die Symbolik der Nationalflagge ist durch Gesetz festgelegt: Karmesinrot erinnert an die Schlachten der Vergangenheit. Kleine Ngonigruppen unterwarfen unter ihrem Häuptling Mzwasi mehrere Sothostämme zwischen den Flüssen Komali, Umbuluzi, Usutu und Ingwawuma. Dann wanderten kriegerische Zulus ein und bildeten mit den Eroberern und den unterworfenen Sotho ein neues Volk, das sich von nun an »Swazi« nannte. Gelb versinnbildlicht die natürlichen Reichtümer des Landes. Blau steht für den Frieden, den das Land für seine Entwicklung braucht. Der in den natürlichen Farben der Ochsenhaut gehaltene Swazi-Kampfschild des Emasotha-Regiments, die Speere und der Kampfstock – er ist besetzt mit den Federn des Witwenvogels und des Lourie – erinnern an die kämpferischen Traditionen der Swazi.

Wappen: Das Staatswappen, das mit Genehmigung König Sobhuzas II. am 30. April 1968 eingeführt wurde, zeigt einen einheimischen Schild in einem europäischen. In dessen Mitte stehen aufrecht nebeneinander zwei Speere, die traditionellen Waffen der Ngonizeit, außerdem ein Swazi-Kampfstock mit Federbüscheln an den Enden (sie sind königliche Attribute), überdeckt von einem Swazi-Kampfschild. Auf dem Schild ruht der Kopfschmuck des Emasotha-Regiments, ein pelziger Ring, in den Witwenvogelfedern gesteckt sind. Als Schildhalter dienen ein Löwe und ein Elefant. Sie sind Symbole für König und Königinmutter. Der Wahlspruch »Wir sind die Festung« bezieht sich auf die beiden Schildhalter. Der König »Ngwenyama« (Löwe) ist »oberster Hüter der Ländereien«. Ist er verhindert, so vertritt ihn seine Mutter, die »Ndlovukatli« (»große Elefantenfrau«).

Syrien

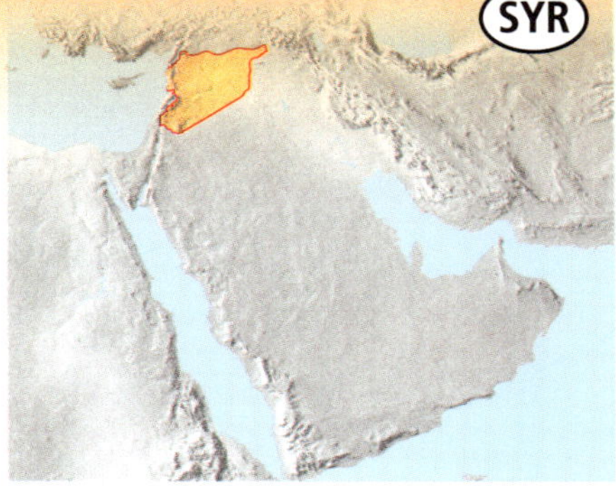

Fläche:	185 180 km²
Einwohner:	19,93 Mio.
Hauptstadt:	Damaskus
Landessprache:	Arabisch
Staatsform:	präsidiale Republik

Die Syrische Arabische Republik ist nach der provisorischen Verfassung vom 1. Mai 1939 (sie wurde im Februar 1971 geändert) ein demokratischer, sozialistischer Volksstaat und Teil der arabischen Nation. Die erste syrische Staatsgründung erfolgte 1920. Schon ein Jahr zuvor verhandelte Emir Faisal in Paris über ein begrenztes französisches Protektorat bei weitgehender Selbstständigkeit einer syrischen Regierung. Nach dem Scheitern der Verhandlungen beriefen die in Syrien entstandenen politischen Parteien im März 1920 einen Nationalkongress nach Damaskus ein, der am 8. März Syrien als unabhängiges Königreich unter Faisal proklamierte.

Flagge: Über diesem »Vereinigten Königreich Syrien« wehte eine Flagge in den panarabischen Farben. Sie war schwarz-grün-weiß gestreift mit rotem Dreieck am Liek. Großbritannien und Frankreich erklärten die Staatsgründung für illegal. Nach Verhandlungen, die von Syrien nicht anerkannt wurden, setzte der Völkerbund Frankreich als Mandatsmacht ein. Im Juli 1920 besetzten die Franzosen das Land und zwangen Faisal zur Emigration (Faisal wurde 1921 König des Irak). Durch Verordnungen gründete Hochkommissar Gouraud 1920 im syrischen Großraum verschiedene Staaten, die eigene Flaggen führten: Groß-Libanon (französische Trikolore mit Zeder), Latakia (Weiß mit gelber Sonne, im Obereck die Trikolore, in den anderen Ecken rote Dreiecke), Dschebel Drus (grün-rot-gelb-blau-weiß waagerecht gestreift mit einem vertikalen weißen Streifen am Mast, der von der französischen Trikolore abgeschlossen wurde), Alexandrette (später Republik Hatay – im roten Tuch ein weißer Halbmond und weiß eingerahmter Stern) und Syrien (grün-weiß-grün waagerecht gestreift mit französischer Trikolore im Obereck; galt vom 1.1.1925 bis 10.6.1932). Einige dieser Staaten wurden bis 1936 Syrien einverleibt.

Im Juni 1928 trat in Syrien eine verfassunggebende Versammlung zusammen, die nach kurzer Zeit einen Entwurf vorlegte, der für Syrien die Form einer parlamentarischen Republik vorsah. In dieser Verfassung war auch die neue Nationalflagge, die auf der Flagge von 1920 basierte, verankert: Sie war grün-weiß-schwarz waagerecht gestreift mit drei roten Sternen (für die Provinzen Damaskus, Aleppo und Dar es-Zor) im mittleren Streifen. Am 14. Mai 1930 trat die Verfassung in Kraft (wobei die Rechte der französischen Mandatsverwaltung erhalten blieben), dabei wehte die Streifenflagge aber erstmals am 11. Juni 1932. Syrien behielt diese Flagge auch bei, als es am 1. Januar 1944 erneut seine Unabhängigkeit erklärte. 1958 schloss sich Syrien mit Ägypten zur Vereinigten Arabischen Republik zusammen und führte dessen Flagge ein, rot-weiß-schwarz waagerecht gestreift mit zwei grünen Sternen im mittleren Streifen. Nach der Auflösung der Föderation gebrauchte Syrien von 1961 bis 1963 wieder seine alte Flagge.

Am 8. März 1963 kamen nach einer Militärrevolte die Anhänger Nassers in der Baath-Partei an die Macht. Dies drückte sich in der Annahme einer neuen Flagge aus, die wieder die ägyptische Farbfolge zeigte: Rot-Weiß-Schwarz mit drei grünen Sternen im mittleren Streifen. Mit Libyen und Ägypten trat Syrien zum 1. Januar 1972 in die Föderation Arabischer Republiken ein. Deren Flagge zeigte im mittleren Streifen der rot-weiß-schwarzen Flagge den goldenen Falken des Stammes der Koraischiten.

Am 28. März 1980 beschloss das syrische Parlament auf Veranlassung Präsident Asads die Änderung der Nationalflagge, um die Gleichheit mit der ägyptischen Flagge zu beenden. Seit dem 29. März 1980 weht wieder die alte VAR-Flagge (Proportionen 2:3). Schwarz soll an die Schwere der Kolonialzeit erinnern, Rot symbolisiert die vollzogenen revolutionären Veränderungen, Weiß die friedliche Zukunft. Grün steht für den Islam, zu dem sich 80 Prozent der Bevölkerung bekennen, die Sterne für die Einheit.

Wappen: 1947 schuf Syrien sein erstes Staatswappen, das später zum Vorbild für andere Wappen arabischer Staaten wurde. Zum ersten Mal tauchte in der arabischen Welt ein Wappen auf, dem ein heraldisch stilisierter Adler zugrunde lag. Dieser Adler soll das von Khaled Ibn al-Walid, einem General Mohammeds, geführte Emblem sein. Dieser General eroberte unter Omar, dem zweiten Kalifen, nach der Schlacht am Jarmuk 636 die Stadt Damaskus, die unter dem fünften Kalifen, Moawija, Sitz des Kalifats wurde. Der Adler war eisenfarben und mit Gold damasziert. In seinen Fängen hielt er ein goldenes Spruchband mit dem Staatsnamen. Auf seiner Brust lag ein weißer, grün eingefasster arabischer Schild, der drei rote Sterne trug. Zwei unter dem Schild sich kreuzende goldene Ähren standen für die Landwirtschaft, auf der der Reichtum Syriens beruhte. Beim Zusammenschluss mit Ägypten verschmolz man den ägyptischen und den syrischen Adler zum sog. *Saladinadler*. Am 8. März 1963 kehrte Syrien wieder zu seinem Adler zurück, legte ihn aber goldfarbig an und änderte den Brustschild. Von 1972 bis 1980 galt für Syrien der goldene Falke des Stammes der Koraischiten (er entsprach in seiner Ausführung dem syrischen Adler) als Wappen. Mit der Flaggenänderung von 1980 kehrte Syrien wieder zu seinem alten Wappen zurück.

Tadschikistan

TJ

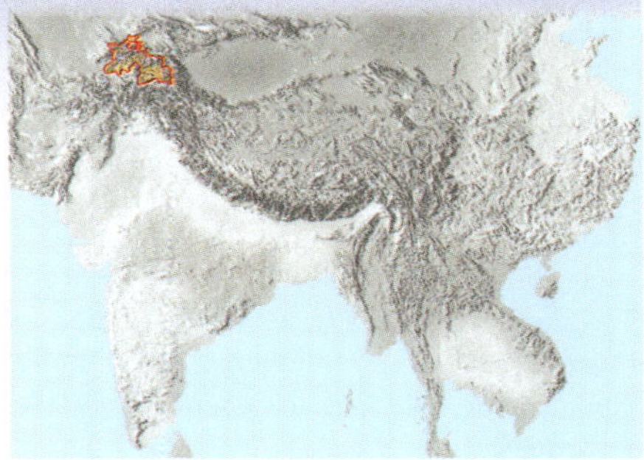

Fläche: 143 100 km²
Einwohner: 6,1 Mio.
Hauptstadt: Duschanbe
Landessprache: Tadschikisch
Staatsform: präsidiale Republik

Die Tadschiken sind in Zentralasien das einzige Volk persischer Herkunft. Sie gerieten ab 1865 unter russischer Herrschaft. Die am 5. Dezember 1929 gebildete Tadschikische SSR erklärte am 24. August 1990 ihre Souveränität und rief am 9. September 1991 als elfte Unionsrepublik ihre Unabhängigkeit aus.

Flagge: Zunächst hielt das Land noch an seiner sowjetisch geprägten Staatsflagge vom 20. März 1953 fest. Es war die Flagge der Sowjetunion, der ein weißer und ein grüner Streifen aufgelegt war. Diese Flagge wurde Vorbild der am 24. November 1992 eingeführten neuen Nationalflagge (Proportionen 1:2, die rot-weiß-grünen Streifen stehen im Verhältnis 2:3:2). Die Flagge erinnert mit ihren Farben an die persische Herkunft des Volkes. In der Mitte liegt das Emblem aus dem Staatswappen. Die drei Streifen stellen die Epoche der goldenen Zeit, die Epoche des Kampfes im Guten und Bösen und die Epoche des Verfalls dar. Rot steht für Feuer und Einheit des Volkes, Weiß für Wasser, Schnee und Baumwolle und Grün für das Leben und die Täler und Natur des Landes.

Wappen: Bis zum November 1992 führte Tadschikistan noch das Wappen der SSR weiter. Mit der neuen Flagge führte das Land ein Wappen ein, welches im Mittelpunkt einen geflügelten Löwen aus der persischen Mythologie zeigte. Am 28. Dezember 1993 wurde das noch heute gültige Staatswappen eingeführt. Der Kranz wird gebildet aus Getreideähren und einem Baumwollzweig als Symbole der wichtigsten landwirtschaftlichen Güter. Das Buch steht für das Wissen und das Pamir-Gebirge darüber für die Landschaft. Die Krone stellt die symbolische Personifikation des Grundprinzips der altpersischen zoroastrischen Mythologie dar. Sie erinnert an das persische Wort »Taj« (= Krone), von dem das Wort Tadschikistan abstammt. Die sieben Sterne symbolisieren den Geist »Spenta Mainsusch« und die dienstbaren Geister. Darüber hinaus erinnern sie an die sieben Gestirne als vorislamisches Symbol für ein altes Land, und an die Legende der sieben Brüder. Die aufgehende Sonne ist als persisches Element dem alten iranischen Wappen entlehnt.

Taiwan

Fläche:	36 006 km²
Einwohner:	23 Mio.
Hauptstadt:	Taipeh
Landessprache:	Chinesisch
Staatsform:	präsidiale Republik

Die Republik Taiwan besteht aus der Insel Formosa und einigen kleineren Inseln im Pazifik, die der Volksrepublik China vorgelagert sind. Der Staat mit der Hauptstadt Taipeh existiert seit 1949, nachdem die chinesischen Nationalisten der Kuomintang das Festland verlassen mussten und dort die Volksrepublik ausgerufen wurde.

Flagge: Die von den Portugiesen 1584 entdeckte und »Ilha Formosa« (= schöne Insel) getaufte Insel erklärte sich am 24. Mai 1895 zur ersten selbstständigen Republik Asiens. Im Dezember 1895 eroberten die Japaner diesen Staat und Formosa wurde japanische Kolonie. Die Flagge der Republik zeigte in der Mitte eines dreieckigen blauen Tuchs, das mit einem orange-gelben Rand eingefasst war, einen schreitenden natürlichen Tiger als Symbol der Republik. Eine noch heute in Tokio sitzende »provisorische Regierung von Formosa« führt eine blaue Flagge mit weißem Halbmond und weißer Sonne ohne Strahlen.

Zur Zeit der ersten Republik regierte auf dem chinesischen Festland die Mandschu-Dynastie. Dort begann das nationale Flaggenwesen 1863, als eine chinesische Marine gegründet wurde, deren Gösch aus einem gelben Tuch mit einem blauen Drachen als Zeichen der kaiserlichen Autorität bestand. Diese Gösch wurde 1872 Staatsflagge, dabei war sie bis 1890 dreieckig gestaltet, danach viereckig. Als Ende 1911 die Revolution ausbrach und den Kaiser stürzte, sah man überall bildlose weiße Flaggen, was in der chinesischen Farbsymbolik Trauer bedeutet. Bald schon legte man in das weiße Tuch (bei der Heeresflagge rotes Tuch) einen großen neunzackigen schwarzen Stern, in dessen Mitte neun gelbe Kugeln für die inneren Provinzen und auf den Zackenenden gelbe Kugeln für die äußeren Provinzen lagen.

Schon 1912 nahm die Republik China eine waagerecht gestreifte Flagge an, die bis 1928 (im Norden bis 1943) in Gebrauch war. Sie symbolisierte durch ihre fünf Streifen die Rassen, die im »Reich der Mitte« lebten: Rot die Chinesen, Gelb die Mandschu, Blau die Mongolen, Weiß die Muslime und Schwarz die Tibeter (bekannt waren ähnliche Flaggen bereits seit dem 19. Jahrhundert). Während dieser Zeit führten die Kriegsschiffe eine rote Flagge mit weißem Obereck, darin eine weiße Sonne mit zwölf blauen Strahlen. Dazu gab es im Land noch die Flagge der Kuomintangpartei: in der Mitte eines blauen Tuchs eine weiße Sonne mit zwölf Strahlen. Aus diesen beiden Flaggen entwickelte sich die von Sun Yat-sen entworfene Nationalflagge (Proportionen 2:3), die am 8. Oktober 1928 offiziell in Gebrauch genommen wurde. Das blaue Obereck nimmt ein Viertel des Flaggentuchs ein.

Die Farben symbolisieren die »drei Grundsätze der Volksherrschaft«, die als spezifische Staatstheorie der Kuomintang gelten. Die von Sun Yat-sen 1912 gegründete Nationale Volkspartei wurde Mitte der 1920er Jahre die wichtigste politische Kraft Chinas. Ursprünglich der KPdSU nachgebildet, verfolgte sie jedoch bald eine eigene politische und ideologische Richtung. Blau steht für Gleichheit, Gerechtigkeit und Min Chuan (»Demokratie für das Volk«), Weiß versinnbildlicht Brüderlichkeit, Freimut und Min Shen (»Lebensunterhalt für das Volk«), Rot steht für Freiheit, Opfer und Min Chu (»das Nationalbewusstsein des Volkes«). Das Obereck entspricht dem Staatswappen. In der Flagge soll die Sonne, die auch das Parteiabzeichen der Kuomintang ist, anzeigen, dass der Staat durch diese Partei regiert wird.

Während des Zweiten Weltkriegs gründete Japan in China mehrere Staaten, die eigene Flaggen führten: Mandschukuo (gelb mit einem Obereck aus rot-blau-weiß-schwarzen horizontalen Streifen), Mengchiang (Blau mit im Obereck vertikalen rot-gelb-weißem Streifen) und die Mongolische Föderation (horizontale Streifen in den Farben Gelb-Blau-Weiß-Rot-Weiß-Blau-Gelb in den Proportionen 3:2:1:3:1:2:3).

Wappen: Das Staatswappen Taiwans zeigt in Blau eine stilisierte weiße Sonne mit zwölf Strahlen, welche bei korrekter Darstellung untereinander und mit der Sonnenscheibe nicht in Verbindung stehen. Das Emblem stellt »die weiße Freiheitssonne im blauen Himmel« dar; es ist in der Verfassung von 1947 verankert.

Sun Yat-sen nahm das Emblem 1906 für seinen 1905 gegründeten republikanischen Revolutionsbund an, der zum Vorbild der Kuomintang wurde. Während dieser Zeit galt es als das Wahrzeichen des »künftigen freien Chinas« und als Symbol der »republikanischen Erneuerung Chinas«. Die zwölf Strahlen der Sonne versinnbildlichen die zwölf zweistündigen Tagesabschnitte, zusammengenommen symbolisieren sie den »Geist unaufhörlichen Fortschritts«.

Die runde Scheibe ist der Hauptbestandteil des Yang-Symbols, das den männlichen Part des Yin-Yang-Symbols (in China heißt es »T'ai Chi«) darstellt. Es ist ein in ganz Ostasien weit verbreitetes religiöses und Weltanschauungssymbol. Schon im frühen Mittelalter gliederten chinesische Philosophen die »Erscheinungen des Universums unter zwei Häupter, das Yin und das Yang, alle Elemente des Alls waren unter diese Symbole gegliedert«. Die Chinesen bringen das Yang mit Kraft, Leben, Himmel sowie mit untadeliger und gerechter Regierung in Verbindung.

Tansania

Fläche:	883 000 km²
Einwohner:	40,5 Mio.
Hauptstadt:	Dodoma
Landessprachen:	Kisuaheli, Englisch
Staatsform:	präsidiale Republik

Tansania ging am 26. April 1964 aus der Vereinigung des einstigen britischen Treuhandgebietes Tanganjika mit den Inseln Sansibar und Pemba hervor, die seit dem 19. Jahrhundert als Sultanat existierten. Tanganjika erhielt am 9. Dezember 1961 als Monarchie volle Unabhängigkeit und wurde 1962 Republik. Sansibar und Pemba waren 1890–1963 britisches Protektorat und erhielten am 10. Dezember 1963 ihre volle Unabhängigkeit.

Flagge: Zu Beginn des 19. Jahrhunderts wurde Sansibar Residenz des Sultans von Oman, der auf der Insel seine bildlose rote Flagge hisste (über ihre Bedeutung →Oman). Nach Errichtung der britischen Schutzherrschaft am Ende des 19. Jahrhunderts tauchten rot-weiß-grüne Streifenflaggen auf. Später wurden diese aber wieder zugunsten der bildlosen roten Flagge fallengelassen. Der britische Resident führte den *Union Jack* mit einem Abzeichen: ein Segelschiff mit der roten Sansibarflagge am Heck auf See, darüber schwebte die britische Krone. Bei Erlangung der Unabhängigkeit hisste das Sultanat Sansibar eine neue Nationalflagge, die auf der roten Flagge aufbaute. Sie war ebenfalls rot und trug in ihrer Mitte eine grüne Scheibe, mit zwei Nelken. Bis zum 12. Januar 1964 war die Flagge in Gebrauch, sie verschwand mit dem Sturz des Sultans. Die kurzlebige Volksrepublik führte eine Streifenflagge in den Farben Blau (für die See), Schwarz (für die Bewohner) und Grün (für das Land) ein; an der Mastseite lief ein schmaler weißer senkrechter Streifen (für Friede und Harmonie); im mittleren schwarzen Streifen lag eine goldene Axt.

Tanganjika gehörte bis 1918 zur Kolonie Deutsch-Ostafrika. Hier wehte die Flagge der Deutsch-Ostafrikanischen Gesellschaft: im weißen Tuch ein schwarzes liegendes, zum Mast hin verschobenes Kreuz; im roten Obereck lag das Kreuz des Südens (weiße Sterne). Nach dem Ersten Weltkrieg unterstellte der Völkerbund das Land als Treuhandgebiet Großbritannien. Als Dienstflagge führte es bis 1961 den Blue Ensign mit dem Giraffenkopf als Abzeichen. Tanganjika war eines der wenigen Gebiete, das den Red Ensign mit dem Giraffenkopf auf weißer Scheibe als Handelsflagge führte. Am Tag der Unabhängigkeit hisste Tanganjika eine grün-schwarz-grün waagerecht gestreifte Flagge, in der der schwarze Streifen von zwei schmalen gelben eingerahmt war. Grün-Schwarz-Grün waren die Farben der TANU (Tanganyika African National Union), Gelb symbolisierte den Reichtum der Nation.

Die TANU wurde 1954 als Nachfolgepartei der 1929 gegründeten TAA (Tanganyika African Association) vom damaligen Staatspräsidenten Julius Nyerere zur dominierenden Partei in Tanganjika, sie wird heute als übergeordnete nationale (Einheits-)Partei anerkannt. Nachdem die beiden Bestandteile Tansanias vereint worden waren, wurde die neue *Nationalflagge* gehisst, die beide Landesfarben in einer Flagge vereinigt. Den Farben in der Flagge wird folgende Bedeutung gegeben: Schwarz steht für das Volk und für den afrikanischen Kontinent; Gelb symbolisiert den Reichtum der vereinten Nation und Grün das Land; Blau repräsentiert sowohl das Meer als auch Sansibar (diese Farbe entstammt der Flagge Sansibars, die anderen der von Tanganjika). Die Proportionen der Flagge betragen 2:3. In den beiden Landesteilen werden auch heute noch beide Nationalflaggen gehisst. Die Präsidentenstandarte trägt im grünen Feld, das von einem hellblauen Bord umgeben ist, das Staatswappen.

Wappen: Das Staatswappen Tansanias geht im Wesentlichen auf das Tanganjikas aus dem Jahre 1961 zurück. Gegenüber dem heutigen Wappen zeigte dieses drei Segmente: oben rot, in der Mitte die Flagge Tanganjikas und unten die Wellenlinien. Das Ganze war überdeckt vom Landessymbol, einer brennenden goldenen Fackel, die durch vier ineinanderhängende Ringe gesteckt war. Auch im Wappen Tansanias, welches am 30. Juni 1964 angenommen wurde, steht die Freiheitsfackel an oberster Stelle. Julius Nyerere betonte die Bedeutung der Fackel in seiner Rede am Tage der Unabhängigkeit Tanganjikas am 9. 12. 1961: »Das Volk von Tanganjika will eine Kerze anzünden und sie auf dem Gipfel des Kilimandscharo stellen, damit sie über unsere Grenzen hinausleuchtet als ein Strahl der Hoffnung«. Und noch einmal 1963 nach einem gescheiterten Militärputsch: »Schande wurde von jenen über uns gebracht, die versuchten, die Nation mit Waffengewalt einzuschüchtern. Aber noch brennt auf dem Gipfel des Kilimandscharo die Fackel der Freiheit«. Unter der Freiheitsfackel erscheint die Nationalflagge. Den drei unteren Segmenten aufgelegt sind Speer, Axt und Hacke. Der Speer symbolisiert die Bereitschaft des Volkes, das Land zu verteidigen, während Hacke und Axt für Landwirtschaft und Entwicklung des Landes stehen. Als Schildhalter fungieren ein Mann und eine Frau in traditioneller Kleidung als Zeichen der Gleichberechtigung. In ihren Händen halten sie Elefantenstoßzähne als Verkörperung von Mut und Stärke und als Symbol der Fauna. Der das Fundament darstellende Kilimandscharo ist Symbol des Landes. Die Inschrift in Suaheli bedeutet »Freiheit und Einheit«. Baumwolle und Zwiebeln darauf sind wichtige landwirtschaftliche Produkte.

Thailand

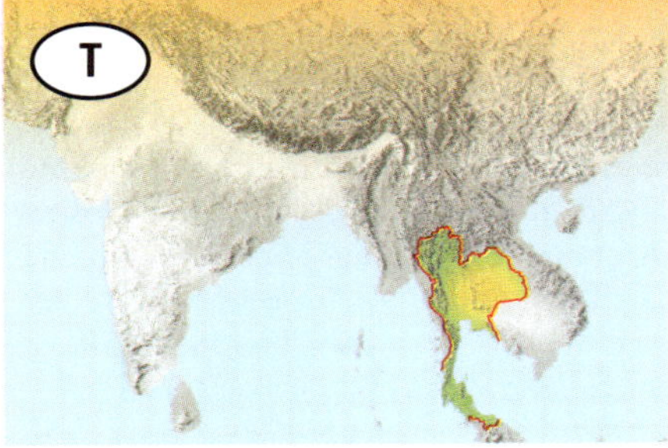

Fläche:	513 120 km²
Einwohner:	63,9 Mio.
Hauptstadt:	Bangkok
Landessprache:	Thai
Staatsform:	konstitutionelle Monarchie

Die Thai sind sehr stolz darauf in einem Staat zu leben, der nie von einer Kolonialmacht beherrscht wurde. Der im Lande gebräuchliche Name für Thailand ist Muang T'hai (auch Prathet T'hai), was »Land der Freien« bedeutet. 1939 kehrte das Königreich wieder zu diesem Namen zurück; der Name Siam, den die Europäer für das Land geprägt hatten, verschwand.

Flagge: Bezüglich der ersten Flaggen gibt es Unsicherheiten. Fakt ist, das das Land ursprünglich eine bildlose rote Flagge führte. 1802 soll Rama I. einen weißen Elefanten in ein Rad, das Dharma Chakra, gelegt haben. Rama IV. entfernte aus Gründen der Erkennbarkeit das Rad, so dass nur noch der weiße Elefant im roten Tuch erschien. Gesichert ist, dass die thailändische Flagge ab 1855 als Symbol der Macht der alten Thai-Könige im roten Tuch einen weißen Elefanten zeigte. Dabei könnte eine Begebenheit eine Rolle gespielt haben, die dem König Glück verhieß: Der König konnte einen der sehr selten vorkommenden weißen Elefanten erwerben, der als heiliges Tier der Buddhisten und als Symbol für die Kraft der Erkenntnis galt. Gleichzeitig erinnert der Elefant an die Wiederherstellung des thailändischen Staates: Im 16. Jahrhundert hatte Burma das Land unter seine Herrschaft gebracht. In einem Duell erstach jedoch König Naresuan 1592 auf einem Elefanten sitzend den burmesischen Kronprinzen und stellte so Thailands Unabhängigkeit wieder her.

Der Elefant war Wappentier in der damaligen Nationalflagge, er erscheint heute in der Kriegsmarineflagge. Auf einer Bootsfahrt bemerkte König Rama VI. 1916 eine kopfstehend wehende Nationalflagge, das heißt, dass die Beine des Elefanten himmelwärts gerichtet waren. Deshalb beschloss er die Schaffung einer neuen Nationalflagge, die niemals falsch herum wehen konnte. Unter Zugrundelegung der Farben der alten Nationalflagge wurde eine rot-weiß-rot-weiß-rot waagerecht gestreifte Flagge geschaffen, deren Streifenanordnung und Proportionen identisch waren mit der heutigen Nationalflagge. In einem Flaggenbuch der US-Marine und in einem der britischen Admiralität war diese Flagge schon 1914 abgebildet, wobei noch ein weißer Elefant im Kriegsharnisch im mittleren roten Streifen stand. Am 28. September 1917 führte Thailand dann die heute gültige »Trairanga«-Flagge (von Trairong = Dreifarb) als National- und Handelsflagge ein, bei der der mittlere rote Streifen gegen einen blauen ausgetauscht wurde (die blaue Farbe wurde mit dem Geburtstag des Königs in Verbindung gebracht). Die Proportionen der Flagge betragen 2:3, dabei stehen die Streifen im Verhältnis 1:1:2:1:1. Angeblich änderte man damals die nur rote und weiße Flagge, um die wichtigsten Verbündeten des Ersten Weltkriegs zu ehren. Thailand hatte sich 1917 auf die Seite der Alliierten Frankreich, Großbritannien und die Vereinigten Staaten gestellt, in deren Flaggen nur die Farben Rot, Blau und Weiß vertreten sind.

Später deutete man die Farben folgendermaßen: Blau galt als die alte traditionelle Farbe Thailands, Rot versinnbildlichte die »Kshatriya«, die Klasse der Krieger, Weiß stand für Reinheit. Heute deutet man die Farben so: Rot repräsentiert die Nation sowie die vom Volk gebrachten Opfer für ihre Nation; Weiß steht für die Staatsreligion, den Buddhismus, und die Reinheit des Volkes; Blau steht für den Monarchen, der dem buddhistischen Glauben angehören muss. Er ist das geistliche und Staatsoberhaupt sowie Oberbefehlshaber der Streitkräfte. Der Titel des Königs ist Rama und stammt von dem hinduistischen Gott Rama, der von den Vishnuiten als höchstes Wesen verehrt wird. Im heutigen Sprachgebrauch ist es ein Wort für »Gott«.

Wappen: 1910 führte König Rama VI. (reg. 1910–1925) das heutige Staatswappen ein. Es löste das dreifeldrige Wappen König Ramas V. (reg. 1868–1910) ab, das jedoch heute wieder auf modernen thailändischen Münzen erscheint. Bei dem Wappen war ein Schild deichselförmig geteilt, darin standen oben eine silberne Elefantengruppe auf goldenem Grund, unten rechts ein einzelner silberner Elefant in Rot, links ein goldener Dolch und ein silberner Kris gekreuzt im roten Feld. Als Schildhalter dienten goldene schirmhaltende Drachen. Die auf einem Wappenmantel liegende Anordnung wurde überhöht von der thailändischen Königskrone. Das Wappen wies zwar landesübliche Embleme auf, konnte aber das europäische Vorbild nicht verleugnen. Deshalb griff man 1910 auf die einheimische Mythologie zurück und führte einen stilisierten Garuda als Staatswappen ein. Der Garuda ist ein adlerartiger Vogel aus der indischen Mythologie. Er gilt als Fürst aller Vögel und schützt vor schädlichen Einflüssen. Als Reittier Vishnus genießt er göttliche Verehrung. Bestimmte Farben sind für ihn nicht vorgeschrieben. Am häufigsten sieht man ihn aber, wie er auf der Königsstandarte abgebildet ist, rot mit goldenen Partien.

Vishnu, ursprünglich ein Sonnengott, ist einer der Hauptgötter des Hinduismus; im Brahmaismus wurde er zum volkstümlichsten Gott. Besonders zwei seiner zehn Verkörperungen trugen zu seiner Verbreitung bei: die Verkörperung als Rama (der Titel der Thai-Könige) und als Krishna, der wichtigsten Inkarnation des Gottes Vishnu.

Fläche:	56 600 km²
Einwohner:	6,6 Mio.
Hauptstadt:	Lomé
Landessprachen:	Französisch, Ewe, Kabiyé
Staatsform:	präsidiale Republik

Flagge: Als Frankreich seiner Kolonie Togo im Jahre 1955 den Status einer autonomen Republik gewährte, nahm es seine erste Nationalflagge an. Sie zeigte im grünen Tuch mit der französischen Trikolore im Obereck zwei diagonal angeordnete gelbe Sterne, die den Süden und den Norden symbolisierten. Als Togo am 27. April 1960 unabhängig wurde, hisste es zum ersten Mal die neue Nationalflagge, deren Proportionen 2:3 betragen. Sie zeigt die panafrikanischen Farben in einer für Afrika ungewöhnlichen Darstellung. Die Flagge ging aus einem Wettbewerb hervor, der Siegesentwurf stammt von Ahyi Paul und wurde am 23. April 1960 festgesetzt. Die Farben werden wie folgt ausgelegt: Grün symbolisiert die Hoffnung auf eine glückliche Zukunft und die Landwirtschaft, Gelb steht für den Bergbau und den Glauben an die Arbeit als die Grundlage des sittlichen und materiellen Wohles der Nation. Das Rot des Oberecks, in dem der Stern der Freiheit liegt, ist die Farbe der Nächstenliebe, Treue und Liebe. Weiß ist die Farbe der Reinheit und soll alle Bewohner daran erinnern, sich ihrer Nation würdig zu erweisen. Die fünf Streifen stehen für die Regionen Maritime, Plateaux, Centrale, Kara und Savanes. Sie erinnern an die fünf Finger der Hand, was Aktion und Tatkraft versinnbildlicht. Die wechselnden Farben stellen die Vielfältigkeit des Volkes dar.

Wappen: Am 14. März 1962 führte Togo ein Staatswappen ein, das das bis dahin geführte »Ersatzwappen«, das aus der Nationalflagge in Schildform bestand, ablöste. Dieses Wappen wurde im April 1980 so modifiziert, dass man den grünen Schild entfernte, und ihn mit den Initialen »RT« durch die Sonne ersetzte und den Wahlspruch von »Arbeit, Freiheit, Vaterland« in »Einigkeit, Frieden, Solidarität« änderte. Die beiden jungen Löwen symbolisieren den Mut des togolesischen Volkes. Sie halten Pfeil und Bogen, die traditionellen Waffen, um zu zeigen, dass das Volk die Freiheit trägt und dass seine Kraft vor allem in seinen Überlieferungen beruht. Durch ihre Stellung drücken sie die Wachsamkeit des Volkes aus, die Unabhängigkeit zu wahren. Die gültige Wappenzeichnung entstand durch Modifikation der Sonnenzeichnung.

Tonga

TON

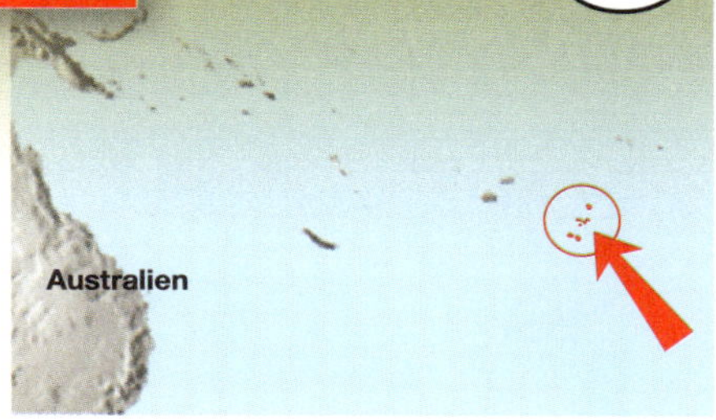

Fläche: 649 km²
Einwohner: 100 000
Hauptstadt: Nuku'alofa
Landessprachen: Tonga, Englisch
Staatsform: konstitutionelle Monarchie

Flagge: Die Tongainseln schlossen sich 1845 zu einem Königreich zusammen. Sie standen seit 1899 unter britischem Schutz und erlangten am 4. Juni 1970 die volle Unabhängigkeit. Die oben abgebildete Nationalflagge (Proportionen 1:2) stammt noch aus dem vorigen Jahrhundert und wurde am 4. November 1875 offiziell bestätigt. Ursprünglich war sie weiß mit einem roten Kreuz in der Mitte. Um sie von der Flagge des Roten Kreuzes zu unterscheiden, legte man das Kreuz in die Oberecke eines roten Tuchs nach dem Vorbild des britischen Red Ensign (seit 1866). Der Entwurf wird dem Prinzen Uelingatoni Ngu Tupoumalohi und der Methodistenpredigerin Shirley Baker zugeschrieben. König George Tupou I. nahm die Flagge mit folgenden Worten an: »Es ist mein Wunsch, dass unsere Flagge das Kreuz Jesu enthalte, weil uns Jesus durch seinen Opfertod am Kreuz auf dem Kalvarienberg gerettet hat. Jeder Tonganer soll sich an das Kreuz erinnern. Das Tuch soll von roter Farbe sein, sie soll das Blut repräsentieren, das am Kreuz für unsere Rettung vergossen wurde.« Die Flagge zeigt also den christlichen Glauben der Inselbewohner an. Die Verfassung von 1975 legt fest: »Die Flagge von Tonga, die Flagge des Königs George, soll nie geändert werden.«

Wappen: Auch das Wappen wurde 1862 von Prinz Uelingatoni Ngu Tupoumalohi und Shirley Baker entworfen. An der Herzstelle steht ein sechszackiger silberner Stern mit einem schwebenden Kreuz, als Zeichen der Nation. Die drei sechszackigen Sterne im ersten Feld vertreten die drei Hauptinselgruppen Tongatapu, Ha'apai und Vava'u. Im zweiten Feld schwebt die Königskrone von Tonga als Symbol der monarchischen Staatsform. Die silberne Taube im blauen Feld, einen grünen Myrtenzweig im Schnabel haltend, versinnbildlicht Frieden, Einheit und Christentum. Die drei Schwerter im vierten Feld repräsentieren die drei Königshäuser Tu'i Tonga, Tu'i Ha'stakalaua und Tu'i Kanokupolu, von denen das herrschende Königshaus seine Herkunft ableitet. Hinter dem Schild kreuzen sich zwei Staatsflaggen. Um die schwebende Königskrone windet sich ein Kranz von Maizweigen, so wie er früher von den Häuptlingen bei ernsten Entscheidungen getragen wurde. Das Motto heißt »Gott und Tonga sind meine Erbschaft«.

Trinidad und Tobago

TT

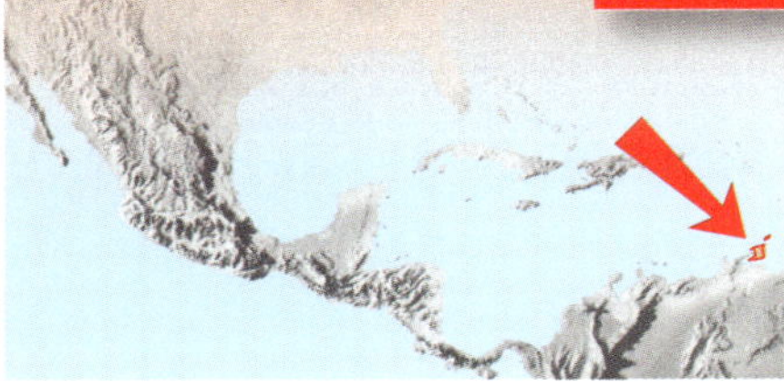

Fläche:	5128 km²
Einwohner:	1,33 Mio.
Hauptstadt:	Port of Spain
Landessprache:	Englisch
Staatsform:	präsidiale Republik

Flagge: Die 1498 von Kolumbus entdeckten Inseln kamen 1797 bzw. 1814 in englischen Besitz. 1888 zu einer Kronkolonie zusammengefasst, erlangte der aus den Inseln Trinidad und Tobago bestehende Staat am 31. August 1962 seine Unabhängigkeit. An diesem Tag hisste das Königreich (seit 1976 Republik) erstmals die durch das Kabinett am 8. Juni 1962 festgelegte Nationalflagge, die auch *Handelsflagge* ist; ihre Proportionen sind 3:5 (auf See 1:2). Die Symbolik der Farben ist in der Verfassung festgelegt. Die weißen Streifen stehen für das Meer, das die beiden Inseln räumlich trennt und doch verbindet. Weiß soll aber auch die Reinheit der nationalen Bestrebungen und die Gleichheit aller Bewohner des Staates zum Ausdruck bringen. Schwarz symbolisiert die Hingabe des geeinten Volkes und seine Stärke bei der Verwirklichung der gemeinsamen Ziele. Darüber hinaus steht es für den Reichtum des Landes, der in den größten natürlichen Asbestvorkommen der Welt besteht. Rot steht für die Lebenskraft der Bewohner, ist Ausdruck ihres Mutes und ihrer Freundlichkeit sowie Symbol für die Wärme und die Energie der Sonne.

Wappen: Königin Elisabeth II. von Großbritannien verlieh am 9. August 1963 dem Land das Staatswappen, das von dem einheimischen Künstler Carlisle Chang entworfen worden war. Es löste ein Wappen vom 13. Oktober 1958 ab, das das alte Badge in Schildform war. Im neuen Staatswappen bilden die Flaggenfarben den Schild. Die beiden Kolibris (Hummingbird; Phaethornis guy guy) stehen für Trinidad und Tobago, die zusammen einen Staat bilden. Die drei Karavellen stellen die »Santa María«, »Pinta« und »Niña« dar, mit denen Kolumbus 1498 Trinidad entdeckte. Als Schildhalter dienen der Scharlach-Ibis (rechts) für Trinidad und der Cocrico (links) für Tobago. Diese beiden Vogelarten gibt es nur auf diesen Inseln. Der Schild liegt auf einem Fundament, das aus Wellen und drei Bergen besteht, die der Insel den Namen gaben (Trinidad = Dreieinigkeit). Der Wahlspruch heißt: »Gemeinsam streben wir, gemeinsam haben wir Erfolg«. Das Steuerrad auf dem rot-silbern bewulsteten Helm versinnbildlicht die Bedeutung der Schifffahrt für die Inseln Trinidad und Tobago.

Tschad

TD

Fläche: 1 284 000 km²
Einwohner: 10,8 Mio.
Hauptstadt: N'Djaména
Landessprachen: Arabisch, Französisch
Staatsform: präsidiale Republik

Frankreich benannte diesen Landstrich, der seit 1897 Kolonie war, nach dem großen Steppensee inmitten des Sudan. Tschad wurde 1958 autonome Republik und erlangte am 11. August 1960 die volle Unabhängigkeit.

Flagge: Das Land nahm seine Nationalflagge, die der französischen Trikolore nachempfunden war, am 6. November 1959 an; ihre Proportionen betragen 2:3. Die Flagge, die ursprünglich auch die panafrikanischen Farben Grün, Gelb und Rot tragen sollte, ging aus einem Wettbewerb hervor, zu dem zahlreiche Entwürfe eingereicht wurden. Die Regierung, die den Farbakkord auswählte, ersetzte dann aber Grün durch den blauen Streifen, weil Grün die Farbe der Opposition war. In Tschad legt man den Farben folgenden Sinngehalt bei: Blau steht für den Himmel, der sich über das Land wölbt, das Leben, die Hoffnung und die südlichen Landesteile. Gelb repräsentiert die lebensspendende Sonne und die aus Wüste bestehende nördliche Landeshälfte. Rot versinnbildlicht Fortschritt, Einheit und die Bereitschaft des Volkes, sich für das Land zu opfern.

Wappen: Bis etwa 1970 begnügte sich das Land nur mit einem Staatssiegel, das eine nach rechts blickende junge Schwarze mit kunstvoll geflochtenen Zöpfen (das Motiv war vermutlich von der französischen Marianne inspiriert), den Wahlspruch und Sterne zeigte. Um 1970 legte sich das Land ein Staatswappen zu, das erstmals auf Gedenkmünzen zum 10. Jahrestag der Unabhängigheit erschien. Es wurde entworfen von Hervé Pinoteau, dem Sekretär der Heraldischen Akademie, nach einer Idee von G. Eynde. Der Schild – die Zickzackbalken entstammen der einheimischen Kunst – symbolisiert den Tschadsee in der Wüste Sahara. Über dem Schild erscheint die aufgehende Freiheitssonne. Unter dem Schild ist der Nationalorden angebracht und das Motto »Einheit, Arbeit, Fortschritt«. Der Löwe steht für den Süden des Landes, das Mufflon für den Norden. Beiden auferlegt ist ein rotes Symbol für Salz, das wichtigste Mineral des Landes. Es ist aber auch das Zeichen der Einheitspartei.

Tschechische Republik

CZ

Fläche:	78 866 km²
Einwohner:	10,2 Mio.
Hauptstadt:	Prag
Landessprache:	Tschechisch
Staatsform:	parlamentarische Republik

Ab 1918 bildete das Land einen Teil der Tschechoslowakei und wurde nach dessen Auflösung zum 31. Dezember 1992 ein eigenständiger Staat.

Flagge: Am 17. Dezember 1992 verabschiedete das Parlament auf Empfehlung einer heraldischen Kommission einstimmig ein Gesetz, welches die bisherige tschechoslowakische weiß-rote Flagge mit dem blauen Keil als kontinuierlich für den bürgerlich-demokratischen Staat erklärte (Proportionen 2:3). Die weiß-roten Farben entstammen dem böhmischen Wappen, ein silberner Löwe im roten Feld. Deshalb empfahl der tschechoslowakische Nationalrat im September 1918 für den neuen Staat eine weiß-rote Bikolore, die am 18. Oktober 1918 erstmals offiziell in Washington gehisst wurde. Man sah aber auch Flaggen, die zusätzlich Blau zeigten, den in der Slowakei beliebten Dreiklang. Um sich von anderen rot-weißen Flaggen zu unterscheiden, setzte man einen blauen Keil am Liek ein. Die Flagge vereinigte in sich die tschechischen und die slowakischen Farben. Den Farben legte man folgende Sinngehalte bei: Blau stand für den Himmel und die Berge, Weiß für die friedliche Zukunft und Rot für das Blut der nationalen Märtyrer. Dazu gab es den Spruch »so weiß wie der Löwe, so rot wie der Schild und so blau wie der Dreiberg«. Im § 3 des Gesetzes vom 17. Dezember 1992 sind die Staatsfarben festgesetzt.

Wappen: Mit Gesetz Nr. 3 vom 17. Dezember 1992 nahm die Tschechische Republik ein Staatswappen nach der Zeichnung Jiri Loudas an. Das große Wappen vereinigt in sich die Symbole der einzelnen Landesteile, den böhmischen Löwen, den geschachten mährischen Adler und den schwarzen schlesischen Adler. Das wichtigste Symbol ist der böhmische Löwe, der allein auch das kleine Staatswappen bildet und auf das Kernland des Staates verweist. 1158 hatte Kaiser Friedrich Barbarossa dem Herzog Wladislaw II. das Wappen verliehen, als Dank für dessen Unterstützung während des Lombardeifeldzuges. Gleichzeitig zeigt es an, dass der Herzog zum ersten erblichen König Böhmens erhoben worden war. Die rote Feldfarbe symbolisierte im Hochmittelalter das Band zwischen Souverän und Belehntem.

Tunesien

TN

Fläche:	162 155 km²
Einwohner:	10,33 Mio.
Hauptstadt:	Tunis
Landessprache:	Arabisch
Staatsform:	präsidiale Republik

Die Republik Tunesien ist das östlichste der Maghrebländer. Ein halbes Jahrhundert nach Algerien und vierzig Jahre vor der Eroberung Marokkos annektierte Frankreich das Land, wobei der Protektoratsvertrag am 12. Mai 1881 geschlossen wurde.

Flagge: Vor der Besetzung durch die Franzosen war Tunesien Teil des Osmanischen Reichs, das seit 1793 die rote Flagge mit weißem Halbmond und Stern führte. Aus der Zeit der osmanischen Herrschaft (1518–1881) stammt auch die heutige tunesische Nationalflagge, die gleichzeitig Kriegs- und Handelsflagge ist; ihre Proportionen betragen 2:3. Obwohl das Land unter der Oberhoheit der Osmanen stand, besaß es unter der Bei-Dynastie der Hussainiden (seit 1705) weitreichende Autonomie. Der Bei war ein Beamter unter dem Statthalter, dem die Überwachung der Stämme oblag. Mit der Dynastie der Hussainiden wurde dieses Amt erblich, und der Bei wurde zum eigentlichen Beherrscher des Landes. Als Ausdruck dafür nahm Bei Hussain II. (reg. 1824–1835) eine Flagge an, die zwar der türkischen ähnelte, aber auch genügend Eigenständigkeit aufwies. Auf die Anfragen des osmanischen Sultans kamen seitens des Bei keine Antworten, und die Flagge blieb unverändert bis in die heutige Zeit (über die Bedeutung des Halbmonds und Stern-Symbols →Türkei). 1925 gab es allerdings Bestrebungen, die Flagge durch das Einsetzen der französischen Trikolore in das Obereck zu erweitern, als Zeichen der französischen Oberhoheit. Diese Erweiterung wurde aber nicht umgesetzt. Mit Gesetz vom 30. Juni 1999 wurde die Flagge mit Wirkung zum 3. Juli 1999 durch Modifikation von Halbmond und Stern verändert. Der weiße Kreis steht für die Sonne und das rote Tuch für das im Freiheitskampf vergossene Blut.

Wappen: Bis 1956 führte Tunesien ein traditionelles Wappen: In einem blauen Hochoval, das von goldenen Ornamenten umgeben war, stand die vereinfachte Darstellung der Flagge des Bei an einem Mast, auf dem ein liegender goldener Halbmond ruhte. Die Flagge des Bei hatte in der Mitte einen grünen

Streifen, belegt mit dem Schwert des Ali; rot-gelb-rote Streifen, die belegt waren mit roten und gelben Sternen, schwarzen und grünen Kreisen, begrenzten den grünen Streifen. Zwei grüne Olivenzweige umschlossen das Oval, hinter dem sich zwei goldene Kanonenrohre, sechs verschiedenartige Lanzen und sechs (jeweils drei links und rechts) Fahnenstangen mit rot-grün-roten Fahnen kreuzten. Ein goldener Halbmond und ein Stern überhöhten das Ganze. Unter dem Oval hing das Kleinod des Ordens des Ruhmes, des »Nischan el Iftikhar«: ein zehnstrahliger, silbern emaillierter Stern, dessen Strahlen mit silbernen Säumen und Mittelstrich versehen waren; zwischen den Zacken diamantierte Strahlen. Der silberne, von einem Brillantreif umgebene Mittelschild trug den Namenszug des Stifters in Brillantschrift.

Noch zur Zeit der Monarchie, bald nach Erlangung der Unabhängigkeit, änderte Tunesien dieses Wappen grundlegend. Das »Journal Officiel Tunesien« (Amtsblatt), Jahrgang 74, Nr. 50 vom 22. Juni 1956 enthielt das Dekret über das neue Staatswappen: rechts ein schreitender schwarzer Löwe, nach rechts gekehrt, mit einem silbernen Schwert bewaffnet, auf rotem Grund; links eine schwarze Waage auf goldenem Grund. Im Schildhaupt eine punische Galeere (braun mit weißen Segeln, auf dem Großsegel ein schwarzes punisches Zeichen und zwei rote Toppwimpel) auf dunkelblauen Wellen in hellblauem Grund segelnd. Überhöht wurde der spitz zulaufende Schild von dem »bestirnten Halbmond von Tunesien«. Der Schild war auf eine Trophäe von zwei gekreuzten Lanzen und Fahnen gelegt. Er wurde von einer »Bürgerkrone« getragen, rechts aus Ährengarben und links aus Ölbaumzweigen bestehend. Bebändert war der Schild mit dem Kleinod des Ordens »Mérite National«. Darunter lag ein goldenes Spruchband mit dem Wahlspruch in arabischen Schriftzeichen »horriyat, nidhâm, adâlat« (= »Freiheit, Ordnung, Gerechtigkeit«).

Eine minimale Änderung des Staatswappens trat mit dem Dekret vom 13. September 1957 in Kraft, als die Umgestaltung des Ordens »Mérite National« in den »Unabhängigkeitsorden« vollzogen wurde. Diese Änderung hatte aber auf das Aussehen des Staatswappens praktisch keine Auswirkung.

Eine größere und bisher letzte Änderung trat am 30. Mai 1963 in Kraft, also fast sechs Jahre nach Absetzung des letzten Bei und der Abschaffung der Monarchie. Das »Journal Officiel de la République tunisienne, Traduction française, 107. Jg. Nr. 20 vom 24., 28. und 31. Mai 1963 enthielt das Gesetz Nr. 63-20 vom 30. Mai 1963, das »Wappen der Republik« betreffend. Das neue Staatswappen hatte das letzte der Monarchie zum Vorbild. Die wichtigsten Änderungen bestanden darin, dass jetzt alle Felder goldfarbig angelegt sind, die beiden unteren Felder vertauscht wurden und alle Beizeichen bis auf Stern und Halbmond entfielen. Der Wahlspruch steht jetzt im Schild, seine drei Felder versinnbildlichen den Wahlspruch, wobei die Galeere auf die Geschichte des Landes anspielt, denn in Tunesien lag Karthago, das »Venedig der Antike«, das von den Römern zerstört wurde. Entgegen dem gültigen Gesetz wird das Wappen nur noch in den Farben gemäß Dekret von 1957 dargestellt.

Türkei

TR

Fläche: 783 562 km²
Einwohner: 74,9 Mio.
Hauptstadt: Ankara
Landessprache: Türkisch
Staatsform: parlamentarische Republik

Flagge: Am 29. Oktober 1923 proklamierte die Nationalversammlung – das Sultanat wurde am 1. November 1922 abgeschafft – die Republik mit Mustafa Kemal Atatürk als Staatspräsidenten. Obwohl sich über 90 Prozent der Bevölkerung zum Islam sunnitischer Richtung bekannten, trennte Atatürk Staat und Religion und hob 1928 den Islam als Staatsreligion auf. Die Republik übernahm die Flagge des Osmanischen Reiches, die 1793 durch Einfügen des weißen Halbmondes mit dem Stern (zunächst acht, ab 1844 fünf Zacken) in die bis dahin bildlose rote Flagge geschaffen worden war. Sie wurde am 5. Juni 1936 als National-, Kriegs- und Handelsflagge offiziell bestätigt; ihre Proportionen betragen 2:3.

Der Mond wird als zunehmendes Gestirn dargestellt, weil türkische Flaggenvorschriften besagen, dass die Flaggen nach links wehend darzustellen seien (die Flaggenstange also vom Beschauer aus rechts, sodass in Bezug auf die von rechts nach links laufende arabische Schrift die gleiche Harmonie erzielt wird wie im lateinischen Schriftbild).

Die rote Farbe des Tuchs geht auf die Zeit des Kalifen Omar I. (Kalif 634–644), des Schwiegervaters Mohammeds, zurück. Allerdings wurde Rot dann nicht wie Weiß, Grün oder Schwarz zur Farbe einer Kalifendynastie. Erst die osmanischen Sultane erhoben Rot zu ihrer Reichsfarbe. Halbmond und Stern waren schon lange, bevor sie in die Flagge gelegt wurden, das Hoheitszeichen des Osmanischen Reichs, wobei nicht restlos geklärt ist, wie es zur Übernahme des Symbols kam. Deshalb sollen an dieser Stelle einige Versionen weitergegeben werden.

Es ist möglich, dass die Türken den Halbmond vom innerasiatischen Chwaresm-Reich mitbrachten. Das kleine Turkvolk der Ogusen stieß mit 400 Reitern im 11. Jahrhundert, aus der Gegend des Altaigebirges kommend, nach Kleinasien vor. Diese Völker kamen aus Turkestan, das namengebend für die Türkei wurde. Im Jahr 1071 fand bei Mantzikert die Entscheidungsschlacht statt, die mit der Gefangennahme des byzantinischen Kaisers ganz Anatolien – mit Ausnahme der Kaiserstadt – unter die Herrschaft der türkischen Seldschuken brachte. Mehrere Versionen betreffen Sultan Osman I. (reg. 1299–1326), den Stifter der nach ihm benannten Dynastie und Begründer des Osmanischen Reichs. Nach anderen Berichten führte der Seldschukensultan Alaedin den Halbmond in seinem Banner. In Anerkennung geleisteter Dienste verlieh er den Halbmond an Ertogrul, von dem ihn sein Sohn Osman erbte.

Nach einer anderen Version stellt das Symbol den zunehmenden Mond und, vor seiner Innenseite, den Jupiter dar. Das »Große Glück« der Astrologen galt als das Horoskop Osmans. Dieser hatte einen Traum, worin ein Halbmond eine Landschaft überspannte. Der Traum wurde als Befehl Allahs gedeutet, alle heidnischen Länder zu bekehren. Osmans Nachfolger, sein Sohn Orchan (reg. 1326–1359), soll dann die Mondsichel an die rote Fahne der von ihm 1329 gegründeten Janitscharentruppe (Elitetruppe, die sich aus zum Islam übergetretenen Christen zusammensetzte) geheftet haben.

Die bekannteste Version besagt, dass die Osmanen das Symbol nach ihrer Eroberung Konstantinopels 1453 unter Sultan Mehmed II. (reg. 1451–1481) angenommen haben. Der Halbmond war das Symbol der Diana, der Patronin Konstantinopels. Philipp II. von Makedonien (reg. 359–336 v. Chr.), der Vater Alexander des Großen, versuchte 339 die Stadt zu erobern; dazu sollten seine Soldaten während der Nacht unerkannt die Stadtmauern überklettern. Doch kam, während die makedonischen Soldaten die Mauern erklommen, die Mondsichel hinter den Wolken hervor. Die Makedonier wurden entdeckt, der Angriff misslang. Aus Dankbarkeit erwählten die Byzantiner den Halbmond als Symbol ihrer Stadt. Als Zeichen des Triumphes übernahm Mehmed II. (der Eroberer, reg. 1451–1481) dieses Zeichen. Es sollte aber auch deutlich machen, dass der Sultan den Bewohnern friedlich gesonnen sei. Nach einigen älteren Berichten sollen Halbmond und Stern dem Schild Richard Löwenherz' (1189–1199) entstammen. Er war während des ersten Kreuzzuges den Osmanen durch seine Tapferkeit aufgefallen, sodass sie seine Symbole übernahmen. Sultan Selim I. (reg. 1512–1520) erhob den Halbmond zum Symbol des Osmanischen Reiches. Der Stern wurde später hinzugefügt.

Wappen: Bis zur Verfassung von 1876 zeigte das osmanische Wappen den Halbmond ohne Stern in einem grünen, mit dem großherrlichen Turban bedeckten Ovalschild vor einem Löwenfell und zwei gekreuzten Feldzeichen mit Rossschweifen. Diese waren das traditionelle Herrschaftssymbol des turk-tatarischen Volkes, mit unverkennbarer Herkunft aus der nomadischen Hirtengesellschaft. Nach 1876 wurde das Flaggenbild als Staatsemblem eingeführt, während der Sultan von da an die Tughra und den ovalen Sonnenschild als seine Symbole verwendete. (Tughra war der arabische Namenszug des Sultans. Er enthielt die Namen des Herrschers und seines Vaters). Als die Türkische Republik geschaffen wurde, übernahm sie das Staatsemblem des Osmanischen Reichs als ihr Staatswappen. Der silberne Halbmond erscheint liegend mit dem Stern darüber in einem roten Oval. Es wird von der goldenen Inschrift »Türkiye Cumhuriyeti« (Türkische Republik) umgeben.

Turkmenistan

TM

Fläche:	488 100 km²
Einwohner:	4,97 Mio.
Hauptstadt:	Aschchabad
Landessprache:	Turkmenisch
Staatsform:	präsidiale Republik

Das Wort »Turkmene« tritt erstmals im 10. Jahrhundert auf und bezeichnete die islamisierten Angehörigen des Turkvolkes der Ogusen. Ab 1880 unter russischer Herrschaft, verkündete die Turkmenische SSR am 23. August 1990 ihre Souveränität und rief am 27. Oktober 1991 die volle Unabhängigkeit aus.

Flagge: Seine Unabhängigkeit rief das Land noch unter der Flagge der SSR vom 1. August 1953 aus (sowjetische Flagge mit hellblauem Streifen, dem ein schmaler roter aufgelegt war). Erst am 19. Februar 1992 führte der Staat eine neue Flagge mit den Proportionen 1:2 ein. Nach Erklärung der Neutralität erweiterte man die Flagge am 19. Februar 1997 durch Einsetzen von Olivenzweigen. Dabei wurden die Proportionen in 2:3 und drei der fünf Teppichmuster geändert. Bei diesen hatte man festgestellt, dass es Muster von Nebenstämmen waren. Das grüne Tuch erinnert an die Fahnen der turktatarischen Stämme, zusammen mit Rot sind sie die turkmenischen Lieblingsfarben Der Halbmond ist das Symbol des Islam und steht für den Glauben an die glorreiche Zukunft. Die fünf Sterne stehen für die fünf Regionen Ahal, Balkan, Dshhowouz, Lebap und Mary. Die weiße Farbe steht für die Heiterkeit und Güte im Leben. Auf dem roten Streifen sind Medaillons (Gül) aus den Teppichmustern der fünf wichtigsten Stämme Turkmenistans, der Tekke, der Yomul, der Saryk, der Sator und der Choudor abgebildet. Sie symbolisieren die Nation. Die Olivenzweige stehen für den Friedenswillen des Volkes und die »ewige Neutralität« Turkmenistans.

Wappen: Das noch bis zum 19. Februar 1992 gültige Wappen der SSR zeigte neben einem Teppich noch Bohrturm und landwirtschaftliche Produkte. Am 19. Februar 1992 wurde ein neues Wappen eingeführt, das als Basis für das seit dem 15. August 2003 gültige dient. Im Mittelpunkt des in den turkmenischen Farben gehaltenen Wappens steht ein Achaltekanisches Pferd (Gyrat), dessen Ursprung bis in die graue Vorzeit reicht. Es stellt den Stolz der Menschen dar und gilt als Nationalsymbol, was alles Positive ausdrückt. Da herum liegen die Gül aus der Flagge. Baumwolle und Weizen sind die Haupt-Landwirtschaftsprodukte. Der Stern ist eine uralte Figur aus der Kunst des Landes und steht für die Unendlichkeit und Wiedergeburt.

Tuvalu

TUV

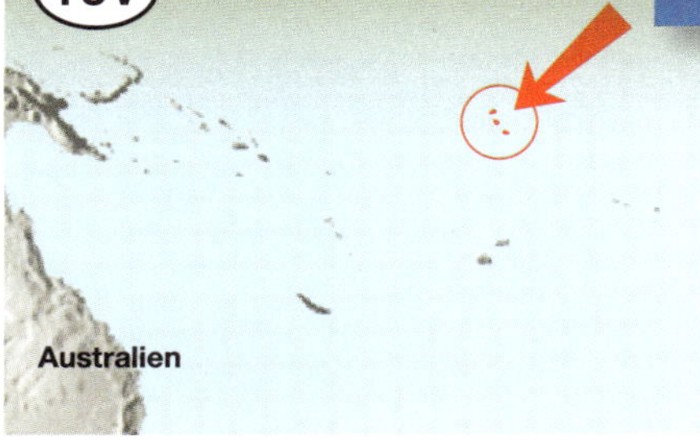

Fläche:	26 km²
Einwohner:	11 000
Hauptstadt:	Funafuti
Landessprachen:	Tuvalu, Englisch
Staatsform:	parlamentarische Monarchie im Commonwealth

Flagge: Tuvalu bildete bis 1976 zusammen mit den Gilbert-Inseln die britische Kolonie Gilbert and Ellice Islands und erhielt am 1. Oktober 1978 die volle Unabhängigkeit. Die Flagge Tuvalus wurde von dem Einheimischen Vione Natano entworfen und aus 40 eingereichten Entwürfen ausgewählt. Ihre Proportionen sind 1:2. Die Flagge soll sowohl die Unabhängigkeit als auch die Zugehörigkeit zum Commonwealth zum Ausdruck bringen. Der Name Tuvalu bedeutet »Acht Inseln«. Der Staat besteht zwar aus neun Atollen/Inseln, die Insel Niulakita ist jedoch nur bei der Kopraernte bewohnt. Die Sterne repräsentieren daher die Inseln Funafuti, Nui, Nanumea, Nukufetau, Nukulaelae, Nanumanga, Vaitupu und Niutao. Die Farben stehen für die goldenen Inseln im blauen Ozean. Die Anordnung der Sterne entspricht der exakten Lage der Inseln, wenn die Mastseite den Norden und die Oberkante den Osten anzeigt. Der britische Union Jack repräsentiert die ehemalige Kolonialmacht Großbritannien. Zwischen 1995 und 1997 führte Tuvalu eine gestreifte Flagge ohne Union Jack und mit nur acht Sternen. Der Grund dafür waren gegen das Commonwealth gerichtete Stimmungen. Da diese Flagge keinen Anklang fand, kehrte man am 1. Oktober. 1995 zur alten, leicht modifizierten Flagge zurück.

Wappen: Königin Elisabeth II. von Großbritannien verlieh der Inselgruppe am 3. Dezember 1976 ein Wappen, welches seitdem auch Verwendung im fliegenden Ende des Blue Ensign fand. Bei Erlangung der Unabhängigkeit wurde dieses Wappen unverändert als Staatswappen beibehalten. Der Entwurf stammt von R. P. Turner. In seinem Mittelpunkt steht das Maneapa, das traditionelle Versammlungshaus, in dem die Beratungen stattfinden und die Entscheidungen gefällt werden. Die Wellen darunter symbolisieren den Ozean. Die Bananenblätter auf dem Schildrand stehen für die Fruchtbarkeit der Inseln, die acht Muscheln symbolisieren die acht bewohnten Inseln. Sie umgeben das Maneapa und weisen so auf den traditionellen Ort auf allen Inseln hin. Das Motto des Inselstaates »Tuvalu für Gott« zeigt die tiefe Religiosität der Inselbewohner.

Uganda

EAU

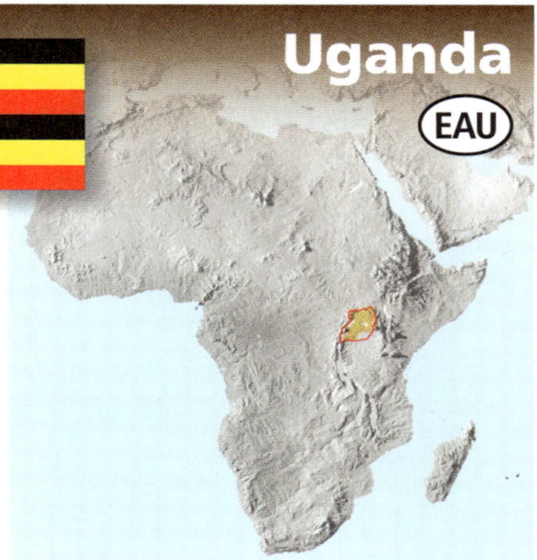

Fläche:	241 551 km²
Einwohner:	30,9 Mio.
Hauptstadt:	Kampala
Landessprachen:	Englisch, Kisuaheli
Staatsform:	präsidiale Republik

Flagge: Um 1877 erreichten Missionare das Gebiet des heutigen Uganda, das von Großbritannien 1895 als Protektorat übernommen wurde. Über diesem wehte dann der Union Jack, als Badge wurde ein Kronenkranich, in natürlichen Farben auf eine goldene Scheibe gelegt, verwendet. Am 9. Oktober 1962 gestand Großbritannien seinem Protektorat die volle Souveränität zu. An diesem Tag hisste man erstmals die auf Anregung des Justizministers Grace Ibingira entworfene Flagge (Proportionen 2:3). Ursprünglich war die Einführung einer abgewandelten Flagge Bugandas geplant. Aber nachdem der Ugandas People's Congress die Wahlen zur Nationalversammlung gewonnen hatte, griff man auf deren Parteifarben zurück, hinzu kam der Kranich aus dem Kolonialabzeichen. Da er in keinem Emblem einzelner Stämme vorkam, sollte er für alle sprechen. Die Farben werden folgendermaßen erklärt: Rot symbolisiert die Brüderlichkeit aller Menschen. Gelb versinnbildlicht das lebensspendende Licht der Sonne und zeigt an, dass Uganda beiderseits des Äquators liegt. Schwarz repräsentiert den afrikanischen Kontinent und seine dort lebenden Menschen.

Wappen: Am 21. September 1962 nahm die Nationalversammlung das Staatswappen an. Vom Gouverneur am 1. Oktober gebilligt, wurde es durch Landesgesetz vom 9. Oktober 1962 in Form einer Schutzvorschrift festgelegt. Der traditionelle Schild zeigt im Schildhaupt Wellen, die die vielen Gewässer des Landes (Victoriasee, Albertsee usw.) und den Nil, der das Land durchfließt, symbolisieren. Die Trommel ist heute Symbol des Staates, damals stand sie für die vier einheimischen Reiche Buganda, Toro, Ankole und Bunyoro. Die Sonne zeigt die Lage des Landes an. Als Schildhalter dienen ein Kronenkranich und ein männlicher Uganda-Kob. Sie stehen für die Fauna. Der Schild liegt auf einem das Hochland von Uganda darstellenden Postament, von dem der Nil fließt. Es ist flankiert von Kaffee und Baumwolle, den wichtigsten landwirtschaftlichen Produkten. Das Motto lautet: »Für Gott und mein Land«.

Ukraine

UA

Fläche:	603 700 km²
Einwohner:	46,2 Mio.
Hauptstadt:	Kiew
Landessprache:	Ukrainisch
Staatsform:	parlamentarisch-präsidiale Republik

Die Ukraine war nach Russland die zweitwichtigste Unionsrepublik der Sowjetunion. Ihre Hauptstadt Kiew war das älteste Zentrum des altrussischen Reiches, der Kiewer Rus. Die im März 1919 gegründete Ukrainische SSR nahm im Dezember 1922 an der Gründung der Sowjetunion teil. Der Souveränitätserklärung vom 16. Juli 1990 folgte am 24. August 1991 die Ausrufung der Unabhängigkeit.

Flagge: Am 4. September 1991 führte die Ukraine ihre traditionellen blau-gelben Farben als neue Nationalflagge ein. Die Proportionen betragen 1:2. Diese Flagge löste die am 22. November 1949 eingeführte Flagge der Sozialistischen Sowjetrepublik (SSR) ab. Die blau-gelben Farben gehen bis weit ins Mittelalter zurück; sie entstammen dem galizischen Wappen, das einen goldenen Löwen im blauen Feld zeigte. Der erste nationale Kongress in der Stadt Lwow (19. April bis 2. Mai 1848) erhob Blau und Gelb zu den Nationalfarben. Sie versinnbildlichen den blauen Himmel über den goldenen ukrainischen Weizenfeldern. Die Heraldiker bevorzugten die Farbfolge gelb-blau. Diese Reihenfolge wurde am 22. März 1918 von der Ukrainischen Volksrepublik unter Präsident Hruschewsky gesetzlich festgelegt. Das Volk zeigte aber nur die blau-gelbe Farbfolge, sodass sich diese auch für die staatlichen Stellen schließlich durchsetzte. Ihre Proportionen betragen 2:3.

Wappen: Das im Februar 1992 angenommene Wappen, gezeichnet von A. Grechylo, O. Kokhan und I. Turetskyi, gilt entsprechend Artikel 20 der Verfassung vom 28. Juni 1996 als kleines Staatswappen; ein großes wurde bisher nicht festgesetzt. Das Wappen zeigt im goldgesäumten blauen Schild den goldenen »St. Volodymyr-Tryzub«. Das uralte vorheraldische ukrainische Symbol stellt eine Synthese dar aus einem vorheraldischen Zeichen und der ältesten heraldischen Farbzusammenstellung aus dem 13. Jahrhundert. Die erste Darstellung des Dreizacks findet sich auf Münzen des Kiewer Großfürsten Wladimir d. Gr. (reg. 979–1015), geht aber auf die Zeit um 100 n. Chr. zurück. Die Figur galt als mystisches Zeichen der Autorität, weshalb es oftmals kreuzbesteckt dargestellt wurde.

Ungarn

H

Fläche:	93 034 km²
Einwohner:	10 Mio.
Hauptstadt:	Budapest
Landessprache:	Ungarisch
Staatsform:	parlamentarische Republik

Die Geschichte des Staates begann im 9. Jahrhundert, als das Reitervolk der Magyaren das Donaubecken besiedelte. Die Russen sollen das Volk, das sich in seiner Urheimat am Westabhang des Ural mit einem Turkvolk vermischte, Onoguren genannt haben, woraus dann Hungarus = Ungarn wurde. Magyar ist ein finnisch-ugrischer Ausdruck für »Mensch« oder »Volk«.

Flagge: Seit dem ersten König des ungarischen Reichs, Stephan I. (reg. 997–1038), galten Rot und Weiß als ungarische Farben. Auf einer Miniatur von etwa 1300 führt ein Ritter eine Fahne mit roten und weißen Streifen, was dem altungarischen Wappen entspricht. In nachfolgenden ungarischen Fahnen blieb diese Teilung erhalten. So zeigte die Fahne des ungarischen Königs Ludwig I. (reg. 1342–1382) aus dem Haus Anjou ein geteiltes Tuch, das oben in Blau drei goldene Lilien und unten je zwei rote und weiße Balken zeigte. 1526 wurde Ungarn unter Österreich und dem Osmanischen Reich aufgeteilt. Erstmals unter Maria-Theresia (reg. 1740–1780) hatten die Ungarn »das Recht, ihre rot-grünen Farben zu zeigen«. Wie auch in anderen Staaten Europas kam es 1848 in Ungarn zu Unruhen, an deren Spitze der Freiheitskämpfer Lajos Kossuth (1802–1894) stand. 1849 ließ er im Rumpflandtag von Debreczin die Unabhängigkeit Ungarns ausrufen. Dies geschah unter der rot-weiß-grünen Trikolore, die den Freiheitswillen der Ungarn anzeigen sollte. 1848 wurde also erstmals die noch heute gültige ungarische Flagge gezeigt. Die Farben, die sich aus dem ungarischen Wappen ableiten lassen, sollen auf die Bulle König Andreas II. von 1222 zurückgehen, deren Siegel an einem rot-weiß-grünen Band befestigt waren. Nachdem Ungarn Teil der österreichisch-ungarischen Doppelmonarchie geworden war, erschienen die Farben 1869 im fliegenden Ende der Handelsflagge. Als am 16. November 1918 die Republik Ungarn entstand, nahm sie sofort die alten Farben an, die folgende Bedeutung haben: Weiß steht für die sittliche Reinheit und edle Gesinnung, Grün für die Hoffnung und Rot für das Blut, das die Patrioten für die Freiheit des Landes geopfert haben.

Wappen: Am 3. Juli 1990 beschloss das ungarische Parlament die Wiedereinführung des Wappens, das von alters her bis 1947 gültig war; es ist offiziell in Gebrauch seit dem 11. Juli 1990. Die aufgelegte »heilige Krone« (Stephanskrone) gilt als Symbol der Souveränität des ungarischen Staates. An der Einführung der Krone war wenige Wochen vorher die erste Abstimmung über das neue Staatswappen gescheitert, da einige Abgeordnete die Krone als Symbol der Monarchie ansahen. Angeblich geht sie zurück auf die Königskrönung des Fürsten Waic durch Papst Silvester II. im Jahre 1000, der als König den Namen Stephan annahm. Tatsächlich scheint der Kronreif, der byzantinischen Ursprungs ist, um 1074 gefertigt zu sein, während die Bügel um 1173 an den Kronreif angebracht worden sind. Das auffällig schiefe Kreuz ist auf eine Flucht im Jahre 1611 und auf die Vergrabung bei Orsova im Jahre 1848 zurückzuführen.

Bei dem Wappen, das fälschlich als »Kossuthwappen« bezeichnet wird, ist der Schild geteilt. Er ist vorn siebenmal von Rot und Silber geteilt als Zeichen für Niederungarn, und hinten steht im Rot auf einem grünen Dreiberg, auf dem eine goldene Laubkrone ruht, ein silbernes Patriarchenkreuz als Zeichen für Oberungarn. Der Ursprung des siebenfach geteilten Schildes ist ungeklärt. Es erschien erstmalig auf der Bulle einer königlichen Urkunde des Königs Emmerich aus dem Jahre 1202. Wahrscheinlich nahm König Emmerich das Wappen nach spanischem Vorbild als Familienwappen an, da seine Frau eine aragonische Königstochter war. Aragons Wappen zeigte rote und goldene Pfähle. Später erklärte man die vier silbernen Balken als Versinnbildlichung der Flüsse Donau, Theiß, Save und Drau. Das Doppelkreuz als Symbol der Macht ist byzantinischen Ursprungs. Es tauchte in Ungarn erstmals um 1190 auf einer Münze König Belas III. auf, wo es in einen Schild gesetzt war. Auf einem dreiförmigen Bogen gesetzt kennt man es seit der Zeit um 1270; als Dreiberg gestaltet ab dem 14. Jahrhundert. Die Krone erschien erstmals auf einer Münze König Andreas' II. (reg. 1205–1235). Später brachte man das Patriarchenkreuz mit den griechischen Missionaren Cyrill und Methodius, die die Südslawen zum Christentum bekehrten, in Verbindung, während der Dreiberg die Tatra, Matra und Fatra symbolisierte. Die Zusammenstellung der beiden Wappen in einem Schild ist erstmals auf einer Münze des Königs Wladislaw I. (reg. 1440–1444) zu sehen. Als in Ungarn die Volksrepublik ausgerufen wurde, führte das Land am 20. August 1949 ein Wappen nach sowjetischem Vorbild ein. Innerhalb eines Ährenkranzes, der oben von einem roten Stern, von dem goldene Strahlen ausgingen, und unten von einem Band in den Nationalfarben zusammengehalten wurde, waren im blauen Feld eine Ähre und ein Hammer über Kreuz angeordnet. Nach dem Volksaufstand führte Ungarn am 15. Mai 1957 ein neues, neutraleres Wappen ein, in dem Hammer und Ähre durch einen Schild in den Nationalfarben ersetzt waren. Mit der Einführung des alten traditionellen Wappens schließt sich der Kreis bis zum Beginn der ungarischen Staatsgeschichte.

Uruguay

ROU

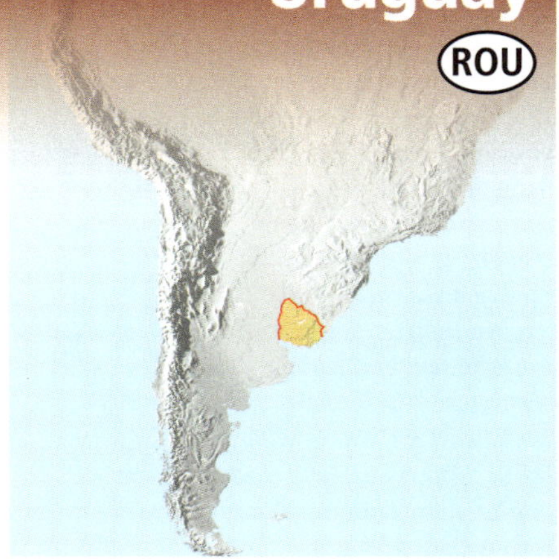

Fläche: 176 216 km²
Einwohner: 3,34 Mio.
Hauptstadt: Montevideo
Landessprache: Spanisch
Staatsform: präsidiale Republik

Flagge: Obwohl Uruguay einer der kleinsten Staaten in Südamerika ist, so ist doch die Geschichte seiner Nationalflagge, die auch Kriegs- und Handelsflagge ist, eine der interessantesten in der amerikanischen Flaggenkunde. Ihre Proportionen betragen 2:3.

1776 wurde das heutige Staatsgebiet als »Banda Oriental del Uruguay« (östliches Ufer des Uruguay) Teilstaat des spanischen Vizekönigreichs Río de La Plata. Während der Unabhängigkeitsbestrebungen in Südamerika trat Uruguay der Föderation der La-Plata-Provinzen bei und zeigte in dieser Zeit die hellblau-weiße Flagge. 1813, ein Jahr bevor Uruguay der Föderation beitrat, bekämpften Uruguayer spanische Truppen, sie führten eine Flagge mit horizontalen Streifen, vier blauen und drei weißen. Sie war die erste Flagge »uruguayischen Charakters«.

José G. Artigas, der Führer Uruguays im Kampf um Unabhängigkeit, plädierte aber schon bald für die Eigenständigkeit der Banda Oriental. Am 13. Januar 1815 hisste er eine blau-weiß-blaue Flagge, in der die blauen Streifen durch schmale rote geteilt wurden. (»Rot, das Zeichen unserer Größe, unserer Entscheidung für die Republik und für das Blut der Freiheit und Unabhängigkeit«). In der Provinz Santa Fé, die mit Artigas verbündet war, hisste man am 3. April 1815 eine blau-weiß-blaue Flagge mit einem breiten roten Diagonalbalken. Diese Flagge wird in Uruguay als Gösch geführt. Als die Truppen Artigas am 21. März 1815 Montevideo besetzten, führten sie eine weiß-blau-rot horizontal gestreifte Trikolore, die am 26. März unter 21 Salutschüssen offiziell gehisst wurde. Ein Jahr später, am 24. Mai 1816, hisste Artigas in Montevideo dann auch die Flagge, die seine Ideale symbolisierte. 1817 besetzte Brasilien Montevideo und gliederte es 1821 dem Kaiserreich an; Artigas verschwand von der politischen Bühne, er ging nach Paraguay, wo er 1850 starb.

Uruguayische Freiheitskämpfer führten im Untergrund seine Flagge, die blau-weiß-blaue mit dem roten Diagonalbalken, oder deren Modifikationen weiter. Im März 1825 trafen sich in Buenos Aires 33 Uruguayer unter Juan Antonio Lavalleja, die die Unabhängigkeit ihres Landes forderten. Gleichzeitig nahmen sie eine Flagge an: Blau-Weiß-Rot mit der Inschrift »Libertad o Muerte« (Freiheit oder Tod). Am 25. August 1825 gelangten diese »Treinta y Tres« (33) an die uruguayische Küste, wo sie in La Agraciada vor mehreren hundert Menschen die Unabhängigkeit des Landes erklärten und sich gleichzeitig den Vereinigten Provinzen am Río de la Plata anschlossen. Uruguay erhob die blau-weiß-rote Trikolore ohne das Motto zur Nationalflagge. Da sich Brasilien die einseitige Unabhängigkeitserklärung nicht gefallen ließ, kam es zum Krieg zwischen dem Kaiserreich und Argentinien, der durch das Eingreifen Englands im Frieden von Rio de Janeiro (27. August 1828) mit der beiderseitigen Anerkennung Uruguays als selbstständiger Republik endete.

Am 16. Dezember 1828 beschloss das Parlament die Annahme einer neuen Flagge: »Die Flagge des Staates ist weiß mit neun himmelblauen Streifen, horizontal und abwechselnd, unterbrochen am Mast durch ein quadratisches Obereck, darin eine Sonne«. Diese Flagge war in den Farben von der Argentiniens, in den Streifen von der der USA beeinflusst, denn diese repräsentierten die neun ursprünglichen Departamentos Uruguays zur Zeit der Unabhängigkeit. Doch bald störte die Vielzahl der Streifen, sodass man die Flagge 1830 modifizierte, indem man die Sonne änderte und die Anzahl der blauen Streifen auf vier beschränkte. Ein Gesetz vom 16. Dezember 1830 stellte diese als die heutige Nationalflagge fest. Im Obereck steht die von Argentinien stammende »Sol de Mayo«, die Freiheitssonne. Die neun Streifen repräsentieren die ursprünglichen Departements: Montevideo, Canelones, Durazno, Cerrolargo, Colonia, Maldonado, Soriano, San José und Paysandú. Heute gliedert sich das Land in neunzehn Departamentos.

Wappen: Das Staatswappen Uruguays wurde letztmals 1908 festgesetzt auf der Grundlage des Wappens aus dem Jahre 1829. Das Oval ist gespalten und bogenförmig geteilt. Im ersten Feld steht eine goldene Waage auf blauem Grund, die das »Ideal der Gerechtigkeit« symbolisieren soll. Im zweiten Feld erscheint in Silber über blauen Wellen ein naturfarbener Berg mit einer Festung darauf. Er stellt den Cerro (Berggipfel, Pass) von Montevideo dar und gilt als Zeichen der Stärke. Die Stadt Montevideo liegt auf einer felsigen Halbinsel an der Mündung des Río de la Plata (Wellen); der »Cerro« (137 m hoch), an der Bucht von Montevideo gelegen, überragt die Hauptstadt Uruguays (dieses Feld bildet auch das Stadtwappen von Montevideo). Das schwarze ungezähmte Pferd in Silber im dritten Feld ist das Symbol für die Freiheit (unter der gleichen Motivation steht ein weißes Pferd im Wappen Venezuelas). Das vierte Feld, ein goldener Stier auf blauem Grund, symbolisiert die Haupterwerbsquelle des Landes, die Viehzucht; sie macht etwa 70 Prozent der Exporte aus. Die hinter dem Oval aufgehende Freiheitssonne erinnert an die ehemalige Zugehörigkeit zu Argentinien. Der Oliven- und Lorbeerkranz wurde 1906 hinzugefügt. Sie symbolisieren die im Kampf gegen Brasilien gewonnene Freiheit und die Friedensliebe des Volkes.

Usbekistan

UZ

Fläche:	447 400 km²
Einwohner:	27,4 Mio.
Hauptstadt:	Taschkent
Landessprache:	Usbekisch
Staatsform:	präsidiale Republik

Die Usbeken, die ihren Namen vom Mongolen-Khan Usbek (reg. 1313–1341) ableiten, sind ein muslimisches Mischvolk aus Türken, Persern und Mongolen. Ab 1850 unter russischer Kontrolle, erklärte das Land am 31. August 1991 die Unabhängigkeit.

Flagge: Die Unabhängigkeit wurde noch unter der am 29. August 1952 angenommenen Flagge der Usbekischen SSR ausgerufen. Diese entsprach der sowjetischen Flagge mit mittig aufgelegten hellblauen (für Wasser und Himmel), weiß (für Baumwolle) geränderten Streifen. Am 30. September 1991 führte Usbekistan seine neue Flagge ein, die aus einem Wettbewerb hervorging. Ihre Proportionen betragen 1:2. Nach offizieller Lesart steht Blau für den Himmel und das Wasser. Es ist aber auch die Farbe Timurs, der im 14. Jahrhundert das Land beherrschte. Weiß ist das Zeichen für Frieden, Tatendrang und Klarheit der Absichten. Grün, als Farbe des Islam, steht für Natur und Fruchtbarkeit. Die roten Säume stellen die im Volk steckende Lebenskraft dar. Der Halbmond versinnbildlicht die Geburt der neuen Republik, die Sterne symbolisieren die zwölf Monate im muslimischen Kalender.

Wappen: Das am 2. Juli 1992 angenommene Staatswappen erinnert in seinem Aufbau an das Wappen, das die Usbekische Sowjetrepublik von 1937 bis 1992 führte. Das Wappen umschließt eine Weizenähre und eine Baumwollstaude. Sie stehen für die wichtigsten Einnahme- und die stabilsten Nahrungsquellen des Landes. Die Basis bildet die Nationalflagge mit dem Landesnamen in kyrillischen Buchstaben. Der Kranz ist bekrönt vom achtzackigen Stern Rub el Hizb als Symbol der Nation, Einheit und Festigung der Republik. Er ist belegt mit Halbmond und Stern als Symbol des Islam. Den Mittelpunkt des Wappens bildet eine blühende Landschaft, entsprechend der Natur des Landes unter einer aufgehenden Sonne als Zeichen des noch jungen Staates. Im Vordergrund blickt der legendäre Sagenvogel Khumo (auch Semurg oder Davlat) auf diese Landschaft, die die als Sonnenvogel bezeichnete Figur beschützt. Er symbolisiert das Glück und den Freiheitswillen. Eine alte persische Sage berichtet davon, wie der Vogel einen ausgesetzten schwachen Knaben rettete, diesem Wunderkräfte verlieh, wodurch er der Befreier Persiens wurde.

Vanuatu

VU

Fläche:	12 200 km²
Einwohner:	226 000
Hauptstadt:	Port Vila
Landessprachen:	Bislama, Englisch, Französisch
Staatsform:	parlamentarische Republik

Flagge: Das britisch-französische Kondominium der Neuen Hebriden erlangte am 30. Juli 1980 als Republik Vanuatu seine Unabhängigkeit. Zur Vorbereitung auf die Unabhängigkeit wurde im Parlament auch das Aussehen der Nationalflagge diskutiert und nach hartnäckigen Debatten die oben abgebildete Flagge, die auf der Flagge der Vanuaaku-Partei basierte, angenommen. Es war einer von drei Entwürfen und wurde eingereicht von Rick Fraser, auf Anregung des einheimischen Kalontas Malon. Die Proportionen sind 3:5 oder 11:18. Im schwarzen Dreieck liegt ein Teil des Staatswappens, bestehend aus zwei sich kreuzenden Palmzweigen, umgeben von einem Eberzahn. In den traditionellen Riten Vanuatus, was »das Land, das sich aus dem Meer erhebt« heißt, spielt das Schwein eine wichtige Rolle. Der in der Flagge dargestellte Zahn symbolisiert den Reichtum des Landes. Das Blut der rituell geschlachteten Schweine ist im roten Streifen dargestellt. Dieser steht aber auch für das Blut der Menschen und die Einheit der Bevölkerung Vanuatus. Die Zweige symbolisieren den Frieden, seine 39 Blätter stehen für die 39 Mitglieder des Parlaments und den Nationalrat der Häuptlinge. Das liegende gelbe »Y« versinnbildlicht die Verteilung der Inseln im Meer, den christlichen Glauben der Bevölkerung und den Frieden. Das schwarze Dreieck symbolisiert die fruchtbare Erde auf allen Inseln sowie deren Bevölkerung. Grün steht für die Inseln Vanuatus.

Wappen: Im Mittelpunkt des bei Erlangung der Unabhängigkeit angenommenen Staatswappens steht ein einheimischer melanesischer Häuptling. Dies zeigt an, dass der gesamte Grund und Boden Eigentum der melanesischen Ureinwohner ist. Um der Überfremdung vorzubeugen, ist in der Verfassung festgelegt, dass nur Eingeborene Land besitzen dürfen. Eine Ausnahme gab es nur für die französischen Staatsbürger, die schon bei Erlangung der Unabhängigkeit dort lebten. Der Krieger steht auf einem Berg, der den Namen des Staates versinnbildlicht; hinter ihm erscheint das aus der Flagge bekannte Emblem. Das Staatsmotto in Bislama (einer Form des Pidgin) lautet: »Zu Gott erheben wir uns«. Es stammt vom ersten Premierminister, dem anglikanischen Priester Walter Hadye Lini.

Vatikanstadt

Fläche:	0,44 km²
Einwohner:	1 000
Hauptstadt:	–
Landessprachen:	Latein, Italienisch
Staatsform:	absolute Wahlmonarchie

Flagge: Der Stato della Cittá del Vaticano ist ein souveräner Staat, der aus den Lateranverträgen des Jahres 1929 hervorging. Die bis dahin persönliche Flagge des Papstes (Proportionen 1:1) wurde dann als Staatsflagge des Vatikans offiziell am 8. Juni 1929 gehisst.

Seit Ende des 12. Jahrhunderts führten die Päpste im roten Tuch ein weißes Kreuz. Als Napoleon Rom zur kaiserlichen Stadt erklärte und das päpstliche Heer in das französische überführte, nahm der Papst um 1808 die weißen und gelben Farben für seine neue Kokarde an. Gelb und Weiß leiteten sich von den Schlüsseln Petri ab. Der Überlieferung nach gehen sie aber auf das Wappen des Kreuzfahrerkönigreiches Jerusalem zurück. Gemäß der Überlieferung zeigte das Wappen im silbernen Schild ein von vier goldenen Kreuzen bewinkeltes goldenes *Krückenkreuz* (sog. Jerusalemkreuz). Im weißen Streifen wiederholen sich die Symbole des Staatswappens in modifizierter Form.

Wappen: Erst seit Mitte des 13. Jahrhunderts bürgerte sich der Wappengebrauch in der Kirche ein. Das Papstsiegel war ursprünglich ein reines Namenssiegel. In den Siegeln der römischen Kurie und auf den Münzen des Kirchenstaats finden sich Tiara und Schlüssel in verschiedenen Formen. Erst Papst Martin V. (1417–1431) begründete die Form des *Papstwappens,* indem er Tiara und Schlüssel über dem Schild mit dem Familienwappen setzte. Daraus entwickelte sich dann das heutige *Staatswappen* (oft wird das Wappen des regierenden Papstes fälschlich als Staatswappen angesehen), das im Grundgesetz des Vatikans vom 7. Juni 1926 festgelegt ist. Unter der Tiara, die der Papst bei Prozessionen als Zeichen der irdischen Macht trug (ursprünglich eine weiße Mütze, die Kronen kamen im 12./13. Jahrhundert hinzu), liegen die Schlüssel Petri. Sie beziehen sich auf das Matthäus-Evangelium 16, Vers 17–19, wo es heißt: »... und ich sage Dir auch, Du bist Petrus, und auf diesen Felsen will ich meine Kirche bauen... und ich will Dir des Himmels Schlüssel geben. Alles was Du auf Erden binden wirst, soll auch im Himmel gebunden sein...« Aus diesem Spruch leiten die Päpste ihr Primat ab.

Venezuela

YV

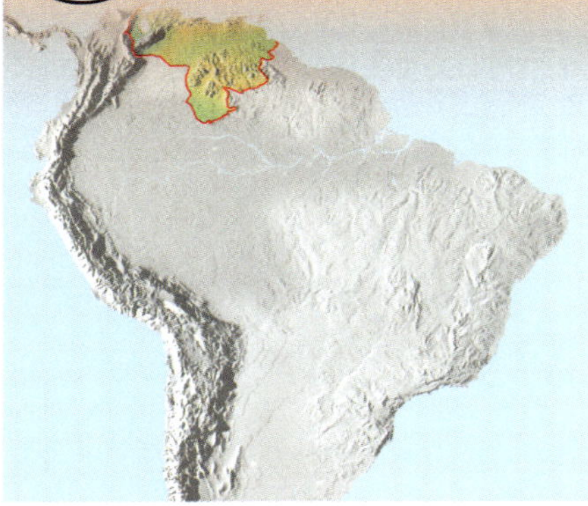

Fläche:	912 050 km²
Einwohner:	27,7 Mio.
Hauptstadt:	Caracas
Landessprache:	Spanisch
Staatsform:	präsidiale Republik

Auf seiner dritten Amerikareise berührte Kolumbus im August 1498 in Venezuela ohne sein Wissen erstmals das Festland der »Neuen Welt«. Nach von ihm gefertigten Karten fuhren sein ehemaliger Leutnant Alonzo de Hojeda und Amerigo Vespucci 1499 zu den dem Festland vorgelagerten Inseln und dann auch zum Festland. Die in die Lagunen hineingebauten, auf Pfählen stehenden Häuser der zwischen Paria und Borburata siedelnden Kariben erinnerten Hojeda an Venedig, weshalb er dem Land den Namen Venezuela, »Klein-Venedig«, gab. Seit 1717 gehörte Venezuela zum neu gegründeten Vizekönigreich Neugranada und erhielt 1777 unter Zusammenfassung seiner bisherigen sieben Provinzen den Rang eines Generalkapitanats. Mitte des 18. Jahrhunderts erreichte die Aufklärung auch Südamerika, und 1797 erklärte eine kleine Gruppe von Kreolen das Land für unabhängig, was die Spanier aber mit Leichtigkeit rückgängig machen konnten. 1806 machte Francisco de Miranda mit einer Söldnertruppe einen Landungsversuch, der misslang und Miranda zur Flucht zwang. Am 19. April 1810 begann unter Bolívar die Revolution mit Miranda als Oberbefehlshaber der Revolutionstruppen. Am 5. Juli 1811 erfolgte die Unabhängigkeitserklärung. Simón Bolívar vereinigte Venezuela 1819 mit Kolumbien zur Republik Großkolumbien. Endgültig selbstständig wurde Venezuela, als es sich unter General Páez 1830 wieder von der Föderation trennte.

Flagge: Als 1797 eine kleine Gruppe von Kreolen unter Führung von Manuel Gual und José Maria España die Unabhängigkeit des Landes erklärte, geschah dies unter einer weiß-blau-gelb-rot senkrecht gestreiften Flagge, wobei die Streifen die Weißen, Schwarzen, Mulatten und Indianer symbolisierten. Diese Flagge enthielt erstmals die später großkolumbianisch genannten Farben. Auch die Expedition des Miranda von 1806 führte diese Farben in ihrer Flagge, die im blauen Tuch eine aufgehende Sonne mit rotem Gesicht zeigte. Francisco de Miranda selbst war es dann, der die gelb-blau-rote Trikolore schuf, wobei der gelbe Streifen die Hälfte der Flaggenhöhe einnahm. Angeblich stammten der rote und blaue Streifen aus der Flagge Haitis, von wo aus Miranda zu seiner Invasion aufbrach. Er erklärte die Farben so, dass das goldene Südamerika durch das blaue Meer vom blutigen Spanien getrennt ist. Als Venezuela 1811 seine Unabhängigkeit erklärte, nahm es die Flagge des Miranda als Nationalflagge an. Im mittleren Streifen wurden sieben weiße Sterne für die sieben Provinzen kreisförmig angeordnet. Durch Simón Bolívars Dekret wurde 1817 ein achter Stern für Guayana eingefügt. Nachdem Venezuela 1830 aus der Republik Großkolumbien ausgetreten war, wurden alle Streifen gleichbreit angeordnet. In das Obereck dieser Flagge legte man 1859 sieben blaue Sterne. Sie wurden später in weißer Farbe in den mittleren Streifen gelegt. Seit der letzten gesetzlichen Regelung von März 2006 zeigt die National- und Handelsflagge nun acht Sterne, entsprechend dem Dekret von 1817. Bei der Staats- und Marineflagge liegt das neue Staatswappen im Obereck. Die Farben symbolisieren Mut und Blutvergießen (Rot), Sonnenschein und Reichtum (Gelb) und Unabhängigkeit und Meer (Blau). Die Proportionen der Flaggen betragen 2:3.

Wappen: Am 14. Oktober 1830 nahm Venezuela ein Emblem an, das aus einem Liktorenbündel und zwei Füllhörnern bestand. Am 20. April 1836 erhielt der Wappenschild seine heutige Form. Am 28. März 1905 wurden die Farben der beiden oberen Felder vertauscht, um die Farbreihenfolge der Nationalflagge zu erhalten. Außerdem wurde die Säbel-Flaggendrapierung geändert. Am 15. Juli 1930 kehrte man zum ursprünglichen Wappen von 1836 zurück, es entfiel nur der noch über den Füllhörnern angebrachte Sternenhalbbogen. Das erste Feld zeigt in Rot eine Garbe, bestehend aus zwanzig Weizenähren, die die zwanzig Bundesstaaten symbolisierten. Zugleich weist die Farbe auf die ertragreiche Landwirtschaft hin. Die Säbel und Flaggen im linken Quartier bedeuten »Triumph« und stehen für die siegreichen Taten der Patrioten im Kampf für die Unabhängigkeit. In der unteren gebogenen Wappenhälfte stand im blauen Feld auf grünem Boden ein wilder weißer Hengst als Symbol der Unabhängigkeit und Freiheit. Das Oberwappen, bestehend aus zwei verflochtenen Füllhörnern, ist das Symbol für Wohlstand und Reichtum des Landes. Den Schild umkränzen ein Lorbeer- und ein Palmzweig als Symbole für Ruhm und Frieden. Die Daten auf dem Schriftband beziehen sich auf die Unabhängigkeit (19. April 1810) und die Bundesstaatlichkeit (20. Februar 1859). Im neuen, seit dem 12. März 2006 gültigen Staatswappen wurden im Schriftband der neue Staatsname eingelegt und die Felder im Schild modifiziert. Im ersten Feld erhöhte sich die Zahl der Ähren auf 24 für die jetzt 24 Bundesstaaten. Im zweiten Feld symbolisieren Flaggen und Waffen weiterhin den Unabhängigkeitskampf der Bevölkerung Venezuelas. Im unteren Feld entfiel der grüne Boden und das Pferd wurde nach links gewendet, als Zeichen für den Weg zum Sozialismus, und in lebhafter galoppierender Haltung.

Vereinigte Arabische Emirate

UAE

Fläche:	77 700 km²
Einwohner:	4,4 Mio.
Hauptstadt:	Abu Dhabi
Landessprache:	Arabisch
Staatsform:	Föderation autonomer Emirate

Flagge: Als Großbritannien 1968 beschloss, sich aus den Staaten am Persischen Golf zurückzuziehen, einigten sich die am Arabischen (oder Persischen) Golf liegenden sieben Scheichtümer und Emirate auf eine Föderation. Zu diesem Zweck gründeten sie den Rat der Trucial-Staaten, der auch eine inoffizielle Flagge annahm: rot-weiß-rot (1:2:1) waagerecht gestreift, im Mittelpunkt ein siebenzackiger, hellgrüner Stern, der die einzelnen Staaten (Abu Dhabi, Dubai, Adjman, Umm Al Qay-wayn, Fudjaira, Shariqah und Ras Al Khaymah) repräsentierte.

Am 2. Dezember 1971 schlossen sich sechs Länder zu den Vereinigten Arabischen Emiraten zusammen, wozu im Februar 1972 als letzter Staat noch Ras Al Khaymah stieß. Die an diesem Tag gehisste Föderationsflagge (Proportionen 1:2) vereinigt die panarabischen Farben in einer neuen Anordnung. Die Farben lassen sich von den vier Kalifendynastien ableiten: Weiß für die Omajjaden, Schwarz für die Abbasiden, Rot für den Kalifen Omar I. (wurde nicht als Dynastiefarbe geführt) und Grün für die Fatimiden. Auf die Flaggen der Einzelstaaten bezieht sich auch die breitere rote Bahn, die an zentraler Stelle in der Föderationsflagge steht. Sie soll durch die senkrechte Anordnung das Zusammengehörigkeitsgefühl zum Ausdruck bringen.

Wappen: Wie die Flagge ist auch das Föderationswappen von den Wappen anderer arabischer Staaten abgeleitet. Es zeigt einen goldenen Falken – das Emblem des Kuraisch-Stammes, dem der Prophet Mohammed angehörte – mit einer roten Scheibe auf seiner Brust, darauf eine arabische Dhau (Segelschiff). Die Kettenglieder, die die Scheibe umgeben, stehen für den Zusammenschluss der Einzelstaaten. Das Segelschiff weist auf die hervorragende Bedeutung der Schifffahrt in diesem Landstrich hin und erinnert an die Geschichte (Piratenstützpunkte, Umschlaghäfen usw.). Der Falke wurde den Wappen Abu Dhabis und Dubais, den beiden wichtigsten Emiraten, entnommen. Er gilt als Symbol der Freiheit und ist der Lieblingsvogel der Araber. In seinen Fängen hält der Falke ein rotes Schriftband mit dem Namen des Bundes: »Vereinigte Arabische Emirate«.

Vereinigte Staaten von Amerika

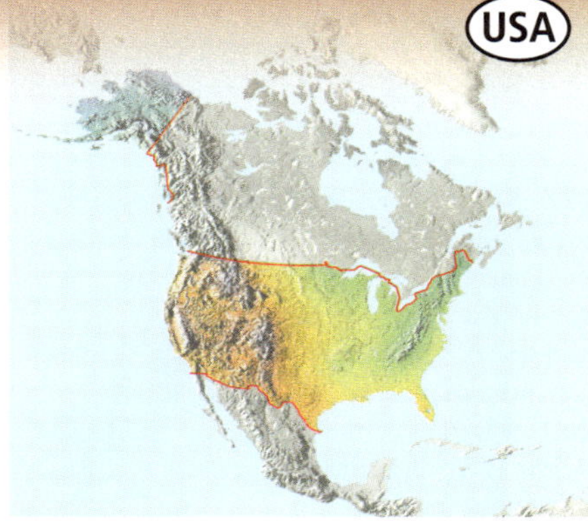

Fläche:	9 826 630 km²
Einwohner:	305,8 Mio.
Hauptstadt:	Washington
Landessprache:	Englisch
Staatsform:	präsidiale Republik

Flagge: 1607 landeten drei Schiffe in Virginia, wo die Besatzungen die Stadt Jamestown gründeten. Damit begann die Besiedlung der Ostküste Nordamerikas, die bald Neuengland genannt wurde. Am Ende der Besiedlungszeit gab es acht Kronkolonien – New Jersey, Georgia, Massachusetts, South Carolina, New Hampshire, Virginia, New York und North Carolina –, drei Eigentümerkolonien – Delaware, Pennsylvania und Maryland – und zwei De-facto-Republiken – Connecticut und Rhode Island –, vereint unter der britischen Krone. Eine Vielzahl von Symbolen kam auf.

Die bekannteste Flagge wurde bald die sog. Bunker Hill Flag, die als Symbol für ganz Neuengland angesehen wurde. Sie entstand infolge von Differenzen zwischen dem Mutterland und den Kolonien dadurch, dass man aus einer roten Flagge mit dem Georgskreuz im weißen Obereck selbiges herausschnitt. Als der britische Gouverneur die britische Hoheit wiederhergestellt hatte, wurde das Kreuz wieder eingenäht, wobei die Neuengländer aber eine grüne Fichte in das erste Quartier des Obereck als lokales Unterscheidungsmerkmal gegenüber englischen Flaggen einlegten. Im April 1776 wurde diese Flagge offiziell durch die Marine von Massachusetts angenommen. Als es zu den ersten Kampfhandlungen kam, entfernte man das Kreuz wieder. Nach innen konsolidierten sich die Kolonien, von außen übte vor allem Frankreich Druck aus. Nach dem englischen Sieg im Siebenjährigen Krieg (1756–1763) regte sich das amerikanische Freiheitsgefühl. Obendrein stand die Wirtschaftspolitik Englands im Gegensatz zu den eigenen Interessen. Als die englische Regierung den Kolonien zusätzliche Steuern auferlegen wollte, kam es zum Bruch.

Im April 1775 kam es zu ersten Gefechten. Es bestand aber keine gemeinsame Flagge. Die sog. Bedford-Fahne war der Überlieferung nach das einzige amerikanische Banner, das beim Ausbruch der amerikanischen Revolution entfaltet wurde. Es handelte sich um ein rotes Tuch mit einem aus Wolken hervorbrechenden Schwertarm und der lateinischen Inschrift »Siege oder stirb!«. Es ist die älteste noch existierende Fahne in den USA. Am 3. Juli 1775 erhielt George Washington das Oberkommando über die Armee der Kolonien. Wahrscheinlich ging von ihm die Annahme der ersten gemeinsamen Flagge aus. Sie zeigte dreizehn waagerechte rote und weiße Streifen, im Obereck stand die englisch-schottische Unionsflagge. Dies sollte deutlich machen, dass man noch loyal zum König stand, aber nicht mit der englischen Regierung einverstanden war. Wie die Flagge genau entstand, weiß man nicht. Eventuell ging sie auf die Flagge der Ostindischen Handelskompanie zurück. Trotz der am 4. Juli 1776 verkündeten Unabhängigkeitserklärung hielt man noch an dieser Flagge fest. Erst am 14. Juni 1777 entschloss sich der Kongress, das britische Unionsabzeichen durch 13 kreisförmig angeordnete Sterne zu ersetzen. Die Streifen und Sterne sollten immer der Zahl der Mitgliedsstaaten des Staatenbundes entsprechen.

Als 1795 mit Vermont und Kentucky zwei neue Staaten aufgenommen wurden, bemerkte man, dass eine Erhöhung der Streifen nicht mehr möglich war. 1818 beschloss der Kongress deshalb, dass die Flagge fortan immer nur dreizehn waagerechte rote und weiße Streifen zur Ehrung der ursprünglichen Kolonien erhalten solle, die Oberecke aber blau sein sollte mit einem weißen Stern für jeden Staat. Jeder neue Stern sollte jeweils am 4. Juli, dem amerikanischen Unabhängigkeitstag, nach der Aufnahme in die Union hinzugefügt werden. Letztmalig wurde die Flagge, deren Proportionen 50:95 betragen, am 4. Juli 1960 festgesetzt, als der 50. Stern für Hawaii eingefügt wurde. Im Laufe der Zeit war dies die 37. Nationalflagge der Vereinigten Staaten.

Wappen: Schon während des Unabhängigkeitskampfes nahmen die 13 Neuengland-Kolonien einen Adler als gemeinsames Hoheitszeichen an, was erstaunlich war; galt doch der Adler als Symbol der imperialen Herrschaft. Am 20. Juni 1782 beschloss der amerikanische Kongress die Aufnahme des Adlers in das Große Staatssiegel, dessen Vorderseite gleichzeitig als Staatswappen der Vereinigten Staaten von Amerika gilt. Dieses besteht aus einem naturfarbenen, braun-weißen amerikanischen Weißkopfseeadler als Ausdruck der republikanischen Gesinnung, mit einem naturfarbenen Ölzweig in dem rechten und einem Bündel von silbernen Pfeilen in dem linken Fang als Zeichen, dass der Kongress die Macht über Krieg und Frieden hat. Im Schnabel hält er ein goldenes Spruchband mit der Inschrift »Ex Pluribus Unum« (übersetzt »Aus mehreren Eines«). Dieser Wahlspruch ist der Ausdruck für den Staatenbund. Über seinem Kopf schwebt eine von goldenen Strahlen und weißen Wolken gesäumte blaue Scheibe mit dreizehn (1:4:3:4:1 gestellt) silbernen Sternen zur Erinnerung an die 13 Gründerstaaten. Auf der Brust des Adlers liegt ein Schild, der unter blauem Schildhaupt in Silber sechs rote Pfähle aufweist. Dieser Brustschild ist das eigentliche Wappen der USA; es ist eine Abwandlung des amerikanischen Sternenbanners. Das Siegel schufen William Barton und Charles Thomson.

Vietnam

Fläche:	329 315 km²
Einwohner:	87,4 Mio.
Hauptstadt:	Hanoi
Landessprache:	Vietnamesisch
Staatsform:	sozialistische Volksrepublik

Am 2. September 1945 proklamierte Ho Chi Minh die Unabhängigkeit und rief die Demokratische Republik Vietnam aus. Heftige Auseinandersetzungen mit den Franzosen eskalierten 1946 im ersten Indochinakrieg, der formell durch den Waffenstillstand vom 21. Juli 1954 beendet wurde.

Flagge: Die Nationalversammlung nahm am 8. November 1946 eine Verfassung an, die im Artikel 3 eine Nationalflagge bestimmte. Diese zeigte in der Mitte eines roten Tuchs einen goldenen fünfzackigen Stern, der noch als Stumpfwinkelstern ausgeführt war. Das bedeutet, dass der innere Durchmesser die Hälfte des äußeren Durchmessers beträgt. Das rote Tuch stand für die Revolution, der goldene Stern, der eigentlich rot sein sollte, symbolisierte die fünf Bevölkerungsgruppen Bauern, Arbeiter, Intellektuelle, Jugendliche und Soldaten. Als Folge des Indochinakriegs gab es ab 1954 zwei Staaten: Nord- und Südvietnam. Südvietnam führte von da an die Nationalflagge (Proportionen 2:3) laut Verordnung vom 2. Juni 1948: eine Fahne auf gelbem Grund, deren Höhe gleich zwei Drittel ihrer Länge ist; in ihrem Mittelteil zeigt sie auf der ganzen Länge drei waagerechte rote Streifen, von denen jeder eine Höhe von einem Fünfzehntel der Gesamthöhe hat und die voneinander durch Zwischenräume von gleichen Abmessungen getrennt sind. Am 20. Dezember 1960 schuf die Nationale Befreiungsfront, die als Viet-Cong die Regierung bekämpfte, eine rot-hellblau waagerecht gestreifte Flagge mit goldenem Stern im Mittelpunkt – die Flagge Nordvietnams mit dem hinzugefügten blauen Streifen für die Bergvölker. Als am 2. Juli 1976 die beiden Staaten vereinigt wurden, erhob man die Symbole Nordvietnams zu den Symbolen des gesamten Landes. Die Proportionen der Flagge sind 2:3.

Wappen: Das im sowjetischen Stil gehaltene Staatswappen wurde am 21. Juli 1956 von der Demokratischen Republik Vietnam (Nordvietnam) angenommen. Es zeigt auf rotem Grund, der die revolutionäre Kraft des Volkes und das für die Unabhängigkeit geopferte Blut verkörpern sollte, den Stern aus der Nationalflagge. Zahnrad und Reisährenkranz versinnbildlichen das enge Bündnis von Arbeitern und Bauern. Das untere Band trägt den offiziellen Staatsnamen.

Weißrussland

BY

Fläche:	207 600 km²
Einwohner:	9,7 Mio.
Hauptstadt:	Minsk
Landessprache:	Weißrussisch
Staatsform:	präsidiale Republik

Die im Gebiet Weißrusslands liegenden Fürstentümer kamen alle bis 1795 unter Moskowiter Herrschaft. 1990 erklärte sich Weißrussland (Belarus) für souverän und rief schließlich 1991 seine Unabhängigkeit aus.

Flagge: Die Unabhängigkeit rief Belarus unter einer weiß-rot-weiß waagerecht gestreiften Flagge aus, die das Land am 19. September 1991 angenommen hatte. Es war die Flagge, die ein Nationalkongress am 25. März 1917 angenommen hatte, nachdem man 1917 noch für eine einfarbig weiße Flagge plädiert hatte. Im Zuge eines Referendums vom 14. Mai 1995, das von Staatspräsident Lukaschenko (seit 1994) initiiert worden war, wurde unter anderem auch über eine neue Flagge abgestimmt, die auf der der Belorussischen SSR vom 25. Dezember 1951 basierte. In der neuen Flagge (Proportionen 1:1) entfielen die kommunistischen Symbole und der vorher rote Streifen mit dem weißen Ornament wurde farblich umgekehrt. Die Flagge ist im Dekret Nr. 214 vom 7. Juni 1995 festgesetzt. In ihr symbolisiert Rot das Blut, das zur Verteidigung der Heimat vergossen wurde und den Weg in eine glückliche Zukunft, womit der Sozialismus gemeint war, und Grün steht für die Wälder des Landes. Der Streifen am Liek wird als nationales Ornament bezeichnet und stellt gewebtes Tuch dar.

Wappen: Das am 10. Dezember 1991 eingeführte Staatswappen basierte auf dem zwischen 1917 und 1919 geführte Wappen der nicht anerkannten Republik. Das Wappen, das dem litauischen ähnelte, zeigte im roten Schild den silbernen Reiter »Pahonia«, dem in seinem Schutzschild ein goldenes Patriarchenkreuz aufgelegt war. Mit der neuen Flagge führte das Land am 7. Juni 1995 ein neues Wappen ein, das wiederum auf dem der SSR von 1958 basierte. Der Hauptunterschied besteht darin, dass Hammer und Sichel gegen die Kontur der Landkarte ausgetauscht wurde. Das Band in der Basis zeigt den Landesnamen »Respublika Bielarus«. Der Kranz besteht aus Ähren, die mit Klee und Leinblüten durchsetzt sind. Die Symbolik drückt aus, dass Belarus durch den Sozialismus in eine glorreiche Zukunft geführt wird.

Zentralafrikanische Republik

Fläche:	622 984 km²
Einwohner:	4,34 Mio.
Hauptstadt:	Bangui
Landessprachen:	Französisch, Sangho
Staatsform:	präsidiale Republik

Flagge: Als die französische Kolonie Ubangi-Schari am 1. Dezember 1958 autonome Republik wurde, führte sie die Nationalflagge ein (Proportionen nicht festgelegt, aber 3:5 gebräuchlich), die auch anlässlich der Unabhängigkeit am 13. August 1960 nicht geändert wurde. Der Entwurf stammt vom ersten Staatspräsidenten Boganda († 1959), der schon 1958 die »Vereinigten Staaten von Lateinafrika« forderte. Aus dieser Motivation lässt sich auch die Symbolik der Flagge erklären, denn sie verbindet alle Farben aus den Flaggen Äquatorialafrikas mit den Farben der französischen Trikolore. Diese Verbindung soll die gegenseitige Achtung und Freundschaft zwischen Afrikanern und Europäern symbolisieren. Die senkrechte Anordnung der roten Farbe soll anzeigen, dass alle Menschen, gleich welcher Rasse, durch das Blut miteinander verwandt sind. Darüber hinaus steht der grüne Streifen für die Bewohner der Waldregion und der gelbe für die der Savannenregion. Der Stern wird als Symbol der Freiheit gedeutet. Insgesamt soll die Nationalflagge andeuten, dass die Republik eine Einigung Afrikas unterstützt.

Wappen: Bis 1963 führte die Republik ein *Siegel* und ein »Ersatzwappen«, indem man die Farben der Nationalflagge in einen Schild setzte. Durch Gesetz vom 17. Mai 1963 schuf die Republik das Staatswappen. Der goldene Stern im Herzschild vor dem Umriss Afrikas ist das Symbol der afrikanischen Freiheit und versinnbildlicht das Streben der Republik nach Einigung des Kontinents. Der weiße Elefantenkopf auf grünem Grund und Affenbrotbaum repräsentieren die Flora und Fauna des Landes zwischen den Flüssen Ubangi und Schari. Die drei Sterne stehen für das Motto des Staates im Spruchband »Einheit, Würde, Arbeit« sowie für die drei Regionen. Die schwarze Hand war das Emblem der 1950 von Boganda gegründeten Unabhängigkeitsbewegung MESAN, sein ausgestreckter Finger deutet auf den Stern als Symbol der Freiheit. Das Datum in der Freiheitssonne über dem Schild ist das Aufnahmedatum (1. Dezember 1958) des Landes in die Französische Gemeinschaft. Das Motto darüber lautet: »Mensch ist gleich Mensch«. Unter dem Schild liegt das Kleinod des Verdienstordens der Republik.

Zypern

CY

Fläche: 9251 km²
Einwohner: 855 000
Hauptstadt: Nicosia
Landessprachen: Griechisch, Türkisch
Staatsform: präsidiale Republik

Schon im frühen Altertum war die Insel wegen ihres Kupferreichtums berühmt und wurde deshalb auch »Aes Cyprium« genannt. Als ständiger Zankapfel zwischen Orient und Okzident stand die Insel ab 1571 unter türkischer und ab 1878 unter englischer Herrschaft, ehe sie 1960 in die Unabhängigkeit entlassen wurde.

Flagge: 1905 verlieh König Edward VII. der Insel ein Badge, dass zwei übereinander liegende rote Leoparden zeigte, die dem Schild Richard Löwenherz entstammten, der die Insel 1191 erobert hatte. Dieses Badge ersetzte eines von 1881, welches nur die Buchstaben »CHC« für »Cyprus High Commissioner« zeigte und erschien ab 1922 im Red Ensign. Nach Verhandlungen erlangte Zypern, in der eine türkische Minderheit einer großen griechischen Mehrheit gegenüberstand, am 16. August 1960 die Unabhängigkeit. Zu den Verhandlungen gehörte auch die Festlegung einer Nationalflagge, die keinen Bevölkerungsteil bevorzugen sollte; sie musste also neutral sein. Erzbischof Makarios und Dr. Kücük, die beiden Volksgruppenführer, einigten sich schließlich auf eine weiße Flagge mit einem kupferfarbenen »K«. Der Buchstabe »K« stand für den Namen der Insel, sowohl in griechischer (Kypriaki) als auch in türkischer (Kibris) Sprache. Dieser Entwurf wurde aber als zu gebrauchsgraphisch abgelehnt. Daraufhin lieferte der Lehrer Ismet Güney neue Entwürfe für Flagge und Wappen. Die Flagge mit den Proportionen 3:5 zeigte im weißen Tuch grüne Olivenzweige und die Landkarte in weißer Farbe mit gelber Umrandung. Da die Sichtbarkeit der Insel auf der Flagge sehr schlecht war, wurde sie ab dem 30. September 1960 ganz in gelber Farbe ausgeführt, wobei der Ton kupferfarben sein soll. Die Olivenzweige und das weiße Tuch symbolisieren den Wunsch nach Aussöhnung zwischen dem griechischen und türkischen Bevölkerungsteil.

Wappen: Das von Güney entworfene und von Philippos de Caston gestaltete Staatswappen wurde in der vorliegenden Form am 30. September 1960 eingeführt. Die Schildfarbe symbolisiert den Namen der Insel, der Olivenblätterkranz versinnbildlicht Wohlstand und die Landwirtschaft und die weiße Taube mit dem Olivenzweig symbolisiert den Wunsch nach Frieden zwischen den beiden Volksgruppen. Die Jahreszahl 1960 steht für das Jahr der Unabhängigkeit.

Armillarsphäre: Das Armillar war ein bis in das 17. Jh. gebrauchtes astronomisches Gerät zur Darstellung der wichtigsten Himmelskreise. Die Armillarsphäre ist ein von Ringkugeln gebildetes stilisiertes Abbild der Weltkugel. Sie wurde seit dem 15. Jh. von portugiesischen Seefahrern als Symbol portugiesischer Weltgeltung und Kolonialmacht verwendet.

Avers: Die Vorderseite einer Medaille oder Münze mit dem wichtigen Bild. Das Gegenstück ist das Revers (Rückseite).

Badge: Abzeichen, die neben oder über dem Schild angebracht oder ohne das Wappen als Erkennungszeichen geführt werden. Oft werden sie in Verbindung mit Wörtern gebraucht. Sie wurden seit dem 15. Jh. v.a. in England und Frankreich gebraucht, wo sie als persönliches Abzeichen neben dem vererbten Wappen gezeigt wurden. Badges werden heute u.a. von Institutionen, Clubs, Regimentern geführt. Berühmt sind die Rosenbadges der Rosenkriege in England. Badges heißen in Frankreich Devise, in Italien Impresa.

Banderole: Bezeichnung für ein schmales Band in den Landesfarben, das um die Fahnenspitze gelegt wird.

Banner: Im Mittelalter Bezeichnung für Fahnen und Flaggen, auch poetischer Ausdruck dafür (Panier). – Heute ein von einer Querstange herabhängendes Fahnentuch.

Blasonierung: Beschreibung eines Wappens nach heraldischen Regeln. Wappen werden stets in der Blickrichtung des Schildträgers, nicht des Beschauers beschrieben. Daher ist die vom Beschauer aus linke Seite heraldisch rechts und umgekehrt.

Blue Ensign: Britische Dienstflagge: blaues Tuch mit dem Union Jack im Obereck; diente mit einem speziellen Emblem im fliegenden Ende als Dienstflagge der britischen Kolonien.

Crest: Englische Bezeichnung für die Helmzier eines Wappens. In der angelsächsischen Heraldik bürgerte es sich ein, bei der zeichnerischen Darstellung des Wappens den Helm und die Helmdecken wegzulassen und nur den Schild mit dem darüberschwebenden Wulst und die Helmzier als Crest wiederzugeben. Dieser Crest wird häufig als Badge verwendet.

Dienstflagge: Von Behörden (z.B. Post, Zoll) geführte Flagge; unterscheidet sich von der Nationalflagge durch das Hinzufügen eines Hoheitssymbols; Nationalflagge und Dienstflagge können aber auch identisch sein.

dippen: Flaggengruß in der Seefahrt, indem man die Nationalflagge bis zur halben Höhe des Flaggenmastes niederholt und anschließend wieder in die alte Höhe hisst.

Doppeladler: Heraldisches Fabeltier: Adler mit zwei Köpfen; uraltes Tierornament, im Orient schon um 1000 v. Chr. bekannt. Ein gelber Doppeladler auf rotem Grund war das Wappen der Kaiser von Byzanz, ein schwarzer Doppeladler auf gelbem Grund seit 1433 das Wappen der Kaiser des Heiligen Römischen Reiches Deutscher Nation. In den Siegeln einiger Reichsstädte erscheint der Doppeladler schon seit dem

13. Jh. Der österreichische Doppeladler war (1804–1918 und 1934–1938) schwarz auf gelbem Grund. Auch das Wappentier des russischen Zarenreichs war ein Doppeladler.

fliegendes Ende: Gegenüber dem Mast befindliche Seite der Flagge.

Georgskreuz: Auf weißem (silbernem) Grund ein durchgehendes rotes Kreuz; benannt nach dem hl. Georg; ein Nationalsymbol Englands.

geschacht: Bezeichnung für eine heraldische Schildteilung, bei der die Schildfläche schachbrettartig aufgeteilt ist.

Gonfanon: Fahne mit zwei oder mehreren viereckigen Zipfeln (Latz); Verwendung als Kampf- und Turnierfahne.

Gösch: Kleine Flagge meist in den Landesfarben, die von Kriegs- und Handelsschiffen im Hafen am Bug gesetzt wird, wenn das Schiff vor Anker oder Land liegt. – 2. Die dem Flaggenstock zugewandte andersfarbige obere Ecke der Flagge, die bei manchen Staaten ein nationales Emblem (USA, Griechenland) »im Gösch« trägt.

Helmzier: Auch Helmkleinod, plastischer Schmuck des ritterlichen Helms. Schild, Helm und Helmzier gehören zu einem vollständigen Familienwappen. Verschiedene Zweige einer Familie unterscheiden sich vielfach bei gleichem Wappenbild durch die Helmzier.

Kokarde: Rundes oder ovales Abzeichen in den National-, Landes- oder Kommunalfarben; auch in Schleifenform.

Liek: Die dem Flaggenmast zugewandte Seite einer Flagge; ebenso Bezeichnung für den (oft weißen) Saum der Flagge, in den oft die Flaggenleine eingenäht ist.

Liktorenbündel: In Südamerika verbreitetes Symbol. Es besteht aus einem Bündel von Stäben, die durch eine Verschnürung zusammengehalten werden. Im Römischen Reich trugen Liktoren das Liktorenbündel den höchsten Staatsbeamten voran, als Zeichen des Rechts, Körper- und Todesstrafen zu verhängen.

Red Ensign: Britische Handelsflagge, rotes Tuch mit dem Union Jack im Obereck.

Schild: Das Wappenbild tragender Teil des Wappens.

Stander: 1. Eine dreieckige oder trapezförmige Flagge, auch schwalbenschwanzförmig (Doppelstander). – 2. Unkorrekte Bezeichnung für die Kraftwagenflagge und die Rangflaggen militärischer Befehlshaber. Kraftwagenflaggen werden gewöhnlich zu beiden Seiten des Kotflügels eines Regierungsfahrzeugs zu protokollarisch festgelegten Anlässen gesetzt.

Vexillologie: Fachbegriff für die historische und soziale Hilfswissenschaft der Fahnen- und Flaggenkunde.

White Ensign: Britische Kriegsmarineflagge; die Georgsflagge mit dem Union Jack im Obereck.

Wulst: Ein (aus Stoffstreifen) gewundener ringförmiger Kranz, auf dem die Helmzier eines Wappens ruht.